[德] 安保罗 著
胡瑞琴 整理

四书本义官话

齊魯書社

图书在版编目（CIP）数据

四书本义官话／（德）安保罗著；胡瑞琴整理. —济南：齐鲁书社，2016. 1

ISBN 978 – 7 – 5333 – 3336 – 2

Ⅰ. ①四…　Ⅱ. ①安…　②胡…　Ⅲ. ①四书—译文　Ⅳ. ①B222. 14

中国版本图书馆 CIP 数据核字(2015)第 258587 号

四书本义官话

［德］安保罗　著

胡瑞琴　整理

主管单位　山东出版传媒股份有限公司
出版发行　齊魯書社
社　　址　济南市英雄山路 189 号
邮　　编　250002
网　　址　www. qlss. com. cn
电子邮箱　qilupress@ 126. com
营销中心　(0531)82098521　82098519
印　　刷　山东德州新华印务有限责任公司
开　　本　787mm × 1092mm　1/16
印　　张　21. 5
插　　页　2
字　　数　397 千
版　　次　2016 年 1 月第 1 版
印　　次　2016 年 1 月第 1 次印刷
标准书号　ISBN 978 – 7 – 5333 – 3336 – 2
定　　价　**68. 00 元**

前 言

《四书本义官话》是德国传教士安保罗所著儒家经典研究文献之一。安保罗(Poul Kranz)在德国受过良好的教育,1893 年来到中国后,参与了先期来华的德国传教士花之安的儒学研究工作,后来加入了上海广学会委员会。

作为一名来华的传教士,安保罗在关注中国传统文化的同时,也注意到中国教育中存在的问题。他认为,“四书”既然是中国学堂中学生的必学课程,就不能轻易被放弃,但是学法要随时代的进步而变化,在新的时代,要用新的方法学习古典文化。安保罗认为,新的教法是先生可以“先讲而不是先背”。他多次强调既然经典如此重要,就要让孩子们学好、学通、学透,要让学生懂得中国古代圣人的真正思想:“实在懂得意思,而后可以表明很要紧的话叫孩子记得。”其心所愿,就是要中国从小孩子开始“可以启发聪明,可以感动悟心,可以自己得灵颖之才干。这样中国的国家,并百姓的光景,都可以前进兴盛”。于是,他花了一年零七个月的时间,将古文的“四书”,翻译为白话文的《四书本义官话》。从笔者所能见到的资料来看,《四书本义官话》应该是最早的“四书”白话文版本。

《四书本义官话》整理所据版本情况是:《论语本义官话》《学庸本义官话》为 1910 年上海美华书馆排印本,《孟子本义官话》为 1914 年上海美华书馆排印本。根据安保罗《孟子本义官话》序言得知,他完成《四书本义官话》用了一年零七个月的时间。《论语本义官话》序于光绪三十年三月十一日,《中庸本义官话》序于光绪三十年四月十七日,《大学本义官话》序于光绪三十年九月十二日,《孟子本义官话》序于光绪三十一年四月二十日。该系列书主要是在当时的教会学校使用。安保罗说,翻译“四书”的本文为官话,可能人们认为这件事比较容易,其实是相当不容易的,有很多的难处在其中。的确如此,在清末民初,白话文刚刚兴起,一个外国人竟然用白话文翻译中国的古文,并要查阅大量的文献古籍,其难度和难处是可想而知的。由此,也不由得令人心生敬意。

安保罗的《四书本义官话》原版书规格为22.5cm×15.5cm,竹纸,竖排,线装,铅活字印。其采用的编排结构主要表现为四个特点:(1)版式上,依照中国古籍的编排方式采用竖排式样,并分为上下两部分。上部分占全页的1/4或1/3,为“四书”原文;下部分占全页的3/4或2/3,为白话翻译和注释。(2)文字字体上,采用大小楷体字相结合的方式。“四书”原文部分用大字;对“四书”的白话翻译也用大字;小字双行注解用来解释文本中的疑难字句、引文,或表达作者的观点等。(3)断句标点上,断句按朱熹《四书章句集注》,标点均是传统汉语中使用的顿点。(4)章节划分上,采用西方《圣经》章节划分的方式,即以“四书”各段落为一章。每章又分为若干个小节。这样,使得经文查找比较方便,即便不一样的版本也可以较快地找到相同的内容。

安保罗《四书本义官话》翻译有以下特点:(1)中外学者的多种文献本。古汉语翻译为白话文的准确度主要取决于对原文的理解。理解的正确性除了与翻译者对经典原文的判断力和领悟力有关外,与翻译所依据的诠释本等文献资料也有密切的关系。安保罗一方面自己认真研究“四书”,另一方面也拜访了很多中国学者,并查阅了大量中外文文献资料。他所参照的文献主要有:朱熹《四书章句集注》,英国传教士雷格氏(即理雅各)的英文注解,德国传教士哦拉克的德文注解,法国天主教传教士古危勒儿(即顾赛芬)的法文注解,德国传教士花之安的德文和英文注解,以及《圣经》原本。(2)采用考证、对比、比较的对读方式。首先是对原文的翻译和解释。其次,利用《圣经》与“四书”中相类似的表述以及相互对应或者不同的观点进行对比解释,从中看出两者相近、相似甚至差别。(3)治学风格严谨认真,态度诚恳。比如,他对于《中庸》的作者究竟是谁,给予考证;他不赞成理雅各在《中庸》中对子思的评价,就直言不讳。其言辞可谓恳切,用心可谓真诚。他反复申明德国等欧洲国家以及日本等国迅速兴起的原因就在于大力兴办蒙学堂,培养大量的师资力量。他指出:“百姓的孩子们岂不是国家的最贵重的宝贝么?国家怎能准许父母或先生贻误这个孩子们的才能么?”他希望中国的小孩子也如同德国、英国、美国、日本的孩子那样,都要进入学堂学习。

作为一名来华传教士,安保罗可以理解中国人对自己传统文化的信仰和崇拜。对“四书”的研究,正是安保罗表达对中国人的理解和对中国传统文化表示认同的最好说明。《四书本义官话》可以看作是中国古籍经典的教学方式,从单一、枯燥的形式向灵活、开放的模式转型的一种尝试。作者的立足点是希望中国的小孩子或者成年人读到此书,他们会知道中国以外还有更广阔的世界,这样他们的思维方式、认识事物的态度、观察人生的视角,都会因着被开发出来的想象而发生极大的改变,进而,读书的目的不再只是为了踏上仕途,其最高的境界是为了造福千千万万的人。

《四书本义官话》为中国古典文化在民众中的传播普及和传统文化在学校教育中的发展做出了积极的贡献，也为后人发掘中国古典文化中的现代价值包括对超越意义的深层思考提供了借鉴。按照安保罗的说法，他翻译“四书”的目的，并不是要用基督教的教义来批判儒教，或者与儒教进行争辩，而是“平心比较基督教并儒教的道”，而且希望一切读儒家经典的人，真正喜好孔子孟子的善道，也要从孔子孟子那里认识耶稣。

此整理本是首次对《四书本义官话》的标点整理。第一，“四书”原典部分以中华书局1983年第1版、2012年第2版的《四书章句集注》为依据。第二，白话文翻译部分保持原著者的语言特点和写作手法，略有删节。第三，该书原著全文基本上以顿点为标点，并在地名、人名下之侧加线。此整理本则是全文采用现代简体字、横排、大小字体相间的格式；地名、人名无传统意义上的画线加注；每段为一章，一章又分若干小节。脚注为整理者注。第四，《圣经》经文的引用也保持了原著者引文特点。

需要说明的是，在阐释“四书”经典的意蕴和内涵时，安保罗也表现出望文生义、牵强地将“四书”与《圣经》硬联系的弊端。这些联系的内容不仅偏离了“四书”的“本义”，而且带有明显的说教和生拉硬扯的嫌疑，已属离题万里的发挥。此次整理对这些内容作了删节。此部分内容于原著而言，实属九牛一毛，删之，于《四书本义官话》的主体和精华亦无伤大雅，于纯洁“四书”经典的“本义”却意义重大。

此整理本旨在为喜好研读“四书”的朋友们提供一种经典诠释、研究、思考的新方式，敬请读者批评指正。

胡瑞琴

2014年12月30日

目　录

论语本义官话

孟子本义官话

学庸本义官话

论语本义官话

中文序

“四书五经”本来不是为小孩子乃是为长大的人编的，教他们做好人，以忠心事奉国君。在那书上虽然有许多好道理，乃是那书上的文法，是于孩子们太深奥，孩子们不能懂得那文理的意思。所以，在中国现在有许多孩子们，他们三四年上学堂去学习，背《大学》《中庸》《论语》所有的字，然还不明白这书上的意思，这样他们费时、费力、费钱，而且不得一点好处，而后他们厌恶读书的事。故此西国博士们说，这个中国背书的法子，是害许多儿女的头脑，叫他们以后终身有一点鲁钝。所以现在一切诚心爱国之汉人，该当修改这读书的旧法，盖照今时的新学法，孩子们该当先明白书上的意思，而后可以背诵。乃亦不要背诵书上一切的字句，只是很要紧的话可以背诵。这样看来，若先生欲学生实在懂得“四书”的意思，他该当翻译那个文理为官话，这样孩子就可以明白意思。故此最好的法子，予想孩子们“四书”本文以外一块儿要另用一种翻译“四书”文理为官话的书。先生并孩子们，各人各执一本，都要看这个书，这样先生就不要一一轮流教训孩子们，因为照那个轮流的旧法，先生教一个孩子的时候，别的孩子不留心，容易戏弄费时。并照旧法，学堂里有许多咿唔喧哗之声，这都是在学堂里不合宜而非礼之事。孔子设若今时降临中国，伊恐怕不喜欢那样的学法(《礼记·学记》:论学堂，所重的要学生在第一年离经辨志，就是明白意思，又看《论语·子罕第九》第十章二节，《雍也第六》第十九章，《子张第十九》第十二章二节)。而且照今时的新学法，在学堂里连一点喧嘈之声不该当有。孩子们都该当安静并诚敬坐在本位看先生的眼睛，而且先生该当教一班的孩子们在一块儿，他们都要用一样的书，念一样章节；先生或是讲书，或是诘问一个孩子，别的孩子们都要细听；先生也要忽然特意诘问别的孩子，查考他留心不留心，或是睡梦，这样就一班的孩子可以一齐急速前进。而且先生并孩子们，都可以一同喜悦入学堂学习。翻译《论语》为官话，虽许多人想是很容易的事，实在是有好多难处，因为本文屡次有疑惑的地方。予撰此《论语本义官话》一书，中国注解另外也用雷格氏[1]的英文注解，并持哦拉克[2]的德文注解，并古危勒儿[3]的法文注解，这三位名通的博士，细心玩索了《论语》意旨，并考察各家的注解，所以予有时遵从了他们。另外中华茂材彝陵杨味西，襄助予录写，经历五个月而书成。杨君前曾相助花君之安为书记。中国十八省，大概有八十兆就是八千万孩子，他们都要读《论语》，所以予捧上这《论语官话》一本书于他们，希望他们可以急速明白《论语》之真本。而且也有许多约略识字的人，比如妇人以及农夫，若是他们用这本书，他们也可以明白孔子的大道。盖予特意撰这本书，欲立证据基督教不轻看中国古时之善道，乃是保守其道。因为我们的救主耶稣不来了到世上为废弃，乃是为成全，若是此本书里还有错处，望大雅要指教。

光绪三十年三月十一日上海威海卫路三十四号　安保罗序

---

① 雷格氏：又译名为理雅各（James Legge，1815—1897），英国基督教新教传教士、汉学家。他把中国古籍以《中国经典》和《东方圣书》两大系列翻译为英文，包括代表中国儒学的“十三经”、道家和佛教的重要文献。他的译本除了译文之外，还有长篇的序言和详尽的注释。如此巨大的翻译工程实属独一无二，至今虽逾百年，理氏译本仍被认为是中国经典的标准译本，使欧美人士得以了解东方文明和中国文化，以及中国民族伦理道德之根本。到20世纪70年代仍被重印。参看岳峰著《架设东西方的桥梁——英国汉学家理雅各研究》，福建人民出版社2004年版。

② 哦拉克，此人不详。

③ 古危勒儿：又译名为顾赛芬（Séraphin Couvreur，1835—1919），法国天主教传教士、耶稣会成员，一生大部分时间生活在河北献县的天主教堂。古危勒儿几乎翻译了中国所有的古籍；其所编撰的《法汉辞典：汉语最常用的惯用语》及其他两部工具书，是近代欧洲汉学界的重要成果。参看胡瑞琴著《晚清传教士与儒家经典研究》，齐鲁书社2011年版。

论语集注卷一

学而第一　此为书之首篇，故所记多务本之意，乃入道之门、积德之基、学者之先务也。凡十六章。

第一节子曰："学而时习之，不亦说乎？二节有朋自远方来，不亦乐乎？三节人不知而不愠，不亦君子乎？"

第一章　第一节孔夫子说："学而常常温习，这不是叫人喜悦么？二节〇有朋友从远处来领教，这不是叫人快乐么？三节〇倘若一个人，虽别人不认识他，然心里不动气，这样的人不是君子么？"

第一节有子曰："其为人也孝弟，而好犯上者，鲜矣；不好犯上，而好作乱者，未之有也。二节君子务本，本立而道生。孝弟也者，其为仁之本与！"

第二章　第一节孔夫子的学生有子说："孝顺父母、恭敬兄长，还喜欢侮慢尊长，这样的人是少的；不喜欢侮慢尊长，喜欢作反乱，这样的人都没有。二节〇君子专心以根本为要紧，根本设立了，就行仁之道容易生发出来。孝顺父母，恭敬兄长，这不是行仁的根本呢？"

子曰："巧言令色，鲜矣仁！"

第三章　孔夫子说："说巧妙的话，装好看的颜色，这样的人少有仁心了。"

曾子曰："吾日三省吾身：为人谋而不忠乎？与朋友交而不信乎？传不习乎？"

第四章　孔夫子的学生曾子说："有三件事情，我天天考问自己：第一……"①

子曰："道千乘之国：敬事而信，节用而爱人，使民以时。"

---

①　原书第2~3页缺页。

子曰："弟子入则孝，出则弟，谨而信，泛爱众而亲仁。行有余力，则以学文。"

子夏曰："贤贤易色，事父母能竭其力，事君能致其身，与朋友交言而有信。虽曰未学，吾必谓之学矣。"

子曰："君子不重则不威，学则不固。主忠信。无友不如己者。过则勿惮改。"

曾子曰："慎终追远，民德归厚矣。"

子禽问于子贡曰："夫子至于是邦也，必闻其政，求之与？抑与之与？"子贡曰："夫子温、良、恭、俭、让以得之。夫子之求之也，其诸异乎人之求之与？"

子曰："父在，观其志；父没，观其行；三年无改于父之道，可谓孝矣。"

第十一章　……父亲死亡以后，若儿子观看父亲的行迹为榜样；若三年之中保守父亲生平的模范而不改变了，这样就可以称他是孝顺了。"

第一节有子曰："礼之用，和为贵。先王之道斯为美，小大由之。二节有所不行，知和而和，不以礼节之，亦不可行也。"

第十二章　第一节孔夫子的学生有子说："行礼之中，以柔和并自然为要。古时候的先王，也想这个为美，并在一切的事情上，不论是小的是大的，我们都要由从这个礼。二节○乃是有不可行的事，就是人若知道柔和自然之貌是好的，故意愿拿这个柔和自然的样子发出来，不用礼节监制，此是不可行的。"

有子曰："信近于义，言可复也；恭近于礼，远耻辱也；因不失其亲，亦可宗也。"

第十三章　孔夫子的学生有子说："人立约之时，若按照义，就可以践言；恭敬人若按照礼，就可免耻辱；倚赖朋友，若选择所合宜亲近的友，就可以宗他们为主。"

子曰："君子食无求饱，居无求安，敏于事而慎于言，就有道而正焉，可谓好学也已。"

第十四章　孔夫子说："君子论饮食无求饱，论居房屋无求安逸，做事最敏捷，言语最谨慎，并交接有道理的人，而改正自己的心，这样的人可以说是好学的。"

第一节子贡曰："贫而无谄，富而无骄，何如？"子曰："可也。未若贫而乐，富而好礼者也。"二节子贡曰："《诗》云：'如切如磋，如琢如磨。'其斯之谓与？"三节子曰："赐也，始可与言《诗》已矣！告诸往而知来者。"

第十五章　第一节子贡问孔夫子说："贫穷然能够不谄媚，富贵然能够不骄傲的人，夫子想他们何如？"孔夫子回答说："这样的人可行。但是不如那贫而快乐的人，富而好礼的人。"二节○子贡说："《诗经》里有二句：'如切如磋，如琢如磨。'《卫风·淇澳》之篇。这不是一样的意思么？”意思就是如治骨角者，自切至磋；且如治玉石者，自琢至磨。这样君子贫之时当不但无谄，富之时当不但无骄，乃是当进上至快乐好礼之境界。三节〇孔夫子赞美子贡说：“与赐子贡名也。我现在可以讲《诗经》！我告诉了他一件事情，他就知道未讲的以后之理。”

子曰：“不患人之不己知，患不知人也。”

第十六章　孔夫子说：“不要忧愁人不知道我，要忧愁我不知道人。”

为政第二　凡二十四章。

子曰：“为政以德，譬如北辰，居其所而众星共之。”

第一章　孔夫子说：“君王若以德性行政，他就如北辰，这个北辰居在天上一定的地方，就永远不动，并且千万个星宿都旋绕归向他。”

子曰：“《诗》三百，一言以蔽之，曰‘思无邪’。”

第二章　孔夫子说：“《诗经》有三百篇，若要以一句话，包括一部的意思，就可以说‘思无邪’。”思想该当不入于邪僻。〇看《鲁颂·駉篇》。

第一节子曰：“道之以政，齐之以刑，民免而无耻；二节道之以德，齐之以礼，有耻且格。”

第三章　第一节孔夫子说：“若倚靠政令要引导百姓，并若倚靠刑罚要齐整他们，他们虽愿免刑罚，然心里却没有羞耻；二节〇若倚靠德性引导百姓，并若倚靠礼节齐整他们，百姓就是有耻心，并且能够到善的地位。”

第一节子曰：“吾十有五而志于学，二节三十而立，三节四十而不惑，四节五十而知天命，五节六十而耳顺，六节七十而从心所欲，不逾矩。”

第四章　第一节孔夫子说：“十五岁的时候，我发了志意向学问；二节〇三十岁的时候我能够自立了；三节〇四十岁的时候，我没有疑惑；四节〇五十岁的时候，我知道天命；五节〇六十岁的时候，我得了顺适的耳，就是不思想而懂得的；六节〇七十岁的时候，我能跟从我心所欲的，而不过矩矱。”

第一节孟懿子问孝。二节子曰：“无违。”二节樊迟御，子告之曰：“孟孙问孝于我，我对曰‘无违’。”三节樊迟曰：“何谓也？”子曰：“生，事之以礼；死，葬之以礼，祭之以礼。”

第五章　第一节鲁国有一个大夫孟懿子，问孝顺的道理。孔夫子回答他说：“不要违背就是了。”二节〇孔夫子乘车，学生樊迟替孔夫子御车。孔夫子告诉他说：“孟孙问孝于我，我回答他说‘无违背’。”三节〇樊迟问说：“什么是无违背？”孔夫子回答说：“父母在的时候，按礼事奉他们；父母去世以后，要按礼埋葬他们，又要按礼献祭于他们。”按礼事奉他们,按礼埋葬他们,是孝道,我们都必从之。看耶稣教第五条诫命:按礼献祭祖宗。本意是要感谢他们的恩典,记念他们的爱心,此也是本所当然的。乃是献奉食物气臭于他们,焚烧锞锭、跪拜神主、招魂来享、对灵祷告、诵读祭文,这样的风俗,我们不能从。一、因为先人已往到阴间,不能与生人相通,这样生人之物质,也为他们实在无用的;二、〇以恭敬记念祖宗,在家里可以用家谱敬录祖宗的言行,为子孙之模范;可以保怀父母的手泽遗物;可以悬挂父母的照像于堂奥。在基督徒冢园里,可以立碑、栽花、种树,以装饰华美其坟墓。而且余想也在礼拜堂内,可以挂先之人记念牌于墙,仿佛木主的样子,只是写别的字,如:敬记某某人,生于某日某处,亡于某日某处;又加《新约圣经》一句某章某节。〇这样都可以做,以表明孝顺祖宗之心,只是我们不可以拜他们如同真神一样。

孟武伯问孝。子曰:“父母唯其疾之忧。”

第六章　孟懿子的儿子孟武伯问孝顺的道理。孔夫子回答说:“使父母没有别的忧虑,只是恐怕儿子得病那忧虑,就是孝道。”

子游问孝。子曰:“今之孝者,是谓能养。至于犬马,皆能有养;不敬,何以别乎?”

第七章　孔夫子的学生子游姓言名偃。问孝顺的道理。夫子回答说:“现今孝顺父母的人,想若只供奉父母的饮食是孝了,乃是犬马皆得饮食;倘若不恭敬父母,比待犬马有什么分别呢?”

子夏问孝。子曰:“色难。有事弟子服其劳,有酒食先生馔,曾是以为孝乎?”

第八章　孔夫子的学生子夏问孝顺的道理。孔夫子回答说:“儿子面上有合宜的颜色是最难的。若父兄有事情,弟子代他们劳苦;若有酒食,弟子供奉先生吃,难道这个已经可以算是孝顺么?”

子曰:“吾与回言终日,不违如愚。退而省其私,亦足以发。回也不愚。”

第九章　孔夫子说:“我全日和颜回说话,他一点不询问,却像愚蠢的人一样。乃是他去了以后,我观察他独处的情形,就知道他能够发明我的道理。回实在不是愚蠢的人。”

第一节子曰:“视其所以,二节观其所由,三节察其所安。四节人焉廋哉?人焉廋哉?”

第十章　第一节孔夫子说:“视看人的行为怎样,二节〇观看人的因由怎样,三节〇察看人的安乐怎样。四节〇若察这三样,人怎么样可以藏匿自己的心呢?人怎么样可以藏匿自己的心呢?”

子曰:“温故而知新,可以为师矣。”

第十一章　孔夫子说:“温习旧学而知道新学,这样的人可以做人师。”

子曰："君子不器。"

第十二章　孔夫子说："君子不是器皿。"器皿只有一个用处。

子贡问君子。子曰："先行其言，而后从之。"

第十三章　孔夫子的学生子贡，问君子是什么样。孔夫子回答说："君子先做事，而后讲。"

子曰："君子周而不比，小人比而不周。"

第十四章　孔夫子说："君子和人亲近，是普通而不结党；小人和人亲近，是结党而不普通。"

子曰："学而不思则罔，思而不学则殆。"

第十五章　孔夫子说："学习而不思想是无用处，思想而不学习是有危险。"

子曰："攻乎异端，斯害也已！"

第十六章　孔夫子说："攻伐异端，实在是害。"可知孔夫子准许任意择教之理。〇以力服异端，是害也。该当以自己的德性服他们，辨赢他们，使他们心里确知我的道比他们的道实在是好的。看《孟子·公孙丑章句上》第三章说的："以力服人者，非心服也，力不赡也；以德服人者，中心悦而诚服也，如七十子之服孔子也。"

子曰："由！诲女知之乎？知之为知之，不知为不知，是知也。"

第十七章　孔夫子问他的学生子路说："由阿！你果愿我教诲你真知之理么？所知道的要认知道，所不知道的要认不知道，这就是真知之理。"

第一节子张学干禄。二节子曰："多闻阙疑，慎言其余，则寡尤；多见阙殆，慎行其余，则寡悔。言寡尤，行寡悔，禄在其中矣。"

第十八章　第一节孔夫子的学生子张，学习的时候，有贪求俸禄的意思。二节〇孔夫子教他说："要多听闻，有疑惑的不要理会，所余的要谨慎辨论，这样可以少招尤怨了。〇要多见识，有危殆的要不理会，所余的要谨慎去行，这样可以少有懊悔的因由了。〇言语能够寡尤，行为能够寡悔，俸禄就是在这个里了。"

哀公问曰："何为则民服？"孔子对曰："举直错诸枉，则民服；举枉错诸直，则民不服。"

第十九章　鲁国的国君，哀公问孔夫子说："我该当怎样行，百姓就归服了？"孔夫子对他说："举用正直的人，舍置诸枉的人，这样百姓就归服了；倘若举用诸枉的人，舍置正直的人，这样百姓就不归服了。"

季康子问："使民敬、忠以劝，如之何？"子曰："临之以庄则敬，孝慈则忠，举善而教不能则劝。"

第二十章　鲁国的大夫季康子问说："使百姓能够尊敬、能够忠心、能够劝勉，要行什么样呢？”孔夫子回答说：“在上位的聚会的时候，该当容貌端庄，百姓就自然尊敬；该当孝顺父母，慈爱民人，百姓就自然忠心；举用善人，教训不能的人，百姓就自然劝勉。”

第一节或谓孔子曰：“子奚不为政？”二节子曰：“《书》云：‘孝乎惟孝、友于兄弟，施于有政。’是亦为政，奚其为为政？”

第二十一章 第一节或人向孔夫子说：“你为什么不办理政事么？”二节○孔夫子说：“你看见《书经》里所说孝顺的道理么？惟孝友于兄弟，施于有政。《书经》说：“君陈阿！惟你能孝顺父母，友爱兄弟，这样的心，你要广施在国政里。”《书经·周书·君陈篇》。可知道这也是为行政，为什么你只以那做官为行政么？”

子曰：“人而无信，不知其可也。大车无輗，小车无軏，其何以行之哉？”

第二十二章 孔夫子说：“人倘若没有信实的心，不知道他如何可以过日子？倘若大车没有輗以驾牛，小车没有軏以驾马，怎样行得呢？”

第一节子张问：“十世可知也？”二节子曰：“殷因于夏礼，所损益，可知也；周因于殷礼，所损益，可知也；其或继周者，虽百世可知也。”

第二十三章 第一节孔夫子说学生子张问：“自今以后，将来有十个朝代的事情，可以先知道么？”二节○孔夫子说：“殷朝依从夏朝的纲常大礼，殷朝所减损的，所增益的，可以考证而知。○周朝依从殷朝的纲常大礼，周朝所减损的，所增益的，可以考证而知。○从今以后，或有继续周朝坐天下者，虽是一百个朝代，大概的纲领都可以先知道的。”

第一节子曰：“非其鬼而祭之，谄也。二节见义不为，无勇也。”

第二十四章 第一节孔夫子说：“人若献祭于非属自己家里的鬼，那个就是谄媚。二节○看见义却不肯为，这是无奋勇之气。”

论语集注卷二

八佾第三 **凡二十六章。通前篇末二章，皆论礼乐之事。**

孔子谓季氏："八佾舞于庭，是可忍也，孰不可忍也？"

第一章　孔子议论鲁国的大夫季氏说："用八个佾就是六十四人。舞于家庙的庭内，大夫只可以用四佾。若这样僭礼的事，他可以忍心做了，那样事他不可以忍心去做呢？"

三家者以《雍》彻。子曰："'相维辟公，天子穆穆'，奚取于三家之堂？"

第二章　鲁国的大夫孟孙、叔孙、季孙三家，祭毕的时候，歌《雍》诗以彻俎豆。雍，《诗经·周颂》篇名。孔夫子议论说："《雍》诗里有二句：'相维辟公，天子穆穆'，助祭的是辟公，主祭的是天子，天子的容貌穆穆。三家果是辟公么？果是天子么？怎样可以取那《雍》诗的话，于三家之堂呢？"

子曰："人而不仁，如礼何？人而不仁，如乐何？"

第三章　孔夫子说："人倘若失了仁心，而没有实在恭恭敬敬的心，他于礼有什么相干呢？人倘若失了仁心，而没有实在和平的心，他于乐有什么相干呢？"

第一节林放问礼之本。二节子曰："大哉问！三节礼，与其奢也，宁俭；丧，与其易也，宁戚。"

第四章　第一节鲁国人林放来问礼的根本是什么。二节〇孔夫子回答说："哎呀，你所问的事实在是很大的！三节〇吉礼，与其奢华过分，宁要俭约；丧礼，与其仪文习熟，宁要哀戚。"

子曰："夷狄之有君，不如诸夏之亡也。"

第五章　孔夫子说："东夷、北狄的人，都知道有个君长，不像我们华夏蹈无君之弊。"

季氏旅于泰山。子谓冉有曰："女弗能救与？"对曰："不能。"子曰："呜呼！曾谓泰山不如林放乎？"

第六章　鲁国的大夫季氏，要祭泰山的神。孔夫子向学生冉有说："你不能救季氏免蹈这个罪么？"冉有对孔夫子说："我不能。"孔夫子说："呜呼！难道泰山的神不如林放么？"意思是不如我的学生林放一样好明白祭礼之次序么？〇只国君可以祭泰山。

子曰："君子无所争，必也射乎！揖让而升，下而饮，其争也君子。"

第七章　孔夫子说："君子和人没有争竞的情形，若是必有，难道是在射箭之事里么？然也。那时候，他作揖三次，谦让三次，而后升到堂上射箭，射毕了他下堂复位，罚不胜的人叫他们饮酒。"本文"饮"，去声。这样他也在争竞时，还是君子。

第一节子夏问曰："'巧笑倩兮，美目盼兮，素以为绚兮。'何谓也？"二节子曰："绘事后素。"三节曰："礼后乎？"子曰："起予者商也！始可与言《诗》已矣。"

第八章　第一节孔夫子的学生子夏问说："《逸》诗说道：'巧笑倩兮，笑的巧妙，倩兮而口辅美好有涡痕。美目盼兮，眼目极美，盼兮而黑白分明。素以为绚兮。'他的素的本色，是如绚的彩色好看。什么解说把本色的素，就当了彩色的绚呢？"二节〇孔夫子说："绘画就是绚色的事，跟后了素的本色。"三节〇子夏说："仪文的礼是在后的，这不是那个意思么？"孔夫子赞美子夏说："起发感动我的就是商阿！与商我现在可以讲说《诗》篇了。"

子曰："夏礼吾能言之，杞不足征也；殷礼吾能言之，宋不足征也。文献不足故也，足则吾能征之矣。"

第九章　孔夫子说："夏朝的礼，我能够言的，可惜杞国不足以取来作证据了。殷朝的礼，我能够言的，可惜宋国不足以取来作证据了。因为书籍缺失，贤人稀少的缘故。〇倘若书籍全备，贤人俱存，我就能够取来作证据了。"

子曰："禘自既灌而往者，吾不欲观之矣。"

第十章　孔夫子说："太庙举行禘祭，到了灌酒降神以后，我不欲观看他们献祭了。"因为鲁君不当僭行禘祭。

或问禘之说。子曰："不知也。知其说者之于天下也，其如示诸斯乎！"指其掌。

第十一章　或人来问禘祭的意思是什么。孔夫子说："不知道。倘若一个人知道禘祭的意思，他能够管治天下，如看见这里一样容易的！"夫子就指着掌上。

第一节祭如在，祭神如神在。二节子曰："吾不与祭，如不祭。"

第十二章　第一节孔夫子祭祀祖考，好似祖考的鬼真是在。孔夫子祭外神，如山川社稷五祀之类。好似那个神真是在。二节〇孔夫子说："若我不自己去献祭，使别人代行祭。我看是如不献祭一样。"原文说："吾不与祭，如不祭。"

第一节王孙贾问曰："与其媚于奥，宁媚于灶，何谓也？"二节子曰："不然，获罪于天，无所祷也。"

第十三章 第一节卫国的大夫王孙贾问说："俗语说，'谄媚奥（就是屋里很尊贵的西南隅），不如谄媚那个卑贱的灶'，这个俗语有什么意思呢？"大夫要说国君可以比较奥，本来是很尊贵的；大夫可以比较灶，是卑贱的。乃有时拜大夫比拜君很有用，如在屋里那个灶，实在比那个奥有用的。王孙贾有意要表示孔子，该当拜大夫不拜君。二节○孔夫子回他说："不是那么样，获罪于天，无所祷也。"意思说，人若得罪了上帝，敬拜众神，是无用的。○天是上帝也。如《四书拓馀说》曰："天是高高在上者。"且朱熹也说："在上而有主宰者亦是天。"又说："天不但是理也。若但是理，焉能视听？"如《书经》曰："天视自我民视、天听自我民听。"看雍正《钦定书经传说汇纂》第十卷《泰誓中》可明，朱夫子也信上帝。○孔夫子上文的话很要紧的，表明得罪于上帝，是最大的祸。拜下神都无用。若无救主，不能与上帝相和。救世教成全孔子所预表之理，学者当明此理矣。

子曰："周监于二代，郁郁乎文哉！吾从周。"

第十四章 孔夫子说："周朝开国之君，能够监察夏朝、商朝二代的礼，周朝的制度仪文，实在都是盛美的！我遵从我们周朝的礼。"

子入大庙，每事问。或曰："孰谓鄹人之子知礼乎？入大庙，每事问。"子闻之曰："是礼也。"

第十五章 孔夫子入了鲁国周公的太庙里，一切的事情，他都详细诘问。或人议论说："谁人赞美鄹人的儿子知道礼制么？他到了太庙里面，一切的事情都详细诘问。"孔夫子听闻或人的话，就说道："这个样子正合乎礼了。"

子曰："射不主皮，为力不同科，古之道也。"

第十六章 孔夫子说："射不主皮，《仪礼》有这句话。意思说，礼射的事，但要中的，不崇向贯穿皮革，因为人人的力量不是一样，这是古时候的道理阿！"

第一节子贡欲去告朔之饩羊。二节子曰："赐也，尔爱其羊，我爱其礼。"

第十七章 第一节孔夫子的学生子贡欲革去每月初一日鲁君祭告祖庙所用的饩羊。鲁君自己不去祖庙，告祖宗允准按照天子所发下的月份牌行事，乃是还有司预备祭一个饩羊，有名无实。所以子贡说，不如革去这个礼以惜这个羊。二节○孔夫子说："赐阿，尔爱惜这虚费的一只羊，我爱惜用饩羊的这个礼。"因为不革去饩羊，人还晓得有这个礼；倘若革去饩羊，人就全不晓得有这个礼了。礼比一个羊要紧的，礼是倚靠这个羊不得全亡，所以不欲去饩羊。

子曰："事君尽礼，人以为谄也。"

第十八章 孔夫子说："我事奉国君竭尽当行的礼节，外人以为我这样尽礼是谄媚国君。"

定公问："君使臣，臣事君，如之何？"孔子对曰："君使臣以礼，臣事君以忠。”

第十九章　鲁国的国君定公问说：“国君应该什么样待臣子，臣子应该什么样事奉国君么？”孔夫子回答说：“国君应该以礼使用臣子，臣子应该以忠心事奉国君。”

子曰：“《关雎》，乐而不淫，哀而不伤。”

第二十章　孔夫子说：“《诗经》第一篇《关雎》，《周南·国风》首篇。这一篇的意思，有和乐的情意，却不是淫荡；有哀慕的情意，却不是悲伤。”《关雎》之诗，为文王得后妃作的。未得后妃的时候，哀慕而不悲伤；得后妃的时候，和乐而不淫荡。

第一节哀公问社于宰我。宰我对曰：“夏后氏以松，殷人以柏，周人以栗，曰使民战栗。”二节子闻之曰：“成事不说，遂事不谏，既往不咎。”

第二十一章　第一节鲁国的国君哀公，问社于孔夫子的学生宰我。宰我对哀公说：“夏后氏就是大禹。立社所树的木，是安邑所宜的松树；殷人就是成汤。立社所树的木，是亳都所宜的柏树；周人就是武王。立社所树的木，是镐京所宜的栗树。他用栗树的意思，是要叫百姓见了栗树就战战栗栗的恐惧。”二节〇孔夫子听闻宰我对哀公的话，就叹息说：“事情已成就的再说无用，事情不能禁止的再谏无用，事情已过去的责备也无用。”〇或注，孔夫子说：“事情已成就的不当议论，事情已遂并不能改变的不当谏，既往的古事不当责备。”

第一节子曰：“管仲之器小哉！”二节或曰：“管仲俭乎？”曰：“管氏有三归，官事不摄，焉得俭？”三节“然则管仲知礼乎？”曰：“邦君树塞门，管氏亦树塞门；邦君为两君之好，有反坫，管氏亦有反坫。管氏而知礼，孰不知礼？”

第二十二章　第一节孔夫子说：“齐国的大夫管仲，名夷吾。他的器量是很小的！”二节〇或人说：“管仲莫非是节俭么？”孔夫子说：“管氏家里有三归，或是高台，或是三个妇人。家臣的事件都不兼摄，怎样可以说他是节俭的？”三节〇或人说：“管仲是知道礼么？”孔夫子说：“邦君用那个屏蔽塞住门，管氏也用那个屏蔽塞住他家里的门；两个国君好会的时候，他们用置酒杯的反坫，坫，在两楹中间，饮酒毕了，拿酒杯安放在反坫上面。管氏也有置酒杯的反坫。倘若说管仲知道礼节，谁人不知道礼节呢？”

子语鲁大师乐。曰：“乐其可知也：始作，翕如也；从之，纯如也，皦如也，绎如也，以成。”

第二十三章　孔子告诉鲁国的乐官太师说：“作乐的妙法都是可知道的：乐始初的时候，该当是翕合的；乐音纵放的时候，该当是纯和的、皦明的，且络绎不绝的，这样该当到乐之一终。”一套乐完毕了。

仪封人请见。曰：“君子之至于斯也，吾未尝不得见也。”从者见之。出曰：“二三子，何患于丧乎？天下之无道也久矣，天将以夫子为木铎。”

第二十四章　卫国仪邑的封人请见孔夫子。说:“一切的君子到了这个地方,我没有不得见他们。”跟从孔夫子的人进去告诉孔子,孔子就与他相见。封人见过了,出来说:“你们二三子为甚忧患孔夫子丧失了做官的位呢?天下反乱无道的时候已经长久了,昊天上帝将要用孔夫子做木铎警人。”

子谓《韶》:“尽美矣,又尽善也。”谓《武》:“尽美矣,未尽善也。”

第二十五章　孔夫子论虞舜氏的韶乐,说:“韶乐的声容是很盛美的,他的精微也是尽善的。”乃论武王的武乐,孔夫子说:“武乐的声容是很盛美的,乃是他的精微不是尽善的。”

子曰:“居上不宽,为礼不敬,临丧不哀,吾何以观之哉?”

第十二六章　孔夫子说:“居上位的人,倘若没有宽厚之心;行礼的时候,倘若没有恭敬之心;临丧事的时候,倘若没有悲哀之心,我可以怎样观看他呢?”

里仁第四　凡二十六章。

子曰:“里仁为美。择不处仁,焉得知?”

第一章　孔夫子说:“二十五家的里,有仁厚的风俗为美好。若选择房屋之时,不去居处那个仁厚的地方,那里有智慧呢?”

子曰:“不仁者不可以久处约,不可以长处乐。仁者安仁,知者利仁。”

第二章　孔夫子说:“不仁的人,不能久处穷约的境遇,也不能长处快乐的境遇。有仁德的人他安于仁,有智慧的人贪仁为利。”

子曰:“唯仁者能好人,能恶人。”

第三章　孔夫子说:“天下惟真有仁者,能够喜好人没有私心,能够憎恶人没有私心。”

子曰:“苟志于仁矣,无恶也。”

第四章　孔夫子说:“人能诚实定志于仁,他必不行恶事。”

第一节子曰:“富与贵是人之所欲也,不以其道得之,不处也;贫与贱是人之所恶也,不以其道得之,不去也。二节君子去仁,恶乎成名?三节君子无终食之间违仁,造次必于是,颠沛必于是。”

第五章　第一节孔夫子说:“豪富的境遇和贵显的境遇,这是世人所愿欲的;乃若不以道能得之,人不当处这个富贵的境遇。〇贫穷的境遇和卑贱的境遇,这是世人所憎恶的,乃若不以道能得之,人不当丢弃这个贫贱的境遇。二节〇君子倘若弃去了仁德,那里成就君子的名头吗?三节〇君子连一顿饭的时候,也不违背那个仁德;造次苟且的时候,必定存守这个;颠沛流离的时候,必定存守这个。”

第一节子曰："我未见好仁者，恶不仁者。好仁者，无以尚之；恶不仁者，其为仁矣，不使不仁者加乎其身。二节有能一日用其力于仁矣乎？我未见力不足者。三节盖有之矣，我未之见也。"

第六章　第一节孔夫子说："我还没有看见好仁者，恶不仁者。好仁者没有一件事他看比仁为重；恶不仁者他修仁德，不准那个不仁的事加到他的身。二节○人若能一天用力在仁上，我还没有看见他的力量不足的。三节○若实在有这个事，我还没有看见了。"

子曰："人之过也，各于其党。观过，斯知仁矣。"

第七章　孔夫子说："人的过失有分别，各人从各人的党类。观他的过失，就可以知道他心里的仁怎么样。"

子曰："朝闻道，夕死可矣。"

第八章　孔夫子说："人倘若早晨的时候听见了真道，晚上就可以死了。"听真道叫人心里得平安快乐；人若信真道，他可以安然去世。

子曰："士志于道，而耻恶衣恶食者，未足与议也。"

第九章　孔夫子说："士子立志在道理上，倘若羞耻自己的坏衣服不如别人，自己的坏饮食不如别人，不足和他议论道理了。"

子曰："君子之于天下也，无适也，无莫也，义之与比。"

第十章　孔夫子说："君子在天下，不专主要这样或不肯那样，只公义的他跟从了。"

子曰："君子怀德，小人怀土；君子怀刑，小人怀惠。"

第十一章　孔夫子说："君子怀念德性，小人怀念地上可获之安；君子怀念刑律，小人怀念惠利。"

子曰："放于利而行，多怨。"

第十二章　孔夫子说："人若常常依利而行，他就招了多多的怨恨。"

子曰："能以礼让为国乎？何有？不能以礼让为国，如礼何？"

第十三章　孔夫子说："君子若按礼之真实之精意能够治他的国，他有什么难处？乃是若他不能够按礼之精意治他的国，他于礼有什么相干呢？"

子曰："不患无位，患所以立；不患莫己知，求为可知也。"

第十四章　孔夫子说："不要忧虑没有职位，要忧虑你怎样堪得职位；不要忧虑人不知道你，要求你怎样堪得人的赏识。"

第一节子曰："参乎！吾道一以贯之。"曾子曰："唯。"二节子出。门人问曰："何谓也？"曾子曰："夫子之道，忠恕而已矣。"

第十五章　第一节孔夫子向曾子说："参阿！我的道是被一理贯串的。"曾子回答说:“是。”二节〇孔夫子出去。别的门徒问曾子说:“夫子的话,有什么意思?”曾子回答说:“夫子的道,是忠恕而已矣。”就是尽己心推己心之一理也。

子曰:“君子喻于义,小人喻于利。”

第十六章　孔夫子说:“君子晓得义,小人晓得利。”

子曰:“见贤思齐焉,见不贤而内自省也。”

第十七章　孔夫子说:“我们若看见贤人,该当思想要和贤人齐等一样;我们若看见不贤的人,该当心内省察自己。”

子曰:“事父母几谏。见志不从,又敬不违,劳而不怨。”

第十八章　孔夫子说:“事奉父母,可以微微的低声下气谏说父母的过失。倘若看见父母的志意,不愿跟从儿子所谏说的话,儿子要更加孝敬而不丢弃愿几谏父母的主意。倘若打挞劳苦,不要怼怨。”

子曰:“父母在,不远游。游必有方。”

第十九章　孔夫子说:“父母在的时候,儿子不可向远处地方游行。倘若不得已出外游行,必须要有一定的地方。”

子曰:“三年无改于父之道,可谓孝矣。”

第二十章　孔夫子说:“儿子若三年之中保守父亲生平的模范而不改变了,这样就可以称他是孝顺了。”

子曰:“父母之年,不可不知也。一则以喜,一则以惧。”

第二十一章　孔夫子说:“父母的年岁,儿子不可以不知道。因为他们的年岁,一次是喜欢的缘故,一次是惧怕的缘故。”

子曰:“古者言之不出,耻躬之不逮也。”

第二十二章　孔夫子说:“古人不轻易说言语出来,因为他们羞耻自己的躬不及行所说的话。”

子曰:“以约失之者鲜矣。”

第二十三章　孔夫子说:“人若约束自己的心,他的过失就可以少了。”

子曰:“君子欲讷于言而敏于行。”

第二十四章　孔夫子说:“君子欲讷舌说话,乃敏捷行事。”

子曰:“德不孤,必有邻。”

第二十五章　孔夫子说:“有德性的不得孤立,必有邻舍。”

子游曰:“事君数,斯辱矣,朋友数,斯疏矣。”

第二十六章　孔夫子的学生子游说:“臣子事奉君王,倘若谏说烦数,这个样子就招受羞辱;劝说朋友倘若烦数,这个样子就致令朋友的情意渐渐疏远。”

论语集注卷三

公冶长第五 **此篇皆论古今人物贤否得失，盖格物穷理之一端也。凡二十七章。胡氏以为疑多子贡之徒所记云。**

第一节子谓公冶长，“可妻也。虽在缧绁之中，非其罪也”。以其子妻之。二节子谓南容，“邦有道，不废；邦无道，免于刑戮”。以其兄之子妻之。

第一章 第一节孔夫子称谓他的学生公冶长，说：“可以将女子许配与他。虽然他被黑索捆绑了，他自己实在不犯了罪过。”孔夫子就把他的女子许配与公冶长。二节〇孔夫子称谓他的学生南容，说：“国家有道的时候，他不被废弃；国家无道的时候，他免脱了刑罚戮辱。”看《中庸》二十七章：“国无道，其默足以容。”又看《论语·为政第二》第十八章：“慎言其余，则寡尤。”比较《中庸》十章说的，“国无道，至死不变，强哉矫”。此是顶好的。国无道之时，其默足以容，既明且哲，以保其身，这个理恐怕不常可以赞美的。孔子也不许配自己的女儿与南容。又看《论语·公冶长第五》第二十章。孔夫子就把他的哥郎名孟皮。的女子许配南容。

子谓子贱，“君子哉若人！鲁无君子者，斯焉取斯”？

第二章 孔夫子称谓他的学生子贱，说：“这个人实在是君子呀！若鲁国没有许多君子，他怎样采取了成全这个德呢？”

子贡问曰：“赐也何如？”子曰：“女器也。”曰：“何器也？”曰：“瑚琏也。”

第三章 孔夫子的学生子贡问说：“夫子看赐怎么样呢？”孔夫子回答说：“你成了器皿了。”子贡问说：“什么器皿呢？”孔夫子回答说：“是夏朝的瑚，商朝的琏阿！”意思说，子贡虽是贵重的器皿，为要紧的事可用的，然他未是君子了。

第一节或曰：“雍也仁而不佞。”二节子曰：“焉用佞？御人以口给，屡憎于人。不知其仁。焉用佞？”

第四章 第一节或人问说："夫子的学生雍阿，他是仁厚的人，但他不是佞口。"二节〇孔夫子回答说："佞口是什么取用，靠口才抵当人，屡多招人之憎恶。我不晓得他果是仁厚的，乃是佞口是什么取用？"

子使漆雕开仕。对曰："吾斯之未能信。"子说。

第五章 孔夫子欲他的学生漆雕开出仕做官。漆雕开对孔夫子说："我还不真知确明今天所念的书，我不敢。"孔夫子就喜悦了。

子曰："道不行，乘桴浮于海。从我者其由与？"子路闻之喜。子曰："由也好勇过我，无所取材。"

第六章 孔夫子说："大道不行，我要登木筏漂流到海洋去，跟从我的是由阿！"子路听见了喜欢。孔夫子说："由阿，你好勇胜过了我，但不能取事理而裁度之。"

第一节孟武伯问："子路仁乎？"子曰："不知也。"二节又问。子曰："由也，千乘之国，可使治其赋也，不知其仁也。"三节"求也何如？"子曰："求也，千室之邑，百乘之家，可使为之宰也，不知其仁也。"四节"赤也何如？"子曰："赤也，束带立于朝，可使与宾客言也，不知其仁也。"

第七章 第一节鲁国的大夫孟武伯，论子路问孔子："他果是仁者么？"孔夫子回答说："我不知道。"二节〇孟武伯再问。孔夫子说："由阿，有一千乘的大国，可以使用他治理这一国里的兵事，乃我不知道他果有仁否。"三节〇孟武伯再问说："论求，夫子想怎样？"孔夫子说："求阿，有一千室的邑，或有一百乘的家，可以使用他为邑宰或家臣，我不知道他果有仁否。"四节〇孟武伯再问说："论赤，夫子想怎样？"孔夫子说："赤阿，束了带子在礼服的上面，立在朝廷之内，可以使用他和邻国的国君、邻国的大夫对答说话，我不知道他果有仁否。"

第一节子谓子贡曰："女与回也孰愈？"二节对曰："赐也何敢望回？回也闻一以知十，赐也闻一以知二。"三节子曰："弗如也！吾与女，弗如也。"

第八章 第一节孔夫子向子贡说："你若自己与回比较，你看谁是上好的？"二节〇子贡对答说："赐怎么敢比较回呢？回闻听了一件就能够知道十件，赐闻听了一件只能够知道二件。"三节〇孔夫子说："是的，你不如回！我也准许你所说的话，你不如回。"

第一节宰予昼寝。子曰："朽木不可雕也，粪土之墙不可圬也，于予与何诛。"二节子曰："始吾于人也，听其言而信其行；今吾于人也，听其言而观其行。于予与改是。"

第九章 第一节孔夫子的学生宰予日里睡觉。孔夫子责备他说："朽腐的木头不可以雕刻的，粪土的墙壁不可以圬镘的。我诛责予有什么用处呢？"二节〇孔夫子说：

"始初我和人，听他们的言语，就相信他们的行；现今我和人，听他们的言语，还要细细观看他们的行。因为予我改变了始初信人的意思。"

子曰："吾未见刚者。"或对曰："申枨。"子曰："枨也欲，焉得刚？"

第十章　孔夫子说："我没有看见刚强不屈的人。"或人对答说："申枨是刚强不屈的人。"孔夫子说："枨被许多的嗜欲动情，那里能够刚强不屈的？"

子贡曰："我不欲人之加诸我也，吾亦欲无加诸人。"子曰："赐也，非尔所及也。"

第十一章　子贡说："我不愿人加于我的事，我也不愿自己加于人。"孔夫子说："赐阿，你现在还不能及到这个地位。"

子贡曰："夫子之文章，可得而闻也；夫子之言性与天道，不可得而闻也。"

第十二章　子贡说："论人当行的仪文章采，可以得听夫子的教训；乃是论人的性理，并论天道，我们不可以得听夫子的教训。"

子路有闻，未之能行，唯恐有闻。

第十三章　孔夫子的学生子路，若听见了一个道理并若还没有能够行这个道理，他只恐惧另听别的事。

子贡问曰："孔文子何以谓之文也？"子曰："敏而好学，不耻下问，是以谓之文也。"

第十四章　子贡问说："卫国的大夫孔文子，为什么死亡以后谥法称谓他为文呢？"孔夫子说："他灵敏又好学，不羞耻向他下边的人请问，此是称谓他为文的缘故。"

子谓子产："有君子之道四焉：其行己也恭，其事上也敬，其养民也惠，其使民也义。"

第十五章　孔夫子称谓郑国的大夫子产说："他有合于君子的道理共计四件：一、他行己谦恭；二、他事奉君上敬谨；三、他养育百姓惠爱；四、他使令百姓公义。"

子曰："晏平仲善与人交，久而敬之。"

第十六章　孔夫子说："齐国的大夫晏平仲，善与人交接，虽然交接已经长久了，他还是恭敬人。"

子曰："臧文仲居蔡，山节藻棁，何如其知也？"

第十七章　孔夫子说："鲁国的大夫臧文仲，收藏一个大龟在房子里，雕刻些山丘在柱头斗拱的上面，绘画些藻采在梁上短柱的上面，他的智慧是怎么样呢？"《春秋传》称臧文仲作虚器。〇我想《左传》是孔子自己作的，左是左右之左，不是人名。《春秋》为尊者讳，为亲者讳，为贤者讳。《春秋》只记事，不表明褒贬之义。而且《春秋》隐讳真事，所以《春秋》原本,不是孔子作的。《春秋》是鲁国的《春秋》。孔子用《春秋》为纲领,加一个真注解,作传于经之左边,如汉朝何休注《公羊》引闵因叙云:“昔孔子受端门之命,制《春秋》之义,使子夏等十四人求周史记,得百二十国宝书。”可明孔子作《春秋》之义。如此孟子说:“其事则齐桓、晋文,其文则史,其义则丘窃取之矣。”比较孟子的话,与汉朝班固说的,“左史记言,右史记事;事为《春秋》,言为《尚书》”。看《汉书》三十《艺文志第十》,学者可明右史记孟子说的事。名为《春秋》,而左边的传记言,在这《左传》之内,孔子表明其义。因为鲁《春秋》之文是孟子说的史,实在少表明义,乃是《左传》屡次审断善恶说,此非礼也。或说,君子谓之有《礼》《春秋》之名,包括经传在内,所以也可以。说孔子成《春秋》而乱臣贼子惧;又说,“知我者其惟《春秋》乎? 罪我者其惟《春秋》乎?”在《左传》之内有几句话,是孔子之门人加添的。乃《左传》十分之八,是孔子自己著的,此是孔子最大的功劳,称他为素王。

第一节子张问曰:“令尹子文三仕为令尹,无喜色;三已之,无愠色。旧令尹之政,必以告新令尹。何如?”子曰:“忠矣。”曰:“仁矣乎?”曰:“未知。焉得仁?”二节“崔子弑齐君,陈文子有马十乘,弃而违之。至于他邦,则曰:‘犹吾大夫崔子也。’违之。之一邦,则又曰:‘犹吾大夫崔子也。’违之。何如?”子曰:“清矣。”曰:“仁矣乎?”曰:“未知。焉得仁?”

第十八章　第一节孔夫子的学生子张问说:“楚国的大夫令尹子文,令尹,官名,子文姓斗名谷于菟。三次做令尹的官,脸上没有喜欢的颜色;三次罢去令尹的官,脸上没有愠闷的颜色。罢去的时候,把平日做令尹所行的政事,必定告诉新令尹,这个人怎样呢?”孔夫子说:“可算是忠心了。”子张说:“可以称他是仁么?”孔夫子说:“我不知道。他怎样得仁呢?”二节〇子张又问说:“齐国的大夫崔子,弑死了齐国的君,那时候,齐国的大夫陈文子,虽然他有马十乘的,他丢弃了这个马。且离去齐国到了别国,就说:‘这一国的臣子也是与我国的大夫崔子一样。’他就离去了这一国。又往奔一国,再说:‘这一国的臣子也是与我国的大夫崔子一样。’就离去了这一国。这个人是怎么样呢?”孔夫子说:“可算是清洁了。”子张问说:“可以称他是仁么?”孔夫子说:“我不知道。他怎样得仁呢?”

季文子三思而后行。子闻之,曰:“再,斯可矣。”

第十九章　鲁国的大夫季文子,凡事三思而后行。孔夫子闻听了说:“凡事想两回就可以了。”

子曰:“宁武子邦有道则知,邦无道则愚。其知可及也,其愚不可及也。”

第二十章　孔夫子说:“卫国的大夫宁武子国家有道的时候,他做智慧的样子;国家无道的时候,他做愚拙的样子。他跟从其君,真是不愚拙。他的智慧的样子,人还可及得到的;他的愚拙的样子,人不可以及得到的。”

子在陈曰:“归与! 归与! 吾党之小子狂简,斐然成章,不知所以裁之。”

第二十一章　孔夫子在陈国的时候，说："归去呀，归去呀！我们乡党的小子是太高狂太简略，他们是斐然成就了文章，但他们不知道该当怎样裁制自己。"

子曰："伯夷、叔齐不念旧恶，怨是用希。"

第二十二章　孔夫子说："伯夷、叔齐孤竹君之二子，看《述而第七》第十四章。那两人不追念人前日所作的旧恶，故此怨恨他们的是希少了。"

子曰："孰谓微生高直？或乞醯焉，乞诸其邻而与之。"

第二十三章　孔夫子说："谁人称谓微生高是梗直的人，有或人向微生高乞求些醋的，微生高转向他的邻家乞求，且交付于或人。"

子曰："巧言、令色、足恭，左丘明耻之，丘亦耻之。匿怨而友其人，左丘明耻之，丘亦耻之。"

第二十四章　孔夫子说："巧妙的言语、装令善的颜色、谦恭太过了分，古人左丘明因为这样的人羞耻，丘也羞耻。心中藏匿怨恨，外面虚假与那人如与朋友交接，古人左丘明因为这样的人羞耻，丘也羞耻。"

第一节颜渊、季路侍。子曰："盍各言尔志？"二节子路曰："愿车马、衣轻裘，与朋友共。敝之而无憾。"三节颜渊曰："愿无伐善，无施劳。"四节子路曰："愿闻子之志。"子曰："老者安之，朋友信之，少者怀之。"

第二十五章　第一节孔夫子的学生颜渊和季路，侍在孔夫子旁边的时候，孔夫子说："你们各人的志愿，可以告诉我。"二节〇子路说："由情愿把自己的车马，轻飘的皮袄与朋友们共用。且若朋友们用坏了，我也不要憾恨他们。"三节〇颜渊说："回情愿不伐（就是不夸口）自己的善事，不张皇自己的功劳。"四节〇子路说："由情愿听闻夫子的志愿。"孔夫子说："我情愿年纪老的人要安抚他们，朋友们要以信实待他们，年纪少的人要以爱心怀惠他们。"

子曰："已矣乎！吾未见能见其过而内自讼者也。"

第二十六章　孔夫子说："呜呼！我未看见了一个人能够认自己过失而内里讼告自己。"

子曰："十室之邑，必有忠信如丘者焉，不如丘之好学也。"

第二十七章　孔夫子说："在十室的小邑内，必有忠信的人如丘一样，乃没有一个如丘一样好学的。"

雍也第六　凡二十八章。篇内第十四章以前，大意与前篇同。

第一节子曰："雍也可使南面。"二节仲弓问子桑伯子。子曰："可也简。"三节仲弓曰："居敬而行简，以临其民，不亦可乎？居简而行简，无乃大简乎？"四节子曰："雍之言然。"

第一章 第一节孔夫子说："雍阿，可以赐他向南面之位，用他为一个国君。"二节○仲弓听着了孔夫子这个话，就问子桑伯子怎么样？孔夫子说："他也可以的，他简略不烦琐小事。"三节○仲弓说："人若自存己心以敬谨办事，虽然所施行的，他简略不烦琐小事，临治他的百姓，此是可以的。倘若他自己心里本是不敬，已经简略省事，所施行的又是简略省事，这不是太简了么？"四节○孔夫子说："雍所说的是对了。"

哀公问："弟子孰为好学？"孔子对曰："有颜回者好学，不迁怒，不贰过。不幸短命死矣！今也则亡，未闻好学者也。"

第二章 鲁国的国君哀公问说："学生们谁人是好学的？"孔夫子对答说："从前有颜回他好学了，他不迁移其怒，不再犯前日所犯的过。可惜不幸他是短命死了！今日没有这样的人，我未曾听着如这样好学的人。"

第一节子华使于齐，冉子为其结母请粟。子曰："与之釜。"请益。曰："与之庾。"冉子与之粟五秉。二节子曰："赤之适齐也，乘肥马，衣轻裘。吾闻之也，君子周急不继富。"三节原思为之宰，与之粟九百，辞。四节子曰："毋！以与尔邻里乡党乎！"

第三章 第一节孔夫子的学生子华被差使到齐国去，同学的冉子替子华的母亲向孔夫子请领些粟米。孔夫子说："与他一釜。"就是六斗四升或六十四升。冉子又请加添。孔夫子说："与他一庾。"就是十六斗或一百六十升。冉子自己与了他五秉的粟米。一秉是十六斛，一斛是一百升，所以一秉是一千六百升，一秉是十庾。二节○孔夫子说："赤就是子华。向齐国去的时候，车上驾的是肥马，他穿的皮服是轻飘的皮袄。我听见了说道，君子周济那穷急的人而不继续那富贵的人。"三节○孔夫子做司寇的官，使令学生原思做他的宰官，与了他粟米九百，原思辞了不受。四节○孔夫子说："无该当辞退，为何你不分给些与你的邻里乡党呢？"邻是五家，里是五邻，乡是四里，党是五乡。

子谓仲弓曰："犁牛之子骍且角，虽欲勿用，山川其舍诸？"

第四章 孔夫子论仲弓说："仲弓就是冉雍。看《公治长第五》第四章。杂色的牛所生的牛，若他毛色是红的，并若他的角是周正的，虽人欲不用他为祭，然山川的神肯舍去他么？"意思说，不要渺视儿子，因为父亲的过失。

子曰："回也，其心三月不违仁，其余则日月至焉而已矣。"

第五章 孔夫子说："回阿，他心里三月之内不违去仁，其余的学生他们或一日或一月至于此不违仁之界限，不过这样。"

季康子问："仲由可使从政也与？"子曰："由也果，于从政乎何有？"曰："赐也，可使从政也与？"曰："赐也达，于从政乎何有？"曰："求也，可使从政也与?”曰:“求也艺,于从政乎何有?”

第六章　鲁国的大夫季康子来论仲由就是子路。问孔夫子:“或是可以使他从政而做大夫否?”孔夫子说:“由有果决的能干,使他从政而做大夫,何难之有?”季康子问说:“赐就是子贡。阿,可以使他从政而做大夫么?”孔夫子说:“赐有通达的能干,使他从政而做大夫,何难之有?”季康子问说:“求就是冉有。阿,可以使他从政而做大夫么?”孔夫子说:“求有才艺的能干,使他从政而做大夫,何难之有?”

季氏使闵子骞为费宰。闵子骞曰:“善为我辞焉。如有复我者,则吾必在汶上矣。”

第七章　季康子差使人来招孔夫子的学生闵子骞,名损。去做费邑那个地方的宰官。闵子骞对那人说:“你善善的替我辞谢你家大夫罢,倘若有人复来招我去,我就必去住在汶河之滨了。”

伯牛有疾,子问之,自牖执其手,曰:“亡之,命矣夫!斯人也而有斯疾也!斯人也而有斯疾也!”

第八章　孔夫子的学生伯牛有了病,孔夫子到他家问他的病,孔夫子就从房子外头由窗牖执伯牛的手,就发叹说:“吁!他必要死,天命矣,呜呼!这样的人可惜有这样的病阿!这样的人可惜有这样的病阿!”

子曰:“贤哉,回也!一箪食,一瓢饮,在陋巷。人不堪其忧,回也不改其乐。贤哉,回也!”

第九章　孔夫子说:“贤哉,回也,他有一个竹箪的饭,一瓢瓠嗑水,住在那敝陋的巷子里,别人不能忍这样的忧,然回不改变自己的快乐。贤哉,回也!”

冉求曰:“非不说子之道,力不足也。”子曰:“力不足者,中道而废。今女画。”

第十章　冉求就是冉有。说:“我不是不喜悦夫子的道理,乃是自己的力量不足也。”孔夫子说:“力量不足的人,他们实在前行到半途,而半途之中废弃了。乃是你现在一点不走,而画限了你自己。”

子谓子夏曰:“女为君子儒,无为小人儒。”

第十一章　孔夫子告诉子夏说:“你要做那如君子专为自己的儒者,不要做那如小人专为别人的儒者。”

子游为武城宰。子曰:“女得人焉尔乎?”曰:“有澹台灭明者,行不由径。非公事,未尝至于偃之室也。”

第十二章　孔夫子的学生子游做鲁国武城那地方的宰官。孔夫子对他说:“在你城里有什么好人么?”子游回答说:“有澹台灭明这一个人,他走路的时候绝不抄由那捷径，而且若不为公事，他绝不来到偃的公堂哩。”偃是子游的名。

子曰：“孟之反不伐，奔而殿。将入门，策其马，曰：‘非敢后也，马不进也。’”

第十三章　孔夫子赞美鲁国的大夫孟之反说：“孟之反不夸口，盖鲁国和齐国打仗的时候，鲁国的兵奔逃了，而孟之反在后面殿军。他扞御敌兵而不惧。孟之反回来，将入城门的时候，他就鞭打他的马，说道：‘不是我敢在后面抵当，乃是因为我的马不能够前进了。’”

子曰：“不有祝鮀之佞而有宋朝之美，难乎免于今之世矣！”

第十四章　孔夫子说：“没有祝鮀那样的佞口，祝，就是宗庙里的官。并且没有宋公子朝那样的美貌，就是难免今世之憎恶了。”

子曰：“谁能出不由户？何莫由斯道也？”

第十五章　孔夫子说：“谁人能出去不由门户？为什么人不行由这个道理么？”看《约翰福音》第十章第九节。

子曰：“质胜文则野，文胜质则史。文质彬彬，然后君子。”

第十六章　孔夫子说：“若质朴胜过文采，那就是像野人一般；若文采胜过质朴，那就是像掌文书的史一般。若文采和质朴两件彬彬然而调和一样，这样就是君子了。”

子曰：“人之生也直，罔之生也幸而免。”

第十七章　孔夫子说：“人受生在世界上，是特为正直之性。人若罔此性而存其生，他免死亡是幸也。”看《罗马书》第五章第十二节说的，“人人都有死，因为人人都有罪”。

子曰：“知之者不如好之者，好之者不如乐之者。”

第十八章　孔夫子说：“知道善道的人，不如好爱善道的人；好爱善道的人，不如喜乐善道的人。”

子曰：“中人以上，可以语上也；中人以下，不可以语上也。”

第十九章　孔夫子说：“与中等上面的人，可以告诉上等奥妙的道理；与中等下面的人，不可以告诉上等奥妙的道理。”

樊迟问知。子曰：“务民之义，敬鬼神而远之，可谓知矣。”问仁。曰：“仁者先难而后获，可谓仁矣。”

第二十章　樊迟问孔夫子说：“智是怎样呢？”孔夫子说：“务民之义，意思是专用力于人道所宜为的。恭敬鬼神乃远开他们，此是可称为智了。”樊迟再问：“仁是怎样呢？”孔夫子说：“仁者以难处为先，就是克己之难处。而以获效为后，此是可称为仁了。”

子曰：“知者乐水，仁者乐山；知者动，仁者静；知者乐，仁者寿。”

第二十一章　孔夫子说："知者喜好水，仁者喜好山；知者是活动的，仁者是安静的；知者有快乐，仁者有长寿。"

子曰："齐一变，至于鲁；鲁一变，至于道。"

第二十二章　孔夫子说："齐国倘若一改变，只可以及到鲁国；鲁国倘若一改变，就可以及到至善之道了。"

子曰："觚不觚，觚哉！觚哉！"

第二十三章　孔夫子说："你们看这个觚阿，他没有觚的棱角，实在是奇怪的觚阿！是奇怪的觚阿！"觚，是酒器。这觚有名无实，与许多人一样。

宰我问曰："仁者，虽告之曰：'井有仁焉。'其从之也？"子曰："何为其然也？君子可逝也，不可陷也；可欺也，不可罔也。"

第二十四章　宰我问说："仁者虽别人告诉他'有人跌下井里了'，仁者恐怕必定跟从他，且急忙入井里去欲救那个人么？"孔夫子说："他为什么该当做这样呢？君子可以近到那井边去，乃不可以自己陷到井里头去；人可以欺骗君子，乃不可以罔他。"罔，有网罗之意。井里实在没有人，那别人要戏弄君子。看《孟子·万章章句上》第二章："故君子可欺以其方，难罔以非其道。"又看《论语·述而第七》第十章："暴虎冯河，死而无悔者，吾不与也。"

子曰："君子博学于文，约之以礼，亦可以弗畔矣夫！"

第二十五章　孔夫子说："君子博学于文籍，约束其身以礼，也可以不畔越中道了。"

子见南子，子路不说。夫子矢之曰："予所否者，天厌之！天厌之！"

第二十六章　孔夫子见卫灵公的夫人南子，子路心里不喜悦。孔夫子就发誓说："我所行的倘若一点不合礼的，我愿天可以厌弃我！天可以厌弃我！"

子曰："中庸之为德也，其至矣乎！民鲜久矣。"

第二十七章　孔夫子说："中庸，就是情未发之中并发而中节之和也。此是德之至也！百姓中间鲜少人有这个德已长久了。"

第一节子贡曰："如有博施于民而能济众，何如？可谓仁乎？"子曰："何事于仁，必也圣乎！尧、舜其犹病诸！二节夫仁者，己欲立而立人，己欲达而达人。三节能近取譬，可谓仁之方也已。"

第二十八章第一节子贡问说："倘若有一个人广施恩泽于百姓，又能够普济天下的众人，这样的人，可以称他为仁者么？"孔夫子说："为什么只称他为仁者呢？恐怕他必定是圣人也！连尧、舜为此还有歉忱忧虑！二节〇仁者，如自愿立己，他又扶持人以立；如自愿通达，他又扶持人通达。三节〇能因近取自己所欲，以比较酌夺别人所欲的，这样可以说是仁德的方法。"

论语集注卷四

述而第七　此篇多记圣人谦己诲人之辞及其容貌行事之实。凡三十七章。

子曰:“述而不作,信而好古,窃比于我老彭。”

第一章　孔夫子说:“我是传述者,而不是造作者。我相信而好爱古人,我伏比较自己于我老彭哩。”老彭恐怕是孔夫子的一个先生。注是老子,或注是庄子说的彭祖,或《吕氏春秋》说的商朝的篯铿,都是不对的。

子曰:“默而识之,学而不厌,诲人不倦,何有于我哉?”

第二章　孔夫子说:“默念而识透之,学习而不厌烦,教诲人而不倦困,这三件我有那一件呢?”比较保罗《腓立比人书》说的,“我非言已得或已成全、我惟追求或可得之”。又曰:“兄弟乎,我不自以为已得,惟有一事,我不顾后而进前,向标准直趋,欲得其赏。”看第三章十二又十三节。

子曰:“德之不修,学之不讲,闻义不能徙,不善不能改,是吾忧也。”

第三章　孔夫子说:“德之我不能合宜尽修,所学的我不能讲透穷究其理,听闻了义我不能迁徙,犯了不善的过失我不能改变,这是我所忧愁的。”孔子若说是吾忧也,我们就该当真信不疑孔子的话,不敢说孔子假装貌为未纯全的样子,认自己还未足。孔子不用空虚无实的话,是因看自己果未完全,他实在忧愁。而且因为孔子有此谦卑的心,他实在可以做今世之标准。盖认己无足,是天国之窄门。乃以虚浮谄谀孔子,过于他自己所说的,是背逆孔子之本意。

子之燕居,申申如也,夭夭如也。

第四章　孔夫子闲居的时候,容貌是申申而安舒的模样,颜色是夭夭而和悦的模样。

子曰:“甚矣吾衰也!久矣吾不复梦见周公。”

第五章　孔夫子说："我的光景衰败得很了！我夜里已经长久不复梦见周公了。"周公名旦。

[第一节]子曰："志于道，[二节]据于德，[三节]依于仁，[四节]游于艺。"

第六章　[第一节]孔夫子说："学者该当定志于道，[二节]〇据守德，[三节]〇依从仁，[四节]〇游玩于艺。"六艺，是礼、乐、射、御、书、数。

子曰："自行束修以上，吾未尝无诲焉。"

第七章　孔夫子说："自最薄之礼物以上，人虽奉献只束修，我未尝不肯教诲他了。"

子曰："不愤不启，不悱不发，举一隅不以三隅反，则不复也。"

第八章　孔夫子说："学者若不发愤，我也不启开真理于他；若不能直讲出自己的意思，我也不解发他的难；若我把四角的事情告诉了他一角，并若他还不能从这一角裁夺那三角，我不再告诉他了。"

[第一节]子食于有丧者之侧，未尝饱也。[二节]子于是日哭，则不歌。

第九章　[第一节]孔夫子若在有丧者的旁边吃饭，他必不吃饱了。[二节]〇孔夫子若有一天吊丧哭泣，这一天之内，他必不歌唱了。

[第一节]子谓颜渊曰："用之则行，舍之则藏，唯我与尔有是夫！"[二节]子路曰："子行三军，则谁与？"[三节]子曰："暴虎冯河，死而无悔者，吾不与也。必也临事而惧，好谋而成者也。"

第十章　[第一节]孔夫子告诉颜渊说："倘若君相任用，就出来行道；倘若君相舍置不用，就隐藏不出，只我与你得到了此界！"[二节]〇子路听见了就说："倘若夫子统领三军，夫子愿叫谁人偕行呢？"[三节]〇孔夫子说："空手捉搏老虎，徒步渡河，看《诗经·小旻篇》第六节。死而不忧悔，这样的人，我不愿准他与我偕行。与我行者，临事之时他必要小心惧虑，必要好设筹谋，且必要有能干以成就其谋。"

子曰："富而可求也，虽执鞭之士，吾亦为之。如不可求，从吾所好。"

第十一章　孔夫子说："倘若财富以人力强求而必定可得的，连执鞭赶脚的人，我也愿意充当他；乃是因为财富不可以人力强求而必得的，所以我要跟从我所喜好的。"

子之所慎：齐，战，疾。

第十二章　孔夫子所最小心谨慎的事，是齐戒，是交战，是疾病。

子在齐闻《韶》，三月不知肉味。曰："不图为乐之至于斯也！"

第十三章　孔夫子在齐国闻听了虞舜氏的《韶》乐，他就三个月里头不知肉的滋味。他实在不吃肉。又说："以前我实在不想尽美尽善之乐，可以有这样大的功效！"看《论语·八佾第三》第二十五章、《卫灵公第十五》第十章。

第一节冉有曰："夫子为卫君乎？"子贡曰："诺。吾将问之。"二节入，曰："伯夷、叔齐何人也？"曰："古之贤人也。"曰："怨乎？"曰："求仁而得仁，又何怨。"出，曰："夫子不为也。"

第十四章　第一节冉有问子贡说："夫子偏袒卫君么？"卫君名辄。卫灵公的太子蒯聩，设了谋要杀其母南子，故此卫灵公赶逐他去国。卫灵公死了，国人就立蒯聩的儿子辄做卫君。晋国送蒯聩回国，而辄阻拦他。那时候，孔夫子正在卫国，故冉有疑惑孔夫子偏袒卫君。子贡说："是。我将问夫子。"二节〇子贡进去问说："商朝伯夷、叔齐是什么人呢？"伯夷、叔齐是孤竹君的两个儿子。他的父亲将死，遗命立叔齐。父亲死了，叔齐让伯夷，伯夷说，"父命也"，就逃走了。叔齐也逃走了。后来武王伐纣，伯夷、叔齐叩马而谏。武王灭商，伯夷、叔齐耻食周粟，就饿死于首阳山。孔夫子说："是古时候的贤人。"子贡问说："让国以后，他们怨悔了么？"孔夫子说："他们求了仁而得了仁，为什么该当怨悔呢？"子贡出来告冉有说："夫子不偏袒卫君。"孔子因赞美伯夷叔齐就责备卫君辄。

子曰："饭疏食饮水，曲肱而枕之，乐亦在其中矣。不义而富且贵，于我如浮云。"

第十五章　孔夫子说："吃粗饭，喝淡水，枕于弯曲的臂，虽然这样，我还有快乐在心里。不合义所得了豪富并荣贵，是于我如浮云一般。"

子曰："加我数年，五十以学《易》，可以无大过矣。"

第十六章　孔夫子说："天若加我数年，我要用五十以学《易》，这样我希望可以无有大过失了。"朱熹想"加"本是"假"，五十本是卒，意思就说，假若我还有数年，以完全学《易》之功，我就希望可以无有大过失了。〇无论从什么讲法，孔子以此句明认自己还有过失。可惜学《易经》恐怕不能救人免罪。

子所雅言，《诗》、《书》、执礼，皆雅言也。

第十七章　孔夫子所常论的，是《诗经》《书经》，并执守礼，这皆是他常论的。

第一节叶公问孔子于子路，子路不对。二节子曰："女奚不曰，其为人也，发愤忘食，乐以忘忧，不知老之将至云尔。"

第十八章　第一节叶县之尹叶公，叶，楚国的县也，他的官僭称公。问子路论孔夫子，子路不回应他。二节〇孔夫子说："为什么你不说，他是这样的人，他发愤以学以致忘了吃饭；并若得了所学的，他快乐以致忘忧愁；而且他不觉老年将到，这样可以说就是了。"

子曰："我非生而知之者，好古，敏以求之者也。"

第十九章　孔夫子说:“我不是生来有知的人,我是好古之人,并敏捷求知于古迹之中。”生而知之者,圣人也。

子不语怪、力、乱、神。

第二十章　孔夫子所不说的,是怪异,是勇力,是悖乱,是鬼神。看《论语·先进第十一》第十一章。

子曰:“三人行,必有我师焉。择其善者而从之,其不善者而改之。”

第二十一章　孔夫子说:“倘若两个人与我同行,我必可以用他们为我的师傅。我要拣择他们的善德而跟从他,并且他们所不善的我就要改变。”

子曰:“天生德于予,桓魋其如予何?”

第二十二章　孔夫子说:“天生了德于我,桓魋桓魋,宋大夫,名向魋。他怎么样可以害我吗?”德是从天而生的,人以自己的力,不能生德。天是上帝,其德是完全的,上帝就保护爱德之人。

子曰:“二三子以我为隐乎?吾无隐乎尔。吾无行而不与二三子者,是丘也。”

第二十三章　孔夫子说:“你们二三子疑惑我隐秘什么事于你们么?我实在不隐秘什么于你们。我所行的没有一处不指明于你们,我丘常做如此。”

子以四教:文,行,忠,信。

第二十四章　孔夫子所教训人的是四件:一、习文;二、躬行;三、存忠;四、主信实。

第一节子曰:“圣人,吾不得而见之矣;得见君子者,斯可矣。”二节子曰:“善人,吾不得而见之矣;得见有恒者,斯可矣。三节亡而为有,虚而为盈,约而为泰,难乎有恒矣。”

第二十五章　第一节孔夫子说:“圣人我不得看见了,倘若得见着一个君子,这可以了。”二节〇又说:“善人我不得看见了,倘若得见着有恒者,这可以了。三节〇本无能干而诈诧有能干,空虚而貌为盈满,贫约而装做侈泰的样子,若用这样假装就难得恒久了。”

子钓而不纲,弋不射宿。

第二十六章　孔夫子有时钓鱼而不用纲取鱼,有时弋飞鸟而不射宿鸟。

子曰:“盖有不知而作之者,我无是也。多闻择其善者而从之,多见而识之,知之次也。”

第二十七章　孔夫子说:“有人他们虽不知道什么,然妄做事,我不是这样。听闻多，并选择那善的，而且遵从这个善的；视见多，并记在心里，此于知为次等。”

第一节互乡难与言，童子见，门人惑。二节子曰：“与其进也，不与其退也，唯何甚！人洁己以进，与其洁也，不保其往也。”

第二十八章　第一节与互乡那个地方人难言善。有童子请见，孔夫子就见他，门人疑惑不该当见他。二节〇孔夫子说：“人若清洁自己而进来，我接他因为他清洁了自己，乃是我不保他往日所做的事。我准许他进来，乃是我不想他退去以后做怎样，为何我们该当这样甚严呢？”

子曰：“仁远乎哉？我欲仁，斯仁至矣。”

第二十九章　孔夫子说：“难道仁果远于人么？我若真欲仁，仁就近了。”

第一节陈司败问昭公知礼乎？二节孔子曰：“知礼。”孔子退，揖巫马期而进之，曰：“吾闻君子不党，君子亦党乎？君取于吴为同姓，谓之吴孟子。君而知礼，孰不知礼？”三节巫马期以告。子曰：“丘也幸，苟有过，人必知之。”

第三十章　第一节陈司败陈国的大夫。论鲁昭公，名稠。问孔夫子说：“他知道礼么？”孔夫子说：“他知道礼。”二节〇孔夫子离陈司败而退。陈司败就向孔夫子的学生巫马期作揖，叫他进前来，就对他说：“我听闻君子不偏党，难道君子也可以偏党么？他指孔夫子。鲁君娶吴国的女，吴君与鲁君同是姬姓，周礼，同姓百世婚姻不通。不说吴国的长女姓姬，却说吴国的长女姓子。子是宋国的姓。鲁君若是知道礼，谁人不知道礼呢？”三节〇巫马期把陈司败的话，告诉孔夫子。孔夫子说：“丘有幸，倘若我有过，人必知道。”

子与人歌而善，必使反之，而后和之。

第三十一章　孔夫子若与歌唱的人同在，并若他歌唱的是极善的，孔夫子必使令他反复再歌唱一回，而夫子自己依着他的节奏歌唱和答他。

子曰：“文，莫吾犹人也。躬行君子，则吾未之有得。”

第三十二章　孔夫子说：“论文学，我恐怕犹别人一样。躬行君子，我未得着了。”看《腓力比书》第三章十二节。

子曰：“若圣与仁，则吾岂敢？抑为之不厌，诲人不倦，则可谓云尔已矣。”公西华曰：“正唯弟子不能学也。”

第三十三章　孔夫子说：“若圣人并仁者，我安敢承当呢？乃我勉力追求而不厌，并且我训诲人而不倦，这是论我可以说的就是了。”公西华名赤，看《公冶长第五》第七章。闻听了说：“这正是我们众弟子们不能学的。”

子疾病，子路请祷。子曰：“有诸？”子路对曰：“有之。《诔》曰：‘祷尔于上下神祇。'"子曰:"丘之祷久矣。"

第三十四章　孔夫子有疾病很重的,子路请他准祷告于神。孔夫子说:"这是可以做么?"子路回答说:"可以做。《诔》书上说的:'祷尔于上下神祇。'"意思是我们祷告于你们上天之神,下地之祇。孔夫子说:"丘之祷久矣。"正面之意,就是我的祷告已经长久了。〇雷格氏著英文书《基孔道平心比评》,此书一百四十二页注:"孔子实在祷告。乃孔子不夸张他的祷告,是宥密默然祷告。"〇《四书通》又说:"不必以夫子之言,遂谓祷为无。"〇朱夫子的意思说:"祷者,悔过迁善,以祈神之佑也。"这样夫子是终身常祷告。

子曰:"奢则不孙,俭则固。与其不孙也,宁固。"

第三十五章　孔夫子说:"人若奢华,就容易有不逊顺的心。人若俭节,就容易有固陋的心。与其有不逊顺的心,宁可有固陋的心。"

子曰:"君子坦荡荡,小人长戚戚。"

第三十六章　孔夫子说:"君子是坦然荡荡,意思是安心乐意。小人常时是忧戚。"意思是忧愁、不宽舒。

子温而厉,威而不猛,恭而安。

第三十七章　孔夫子是温和而严厉的,有威而不刚猛的,恭敬而安舒的。

泰伯第八　凡二十一章。

子曰:"泰伯,其可谓至德也已矣!三以天下让,民无得而称焉。"

第一章　孔夫子说:"论泰伯,可以说他的德性是最高的!泰伯是周太王长子。太王三子,长是泰伯,次是仲雍,次是季历。太王之时,殷道衰而周日大,太王有剪殷朝的志意,而泰伯不情愿。太王之孙,季历的儿子,名昌,很有聪明,太王欲传位于昌,泰伯明白父亲的愿意,就甘心与仲雍弟郎去到了荆蛮,即是吴国。于是太王乃立季历,传至昌就是文王,而三分天下有其二,传至武王,遂克商而有了天下。他三回逊让天下,而百姓不知道他的因由,不能称赞他。"

第一节子曰:"恭而无礼则劳,慎而无礼则葸,勇而无礼则乱,直而无礼则绞。二节君子笃于亲,则民兴于仁;故旧不遗,则民不偷。"

第二章　第一节孔夫子说:"恭而无礼是劳动别人,慎而无礼是畏葸,勇而无礼是扰乱,直而无礼是绞。意思恐怕是阻误自己的计谋,或说急切太过,或说莽撞。二节〇在上位的君子,若笃厚他宗族之亲,百姓就兴发仁德之心;在上位的若不遗弃老友,百姓就可以不偷薄。"

曾子有疾,召门弟子曰:"启予足!启予手!《诗》云:'战战兢兢,如临深渊,如履薄冰。'而今而后,吾知免夫!小子!"

第三章　曾子有疾，召他的门弟子，对他们说："你们要启开衾看看我的足！要启开衾看看我的手！《诗经》说的：'《诗经·小旻》之篇。战战兢兢，战战是恐惧，兢兢是戒谨。如临深渊，如在深水边，恐坠落下去。如履薄冰。'如在薄冰上行走，恐怕陷下去。这样谨慎我保守了我父母所遗的身体。自今以后，我知道我幸免了伤身体之危险！小子阿！"学者可明缠足是什么大的罪。

第一节曾子有疾，孟敬子问之。二节曾子言曰："鸟之将死，其鸣也哀；人之将死，其言也善。三节君子所贵乎道者三：动容貌，斯远暴慢矣；正颜色，斯近信矣；出辞气，斯远鄙倍矣。笾豆之事，则有司存。"

第四章　第一节曾子有疾，孟敬子是鲁大夫，名捷，孟武伯的儿子，看《为政第二》第六章。来问他的病。二节〇曾子说："鸟将死的时候，鸣叫的声音是悲哀的；人将死的时候，所说的话是善的。三节〇君子所贵重的道有三件：一、动其容貌，要远去了暴慢的气；二、正其颜色，要近于信实；三、出言辞声气，要远去了鄙倍。乃是那笾豆的小事，有经管的有司，他们可以管这个。"孟敬子恐怕忘大事，就是修己之本分，烦琐那祭祀器物的小事。

曾子曰："以能问于不能，以多问于寡；有若无，实若虚，犯而不校，昔者吾友尝从事于斯矣。"

第五章　曾子说："自家已经能了，然还肯问于不能者；自家已经多了，然还肯问于寡少者。本是有了，然似乎无所有；本是充实的，然似乎虚空的；人触犯了他，然他不与他计校。不报无道，看《中庸》右第十章；又看孟子说的，"有人于此，其待我以横逆，则君子必自反也"，看《离娄章句下》第二十八章。从前我有一个朋友，这个朋友是颜渊。他跟从了这样的道理。"比较《哥林多后书》六章十节："似乎忧愁，却是常常快乐的；似乎贫穷，却是叫许多人富足的；似乎一无所有，却是无一不有的。"

曾子曰："可以托六尺之孤，可以寄百里之命，临大节而不可夺也。君子人与？君子人也。"

第六章　曾子说："倘若有一个人，六尺的孤君，大概是十五岁的。〇古尺照《经注集证》有七寸四分，所以古时六尺，是今尺四尺四分四秒。文王并叔梁纥，皆身长十尺。孔夫子九尺六寸，照今尺是七尺一分。可以付托他辅佐百里之国的政令，看《孟子·万章章句下》第二章第六节。可以寄与他总理，而且临了大变之节，不可以夺去其道。这样的人是君子么？是，实在是君子。"

第一节曾子曰："士不可以不弘毅，任重而道远。二节仁以为己任，不亦重乎？死而后已，不亦远乎？"

第七章 第一节曾子说："士子不可以不宽弘而强毅，因为他的任是重的，并且道路是远的。二节〇他看仁为自己的任，这任不是重的么？直到死方才止，所以这道路不是远的么？"看《礼记》卷九《表记》曰："仁之为器重，其为道远，举莫能胜也，行者莫能致也。"《小雅》曰："高山仰止，景行行止。"子曰："诗之好仁如此，乡道而行，中道而废，忘身之老也，不知年数之不足也。俛焉日有孳孳，毙而后已。"〇看《约翰福音》十九章三十节。

第一节子曰："兴于《诗》，二节立于礼，三节成于乐。"

第八章 第一节孔夫子说："兴发良心，行善恶恶之心。由于学诗；二节〇立定志意由于学礼；三节〇成就德性由于学乐。"看《述而第七》第十七章、《季氏第十六》第十三章、《阳货第十七》第九又第十章、《为政第二》第二章、《八佾第三》第二十章、〇《先进第十一》第一章、《子罕第九》第十四章、《述而第七》第十三章、《八佾第三》第二十五章、《泰伯第八》第十五章。〇善乐能够感化人心，《孟子·公孙丑章句上》第二章第二十七节。子贡说："闻其乐而知其德。"可惜今世中国之乐，多如郑国之淫声，看《卫灵公第十五》第十章。〇乃教会复兴那如《韶》尽善尽美之乐，而且与众乐乐，以善乐赞美上帝。这样的乐，真能感化人心，以成就德性。〇看《八佾第三》第二十五章、《孟子·梁惠王章句下》第一章第四节。

子曰："民可使由之，不可使知之。"

第九章 孔夫子说："庶民能使他们遵由理之当然，不能使他们知理之所以然。"

子曰："好勇疾贫，乱也。人而不仁，疾之已甚，乱也。"

第十章 孔夫子说："喜好勇敢，疾恶贫穷的人，他容易作乱。不仁的人，若疾恶他太甚，他也容易作乱。"

子曰："如有周公之才之美，使骄且吝，其余不足观也已。"

第十一章 孔夫子说："虽然人的才能如周公一样美好，倘若他骄傲并且吝啬，他所余的才能，实在不足观看了。"

子曰："三年学，不至于谷，不易得也。"

第十二章 孔夫子说："三年学习，而志意不向于禄，朱注：谷，是禄；至，是志。这样人不容易可得的。"

第一节子曰："笃信好学，守死善道。二节危邦不入，乱邦不居。天下有道则见，无道则隐。三节邦有道，贫且贱焉，耻也；邦无道，富且贵焉，耻也。"

第十三章 第一节孔夫子说："君子是笃于信并好学，执守至死以善其道。二节〇倾危的邦国他不入，悖乱的邦国他不居。天下有道的时候，他就出见；是做官。天下无道的时候，他就隐居。乃孟子说："古之人，未尝不欲仕也。"又说："孔子三月无君，则皇皇如也。"看《滕文公章句上》第三章。〇隐，不是隐藏怕死的意思，只是隐居不做官，乃是他也肯以身殉道。看《孟子·尽心章句上》第四十二章。〇鸟兽不可与同群,吾非斯人之徒与而谁与?天下有道,丘不与易也。〇君子之仕也,行其义也;道之不行,已知之矣。看《微子第十八》第六、七章。〇志士仁人,无求生以害仁,有杀身以成仁。看《卫灵公第十五》第八章。三节〇邦国有道的时候,若他是贫穷并且卑贱,那是可羞耻的;邦国无道的时候,若他是富足并且贵显,那是可羞耻的。"

子曰:"不在其位,不谋其政。"

第十四章　孔夫子说:"人若不居那个位,他也不该当图谋那位的政事。"

子曰:"师挚之始,《关雎》之乱,洋洋乎!盈耳哉。"

第十五章　孔夫子说:"师挚鲁国的乐师,名挚。在鲁国做乐官的始初,我听他作乐,到了《关雎》《诗经》篇名。的卒章,他的声音实在是美盛洋洋的盈满耳朵,满心欢喜的。"这句有证,古乐与中国现在的乐有分别的。

子曰:"狂而不直,侗而不愿,悾悾而不信,吾不知之矣。"

第十六章　孔夫子说:"有狂性而且另外不正直的人,倥侗(就是愚蠢的)而且另外不谨愿的人,悾悾无能干而且另外不信实的人,我不知道这样的人是什么样呢?"

子曰:"学如不及,犹恐失之。"

第十七章　孔夫子说:"你们该当学好似不能及到,而且好似常常恐惧失落所学的。"

子曰:"巍巍乎!舜、禹之有天下也,而不与焉。"

第十八章　孔夫子说:"巍巍乎(就是高高的样子)!虞舜氏、夏禹王有了天下,而他们不特意求得天下。"

第一节子曰:"大哉尧之为君也!巍巍乎!唯天为大,唯尧则之。荡荡乎!民无能名焉。二节巍巍乎!其有成功也;焕乎,其有文章!"

第十九章　第一节孔夫子说:"大哉,尧之做皇帝也!巍巍乎!唯天是大的,惟尧是相似的。荡荡乎广远的,民不能名言他的德性。二节〇巍巍乎(就是高高的)!他所有的成功;焕然(就是光耀的),他所有的文章!"是礼乐法度。

第一节舜有臣五人而天下治。二节武王曰:"予有乱臣十人。"三节孔子曰:"才难,不其然乎?唐、虞之际,于斯为盛。有妇人焉,九人而已。四节三分天下有其二,以服事殷。周之德,其可谓至德也已矣。"

第二十章　第一节从前虞舜氏有五个大臣,就是禹、稷、契、皋陶、伯益。而天下就平治了。二节〇武王说:"予有乱臣十人。"这一句话在《书经·泰誓篇》,意思说我有拨乱的臣子十个人：一周公、二召公、三太公望、四毕公、五荣公、六太颠、七闳夭、八散宜生、九南宫适、十邑姜（就是武王的王后）。三节〇孔子说："人才难得的，那句话不是实在的吗？自唐尧、虞舜之时，人才在这周朝最盛，就是十个人，武王比舜有多。然有一个妇人在其中，实在只是九个人。四节〇文王天下三分已经有了二分，然他远是服事殷朝，周朝文王的德，可以说是最大的。"看《泰伯第八》第一章；又看《约翰福音》第六章第十五节："耶稣知道众人要来强逼他作王，就离开他们，又独自上山去了。"又看第十八章三十六节。

子曰："禹，吾无间然矣。菲饮食，而致孝乎鬼神；恶衣服，而致美乎黻冕；卑宫室，而尽力乎沟洫。禹，吾无间然矣。"

第二十一章　孔夫子说："夏禹王，我没有一点间隙可以责他。他的饮食虽是菲薄的，然他发见最孝顺之心于鬼神；他的衣服虽是粗恶的，然他穿最华美之黻，黻，是蔽膝，以熟皮为之，祭祀的时候所穿的。戴最华美之冕；冕，是帽子，祭祀时所戴的。他的宫室是卑小的，然他竭尽他的心力于井里的沟、成里的洫。《周礼》匠人职，九夫为井，井间有沟，十里为成，成间有洫，洫深广皆八尺，沟半之。夏禹王我没有一点间隙可以责他！"

论语集注卷五

子罕第九 凡三十章。

子罕言利与命与仁。

第一章 孔夫子所少说的是利，而且天命，而且仁。

第一节达巷党人曰："大哉孔子！博学而无所成名。"二节子闻之，谓门弟子曰："吾何执？执御乎？执射乎？吾执御矣。"

第二章 第一节达巷党里的人说："达巷，是党的名，五家为比，四比为闾，五闾或是五百家为党。大哉孔子！他的学问是广博的，乃是他没有法子成名。"二节〇孔夫子听见了，就对门徒说："我该当专执那一件事为成名呢？我该当做御者呢？或是做射者呢？我想我要做御者了。"孔夫子用讥讽的话。

第一节子曰："麻冕，礼也；今也纯，俭。吾从众。二节拜下，礼也；今拜乎上，泰也。虽违众，吾从下。"

第三章 第一节孔夫子说："用麻布做的冕，是古时候的礼；现在他们用纯，纯，是丝。用纯比用麻布的是省俭些，我也从众人。分别不要紧，另外便宜，所以孔子从众。二节〇臣拜君在堂下，是古时候的礼；现在臣子拜君都在堂上，是骄泰的。我虽是违背众人的新法，我还从拜下的礼。"

子绝四：毋意，毋必，毋固，毋我。

第四章 孔夫子屏绝四件：一、他毋偏执之意，二、毋必定之谋，三、毋固执之志，四、毋私我之心。

第一节子畏于匡。二节曰："文王既没，文不在兹乎？天之将丧斯文也，后死者不得与于斯文也；三节天之未丧斯文也，匡人其如予何？"

第五章 第一节孔夫子在匡，匡，地名。阳虎曾暴于匡，夫子貌似阳虎，故匡人围之。有戒畏的心。[二节]〇孔夫子说:“文王既没了以后,文明之道不就在我这里么?[三节]〇假如天欲丧这个文,意思是若天欲丧我。后死的人,意思是后我而死的人。就不得受这个文;既然天不欲丧这个文,所以匡人于我可以做什么?”天,是上帝。不但是理,理不能保护人,明矣。〇耶稣说:“我不是独自在这里,还有父同我在一处。”看《约翰》十六章三十二节。

[第一节]大宰问于子贡曰:“夫子圣者与?何其多能也?”[二节]子贡曰:“固天纵之将圣,又多能也。”[三节]子闻之,曰:“大宰知我乎!吾少也贱,故多能鄙事。君子多乎哉?不多也。”[四节]牢曰:“子云:‘吾不试,故艺。’”

第六章 [第一节]太宰问于子贡说:“太宰,官民,或是吴国的人,或是宋国的人。夫子恐怕是圣人么?他的才能怎么这样多呢?”[二节]〇子贡对他说:“实在天放纵他,施恩付他无限量。将近是圣人又另外他有多才能。”[三节]〇孔夫子听见了就说:“太宰知道我么?我少年之时是卑贱的,故此我有多才能,乃是这都是鄙琐的事,难道君子必须才能多么?不须多。”[四节]〇孔夫子的学生牢说:“牢,姓琴,字子开。我听见我们的夫子说:‘我因为没有试用,故此我通材艺。’”

子曰:“吾有知乎哉?无知也。有鄙夫问于我,空空如也,我叩其两端而竭焉。”

第七章 孔夫子说:“我有知识么?不是,我实在没有知识。若有一个鄙夫来问什么于我,虽然他是如空空的人一样,我也只能叩击他所问的事情的两头,我的能力就竭尽了于此。”意思是,我不能推测到底,我的见识是卑浅的。朱夫子注,孔夫子虽说自己无知,然若鄙夫来问,孔子教训他许多道理。孔子的本意,不是那样,本文下段正是上段的凭据。照朱注,则下段与上段成为两橛。

子曰:“凤鸟不至,河不出图,吾已矣夫!”

第八章 孔夫子说:“凤鸟不来了,凤是凤凰,舜时来仪,文王时鸣于岐山。河中也没有龙马负图而出,河中龙马负图,伏羲时出。我的道是罢休了!”

子见齐衰者、冕衣裳者与瞽者,见之,虽少必作;过之,必趋。

第九章 孔夫子倘若看见齐衰有丧的人,或看见戴冕穿衣裳的官,并且倘若看见瞽目的人,虽然他们是少年的人,若看见他们向他来,孔夫子必定要站起来。而且若孔夫子须要经过他们,他必疾趋而过。

[第一节]颜渊喟然叹曰:“仰之弥高,钻之弥坚;瞻之在前,忽焉在后。[二节]夫子循循然善诱人,博我以文,约我以礼。[三节]欲罢不能,既竭吾才,如有所立卓尔。虽欲从之,末由也已。”

第十章 [第一节]颜渊喟然叹息说:“我仰望夫子的道,而其道上升越高,我钻研其道,而他好似越坚固。我瞻看其道在我面前,而忽然他在后头。[二节]〇夫子循循然就是一步一步的。引诱人，他广博我的见识以文，约束我的身心以礼。三节〇若我欲罢休，我就不能；若我竭尽了我的才力，我就觉如还有所立之卓然在面前。我虽欲从之，我实在不能用我的力。”诚哉此言也！颜渊是孔夫子最好的门徒，若是他不能体孔子的道，谁人能体呢？人有罪，都弃舍了正路，没有行善的，连一个也没有。

第一节子疾病，子路使门人为臣。二节病间，曰：“久矣哉，由之行诈也，无臣而为有臣。吾谁欺？欺天乎？三节且予与其死于臣之手也，无宁死于二三子之手乎？且予纵不得大葬，予死于道路乎？”

第十一章　第一节孔夫子有疾病，子路使门人冒为家臣治丧事。二节〇孔夫子病稍好，知道了这件事，说：“久矣哉，由阿，他行诈伪的事，我没有家臣而若我冒为有家臣，这样我要欺哄谁呢？难道我要欺哄天呢？三节〇况且比于家臣之手中死，不宁可死于二三子之手中么？而且我纵然不得大葬，难道因此我就似如死了于道路上么？”意思说，虽不用大葬，若用中等葬法，还不要羞耻怕人看我如路莩一样。

子贡曰：“有美玉于斯，韫椟而藏诸？求善贾而沽诸？”子曰：“沽之哉！沽之哉！我待贾者也。”

第十二章　子贡说：“有一个美玉在这里，我该当把他韫置于柜而收藏么？或是该当访求昂贵的价目而沽卖么？”孔夫子说：“你必定沽卖，必定沽卖！只是我想该当俟待一个奉真价的人来。”这是论道理说的。

第一节子欲居九夷。二节或曰：“陋，如之何？”子曰：“君子居之，何陋之有？”

第十三章　第一节孔夫子欲去到九夷居住。东方之夷有九种。二节〇或人说：“他们是僻陋的人，怎么样夫子可以去到他们么？”孔夫子说：“若君子居住在他们中间，怎么他们还有什么僻陋么？”因为君子能变化其僻陋。

子曰：“吾自卫反鲁，然后乐正，《雅》《颂》各得其所。”

第十四章　孔夫子说：“我从卫国反于鲁国，鲁哀公十一年冬，孔子自卫反鲁，是年孔子六十八岁。然后乐章被订正了，《雅》《诗经》中有《大雅》，有《小雅》，朝廷用的。《颂》《诗经》中有《周颂》《鲁颂》，宗庙用的。各得其所而不杂乱。”

子曰：“出则事公卿，入则事父兄，丧事不敢不勉，不为酒困，何有于我哉？”

第十五章　孔夫子说：“出而在朝廷事奉公卿，入而在家庭事奉父兄，倘若临了丧事不敢不勉力，饮酒不至迷困，这几件事我有那一件呢？”

子在川上，曰：“逝者如斯夫！不舍昼夜。”

第十六章　孔夫子在川旁边，说：“水逝去如此，昼夜不停止！”孔子看大河，就默想道，天地之化像大河，人之生命也如大河，从那里来，到那里去。人之生命也有根源，也有所归。

子曰："吾未见好德如好色者也。"

第十七章 孔夫子说："我未看见一个人好德如好色一样。"学者可明孔夫子晓得人有罪。

子曰："譬如为山，未成一篑，止，吾止也；譬如平地，虽覆一篑，进，吾往也。"

第十八章 孔夫子说："为学可以譬如堆土为山，为山，是筑堤之类。未成了功的时候，虽只一篑土缺少了，若我止了工，所止的缘故到底是在我身上；又譬如填平那地，地本来有凸凹，担负土来填平之。虽填覆了只一篑土，此前进也是在我身上。"学者或退缩，或前进，是归自己作主。虽一天不能多见功，要天天前进，有恒心到终。

子曰："语之而不惰者，其回也与！"

第十九章 孔夫子说："若我讲什么事，那不怠惰的人，不是回么？"回，是颜渊。

子谓颜渊，曰："惜乎！吾见其进也，未见其止也。"

第二十章 孔夫子论颜渊说："惜乎！这个人阿，我看见他前进，我未曾看见他停止。"颜渊去世之后说的。

子曰："苗而不秀者有矣夫！秀而不实者有矣夫！"

第二十一章 孔夫子说："发了苗而不秀穗，有这个事。发了秀穗而不结实，有这个事。"意思是开工而不成功，是无用的。学者该当有恒心到终。〇耶稣论天国，用比喻说："地土先发苗，后长穗，再后穗上结满了谷实。"《马可福音》第四章二十八节。

子曰："后生可畏，焉知来者之不如今也？四十、五十而无闻焉，斯亦不足畏也已。"

第二十二章 孔夫子说："少年的后生，后生是先生的对面，看《为政第二》第八章。实在该当用敬畏的心待他，因为安知道他将来不如我今日么？只是若一个人到了四十、五十岁的时候而无一点声闻，这样的人就不堪受敬畏了。"路得是德国改正教的名士，年少的时候，他有一个先生特勒玻尼，这个先生天天入学堂的时候，他脱帽为学生作揖。朋友问他为什么做这样？他就说在这小孩子中间，有几个孩子，上帝将来要举他们做博士、做名儒、做显官，虽现在我们还不能看见他们将来所穿的华衮，然我们该当用敬畏之心待他们。这个事与孔子那句话相合，女孩子也该当待他们这样。

子曰："法语之言，能无从乎？改之为贵。巽与之言，能无说乎？绎之为贵。说而不绎，从而不改，吾末如之何也已矣。"

第二十三章 孔夫子说："人若听闻了如法律严正之言，他能够不允从么？乃是改变是宝贵的。婉巽的言，人能够不喜悦么？乃是寻绎意思是宝贵的。倘若人喜悦，却不寻绎意思，倘若人允从，却不改变自己，这样的人我不晓得当待他怎样呢？"

子曰："主忠信，毋友不如己者，过则勿惮改。"

第二十四章　孔夫子说:“人该当以忠心为主,以信实为主。朋友若不如自己,人不当交接与他们。有了过失,就不要畏惮悔改。”重出,与《学而第一》第八章相同。

子曰:“三军可夺帅也,匹夫不可夺志也。”

第二十五章　孔夫子说:“三军的将帅,人可以夺他;乃是一匹夫的志意,人不可以夺他。”

第一节子曰:“衣敝缊袍,与衣狐貉者立,而不耻者,其由也与?二节‘不忮不求,何用不臧?’”三节子路终身诵之。子曰:“是道也,何足以臧?”

第二十六章　第一节孔夫子说:“穿敝坏的缊袍,缊是杂用枲麻以著袍。和穿狐貉的人,狐貉,是用狐貉之皮做的皮袄。立在一处,而不羞耻。只由能够这样。二节〇‘不忮忮是妒忌。不求,何用不臧?’”这两句在《诗经·卫风·雄雉》之篇,意思是不妒忌人而忮害,不耻己之无而贪求。这样的人,何行不善呢?三节〇子路常常诵这两句,孔夫子就对他说:“这个不忮不求的道理,还是不足以尽善。”

子曰:“岁寒,然后知松柏之后凋也。”

第二十七章　孔夫子说:“到了岁寒的时候,然后我们知道松树、柏树不凋落。”意思是患难的时候,可以认实在忠心的朋友。

子曰:“知者不惑,仁者不忧,勇者不惧。”

第二十八章　孔夫子说:“知者不疑惑,仁者不忧愁,勇者不惧怕。”看《宪问第十四》第三十章。雷格氏注说:“只以倚赖上帝,人能有这三样。”

子曰:“可与共学,未可与适道;可与适道,未可与立;可与立,未可与权。”

第二十九章　孔夫子说:“与所能共学的人,未能允诺他已经能够适道;与所能适道的人,未能允诺他已经建立;与所能建立的人,未能允许他能从权。”就是权衡事情。〇上文之讲法,大概的意思,从法国教士古危勒儿以法文又腊丁文所翻的四书。

第一节“唐棣之华,偏其反而。岂不尔思?室是远而。”二节子曰:“未之思也,夫何远之有?”

第三十章第一节“唐棣之华,郁李树上的花。偏其反而。偏侧反转而摇动。岂不尔思?花仿佛有情,何况我岂不满心思想尔。室是远而。”可惜你的室家是远的。〇这是逸诗。二节〇孔夫子引这逸诗,论道说:“人不思想道,这就是那个毛病。何为是远的么?”比较《述而第七》第二十九章:“难道仁果远于人么?我若真欲仁,仁就近了。”

乡党第十　**杨氏曰:“圣人之所谓道者,不离乎日用之间也。故夫子之平日,一动一静,门人皆审视而详记之。”尹氏曰:“甚矣,孔门诸子之嗜学也!于圣人之容色言动,无不谨书而备录之,以贻后世。今读其书,即其事,宛然如圣人之在目也。虽然,圣人岂拘拘而为之者哉?盖盛德之至,动容周旋,自中乎礼耳。学者欲潜心于圣人,宜于此求焉。”旧说凡一章,**

今分为十七节。

乡党第十篇

第一节孔子于乡党，恂恂如也，似不能言者。二节其在宗庙朝廷，便便言，唯谨尔。

第一章 第一节孔夫子于乡党的时候，有恂恂如的模样，好似不能说许多话。二节〇他在宗庙里与在朝廷的时候，便便而辨论，只有谨慎的样子。

第一节朝，与下大夫言，侃侃如也；与上大夫言，訚訚如也。二节君在，踧踖如也，与与如也。

第二章 第一节孔夫子在朝，国君未曾视朝的时候。和下大夫言语，侃侃如而刚直；和上大夫言语，訚訚如而和悦。訚訚和悦而诤也。二节〇国君视朝的时候，孔夫子有踧踖是恭敬不宁之貌。如的模样，有与与是威仪中适之貌。如的模样。

第一节君召使摈，色勃如也，足躩如也。二节揖所与立，左右手。衣前后，襜如也。三节趋进，翼如也。四节宾退，必复命曰："宾不顾矣。"

第三章 第一节国君召孔夫子使令他做摈，摈是接宾的官。孔夫子听闻了君命，颜色就是勃如的模样，勃，变色貌。两只脚就是躩如的模样。躩如，是盘旋曲折的意思。二节〇孔夫子与所同为摈而站立的人拱揖，宾入库门外，就是大门，直阑西、北面，介就是宾的随员，以次序立西北、东面，每介相去三丈六尺。主君出接，立于库门之外，直阑东、南面。摈以次序立于东南、西面，每摈相去三丈六尺，末摈与末介相对，东西相去亦三丈六尺。主君命上摈请问来故，上摈传至承摈，承摈传至末摈，末摈传至末介，末介以次序传至上介，至于宾。宾命上介复命，复以次序传至上摈，而至主君，然后主君迎宾入门。〇孔夫子做承摈。与左边人拱揖，手就向左；揖左边人，是传命而出。与右边人拱揖，手就向右。揖右边人，是传命而入。看他的衣服前面后面，襜如而整齐。三节〇孔夫子疾趋而进，主请宾入，为摈者从其后趋入以有事。他的两手张开而高拱，像鸟舒开羽翼。四节〇宾退去的时候，孔夫子必定复命说："宾已去远不回头顾视了。"

第一节入公门，鞠躬如也，如不容。二节立不中门，行不履阈。三节过位，色勃如也，足躩如也，其言似不足者。四节摄齐升堂，鞠躬如也，屏气似不息者。五节出，降一等，逞颜色，怡怡如也。没阶趋，翼如也。复其位，踧踖如也。

第四章 第一节孔夫子入第一重公门，就是库门。鞠躬如也，曲身的样子，就像门不能容纳。二节〇孔夫子站立不中于门，中于门，是当枨阑之间，君门中央有阑，两旁有枨。〇阑当中碍门者，今城门有之。他行走不践履阈。阈，是门限。三节〇孔夫子走君的虚位那里经过，虚位，是宁，在门屏之间，国君宁立之处。颜色是勃如而变动，两只足躩如而盘旋，他说话似不足的模样。四节〇提摄着齐齐是衣服下缝，两手抠衣，使离地一尺，恐上阶时踏着。升堂，鞠躬如也，屏藏着气似不呼吸的模样。五节〇孔夫子由堂而出，降下了一层阶，逞放颜色，怡怡如而和悦。走完了阶之层级，他趋走的模样，有翼如的样子。复到了堂下的位，他还是踧踖如的样子。踧踖，是恭敬不宁之貌。

第一节执圭，鞠躬如也，如不胜。上如揖，下如授。勃如战色，足蹜蹜，如有循。二节享礼，有容色。三节私觌，愉愉如也。

第五章 第一节孔夫子到了邻国，执持着圭，孔夫子为君聘于邻国，行礼的时候，就执持着圭。弯曲身子，鞠躬如也，像拿不动，手与心齐。稍高而上，如和人拱揖；稍低而下，如授物与人。勃然变色如临战之色，两只足是蹜蹜的模样，蹜蹜，是举足促狭。如循物而走。略举足之前趾，拖曳足之后跟，不离地也。二节〇孔夫子享献礼物于邻国之君，鲁君所备的礼物。面上有容色而和蔼。三节〇孔夫子以私礼，自己备的礼物。见邻国之君，面上愉愉如而和悦。

第一节君子不以绀緅饰。二节红紫不以为亵服。三节当暑，袗絺绤，必表而出之。四节缁衣羔裘，素衣麑裘，黄衣狐裘。五节亵裘长，短右袂。必有寝衣，长一身有半。六节狐貉之厚以居。七节去丧，无所不佩。八节非帷裳，必杀之。九节羔裘玄冠不以吊。十节吉月，必朝服而朝。

第六章 第一节君子就是孔子。不用绀色是鸦青色。緅色是绛色。做衣服的饰。饰，是领缘。〇绀色，是齐服用的。孔夫子因为像齐时所穿的，所以不用绀色。緅色，是丧服用的，孔子因为像有丧时所穿的，所以不用緅色。二节〇红色紫色不用做私亵之衣服。因为是不正的闲色。〇正色，是青、黄、赤、白、黑。三节〇当暑热的时候，他穿袗单的，或是絺，或是绤，絺是细葛布，绤是粗葛布。必表而显出絺绤于外。先穿里衣，葛衣穿在里衣的外边，欲不看见身体。四节〇用缁黑的单衣加裼于羔裘，是黑羊皮袍，朝觐的时候所穿的衣服。用缟素的单衣加裼于麑裘，是白鹿皮袍，聘享时所穿的衣服。用黄色单衣加裼于狐裘。是黄狐皮袍，腊祭时所穿的衣服，用单衣加于皮袍之上，颜色必要相等。五节〇私亵所穿之裘是长的，右手之袂是短促的。袂，是袖，短促因为作事方便。〇本文之六节，看第七章之二节。六节〇狐貉貉，是兽。温厚的皮，他用以做私居之服。七节〇若在除去丧服的时候，德佩事佩的物件，他没有不佩带。德佩，是佩玉，所以比德；事佩，是刀砺之属，所以预备用的。八节〇倘若非是帷裳，帷裳，是用正幅，如帷帐一般，是朝祭的时候所穿的衣服。必杀之。意思是必斜裁其幅而倒合之，使上狭下阔，以就腰而有杀缝也，不杀则有摺，杀则没有摺。九节〇羔裘羔羊皮袍，上朝的时候所穿的。玄冠，黑色帽子，祭祀时戴的。他不用了吊丧。十节〇每月初一日，他必定着朝服而朝见国君。孔夫子连不做官的时候，也做这样。

第一节齐，必有明衣，布。二节齐，必变食，居必迁坐。

第七章 第一节齐戒的时候，他必定有明衣，明，是明洁身体的意思，齐戒必定沐浴。沐浴毕了，就穿明衣。是布做的。布，素也。用布，所以表明齐素之心。二节〇齐戒必定有寝衣，齐戒的时候，睡觉不该当解去衣服，又不该当穿明衣，所以必有寝衣。长与一身有半相等。其半是遮覆足的。〇这一节，原本在亵裘长短右袂之下，今移在这里。三节〇齐戒必定要改变饮食，不饮酒，不吃荤等类。居处必定要迁移平时的坐位。有齐室。

第一节食不厌精，脍不厌细。二节食饐而餲，鱼馁而肉败，不食。色恶，不食。臭恶，不食。失饪，不食。不时，不食。三节割不正，不食。不得其酱，不食。三节肉虽多，不使胜食气。惟酒无量，不及乱。五节沽酒市脯不食。六节不撤姜食。七节不多食。八节祭于公，不宿肉。祭肉不出三日。出三日，不食之矣。九节食不语，寝不言。十节虽疏食菜羹，瓜祭，必齐如也。

第八章　第一节孔夫子的饭他不厌精，脍他不厌细。牛羊鱼肉，切之为脍。〇饭养身，道理养心，所以德国教士花君之安著一部书，书名是《经学不厌精》。二节〇饭倘若败饐，饭伤热湿。并且滋味餲了，餲，是味变，鱼倘若馁烂了，并且肉倘若败坏了，这样孔子不吃。倘若颜色丑恶，他不吃。倘若气臭丑恶，他不吃。失了烹饪之节，他不吃。不合时的果，他不吃。三节〇割肉倘若不方正，他不吃。倘若一个物不得其酱，他就不吃。酱不是一种，吃那个物，就用那种酱。如吃鱼脍就用芥酱，吃麋腥就用醢酱等类。四节〇肉虽然有多，他不准肉胜过了谷食的气。食，就是饭，他不吃肉多于饭。只是论饮酒他没有一定的限量，乃是他不及于昏乱。五节〇沽买的酒，市买的脯，脯、是肉。孔夫子不吃。恐怕有一点坏了。六节〇孔夫子每食不撤去生姜。姜，通神明，去秽恶。七节〇孔夫子不多食。看《阳货第十七》第二十二章。八节〇助祭于公之太庙所得之肉，孔夫子不守过宿。就是一夜。家中自己祭祀的肉，他收置不过三日。若过了三日，他不吃这个肉。九节〇孔夫子当食的时候不商量，当寝卧的时候不说话。十节〇虽然是疏食菜羹，疏食，是粗饭；菜羹，是菜汤。孔夫子必定拿一点做祭礼，而且必有斋戒的样子。斋戒是恭敬的样子。〇朱夫子注："瓜是必。"有什么凭据呢？余想原文不能有两个必字，本来的意思恐怕是孔子虽只有粗饭菜汤，而且只有一个瓜为祭，然他甘心顺服贫穷的境遇。他必斋如也，就是他当斋戒禁食的样子。

席不正，不坐。

第九章　席若不正，他就不坐。

第一节乡人饮酒，杖者出，斯出矣。二节乡人傩，朝服而立于阼阶。

第十章　第一节孔夫子和乡人饮酒的时候，若杖者出去，杖者，是拄杖的老人。孔夫子就跟随他们而出。杖者未曾出，他不敢先出；杖者既出，他不敢迟延不出。二节〇乡人举行大傩之礼，在季冬的时候，乡人大傩以逐疫。〇《周礼》："方相氏，掌蒙熊皮，黄金四目，玄衣朱裳，执戈扬盾，帅百隶而时傩，以索室驱疫。"孔夫子就穿朝服而站立于阼阶。是东阶。〇《礼记·郊特牲》曰："乡人禓，夫子朝服立于胙，存室神也。"〇禓字与傩字同意。孔夫子不喜欢他们的喧哗，乃是振作威仪站立，准他们随意行这事。

第一节问人于他邦，再拜而送之。二节康子馈药，拜而受之。曰："丘未达，不敢尝。"

第十一章　第一节差遣使者向邻邦问候友人的时候，孔夫子两回拜而送使者。好像看见友人一般。二节○季康子差人馈送药于孔夫子，孔夫子拜而领受，说："丘未通达药性，不敢尝。"不知药性，所以不敢饮。

厩焚。子退朝，曰："伤人乎？"不问马。

第十二章　厩就是马房，国君之厩，有二百十六匹马。乃是这个恐怕是孔夫子的马房，因为那退字。被焚烧了的时候，孔夫子自朝退回就问说："有人被伤了么？"他不问马。

第一节君赐食，必正席先尝之；君赐腥，必熟而荐之；君赐生，必畜之。二节侍食于君，君祭，先饭。三节疾，君视之，东首，加朝服，拖绅。四节君命召，不俟驾行矣。

第十三章　第一节倘若国君赐送食物于孔子，孔子必铺正席位自己先尝食；而后他分给于人。倘若国君赐送腥肉，孔子必煮熟而献荐于祖宗；倘若国君赐送生牲，孔夫子必畜养他。二节○孔夫子同国君吃饭的时候，国君行祭礼，孔夫子就先尝各种食物。先尝各种食，是膳夫的本分，孔子自卑。三节○孔夫子有疾，倘若国君来视看他，孔夫子寝卧首向东方，把朝服加盖于身，并且拖引绅于朝服的上面。绅，是大带之垂者。○病者常居北牖下，为君来，则移向南牖下，首向东方，叫国君得以南面。四节○若国君的命令召孔夫子，孔夫子就不俟待驾车而步行。

入太庙，每事问。

第十四章　孔夫子入了周公的太庙，每事件他皆细问。看《八佾第三》第十五章。

第一节朋友死，无所归。曰："于我殡。"二节朋友之馈，虽车马，非祭肉，不拜。

第十五章　第一节朋友死了的时候，若他无所依归，若无人承管。孔夫子说："殡殓他是在于我。"二节○朋友所馈送的物件，虽然是车马，倘若不是祭祀的胙肉，孔夫子领受之而不拜。因为朋友有通财之义。

第一节寝不尸，居不容。二节见齐衰者，虽狎，必变。见冕者与瞽者，虽亵，必以貌。三节凶服者式之。式负版者。四节有盛馔，必变色而作。五节迅雷风烈，必变。

第十六章第一节孔夫子寝卧的时候，不躺卧像死人一般。死人背靠床褥，人该当睡觉在右边侧卧。居家的时候，孔夫子不特意拘礼容。他放心随意，不拘礼貌。二节○孔夫子若看见齐衰有丧的人，虽然他是亲狎的人，狎，是亲近。孔夫子必定改变面色。若看见戴冕的官，并且看见瞽目的人，虽这个人有亵秽的衣服，亵，是衣服，不是地方。看《康熙字典》。然孔子必以礼貌待他。论瞽目的，比较《子罕第九》第九章，又看《卫灵公第十五》第四十一章。孔子待瞎子以礼貌，孔子的门徒，也该当帮助他们。三节○若看见穿凶服的人，孔夫子必式之。式，是车前横木，古人坐车的时候，若愿互相行礼，他们就俯首向横木。若看见负版的人，孔夫子也式之。版，是户籍。《周礼》司民掌登万民之数，自生齿以上，皆书于版。岁登下其死生，及三年大比，以万民之数诏司寇。司寇献其数于王，王拜受之，登于天府。四节〇主人有盛美之肴馔，孔夫子必变色而作起。恭敬谢主人之礼。五节〇若迅疾有雷，或若有暴烈之风，孔夫子必定惊变。《易经》说："洊雷震，君子以恐惧修省。"

第一节升车，必正立执绥。二节车中，不内顾，不疾言，不亲指。

第十七章　第一节孔夫子升车的时候，必定端正站立而执绥。绥，是挽以上车之索也。二节〇孔夫子坐在车中的时候，不回头向内而顾看，不疾速说话，不亲手指物。

第一节色斯举矣，翔而后集。二节曰："山梁雌雉，时哉！时哉！"子路共之，三嗅而作。

第十八章　第一节有一个鸟看见人的面色，就立刻举飞，翱翔而后集下。二节〇孔夫子说："山中桥梁的雌雉，就是野鸡。他懂得时务！他懂得时务！"子路就共向野鸡。他就向子路嗅三回而作起。《石经》改嗅字为戛，就是三回作声。〇有人以"共之三"为一句，三字下作点。注解子路共之三回，就是想想这个事三回，而后作叹息声而去。

论语集注卷六

先进第十一　此篇多评弟子贤否。凡二十五章。胡氏曰："此篇记闵子骞言行者四，而其一直称闵子，疑闵氏门人所记也。"

第一节子曰："先进于礼乐，野人也；后进于礼乐，君子也。二节如用之，则吾从先进。"

第一章　第一节孔夫子说："先进，就是前辈的人，于礼乐，今人评论他们是野人；后进，就是后辈的人，于礼乐，今人评论他们是君子。先进，指文、武、成、康时人。后进，指周末时人。先进于礼乐，文质得宜，今反谓这质朴而以为野人。后进之于礼乐，文过其质，今反谓之彬彬而以为君子。二节〇若我用礼乐，我跟从先进的人。"

第一节子曰："从我于陈、蔡者，皆不及门也。"二节德行：颜渊、闵子骞、冉伯牛、仲弓。言语：宰我、子贡。政事：冉有、季路。文学：子游、子夏。

第二章　第一节孔夫子说："跟从我于陈、蔡的人，现今皆不入我的门。"孔子受厄于陈、蔡之间，所以记念受患难之众弟子。〇陈是河南省的陈州，蔡是汝宁。看十八省的图。二节〇以德行出众的有四个：一颜渊，二闵子骞，名损。三冉伯牛，四仲弓。以言语出众的有两个：一宰我，二子贡。以政事出众的：一冉有，二季路。以文学出众的：一子游，二子夏。共总有十个门徒，跟从孔子在陈、蔡。〇这是记者记的，不是孔子说的。

子曰："回也非助我者也，于吾言无所不说。"

第三章　孔夫子说："回也，他不襄助我，襄助，是因为门徒的疑问，夫子自己得了感动。他于我的话无所不喜悦。"

子曰："孝哉闵子骞！人不间于其父母昆弟之言。"

第四章　孔夫子说："孝哉闵子骞！名损。外人赞美他无异于他的父母昆弟赞美之言。"

南容三复白圭，孔子以其兄之子妻之。

第五章　孔夫子的学生南容，南容，名绍，看《公冶长第五》第一章二节。三复玩索白圭，白圭，是《诗经·大雅·抑》之篇，白圭之玷，尚可磨也；斯言之玷，不可为也。○意思是白圭倘若有了斑点，还可以磨去，乃是说话若有了斑点，不可以除去，这是叫人谨慎说话的意思。南容要谨慎说话，所以他常常往复玩索白圭之玷这四句诗经。孔夫子就把他的哥郎名孟皮。的女子许配南容。看《公冶长第五》第一章二节。

季康子问："弟子孰为好学？"孔子对曰："有颜回者好学，不幸短命死矣！今也则亡。"

第六章　季康子问说："学生们谁人是好学的？"孔夫子对答说："从前有颜回他好学，可惜不幸他是短命死了！今日没有这样的人。"

第一节颜渊死，颜路请子之车以为之椁。二节子曰："才不才，亦各言其子也。鲤也死，有棺而无椁。吾不徒行以为之椁。以吾从大夫之后，不可徒行也。"

第七章　第一节颜渊死，年三十二岁。颜渊的爹颜路，颜路，是孔夫子的学生，少孔子六岁。请求孔夫子的车卖了以为颜渊的椁。椁，是外棺，只是遮护三面，没有底。二节○孔夫子说："不问儿子有才或是无才，各人以自己的儿子为贵。比方设若我的儿子鲤字伯鱼。死了，他可以有棺而没有椁。我不要徒步行走卖车以为鲤的椁，因为我随从大夫班列之后，是谦卑的话。不可以徒步行走。"以为之椁，恐怕不一定是卖车以买椁，也可以用车的木头以为椁。○平常的注解说孔夫子的儿子鲤已经死了，他就只有棺而无椁，乃是照《家语》《史记》鲤去世在颜渊之后。所以我们注解：孔子说设若的意思。○孔子的妻去世，在西历前四百八十六年，颜渊在西历前四百八十四年，伯鱼去世在四百八十二年，孔子去世在四百七十九年。

颜渊死。子曰："噫！天丧予！天丧予！"

第八章　颜渊死。孔夫子说："噫！叹息的声音。天丧亡我！天丧亡我！"

第一节颜渊死，子哭之恸。从者曰："子恸矣。"二节曰："有恸乎？非夫人之为恸而谁为！"

第九章　第一节颜渊死，孔夫子哭泣颜渊很悲恸。从者是学生。说："夫子太悲恸。"二节○孔夫子说："果是太悲恸么？三节○若不因为这个人悲恸，我因为谁悲恸呢？"

第一节颜渊死，门人欲厚葬之。子曰："不可。"二节门人厚葬之。三节子曰："回也，视予犹父也，予不得视犹子也。非我也，夫二三子也。"

第十章　第一节颜渊死，门人孔子的门徒。欲从厚埋葬颜渊。孔夫子说："不可以。"二节○门人到底从厚埋葬颜渊。三节○孔夫子说："回视待我好像父一样，我不得视待他像儿子一样，是不是我的毛病，是二三子的毛病。”孔夫子那时自己贫穷，所以若欲埋葬颜渊，照儿子的样子，不能准费用多，这件事为今世之人表明很要紧的道理。埋葬的费用，各人该当跟从各人的光景，不当因埋葬而招负债。可惜今时之人，谁跟从孔子的榜样？孔子可叹息说：“这百姓用口亲近我，用唇尊敬我，他的心却是远离我。”

季路问事鬼神。子曰：“未能事人，焉能事鬼？”敢问死。曰：“未知生，焉知死？”

第十二章　季路问孔夫子论事奉鬼神。夫子说：“你未能事奉人，怎样能够事奉鬼呢？”季路又说：“我敢问死是怎样？”孔夫子说：“你未知道生，怎样知道死呢？”鬼，恐怕孔夫子不论死人的鬼说，乃是论众神说的。人并鬼在这里是天人之际，大相悬绝，不是一类的。孔子的时候，有许多虚诞的异端起来。谄媚鬼神，是后来道教之起头。所以孔夫子禁戒人要远鬼神。看《雍也第六》二十章，又《中庸》十六章：“鬼神之为德，其盛矣乎”，云云。鬼神也是众神，不但是人鬼，因为体物而不可以遗那句话。由此观之，不能说孔子看轻天道，渺视灵魂之事。孔子的真意，只是要戒人禁绝异端。《礼记·礼运》曰：“体魄则降，知气在上。”《礼记·祭义》曰：“众生必死，死必归土，此之谓鬼。骨肉毙于下，阴为野土，其气发扬于上，为昭明。”这两句表明灵魂永生之理。

第一节闵子侍侧，訚訚如也；子路，行行如也；冉有、子贡，侃侃如也。子乐。二节“若由也，不得其死然。”

第十二章　第一节闵子随侍于孔夫子侧，侧，是旁边。是訚訚如的模样；子路是行行如的模样；冉有、子贡是侃侃如的模样。孔夫子快乐。訚訚，是和悦而诤；行行，是刚强之貌；侃侃，是刚直。二节〇孔夫子说：“若由也，他恐怕将来不得善死。”其后子路死于卫国孔悝之难。孔夫子闻听卫国乱，说：“嗟乎，柴也其来乎，由也其死矣。”

第一节鲁人为长府。二节闵子骞曰：“仍旧贯，如之何？何必改作？”三节子曰：“夫人不言，言必有中。”

第十三章　第一节鲁国的人就是官。要盖造长府。长府，是收藏货财的府。他们要拆旧房，盖新房，劳民伤财。二节〇闵子骞说：“若仍照旧法修补而常用他，贯，照雷格氏注，是直贯到底的意思。是怎样呢？为什么必要改变而做新的呢？”三节〇孔夫子说：“这个人轻易不说话，乃若是他说话他必定中理。”

第一节子曰：“由之瑟奚为于丘之门？”二节门人不敬子路。子曰：“由也升堂矣，未入于室也。”

第十四章　第一节孔夫子说：“由鼓瑟的声音，怎样在我丘这门下？”子路鼓瑟，有一点军乐的样子，与孔子和平之道不对。二节〇门人听闻孔夫子的话，就不尊敬子路。孔夫子说：“由已经上升于堂了，只未能入于密室。”

第一节子贡问：“师与商也孰贤？”子曰：“师也过，商也不及。”二节曰：“然则师愈与?”三节子曰:“过犹不及。”

第十五章　第一节子贡论师与商，师是子张，商是子夏。问孔夫子说:“他们两个人谁是贤呢?”孔夫子说:“师过了些，商不及些。”二节〇子贡说:“这样恐怕师是强么?”三节〇孔夫子说:“太过与不及是一样。”

第一节季氏富于周公，而求也为之聚敛而附益之。二节子曰:“非吾徒也。小子鸣鼓而攻之，可也。”

第十六章　第一节季氏他富有胜过了周公，而求也替他聚敛民财，加倍取百姓的财。而附益其富有。二节〇孔夫子说:“求也，他不是我的门徒，小子们鸣鼓而攻伐他可也。”周急而不继富，也为今时富国学是最难最要紧之题目。也论许多今时之人，孔子要说非吾徒也。

第一节柴也愚，二节参也鲁，三节师也辟，四节由也喭。

第十七章　第一节柴也，他有些痴愚;柴，孔子弟子，姓高，字子羔，《家语》说:“他脚不踏影，昆虫小的不杀，草木才生不折。父母之丧，泣血三年不笑。逃难不走小路，不入窦。”二节〇参也，他有些鲁钝;参，是曾子，鲁钝是不聪明。三节〇师也，他有些便辟;师，是子张，便辟，是装饰容貌，诚实不足。四节〇由也，他有些喭。由，是子路，喭，是粗俗的意思。〇孔子不谄谀门徒。

第一节子曰:“回也其庶乎，屡空。二节赐不受命，而货殖焉，亿则屡中。”

第十八章　第一节孔夫子说:“回也，他庶几近道，他屡屡是虚心的。空，恐怕不是论外面的贫穷说的。二节〇赐也，他不受天命，而他的货财生殖，然他亿度事体就屡次中了。”

子张问善人之道。子曰:“不践迹，亦不入于室。”

第十九章　子张问善人之道。善人，是资质美好，没有学过的人。道，是善人的品行。孔夫子说:“他不践踏别人的迹，乃是他也不能入于圣人之室。”

子曰:“论笃是与，君子者乎? 色庄者乎?”

第二十章　孔夫子说:“若一个人的言论笃实，虽然我们准许他这个，难道他因为这个就是君子么? 或是只色庄的人么?”

子路问:“闻斯行诸?”子曰:“有父兄在，如之何其闻斯行之?”冉有问:“闻斯行诸?”子曰:“闻斯行之。”公西华曰:“由也问闻斯行诸，子曰‘有父兄在’;求也问闻斯行诸，子曰‘闻斯行之’。赤也惑，敢问。”子曰:“求也退，故进之;由也兼人，故退之。”

第二十一章　子路问说:“我所闻听了的事，我就该当立刻去行么?”孔夫子说:“还有父兄存在，怎样你可以从这闻就立刻行之理?”冉有问说:“我所闻听了的事，我就该立刻去行么?”孔夫子说:“你所闻听了的你就立刻去行罢。”公西华说:“由问了夫子‘所闻听了的事，或是他该当立刻去行么’，夫子就说‘还有父兄存在’；求问了夫子‘所闻听了的事，或是他该当立刻去行么’，夫子就说‘你所闻听了的，你就立刻去行罢’。赤疑惑，赤，是公西华名。敢问是什么意思呢？”孔夫子说：“求是退缩的，所以我驱赶他而进之；由有兼人之胆，所以我阻拦而退之。”兼字本意是二人。

子畏于匡，颜渊后。子曰：“吾以女为死矣。”曰：“子在，回何敢死？”

第二十二章　孔夫子在匡，匡，地名。有戒畏的心，看《子罕第九》第五章一节。颜渊失落在后。孔夫子说：“颜渊赶上了孔子，孔子向他说。我以为你已经死了。”颜渊说：“夫子还在，回怎样敢死呢？”

第一节季子然问：“仲由、冉求可谓大臣与？”二节子曰：“吾以子为异之问，曾由与求之问。三节所谓大臣者：以道事君，不可则止。四节今由与求也，可谓具臣矣。”五节曰：“然则从之者与？”六节子曰：“弑父与君，亦不从也。”

第二十三章　第一节季子然鲁国季孙意如之子。论仲由、冉求，问夫子说：“仲由、冉求，我可以称他们为大臣么？”仲由、冉求两个人，那时为季氏的家臣。季氏，是季子然的兄。二节〇孔夫子说：“吾以为你论异常之人来问，乃你只论由并求来问。三节〇所能称大臣者：他是按道事奉其君，倘若不能按道，他就休止而去。四节〇现今由并求可称他们为具臣了。”具臣，是有名无实的意思。五节〇季子然说：“照这样说，他们恐怕常常要顺从他们的大夫么？”六节〇孔夫子说：“倘若他弑父或弑君，他们断不顺从他。”

第一节子路使子羔为费宰。二节子曰：“贼夫人之子。”三节子路曰：“有民人焉，有社稷焉。何必读书，然后为学？”四节子曰：“是故恶夫佞者。”

第二十四章　第一节子路荐举子羔做费邑的宰官。子羔，姓高，名柴。二节〇孔夫子说：“你贼害这个人之子。”夫，是斯也。看第九章第三节，称子羔为人之子，表明他的父亲也受害。三节〇子路说：“有民有人，人，就是官。有社有稷。社，是土神；稷，是谷神。何必读书然后可以算是学了呢？”意思说，治理国不什么难，不要学。四节〇孔夫子说：“故此我憎恶这样佞口的人。”

第一节子路、曾皙、冉有、公西华侍坐。二节子曰：“以吾一日长乎尔，毋吾以也。三节居则曰：‘不吾知也！’如或知尔，则何以哉？”四节子路率尔而对曰：“千乘之国，摄乎大国之间，加之以师旅，因之以饥馑；由也为之，比及三年，可使有勇，且知方也。”夫子哂之。五节“求！尔何如？”对曰：“方六七十，如五六十，求也为之，比及三年，可使足民。如其礼乐，以俟君子。”六节“赤！尔何如？”对曰：“非曰能之，愿学焉。宗庙之事，如会同，端章甫，愿为小相焉。”七节“点！尔何如？”鼓瑟希，铿尔，舍瑟而作。对曰：“异乎三子者之撰。”子曰：“何伤乎？亦各言其志也。”曰：“莫春者，春服既成。冠者五六人，童子六七人，浴乎沂，风乎舞雩，咏而归。”夫子喟然叹曰：“吾与点也！”八节三子者出，曾皙后。九节曾皙曰：“夫三子者之言何如？”子曰：“亦各言其志也已矣。”曰：“夫子何哂由也？”十节曰：“为国以礼，其言不让，是故哂之。”十一节“唯求则非邦也与？”“安见方六七十如五六十而非邦也者？”十二节“唯赤则非邦也与？”“宗庙会同，非诸侯而何？赤也为之小，孰能为之大？”

第二十五章　第一节子路并曾皙、冉有并公西华，这四个学生侍坐在孔夫子旁边。曾皙，是曾子的父亲，名点。二节〇孔夫子说：“虽我的年岁一日长过了你们，你们不要因为这个就重看我。意思说，你们不要畏惮我，你们可以直说你们心所愿的。三节〇你们平居的时候就说：‘没有人知道我们！’倘若有人知道你们，你们想可以做什么呢？”四节〇子路率尔对答说：“率尔，是忽然的意思。倘若一千乘的国，收摄在两个大国之间，收摄是夹住在两个国中间。并且若有师旅侵占，并若因为这个有饥馑之荒年，倘若由办理这样的国，俟候及到三年，我可以使民有勇敢，并且知道方略。”孔夫子听了就哂笑。五节〇孔夫子说：“求你想要做什么？”冉求对答说：“方六七十里的国，或方五六十里的国，倘若求办理，俟候及到三年，我可以使民富足。乃是论办理礼乐的事，要俟候君子可以教训他们。”六节〇孔夫子说：“赤你想要做什么？”公西华对答说：“我不说我能够，只是我愿意学，宗庙祭祀的时候，或天子和诸侯会同的时候，我愿穿玄端，并戴章甫。端，是衣，因为这个衣整齐端正，所以叫做端；染的玄色，所以叫做玄端。章甫，缁布冠也，夏朝叫做毋追，商朝叫做章甫，周朝叫做委貌，三朝皆以漆布做这个帽子。而且我愿做一个小相。”相是赞君行礼的官。七节〇孔夫子说：“点，你想要做什么？”曾点就止歇了鼓瑟，瑟的声音还铿尔，他就舍瑟而作起，对夫子说：“点与他们三子所撰说之愿意不同。”孔夫子说：“有什么害呢？只是各人说各人的志。”曾点说：“当暮春的时候，就是三月。春服已经做成，春服，就是单袷的衣服。同冠者五六个人，冠者，是戴帽子的。并且同童子六七个人，我要洗浴于沂，沂水，出盖县南至下邳，入泗水；或说，沂水那里有温泉。乘凉风于舞雩，舞雩是祭天祷雨的地方。雩者，祈雨之祭名。《礼记·月令篇》：“仲夏大雩”；《左传》曰：“龙见而雩，是也。”祈雨的时候，叫童男童女舞之，所以叫做舞雩。舞雩那个地方，有坛埠、树木，可以游玩。歌咏着而归家。”孔夫子喟然叹息说：“喟然，是叹息的声音。我许点所说之志。”八节〇子路、冉有、公西华三子退出。曾皙在后，就说：“他们三子所说的是什么样呢？”孔夫子说：“只是各人说各人的志就是了。”九节〇曾皙说：“夫子为什么笑由呢？”十节〇孔夫子说：“治国要用礼，他的话没有一点谦让，故此我笑他。”十一节〇曾皙问说：“求所情愿办理的，不也是邦么？”曾皙疑惑孔子笑子路要办理邦国，而没有笑冉求要办理邦国，所以问。孔夫子说：“自然。难道你看见方六七十里，或五六十里的地方，还不是邦国么？”十二节〇曾皙再问说：“赤所情愿办理的，不也是邦么？”孔夫子说：“举行宗庙会同的事体，不是诸侯是谁呢？若是赤只做小相，谁人能够做大的呢？”

颜渊第十二　凡二十四篇。

第一节颜渊问仁。子曰："克己复礼为仁。一日克己复礼，天下归仁焉。为仁由己，而由人乎哉？"二节颜渊曰："请问其目。"子曰："非礼勿视，非礼勿听，非礼勿言，非礼勿动。"颜渊曰："回虽不敏，请事斯语矣。"

第一章　第一节颜渊问说，仁是怎样？孔夫子说："克胜己之私欲，复返于礼，这就是仁。若人一日克胜己之私欲，复返于礼，天下之人，就归向于仁。或注：天下之人归仁者之荣于他。行仁是由自己作主，难道由人作主么？"是自由的意思。○克己复礼，《合讲》注："己，非即是私，但私即附身而存，故谓私为己。"又云："克己，非克去其己，乃克去己中之私欲也。"又云："己中之私是三件：一气禀，二耳目口鼻之欲，三尔我。"就是自尊，并嫉妒之心。○《翼注》说："有私欲之人心，与生俱生"，云云，此即表明人被生之时，已有本原之罪。看雷格氏《论语》英文注解，二百五十一页。《书经·大禹谟》亦云："人心惟危，道心惟微"，学者可明经书也表明人有罪过。若《三字经》说："人之初，性本善。"此论本来被造之人，不是论现在之世人说的。孔子也说："我未见好仁者，恶不仁者。"又曰："知德者鲜矣。"又曰："未闻好学者也。"又曰："我未见能见其过而内自讼者也。"人虽本来有行仁之自由，可惜人都误用自己之自由，当做的不做，不当做的就做了。○颜渊说："请问其条目。"是克己复礼的条目。孔夫子回答说："非礼不视看，非礼不听闻，非礼不言语，非礼不动作。"颜渊说："回虽然不是明敏的人，我请练习这个言语。"事，是把这个言语看做我的事。○那个礼字，从示，从丰，本来的意思，是以丰事神，丰是祭器。看《说文》。所以礼不但是外面的礼节，乃也是心里事奉上帝而尽人之本性，那个意思包括在内。非礼所视看的、所听闻的、所言语的、所动作的，那句话最深的意思，就是一切不与上帝圣洁之志意相合的事。

仲弓问仁。子曰："出门如见大宾，使民如承大祭。己所不欲，勿施于人。在邦无怨，在家无怨。"仲弓曰："雍虽不敏，请事斯语矣。"

第二章　仲弓问说，仁是怎样？孔夫子说："出门的时候，你就要像看见大宾一样，使令百姓的时候，你就要像承奉大祭祀一样。就是恭恭敬敬的样子。己所不欲，勿使于人。比较《公冶长第五》第十一章。在邦国里，并在家庭里，不要有间隙叫人怨恨。"上文都表明仁字的意思，说人该当做什么事。仲弓说："雍虽不是明敏的人，我请练习这个言语。"

第一节司马牛问仁。二节子曰："仁者其言也讱。"三节曰："其言也讱，斯谓之仁已乎？"子曰："为之难，言之得无讱乎？"

第三章　第一节司马牛问说，司马牛，孔子的学生，名犁。向魋的弟郎。仁是怎样？二节○孔夫子说："仁者他的话，也是讱的。"讱是忍的意思，不轻易说话。三节○司马牛说："他的话是讱的，这可以说是仁么？"孔夫子说："人若觉得行为是难的，他的言语可以不讱么？"孔子按各学生之品行合宜教训他们。

第一节司马牛问君子。子曰："君子不忧不惧。"二节曰："不忧不惧，斯谓之君子已乎?”子曰:“内省不疚,夫何忧何惧?”

第四章 第一节司马牛问说,君子是怎样?孔夫子说:“君子没有忧虑,没有惧怕。”二节〇司马牛说:“没有忧虑,没有惧怕,这可以说是君子么?”孔夫子说:“心内省察,倘若没有一点疚病,还有什么忧虑,什么惧怕呢?”比较《子罕第九》第二十八章,又比较《中庸》三十三章二节。

第一节司马牛忧曰:“人皆有兄弟,我独亡。”二节子夏曰:“商闻之矣:三节死生有命,富贵在天。四节君子敬而无失,与人恭而有礼。四海之内,皆兄弟也。君子何患乎无兄弟也?”

第五章 第一节司马牛忧虑说:“别的人皆有兄弟,有兄弟可以倚靠他们。只是我独没有。”司马牛的哥郎向魋作乱,要弑宋公,又欲杀孔子;向魋的弟郎子颀、子车,也与向魋同恶,司马牛忧虑他们要死。二节〇子夏劝解他说:“商也闻听了一句话说:三节〇死生有命,富贵在天。四节〇君子要敬慎而没有失错,要与人恭逊而有礼文,这样就是四海之内,皆兄弟也。四海之内的人,皆是他的兄弟,意思是皆要看他为兄弟一样。君子怎么忧患没有兄弟呢?”

子张问明。子曰:“浸润之谮,肤受之愬,不行焉,可谓明也已矣。浸润之谮,肤受之愬,不行焉,可谓远也已矣。”

第六章 子张问明是怎样?孔夫子说:“浸灌滋润之谮言,谮,是毁谤别人;浸灌滋润,是漫漫不忙,如水之渐渐渍入。肌肤受害之伸愬,愬,是伸说自己的冤屈;肌肤受害,是说得急迫,利害切身,叫人忽然听了,不觉动怒。若这样的妄告不行于他,这可以说是明了。浸灌滋润之谮言,肌肤受害之伸愬,若不行于他,论这个人可以说他是远视了。”

第一节子贡问政。子曰:“足食,足兵,民信之矣。”二节子贡曰:“必不得已而去,于斯三者何先?”曰:“去兵。”三节子贡曰:“必不得已而去,于斯二者何先?”曰:“去食。自古皆有死,民无信不立。”

第七章 第一节子贡问说,国家的政事是怎样?孔夫子说:“使粮食充足,使甲兵充足,使百姓们信靠其上。”二节〇子贡说:“倘若必不得已而去一件,于这三件里面先去那一件呢?”孔夫子说:“除去甲兵。”三节〇子贡说:“倘若必不得已而去一件,于这二件里面先去那一件呢?”孔夫子说:“除去粮食。自古到今,人皆有死,若民无信就不得立。”意思是国家就不得立。学者可明使百姓信靠其上,比练兵还要紧的,也比富国还要紧的。

第一节棘子成曰:“君子质而已矣,何以文为?”二节子贡曰:“惜乎!夫子之说,君子也。驷不及舌。三节文犹质也,质犹文也。虎豹之鞟犹犬羊之鞟。”

第八章 第一节棘子成说:“棘子成,是卫国的大夫。君子只用质就罢了,质,是朴实的意思。为什么要用文呢？"二节〇子贡说："惜乎！夫子论君子说的话。驷马不及你的舌头。意思是你说得太快。三节〇文如质，质如文，是一样要紧的。虎豹无毛之皮鞟，是如犬羊无毛之皮鞟。"意思是虎豹无毛的皮，是如犬羊无毛的皮一样，这样君子若无文，他与小人之分别就看不出来。

第一节哀公问于有若曰："年饥，用不足，如之何？"二节有若对曰："盍彻乎？"三节曰："二，吾犹不足，如之何其彻也？"四节对曰："百姓足，君孰与不足？百姓不足，君孰与足？"

第九章　第一节哀公向有若问说："哀公是鲁国的国君，有若是孔夫子的学生。年岁饥荒，用度不足，有什么法子呢？"二节〇有若对答说："何不行彻法呢？"彻法，是什分取一分。周制，八家同一井，一井共计九百亩，中间一百亩是国君的公田，八家各家皆得一百亩田，八家同力合作其公田。所收的谷子，十分中拿一分归于国君，八家就平分那九分，这个叫做彻法。三节〇哀公说："十分中取二分，我还不够用，怎么行彻法呢？"鲁宣公十五年，行税亩之法，本来公田之法，是十分中取一分，今又另外取一分，是十分中取二分。四节〇有若对答说："百姓若有足，国君与谁不足呢？百姓若不足，国君与谁有足呢？"意思是若百姓有足，他们就都可以捐纳所当税的与君，国君与谁过不足的日子呢？乃是若百姓不足，国君就也不能独享其富，国君与谁过有足的日子呢？

第一节子张问崇德、辨惑。子曰："主忠信，徙义，崇德也。二节爱之欲其生，恶之欲其死。既欲其生，又欲其死，是惑也。三节'诚不以富，亦祇以异。'"

第十章　第一节子张问说，崇德性、辨识疑惑，是怎样？孔夫子说："以忠心信实为主，迁徙到那义上去，这便是崇德性。二节〇你爱一个人就欲他生，有时你恶嫌他又欲他死。你既然如此欲他生，又欲他死，这就是疑惑了。疑惑，是疑惑天命的意思，人之死生有命，天所定者无不善，人欲改天之命则惑矣。〇恨人的容易欲他死，所以耶稣不但禁戒杀人，而且也禁戒心里恨人。〇《诗经》上说：'诚不以富，亦祇以异。'"这两句当在第十六篇第十二章。

第一节齐景公问政于孔子。二节孔子对曰："君君，臣臣，父父，子子。"三节公曰："善哉！信如君不君，臣不臣，父不父，子不子，虽有粟，吾得而食诸？"

第十一章　第一节齐景公是齐国的国君，名杵臼。向孔夫子问说，政是怎样？二节〇孔夫子对答说："君君，臣臣，父父，子子。"意思是君尽君之道，臣尽臣之道，父尽父之道，子尽子之道。三节〇齐景公说："这个话善哉！果然倘若君不君，臣不臣，父不父，子不子，意思是倘若君不能尽君之道，臣不能尽臣之道，父不能尽父之道，子不能尽子之道。虽然有粟米，我可以安然而吃么？"

第一节子曰："片言可以折狱者，其由也与？"二节子路无宿诺。

第十二章　第一节孔夫子说："以半句话折断讼狱，折断讼狱，是审判他们谁为是，谁为非。只由能够这样。”二节〇子路所允诺的，不存留过宿。子路所允诺的，急速去做，再没有过宿的。〇子路忠信明决，故言出而人信服之。

子曰：“听讼，吾犹人也，必也使无讼乎！”

第十三章　孔夫子说：“审听讼狱，我和人一样，必要的是使人没有讼狱。”意思是感化人心以道。

子张问政。子曰：“居之无倦，行之以忠。”

第十四章　子张问说，政是怎样？孔夫子说：“常常存政于心而无倦怠，并且发行其事以忠心。”

子曰：“博学于文，约之以礼，亦可以弗畔矣夫！”

第十五章　孔夫子说：“博学于文籍，约束其身以礼，也可以不畔越中道了。”看《雍也第六》第二十五章。

子曰：“君子成人之美，不成人之恶。小人反是。”

第十六章　孔夫子说：“君子成全人的美事，不成全人的恶事。成全，是勉励帮助的意思。小人做相反的。”

季康子问政于孔子。孔子对曰：“政者，正也。子帅以正，孰敢不正？”

第十七章　季康子向孔夫子问说，政是怎样？孔夫子对答他说：“政者，正也。意思是为政的道理，是正己以正人。倘若你先帅领百姓以正，谁人敢不正。”

季康子患盗，问于孔子。孔子对曰：“苟子之不欲，虽赏之不窃。”

第十八章　季康子忧患鲁国多盗，问孔夫子止息盗贼的方法。孔夫子说：“倘若你不贪欲，虽然你奖赏他们去做，他们都不肯窃。”

季康子问政于孔子，曰：“如杀无道，以就有道，何如？”孔子对曰：“子为政，焉用杀？子欲善，而民善矣。君子之德风，小人之德草。草上之风，必偃。”

第十九章　季康子向孔夫子问政说：“杀戮无道的人，以成就有道的人，这是怎样？”孔夫子说：“你行政，为什么用杀戮呢？你若情愿向善，民就感动向善了。因为君子之德是如同风，小人之德是如同草。草上若经风一吹，草必偃倒。”

第一节子张问：“士何如斯可谓之达矣？”二节子曰：“何哉，尔所谓达者？”三节子张对曰：“在邦必闻，在家必闻。”四节子曰：“是闻也，非达也。五节夫达也者，质直而好义，察言而观色，虑以下人。在邦必达，在家必达。六节夫闻也者，色取仁而行违，居之不疑。在邦必闻，在家必闻。”

第二十章　第一节子张问说：“士子怎样就可以说是达了？”达，是利达，有效验，德性感动人，做事都得意。二节〇孔夫子说：“你所说之达，是什么意思？”三节〇子张说：“在邦必有名声著闻，邦，是州里之中。又在家必有名声著闻。”家，是族党之中。四节〇孔夫子说：“这个是闻也，不是达也。五节〇那达也者，是质朴并正直而且好义，省察人的言语而且观看人的面色，人的言语，或是赞美我，或是讥诮我；人的面色，或是喜欢我，或是憎恶我，这样看，可以晓得自己的好歹。思虑要谦卑自下于人。这样在邦必利达，又在家必利达。六节〇那闻也者，面色袭取着仁，而品行违背仁，并且他满心居此假冒的情状，而不疑惑自己。这样他在邦必有名声著闻，又在家必有名声著闻。”

第一节樊迟从游于舞雩之下，曰：“敢问崇德、修慝、辨惑。”二节子曰：“善哉问！三节先事后得，非崇德与？攻其恶，无攻人之恶，非修慝与？一朝之忿，忘其身，以及其亲，非惑与？”

第二十一章　第一节樊迟跟从孔夫子游玩于舞雩之下，舞雩是祭天祷雨的地方，那里有坛，那里也有树木。樊迟问孔夫子说：“敢问崇尚德性、修去恶慝、恶慝，是自己的过恶，藏匿于心里隐密的地方。辨识迷惑是什么法子？”二节〇孔夫子说：“善哉问的！三节〇以行事为先，而以得为后，看《雍也第六》第二十章。这不是崇尚德性么？攻伐自己的恶，不攻伐别人的恶，这不是修去恶慝么？因为一朝的忿怒，一朝是暂时的意思，是小事情。忘记自己的身子，以致连累其亲，不是迷惑么？”

第一节樊迟问仁。子曰：“爱人。”问知。子曰：“知人。”二节樊迟未达。三节子曰：“举直错诸枉，能使枉者直。”四节樊迟退，见子夏。曰：“乡也吾见于夫子而问知，子曰，‘举直错诸枉，能使枉者直’，何谓也？”五节子夏曰：“富哉言乎！六节舜有天下，选于众，举皋陶，不仁者远矣。汤有天下，选于众，举伊尹，不仁者远矣。”

第二十二章　第一节樊迟问孔夫子说：“仁是怎样？”孔夫子说：“仁是爱人。”樊迟又问说：“智是怎样？”孔夫子说：“智是知人。”二节〇樊迟未能通达这个话的意思。樊迟想因为爱人恐怕是不分别人的好歹，都要爱他们。乃知人是察看人，又分别人的好歹，这两件事他想恐怕是相反的。仁恐怕要妨碍智，智恐怕要妨碍仁，所以未能通达孔夫子的意思。三节〇孔夫子说：“举用直者错置诸枉者，这样就能够使令枉者改变为直者。”能使枉者直，这就是爱人，这样智可以成仁之事，所以仁、智二件，不是相反的，乃可以相合的，这道理很要紧。看《宪问第十四》第三十六章，孔夫子说：“以直报怨。”直，是公道的样子，以公道使枉者直，这也是仁之施也。此都是论国家本分说的，不是论一个人私地说的。〇樊迟退去，往见子夏说：“向昔我见了夫子，就向夫子问智，夫子说，举用直者错置诸枉者，能够使令枉者改变为直者，怎么说？”五节〇子夏说：“富哉言乎！就是这句话包括的意思很多。六节〇虞舜氏有天下的时候，他选择于众人之中，举用皋陶，因此不仁的人就远去了；商汤有天下的时候，他选择于众人之中，举用伊尹，因此不仁的人就远去了。”

子贡问友。子曰:“忠告而善道之,不可则止,无自辱焉。”

第二十三章 子贡问孔夫子说:“友的道理是怎样?”孔夫子说:“以忠心劝勉他,本文告字读入声,是劝勉的意思。而且以善语引导他,若他不听,就停止不说,不要羞辱自己。”

曾子曰:“君子以文会友,以友辅仁。”

第二十四章 曾子说:“君子以文艺交会朋友,以交会朋友辅助自己的仁。”

论语集注卷七

子路第十三　凡三十章。

第一节子路问政。子曰:“先之,劳之。”二节请益。曰:“无倦。”

第一章　第一节子路问说,政是怎样?孔夫子说:“该当自己先之,先是自己做个榜样,以引导百姓。为百姓劳之。”自己为百姓的事勤劳。二节〇子路请增加一点教训。孔夫子说:“不要倦怠。”

第一节仲弓为季氏宰,问政。子曰:“先有司,赦小过,举贤才。”二节曰:“焉知贤才而举之?”曰:“举尔所知。尔所不知,人其舍诸?”

第二章　第一节仲弓做季氏的宰官,向孔夫子问说,政是怎样?孔夫子说:“先用那有司分理,先,是不要自己开首管理各样的事,乃是许本官自由,先做职分所当办的事,然后只查考他们的功效。赦免人的小过失,举用贤才。”贤人,是有德的人;才人,是有能干的人。〇上文孔子所提出的三件,也是为今时国政学很要紧。二节〇仲弓说:“怎样我能知道一切的贤才而举用他们呢?”孔夫子说:“举用你所知道的。你所不知道的,难道别人舍弃他们么?”意思是你若用你所知道的贤才,别人就要把他们所知道的贤才也指示你。舍诸,《雍也第六》第四章:“山川其舍诸。”

第一节子路曰:“卫君待子而为政,子将奚先?”二节子曰:“必也正名乎!”三节子路曰:“有是哉,子之迂也!奚其正?”四节子曰:“野哉由也!君子于其所不知,盖阙如也。五节名不正,则言不顺;言不顺,则事不成;六节事不成,则礼乐不兴;礼乐不兴,则刑罚不中;刑罚不中,则民无所措手足。七节故君子名之必可言也,言之必可行也。君子于其言,无所苟而已矣。”

第三章　第一节子路向孔夫子说:“卫君俟待夫子来要同你办理国政,卫君,是出公辄,看《述而第七》第十四章。夫子想将要用什么为先务?”二节〇孔夫子说:“必要的是正名！"要称的名号恰当其实。卫灵公的儿子蒯聩因为他的母亲南子的行为不正，欲杀南子，没有杀得到，就逃到别的国去了。卫灵公欲叫公子郢做太子，公子郢不肯。卫灵公死了，南子叫公子郢做国君，公子郢还不肯，就叫蒯聩的儿子出公辄做国君，就阻拦蒯聩回国。照这样看起来，蒯聩欲杀母亲，得罪于父亲，而出公辄阻拦他的父亲回国，他们两个人都忤逆父亲的志意，所以不该当做国君。孔夫子假若在卫国做官，他要以正名为最要紧，意思就是他必定把蒯聩并出公辄两个人的事情，细细的告诉天王，商量于方伯，方伯就是有权柄的一个诸侯，叫公子郢做卫国的国君，这样办理，名就正了，言语也就顺当了，国事也就成全了。孔夫子说这个话的时候，出公辄已经做了九年的卫君。〇雷格氏的注解云："孔子的意思，是出公辄该当让位于父亲蒯聩。"乃是《四书朱子本义汇参》说："蒯聩不当立，辄亦不当立，当去辄而别立君以拒蒯聩。"余想这个让法好，因为卫灵公本来欲立公子郢，孔夫子正名的意思，是君君，臣臣，父父，子子。看《颜渊第十二》第十一章。三节〇子路说："有这个是先务么？夫子是迂阔了，意思是说的大差谬。为什么以正名为要紧？"四节〇孔夫子说："野哉由也！野，是粗俗野蛮的意思。君子论自己所不知道的，他是阙如也。就是虚心，慎言，不妄说。看《为政第二》第十八章。五节〇名若不正，言语就不顺当；言语若不顺当，国事就不得成全；六节〇国事若不得成全，则礼并乐就不得兴旺；礼，是次序之功效；乐，是和气之功效，国事若不得完全，民间就没有次序，没有和气。礼并乐若不得兴旺，则刑律并罚例就不能中；中，是合其本意，本意是要改化民。请看《圣谕广训》第八条说的，要人改过，许人自新，这就是律法大意了；又看第一条说的，但刑罚只能处治你的身，不能改变你的心，你心里不惭愧，便处你也是枉然。刑律并罚例若不中，就是若不合其本意。则百姓就不晓得怎样措置手足。七节〇故此君子所用的名，他想必要的是可以合理说出来，而且君子所说的话，他想必要的是可以实行他的话。君子于他的言语里，没有一点苟且就是了。"苟且，是不小心，或是不正。

第一节樊迟请学稼，子曰："吾不如老农。"请学为圃。曰："吾不如老圃。"二节樊迟出。子曰："小人哉，樊须也！三节上好礼，则民莫敢不敬；上好义，则民莫敢不服；上好信，则民莫敢不用情。夫如是，则四方之民襁负其子而至矣，焉用稼？"

第四章 第一节樊迟向孔夫子请学习稼穑，稼穑之事是种五谷。孔夫子说："我论这个事不如老农。"樊迟又请学习为圃。圃是种蔬菜。孔夫子说："我论这个事不如老圃。"二节〇樊迟出去了。孔夫子就说："小人哉，樊须也。三节〇若在上的人好礼节，百姓们就没有一个敢不尊敬；若在上的人好公义，百姓们就没有一个敢不顺服；若在上的人好信实，百姓们就没有一个敢不用情。用情，是用诚实的情意，不用欺哄。若有这样的光景，四方的百姓就用襁背负他们的孩子到他那里来，襁，是麻做的，用襁将孩子约束在背上。怎用学习稼穑？"孔子不轻看农家的事情，只是众人的功作有分别。如《孟子》说："人或劳心，或劳力。"看《滕文公章句上》第四章第五节，而且劳心者没有余暇耕田。孔子表明上文的道理,要别的门徒告诉于樊迟,使他明白,好礼好义并且好信,实于做官的最要紧。

子曰:“诵《诗》三百,授之以政,不达;使于四方,不能专对,虽多,亦奚以为?”

第五章　孔夫子说:“虽一个人能成诵三百篇诗,然授任他以政事的时候,若他不通达;就是不能成事。或是使令他到四方的时候,四方,是邻国。若他不能够独自对答;专,是独自己办理,不倚赖别人帮助他。虽然他能诵很多的诗,到底有什么用呢?”孔子这句话,为今之时务是最要紧的。学者可明孔子实在以实学为重。中国读书人,背四书五经,实在吃苦不少,而且竭尽全力。乃是若另外不懂算学、地理学、天文学,各种格致学,如化学、重学、声光热电等学,以及植物动物学、医学、卫生学、矿学、国政学、律学、外交学、万国通鉴、万国公法学、训蒙学、农学、制造学、方言学等。若一个人不懂这样的学派,怎样可以使令他到四方独自己办理国家的事么?孔子以此第五章所表明的道,该当劝化十八省的人,都勉励实学。乃是实学里最要紧的,是心灵学,就是设立正心修身一个有权力之目的。因为若人心不正,虽有许多格致学,国家还不得立。

子曰:“其身正,不令而行;其身不正,虽令不从。”

第六章　孔夫子说:“若国君正了自己,他虽不命令而百姓自然通行;乃是若他不正了自己,虽有命令而百姓不遵从。”

子曰:“鲁、卫之政,兄弟也。”

第七章　孔夫子说:“鲁国、卫国两国的政事,好像兄弟的样子。”鲁国是周公的后裔,卫国是康叔的后裔。康叔名叫封,是周公的弟郎。所以鲁国、卫国,本是兄弟之国。自从前两国兴旺,到现在衰败,他们的政事,仿佛兄弟的样子。〇比较《雍也第六》第二十二章,论齐国并鲁国说的。〇卫国是今时河南省,北边的地方。

子谓卫公子荆,“善居室。始有,曰:‘苟合矣。’少有,曰:‘苟完矣。’富有,曰:‘苟美矣。’”

第八章　孔夫子称卫国公子荆,是卫国的大夫。“善于处家事。始有些财物的时候,他说:‘哎呀,家财器物都聚合了。’加增有了些的时候,他说:‘哎呀,家财器物都完全了。’而且富有的时候,他说:‘哎呀,现在都是华美了。’”意思是他心里步步知足。

第一节子适卫,冉有仆。二节子曰:“庶矣哉!”三节冉有曰:“既庶矣,又何加焉?”曰:“富之。”四节曰:“既富矣,又何加焉?”曰:“教之。”

第九章　第一节孔夫子往卫国去,冉有做仆夫。是御车。二节〇孔夫子说:“庶矣哉!”庶,是人民众多的意思。三节〇冉有向孔夫子说:“既然人民众多了,又另外可以做什么呢?”孔夫子说:“使他们富足。”四节〇冉有说:“既然富足了,又另外可以做什么呢?”孔夫子说:“教化他们。”学者可明富民还无足,若只富民而不教化他们,是害其心而偾其国也。教化之大纲,是畏敬上帝之心。

子曰："苟有用我者，期月而已可也，三年有成。"

第十一章　孔夫子说："设若有任用我的君，过了一年我已经可以颇见功效，期月是过了十二个月。过了三年，我就可以成全国家的事。"

子曰："善人为邦百年，亦可以胜残去杀矣。诚哉是言也！"

第十二章　孔夫子说："善人若相继办理邦国百年的工夫，是子孙传代，都是善人。他们就可以胜得残暴，除去杀戮了。胜得残暴，是感化残暴的人不做恶事；除去杀戮，是因为百姓们向善，可以不用杀戮，这是古人的话。诚哉是言也！"孔子称赞说，这个话是真的。

子曰："如有王者，必世而后仁。"

第十二章　孔夫子说："倘若有一个真实之王者，意思是若一个圣人受了天命而做王。必定还要一世，仁就可以兴盛。"一世，是三十年。

子曰："苟正其身矣，于从政乎何有？不能正其身，如正人何？"

第十三章　孔夫子说："若一个臣子正自己的身子，他于从政有什么难处？若他不能正自己的身子，他怎样能正别的人吗？"

冉子退朝。子曰："何晏也？"对曰："有政。"子曰："其事也。如有政，虽不吾以，吾其与闻之。"

第十四章　冉子由私朝而退回。私朝，是季氏的私朝，冉子做季氏的宰官。孔夫子说："为什么你回来这样迟晏？"冉子对答说："我们商议了国政。"孔夫子说："必是私家的事，倘若有国政，虽他们不用我办理，然该当也有我在那里听闻。"孔子要教训冉有，表明季氏僭窃的过失，因为季氏只是大夫，不该当侵占鲁君的权。

第一节定公问："一言而可以兴邦，有诸？"孔子对曰："言不可以若是其几也。二节人之言曰：'为君难，为臣不易。'三节如知为君之难也，不几乎一言而兴邦乎？"四节曰："一言而丧邦，有诸？"孔子对曰："言不可以若是其几也。人之言曰：'予无乐乎为君，唯其言而莫予违也。'五节如其善而莫之违也，不亦善乎？如不善而莫之违也，不几乎一言而丧邦乎？"

第十五章　第一节定公向孔夫子问说："定公是鲁国的国君，名宋。一句话就可以兴盛了邦国，果有这个理么？"孔夫子说："只一句话不可以期望有这样的功效。几是期望的意思。二节〇有人的话说：'为君虽难，为臣不易。'做君是很难，做臣就是帮助君，也不容易。三节〇倘若国君知道做君的难处，岂不期望那一句话就可以兴邦么？"四节〇定公问说："一句话就可以丧亡了邦国，果有这个理么？"孔夫子说："只一句话不可以期望有这样的效验。有人的话说：'予无乐乎为君，唯其言而莫予违也。'我不喜欢做君，只是我喜欢因为没有人敢违背我的话。五节〇倘国君的话是善的，没有人敢违逆他，那不是好么？倘若话是不善的，没有人敢违逆他，岂不怕那一句话就可以丧邦么？"虽然不是立刻丧亡邦国，已经有丧亡邦国之兆。

叶公问政。子曰："近者说，远者来。"

第十六章　叶公叶公是楚国的官，看《述而第七》第十八章。向孔夫子问说："政是怎样？"孔夫子说："使近的人喜悦，又摄引远方的人来。"摄引，是感动他们甘心来。

子夏为莒父宰，问政。子曰："无欲速，无见小利。欲速，则不达；见小利，则大事不成。"

第十七章　子夏做莒父的宰官，莒父，是鲁国的邑。向孔夫子问说："政是怎样？"孔夫子说："不要欲速效，不要羡慕小利。若欲速效，就不能通达；若羡慕小利，大事就不得成功。"

第一节叶公语孔子曰："吾党有直躬者，其父攘羊，而子证之。"二节孔子曰："吾党之直者异于是。父为子隐，子为父隐，直在其中矣。"

第十八章　第一节叶公告诉孔夫子说："吾党有直躬者，躬，是自己；直躬，是直了自己做正直的人。若一个人的父亲，攘了人家的羊，攘，是因物自来而就取，比方若羊跑到他的院落里，父亲就收住。而儿子证告于官府。"证字在这里必有控告的意思。○《吕氏春秋》："楚有直躬者，其父亲窃羊，而谒之上，上执而将诛之。"二节○孔夫子说："吾党正直的人，有异于这样，父亲替儿子隐讳，儿子替父亲隐讳，这还是合于正直之道。"意思是这于正直之道不相反。○隐，是隐讳的意思，乃不是用谎言隐瞒的意思。孔子绝不叫人说谎，那个隐字只是不特意去告诉人，这个分别是要紧的。请看《泰伯第八》第十三章"无道则隐"那句话，那个隐字，在那里也没有以谎言隐藏，乃只隐居不做官的意思；又比较孔子对门徒说的"吾无隐乎尔"，那个隐字，自然也没有哄骗的，乃只隐讳不特意提出的意思。若人注解这个隐字，如以谎言隐瞒的意思，这就是误会孔子的本意。○若父亲攘了羊，儿子替他隐讳，就是不自己去证告官府，这是可以的，这实在于正直之道还是相合。孔子在这个地方，不说别的话，乃是若官自己，或外人查问儿子论父亲的过失，儿子必要说真话，如《左传》云"大义灭亲"。看"隐公第四年"，那时卫国的州吁，杀了他的君完。石碏的儿子，名叫石厚，帮助州吁，石碏送他们到陈国去，卫国的人，就差遣人去到濮那个地方，把州吁杀了。石碏也就叫人在陈国把石厚杀了，君子称赞石碏说："石碏，是一个纯臣，他恨州吁，用计谋杀了州吁，也把石厚杀了，大义灭亲，其是之谓乎？"大义两个字，最深的意思，是顺从上帝的旨意。撒谎是得罪上帝，所以必定不可以的，人该当恨谎言过于恨死，孔子在这个地方也绝不准说谎言。

樊迟问仁。子曰："居处恭，执事敬，与人忠。虽之夷狄，不可弃也。"

第十九章　樊迟向孔夫子问说："仁是这样？"孔夫子说："闲居独处的时候该当严恭，做事该当敬慎，与人相处该当忠实。虽然到了夷狄的地方，不可以丢弃这三样。"学者可明与人往来，忠实是要紧，可惜只劝化人，还不能改变人实在做忠实，人心里必需一个致动之力，感化他心里的几微而后可。

第一节子贡问曰:“何如斯可谓之士矣?”子曰:“行己有耻,使于四方,不辱君命,可谓士矣。”二节曰:“敢问其次。”曰:“宗族称孝焉,乡党称弟焉。”三节曰:“敢问其次。”曰:“言必信,行必果,硁硁然小人哉!抑亦可以为次矣。”四节曰:“今之从政者何如?”子曰:“噫!斗筲之人,何足算也。”

第二十章 第一节子贡向孔夫子问说:“什么样就可以称为士了?”孔夫子说:“若他于自己的行为有耻心,就是不但顾惜外头的礼面,而也心里求其无愧。而且奉君命出使到四方的时候,若他不玷辱君的命令,这样的人,可以称为士了。”二节〇子贡问说:“敢问次于这等的是什么?”孔夫子说:“那宗族所称为孝的,乡党所称为悌的。”三节〇子贡问说:“敢问次于这等的是什么?”孔夫子说:“人若于言语必定有信实之主意,于其行事必定有果决之主意,虽他是硁硁然小人的模样,硁硁然,是像石之坚确;小人,是见识浅,度量狭的人。然可以称他为士之次了。”四节〇子贡问说:“今时从政的人是怎样?”孔夫子说:“噫!是叹息的声音。他们是斗筲之人,斗,容纳十升;筲竹器,容纳一斗二升;说斗筲,是比方人之鄙细。那里足以算他们么?”怎样足以列入士之数?

子曰:“不得中行而与之,必也狂狷乎!狂者进取,狷者有所不为也。”

第二十一章 孔夫子说:“既然我不得中行之人而传道与他们,中行,是中道,合乎中庸的人。我必要求狂者并狷者!论狂字,比较《泰伯第八》第十六章,又看《公冶长第五》第二十一章。狂者他们奋勇前进而执取道,他们有热心,努力前进而执着道。狷者他们有所不为。”是无所不为的对面。〇狷者是持守很严,他们虽然是有一点顽梗的样子,然到底他们也断然不做不好的事。〇狷者是不屑不洁之士。看《孟子·尽心章句下》三十七章,就是不屑做不洁净的事。

第一节子曰:“南人有言曰:‘人而无恒,不可以作巫医。’善夫!”二节“不恒其德,或承之羞。”三节子曰:“不占而已矣。”

第二十二章 第一节孔夫子说:“南国之人有言语说:‘人若没有恒常,连巫觋与医生,他也不可以做。’此是好说的。”巫、医列在一类,可证那时候还没有医学。二节〇“不恒其德,或承之羞。”《易经·恒卦》九三的爻辞上面说的,人若不恒久其德行,他就容易承受羞辱。三节〇孔夫子又说:“不占而已矣。”意思是可惜人不占,就是不查考《易经》内的话就是了。

子曰:“君子和而不同,小人同而不和。”

第二十三章 孔夫子说:“君子是和顺的而不苟同,苟同,是阿党,就是谄媚的意思。小人是苟同的而不和顺。”

子贡问曰:“乡人皆好之,何如?”子曰:“未可也。”“乡人皆恶之,何如?”子曰:“未可也。不如乡人之善者好之,其不善者恶之。”

第二十四章 子贡向孔夫子问说:“倘若一乡之中皆喜好那一个人,他是怎样呢?”孔夫子说:“未可因此就信他是好人。”子贡又说:“倘若一乡之人皆憎恶那一个人,他是怎样呢?”孔夫子说:“也未可因此就信他是好人。不如乡人之善者好之,其不善者恶之。”意思说,最好的人,是那乡人之善者所好爱的,不善者所憎恶的,那个人是最好的。

子曰:“君子易事而难说也:说之不以道,不说也;及其使人也,器之。小人难事而易说也:说之虽不以道,说也;及其使人也,求备焉。”

第二十五章　孔夫子说:“论君子,事奉他是容易,乃喜悦他是难:若欲喜悦他不以道,他就不欢悦;及论他使用人的方法,他按照材器使用他们。论小人,事奉他是难的,乃喜悦他是容易:虽然不以道喜悦他,他还是欢悦;及论他使用人的方法,他求全备于他们。”意思是他求全材在一人。比较《微子第十八》第十章。

子曰:“君子泰而不骄,小人骄而不泰。”

第二十六章　孔夫子说:“君子的气象,是舒泰而不骄矜的;小人的气象,是骄矜而不舒泰的。”

子曰:“刚毅木讷,近仁。”

第二十七章　孔夫子说:“强壮而刚,坚忍而毅,质朴而木,迟钝而讷,这样的资质是近于仁。”有这样的天资,是去仁不远。

子路问曰:“何如斯可谓之士矣?”子曰:“切切、偲偲、怡怡如也,可谓士矣。朋友切切、偲偲,兄弟怡怡。”

第二十八章　子路问孔夫子说:“怎样就可以称为士了?”孔夫子说:“该当有切切并偲偲并怡怡如的模样,切切,是有切爱的热心;偲偲,是劝勉人很详细;怡怡,是以和悦待人。这样可以称为士了。在朋友们中间,该当有切切偲偲的样子;在兄弟们中间,该当有怡怡的样子。”

子曰:“善人教民七年,亦可以即戎矣。”

第二十九章　孔夫子说:“若善人教训百姓,经历七年的工夫,他们也可以即戎。”即戎,是即就戎行,国家有打仗的事,可以叫他们去当兵。

子曰:“以不教民战,是谓弃之。”

第三十章　孔夫子说:“驱遣不曾教之民交战,此叫做丢弃他们。”因为必定败亡。〇教,是恐怕不但以道理教化,乃也以兵学训练他们。这个话表明孔子的意思,是百姓中间一切的人,该当受教训。今时中国,大概有八十兆孩子,就是八千万孩子,他们男女就都该当受教化读书,而后所有健壮的冠者,可以做好兵丁,保护祖国。大德国也勉强一切的孩子,从六岁到十四岁,就是八年的功夫上学,而从训练健壮的冠者二年的功夫。若不以蒙学堂,或七岁或八岁的功夫教化一切的孩子,国就不得立,可惜今时之爱华国者,只挂念大学堂中学堂,学生极少,他们忘记贫民八十兆孩子所必需的蒙学堂,中国受难之故,正在于此。〇比较花之安所著的《泰西学校》《教化议》两种书。

宪问第十四 **胡氏曰:“此篇疑原宪所记。”凡四十七章。**

宪问耻。子曰:“邦有道,谷;邦无道,谷,耻也。”

第一章 宪宪,是原思的名。向孔夫子问说:“什么事是可羞耻的?”孔夫子说:“邦国有道的时候,只思想谷禄;邦国无道的时候,也只思想谷禄,此可羞耻的。”有人不问国有道国无道,他们只图利。

第一节“克、伐、怨、欲不行焉,可以为仁矣?”二节子曰:“可以为难矣,仁则吾不知也。”

第二章 第一节原思向孔夫子问说:“一、好克胜;二、伐,就是矜夸;看《公冶长第五》第二十五章。三、怨恨;四、贪欲,若人禁止这四样而不行,此可以称为仁么?”二节〇孔夫子说:“此可以称为难矣,或可说是仁,我不知道。”

子曰:“士而怀居,不足以为士矣。”

第三章 孔夫子说:“为士的倘若怀恋那安居,怀恋,是念念不忘的意思,怀恋那苟安之居,记挂而不忘。他不足以为士矣。”心下一团私心,等于众人,怎样足以为士呢?〇怀居,和小人怀土相仿。看《里仁第四》第十一章,又看第九章。

子曰:“邦有道,危言危行;邦无道,危行言孙。”

第四章 孔夫子说:“邦国有道的时候,君子说话可以危乎而高峻,品行可以危乎而高峻;邦国无道的时候,品行可以危乎而高峻,说话该当是谦逊的。”

子曰:“有德者必有言,有言者不必有德;仁者必有勇,勇者不必有仁。”

第五章 孔夫子说:“有德性的人,他必定有言;有言的人,他不必定有德性。仁者他必定有勇敢;有勇敢的人,他不必定有仁。”

南宫适问于孔子曰:“羿善射,奡荡舟,俱不得其死然;禹、稷躬稼,而有天下。”夫子不答,南宫适出。子曰:“君子哉若人!尚德哉若人!”

第六章 南公适向孔夫子问说:“羿善于射箭,羿是古时人。夏朝的王太康,无道,游于洛水,羿阻拦太康于河不准他回銮。太康崩驾,羿立太康之弟仲康做王,在位十三年崩驾。羿又立仲康的太子相做王,羿掌全权,驱逐相,出奔居于商邱。羿,自立为王,用寒促做宰相,羿的家众杀羿而烹之。寒促就自立为王,夏朝旧臣靡,起兵伐寒促,遂灭了寒促。奡能够旱地荡行舟船,奡是寒促的儿子,他的名又叫做浇。奡有很大的力,能够在旱路上荡行舟船,寒促使奡弑杀夏后相,封奡在过那地方,封别的儿子豷在戈那地方。夏朝旧臣靡,起兵诛灭了寒促,恢复夏朝的天下,立少康做王。少康诛灭奡于过,诛灭豷于戈。他们俱不得善死;乃是夏禹王并后稷,他们躬亲稼穑的事体,而有了天下。”夏禹王治水,在外八年,三回由自己的家门外经过,都没有进门。虞舜氏让位于夏禹王,夏禹王就得了天下。〇后稷,名弃,帝喾的儿子,他好农事,察看田土。尧用他做农师。虞舜氏,封他于邰那个地方,号曰后稷,他的后人周武王,也得了天下。孔夫子不回答他,南宫适来问的本意,他把羿、奡比当世有权柄的人,把夏禹王、后稷比孔夫子,所以孔夫子不便回答他。南宫适退出。南宫适晓得孔夫子的意思,所以也不再问,就出去了。孔夫子说:"君子哉是这个人阿!尚德哉是这个人阿!"尚德,是崇尚德性,而不崇尚权势。

子曰:"君子而不仁者有矣夫,未有小人而仁者也。"

第七章　孔夫子说:"君子而不常常有仁,有这个人;乃是小人而有仁的,未有也。"

子曰:"爱之,能勿劳乎?忠焉,能勿诲乎?"

第八章　孔夫子说:"若实有爱,岂能不勤劳么?若实有忠心,岂能不训诲么?"朱夫子注:上句指父母,下句指臣;或注:两句皆指国君,上句的意思,就是若爱国君,必为他勤劳。孔子不说父母,不说国君,余想两句的道理,指大概通用之道,比方论朋友也是这样。〇劳,比较《子路第十三》第一章。

子曰:"为命:裨谌草创之,世叔讨论之,行人子羽修饰之,东里子产润色之。"

第九章　孔夫子说:"郑国之为辞命:辞命,是和郑国交通,并盟会的文书。一、叫裨谌创作草稿;裨谌是郑国的大夫。二、叫世叔讨究而审论那意思;世叔是郑国的大夫,名叫游吉。三、叫做行人的官名子羽,子羽,是郑国的大夫,就是公孙挥。行人,是管理外交事务,并管理发放使臣的事。修削而粉饰那文法;修削,是嫌多的除去些;粉饰,是嫌少的加添些。四、叫住在东里之子产,子产,是郑国的大夫,就是公孙侨,他居住在东里那个地方,润泽并着色于辞命。"润泽,辞命就不干枯;着色,辞命就有文采。〇立一个辞命,必定叫他们四个人当心办理,所以辞命做得华美没有一点破绽。

第一节或问子产。子曰:"惠人也。"二节问子西。曰:"彼哉!彼哉!"三节问管仲。曰:"人也。夺伯氏骈邑三百,饭疏食,没齿无怨言。"

第十章　第一节或人问孔夫子说:"郑国的子产怎样?"孔夫子说:"他是惠人也。"惠人,是惠爱百姓的人。子产做官,有时很严紧,然他的心里,却是爱怜人。比较《公冶长第五》第十五章。二节〇或人又问说:"楚国的子西怎样?"子西,是楚平王的一个儿子。孔夫子说:"彼哉!彼哉!"意思是我们不要论他。〇子西虽让位于弟郎,不做楚国的国君,然而他叫楚昭王不要用孔夫子,他又叫白公回国。白公后来作乱,这样看起来,他不是很好人。三节〇或人又问说:"齐国的管仲怎样?"管仲是齐国的大夫,他帮助齐桓公霸了天下。〇比较《八佾第三》第二十二章。孔夫子说:"这个人,齐桓公因为他把伯氏所有的骈邑并三百户,夺过来交付与他,伯氏,是齐国的大夫;骈邑,是伯氏所有的地方,就在现今山东青州府临朐县那里;三百户,是骈邑那个地方有三百家人家,齐桓公夺过来赐给管仲。伯氏就贫穷了吃粗饭,终身到没世,然他不发一句怨尤的话。"没齿,是终身到死。〇这是表明管仲的功劳很大。论管仲比较《孟子·公孙丑章句上》第一章第五节。

子曰:"贫而无怨难,富而无骄易。"

第十一章　孔夫子说："贫穷而不怨尤，这是难；富贵而不骄傲，这是容易。"比较《学而第一》第十五章："富而无骄，未若富而好礼。"意思是富而好礼，比富而无骄难一点。

子曰："孟公绰为赵魏老则优，不可以为滕薛大夫。"

第十二章　孔夫子说："孟公绰，做赵并魏的家老，他是颇优的，家老，是家臣之长。晋国，最有权柄的家，是赵并魏并韩。乃是他不可以做滕国、薛国的大夫。"孟公绰是孟氏家的最贤的人，或称仲孙氏，另有叔孙氏、季孙氏，这三家在鲁国有权柄。虽他们有权柄，然他们还不是国君。滕、薛是小国，孟公绰能够做大家的家臣，乃还不能做小国的大夫。

第一节子路问成人。子曰："若臧武仲之知，公绰之不欲，卞庄子之勇，冉求之艺，文之以礼乐，亦可以为成人矣。"二节曰："今之成人者何必然？见利思义，见危授命，久要不忘平生之言，亦可以为成人矣。"

第十三章　第一节子路向孔夫子问说："成人是什么样？"成，就是完全的意思。孔夫子说："设若一个人有像臧武仲那样的智慧，臧武仲是鲁国的大夫。孟公绰那样的不贪欲，卞庄子那样的勇敢，卞庄子，是鲁国卞邑的大夫，是曹叔振铎的后人，卞庄子有勇力，能够杀老虎。冉求那样的艺能，冉求，是孔夫子的学生。并且若文饰这几件以礼并乐，一、智慧；二、不贪欲；三、勇敢；四、艺能。四件若都有，又文饰以中正的礼，和顺的乐，完全而没有一点破绽。这样的人，就可以算是成人了。"二节〇孔夫子又说："今时的成人者，那里必要这样，只是若看见利就思想义，若看见危险就甘心舍命，并所立的约，虽久了，而不忘平生之言，意思是一生所说的话，或是一生所应许的。这也可以算是成人了。"

第一节子问公叔文子于公明贾曰："信乎夫子不言、不笑、不取乎？"二节公明贾对曰："以告者过也。夫子时然后言，人不厌其言；乐然后笑，人不厌其笑；义然后取，人不厌其取。"子曰："其然，岂其然乎？"

第十四章　第一节孔夫子论公叔文子，公叔文子是卫国的大夫，就是公孙拔，或作公孙发，比较十九章。向公明贾问说："他姓公明，名叫贾，是卫国的一个人。你的夫子不说话、不喜笑、不取财，这个事实在可信么？"二节〇公明贾对曰："人若告诉这个话，他们说过了分。夫子在当说话之时，他然后说话，人就不厌恶他说话；并心里若有快乐，他然后喜笑，人就不厌恶他喜笑；并若合义可取，他然后取，人就不厌恶他取。"孔夫子说："你所说的，果实在是这样么？"孔夫子有疑惑的意思。

子曰："臧武仲以防求为后于鲁，虽曰不要君，吾不信也。"

第十五章　孔夫子说："臧武仲以据住防邑，防邑，是武仲家里的地方。求臧为后嗣于鲁。"

子曰："晋文公谲而不正，齐桓公正而不谲。"

子路曰："桓公杀公子纠，召忽死之，管仲不死。"曰："未仁乎？"子曰："桓公九合诸侯,不以兵车,管仲之力也。如其仁!如其仁!"

子贡曰:"管仲非仁者与?桓公杀公子纠,不能死,又相之。"子曰:"管仲相桓公,霸诸侯,一匡天下,民到于今受其赐。微管仲,吾其被发左衽矣。岂若匹夫匹妇之为谅也,自经于沟渎而莫之知也。"

公叔文子之臣大夫僎,与文子同升诸公。子闻之曰:"可以为文矣。"

子言卫灵公之无道也,康子曰:"夫如是,奚而不丧?"①

孔子曰:"仲叔圉治宾客,祝鮀治宗庙,王孙贾治军旅。夫如是,奚其丧?"

孔夫子说:"仲叔圉治理宾客的事,仲叔圉,是卫国的大夫,就是孔文子,他有应对宾客的能干。看《公冶长第五》第十四章。并祝鮀治理宗庙的事,祝,是宗庙里的官。鮀是卫国的大夫,他办理祭祀的事。看《雍也第六》第十四章。并王孙贾治理军旅的事。王孙贾是卫国的大夫,他办理兵事。看《八佾第三》第十三章。既然如此,灵公怎样丧失君位呢?"灵公虽然无道,然他所用的臣子有能干,所以他不丧失君位。

子曰:"其言之不怍,则为之也难。"

第二十一章　孔夫子说:"若言语不愧怍,怍,是惭愧的意思。实做所说的是难的。"比较《里仁第四》第二十二章。

第一节陈成子弑简公。二节孔子沐浴而朝,告于哀公曰:"陈恒弑其君,请讨之。"三节公曰:"告夫三子!"四节孔子曰:"以吾从大夫之后,不敢不告也。君曰'告夫三子'者。"五节之三子告,不可。孔子曰:"以吾从大夫之后,不敢不告也。"

第二十二章　第一节陈成子把齐简公弑死了。陈成子,是齐国的大夫,名叫恒。齐简公,是齐国的国君,名叫壬,陈成子和齐简公的爱臣阚止有仇隙,陈成子把阚止杀死,齐简公逃走,陈成子恐怕齐简公后来报仇,把齐简公弑死,这件事在《春秋》"哀公十四年",附录《经传》第十节。二节〇孔夫子沐浴身子而后上朝,沐浴是用水洗,孔夫子慎重这件事,所以沐浴而后上朝。禀告鲁哀公说:"鲁哀公,是鲁国的国君。陈恒弑死了他的君,请讨伐他。"请鲁哀公兴兵而讨伐其弑君的大罪。三节〇鲁哀公说:"你要去告诉三子。"三子,就是孟孙、叔孙、季孙,那时候是三子有权柄,鲁哀公不能作主。四节〇孔夫子说:"是退朝之后自己说。因为我忝从大夫班列之后,我不敢不告诉君,怎么君回答我说'你要去告诉三子'呢?"孔夫子可惜鲁君不自己命令三子。五节〇孔夫子就去见三子,告诉他们,把鲁君的命令,告诉他们。三子不可。是不准许兴兵以致讨。孔夫子说:"因为我忝从大夫班列之后,我不敢不告诉你们。"

---

① 原书第110~111页缺页。

子路问事君。子曰："勿欺也，而犯之。"

第二十三章　子路向孔夫子问说："事奉国君该当怎样？"孔夫子说："该当不欺他，而且有时该当犯颜而谏君。"

子曰："君子上达，小人下达。"

第二十四章　孔夫子说："君子上达，上达，是渐进到高明的地方。小人下达。"下达，是渐流到卑下的地方。

子曰："古之学者为己，今之学者为人。"

第二十五章　孔夫子说："古时的学者，他们学习专为自己；今时的学者，他们学习专为别人。"要别人晓得他的学问。

第一节蘧伯玉使人于孔子。二节孔子与之坐而问焉，曰："夫子何为？"对曰："夫子欲寡其过而未能也。"使者出。子曰："使乎！使乎！"

第二十六章　第一节蘧伯玉使令一个人来问候孔夫子。蘧伯玉，是卫国的大夫，名叫瑗，孔子在卫的时候，住在他的家。此时孔子回了鲁。又看《卫灵公第十五》第六章。二节〇孔夫子与他坐下，向使者问说："夫子现在做什么？"使者对答说："我的夫子欲寡少自己的过失，而他还未能也。"使者出去了。孔夫子说："实在是一个好使者阿！实在是一个好使者阿！"〇庄子说，蘧伯玉五十岁的时候，他就晓得四十九年的过失。

子曰："不在其位，不谋其政。"

第二十七章　孔夫子说："人若不居那个位，他也不该当图谋那位的政事。"看《泰伯第八》第十四章。

曾子曰："君子思不出其位。"

第二十八章　曾子说："名叫参。君子思不出其位。"意思是君子心里所思想的，他不离开自己所处的位。〇这一句话，是《易经·艮卦》象辞上面的，乃《易经》原文，"思"字上有"以"字。

子曰："君子耻其言而过其行。"

第二十九章　孔夫子说："君子说话有羞耻的样子，而他的行为过于其言。"行为必定过些，是行得足。比较上文第二十一章，又看《里仁第四》第二十四章。

第一节子曰："君子道者三，我无能焉：仁者不忧，知者不惑，勇者不惧。"二节子贡曰："夫子自道也。"

第三十章　第一节孔夫子说："君子所以为道者是三件，乃我不能够：一、仁者不忧虑；二、智者不疑惑；三、勇者不惧怕。"二节〇子贡说："这是夫子自己所践之道。"比较《子罕第九》第二十八章。

子贡方人。子曰："赐也贤乎哉？夫我则不暇。"

第三十一章　子贡比较人的长短。孔夫子说："赐也贤乎哉？赐是子贡的名，孔子讥讽他。我没有闲暇做这样的。”意思是我没有功夫比较人的好歹。

子曰:“不患人之不己知,患其不能也。”

第三十二章　孔夫子说:“不忧愁人不知道我,忧愁因为自己不能够。”比较三十七章二节;又看《学而第一》第一章三节,又十六章;《里仁第四》第十四章;《卫灵公第十五》第十八章;《中庸》十一章第三节。

子曰:“不逆诈,不亿不信。抑亦先觉者,是贤乎!”

第三十三章　孔夫子说:“若一个人虽不逆料人之奸诈,并虽不亿度人之不信实。然有这事的时候,若他先觉得,意思是若人诈他,并以不信实待他,他早已捷觉。这样的人是贤慧的。”贤慧,是灵慧而伶俐。

第一节微生亩谓孔子曰:“丘何为是栖栖者与?无乃为佞乎?”二节孔子曰:“非敢为佞也,疾固也。”

第三十四章　第一节微生亩向孔夫子说:“微生亩,是鲁国的人,姓微生,名叫亩,是一个隐士。丘为什么这样栖栖呢?丘是孔夫子的名,栖栖,是栖身无定的意思。他比较孔子像鸟之飞来飞去,投林而栖。因为孔子周流各国,暂时栖住而不久。无乃是你做佞人?”微生亩他从老子之道,离开世界而隐居,所以他讥讽孔子说,孔子游行各国,是无用的,只是仿佛做国君的伶人一样。做伶人,是以虚言玩耍人。二节〇孔夫子说:“我不敢做佞人,乃是我疾恶那固执。”固执,是刚愎,执着一个意思而绝不改变。孔子约束性气,而以威严的话责备他,表明他是有固执的心。

子曰:“骥不称其力,称其德也。”

第三十五章　孔夫子说:“骥,人不称赞他的力,乃是称赞他的德。”骥,本来是古时之好马,一天可以行一千里。在这个地方,是为大概好马的总名。那个称字,不是称名的意思,乃是称赞的意思。论好马,人爱他有各样的德,过于爱他有大力量。比方好马必要驯良,又要有恒性,而且也要有忠心。如打仗的时候,若骑兵身死,好马止住在那里,仿佛悲哀主人,表明忠心。〇孔子说那个话,是比论人,人也该当以德为贵。

第一节或曰:“以德报怨,何如?”二节子曰:“何以报德?三节以直报怨,以德报德。”

第三十六章　第一节或人向孔夫子问说:“以德报怨,论那个道理,夫子想怎么样呢?”意思是以恩德报答那有仇怨于我之人。〇“以德报怨”这句话,见于老子《道德经》。二节〇孔夫子说:“怎样就要报德呢?意思是倘若你以恩德报仇怨,怎样你就要报德呢?三节〇该当以正直报仇怨,以恩德报恩德。”直,是曲之反面,直,是合理的,就是公义。〇雷格氏说这句话,证孔子的道不及耶稣并老子之道。因为他们教人以善胜恶,乃是余想此讲法误会孔子的本意。在《礼记·表记》,孔子曰:“以德报怨,则民有所劝;以怨报怨,则民有所惩。”又曰:“以德报怨,则宽身之仁也。”若学者比较这两处,可明孔子论国君并国家的本分说,他的意思是若国君不罚恶人,这国君恐怕是惧自己身子的危险，欲保护自己。他虽看见义，欲不肯行义，因为他无奋勇之气。看《为政第二》第二十四章。这样的事，孔子自然不能准许。〇罚作恶的人。看《罗马书》十三章。又比较上篇《颜渊第十二》第二十二章的注解。以直报怨，是人人论其私事，该当信这个大道。乃国家没有私事，必照顾众人之公义。孔子平常而且也在此三十六章思想国家的事，所以可明耶稣教并孔教论这个报怨之道，没有相反的，况且孔子也有那个不报无道的理。看《中庸》第十章。孔子说"君子居之"，就是居那个不报无道之理；又孟子说"人若待我以横逆，我必自反，自反而果有仁并果有礼否？"另外请看《圣谕广训直解》九条、十二条、十六条，都有儒教不报冤之好榜样。总而言之，耶稣教并儒教论这个题目，皆说，人人论私事，该当以善胜恶。

第一节子曰："莫我知也夫！"二节子贡曰："何为其莫知子也？"子曰："不怨天，不尤人。下学而上达。知我者其天乎！"

第三十七章　第一节孔夫子说："世上没有人知道我阿！"二节〇子贡说："为什么子说没有人知道子呢？"孔夫子说："我不怨天，我不尤人。尤人，是谴责人，归咎于人。我学平常卑下之事而上达到天，知我者就是天阿！"学者可明孔夫子倚靠天，天知道他，所以天不是无灵之理，乃天是上帝。

第一节公伯寮愬子路于季孙。子服景伯以告，曰："夫子固有惑志于公伯寮，吾力犹能肆诸市朝。"二节子曰："道之将行也与？命也；道之将废也与？命也。公伯寮其如命何！"

第三十八章　第一节公伯寮向季孙告愬子路的短处。公伯寮是鲁国人，季孙就是季氏。子服景伯把这事告诉孔夫子，子服景伯，是鲁国的大夫，名叫何。说："我的夫子，就是季孙。因为公伯寮看子路果然有惑志，惑志，是疑惑的心。我还有权力能把公伯寮陈尸于市朝。"肆，是陈尸；朝，是朝里，大夫有罪，就杀了陈尸于朝；市是街上，士庶人有罪，杀了就陈尸于街上。二节〇孔夫子说："倘若我的道将要通行，这是天命；倘若我的道将要废坠，这也是天命。公伯寮于这个命，他能做什么？"意思是公伯寮没有力量悖逆天命。〇比较《子罕第九》"天之将丧斯文也"，云云；又看《述而第七》"天生德于予，桓魋其如予何？"

第一节子曰："贤者辟世，二节其次辟地，三节其次辟色，四节其次辟言。"

第三十九章　第一节孔夫子说："有贤者他们避世；因为天下无道，他们就隐居而避世。二节〇其次有一等，他们避地；因为这一国不好，他们就退避到别国去。三节〇其次有一等，他们避色；意思是避国君的物色，他们虽不到别国去，然若国君访求善人，欲物色他们，他们就回避。四节〇其次有一等，他们避言。"他们虽不到别国去，并虽有时也见国君，然他们欲免国君谈论，因为他们想是无用的。

子曰："作者七人矣。"

第四十章　孔夫子说："作者七人矣。"意思是做这样事的有七个人，就是上文三十九章所说的四等人。比较《微子第十八》，有这样的人。

子路宿于石门。晨门曰："奚自？"子路曰："自孔氏。"曰："是知其不可而为之者与？"

第四十一章　子路歇宿在石门那个地方。石门是齐国的地方，离济南府不远。《春秋》"隐公三年"，齐侯、郑伯盟于石门。晨门向子路问说："你从那里来？"晨门是管理早晨开门的。子路回答说："我从孔氏那里来。"晨门说："是那知道不能做而尚且要做的那个人么？"他的意思是孔子晓得不能改变世界，然尚且勉力改变，他讥讽孔子徒然费力。

第一节子击磬于卫。有荷蒉而过孔氏之门者，曰："有心哉，击磬乎！"二节既而曰："鄙哉！硁硁乎！莫己知也，斯己而已矣。深则厉，浅则揭。"三节子曰："果哉！末之难矣。"

第四十二章　第一节孔夫子在卫国，有时击扣那个磬。磬，是石头做的乐器。有荷蒉而过孔氏之门者，荷蒉，是荷带着草篮子的一个人，他就是一个隐士，经过孔子的门。他就说："有心哉之击磬乎！"意思说这样击磬的样子，实在是有热心。二节〇既而随后他说："鄙哉！硁硁乎！鄙，是鄙细，是见识拘泥；硁硁乎，是坚确的意思。那人随后想孔子击磬的声音是坚确的，就以为孔子的心也是坚确而固执。若没有人知道我，我止歇而去就罢了。深则厉，厉，是同衣服涉渡有水的地方，若渡处之水太深，提起衣服是无用的，脱衣服也不能的，所以没有法子，必同衣服涉渡。看《尔雅》"厉"字。浅则揭。"揭是提起衣服而涉有水的地方。〇这两句在《诗经·卫风·匏有苦叶》之篇，意思是水深的地方，就连着衣服而涉过去；水浅的地方，就提起衣服而涉过去。照雷格氏《诗经》的注解，在《诗经》这两句，本来的意思是不问有船无船，他一定要渡过去。这个讲法，与孔子所说的果哉相合。在《论语》注解，雷格氏遵从朱夫子说那两句的意思，是人该当随光景行事。三节〇孔夫子说："果哉！末之难矣！"意思是孔夫子听闻了那隐士所说的话，就说，这个人实在是果决的，乃这是不难的。意思是果断离世界而隐居，比较做官而任许多烦扰是容易的。

第一节子张曰："《书》云：'高宗谅阴，三年不言。'何谓也？"二节子曰："何必高宗？古之人皆然。君薨，百官总己以听于冢宰三年。"

第四十三章　第一节子张向孔夫子问说："《书经》上说：'是《商书·说命篇》，又看《书经·无逸》第五节。高宗谅阴，高宗是商朝的王，名叫武丁；谅阴，就是倚庐。看《仪礼·丧服》。倚庐，就是小房子，有丧事的时候，孝子住在那里。在《书经·说命上》，谅阴，写作亮阴。三年不言。'在《书经》本文的意思是，高宗三年免丧之后，还不言。在《论语》意思是，三年之间，他不说国家的事。什么意思呢？"二节〇孔夫子说："何必引高宗？古之为君的人，皆是这样。倘若君主薨逝了，薨逝，是死。百官他们总理自己，他们各人照常办理各人自己的职分，并听命于冢宰三年。"冢宰，是职掌全权的宰相，他三年之间，摄理国家的事，所以国君得闲暇，可以居丧。

子曰："上好礼，则民易使也。"

第四十四章　孔夫子说:“在上位的人若好礼,就容易使令百姓。”

子路问君子。子曰:“修己以敬。”曰:“如斯而已乎?”曰:“修己以安人。”曰:“如斯而已乎?”曰:“修己以安百姓。修己以安百姓,尧、舜其犹病诸!”

第四十五章　子路向孔夫子问说:“君子是什么样?”孔夫子说:“君子修己以致自己为敬。”以致的意思,是他修己有主意,第一要自己得敬心。子路说:“君子只像这样就罢了么?”孔夫子说:“君子修己以致安别人。”君子修己,也特意为别人。比较《哥林多前书》九章十九至二十二节。子路说:“君子只像这样就罢了么?”孔夫子说:“君子修己以致安百姓。百姓,是天下一切的众人。修己以致安百姓,连尧、舜为此还歉仄忧虑。”意思就因为他们觉得百姓还不得皆安。比较《雍也第六》第二十八章。

原壤夷俟。子曰:“幼而不孙弟,长而无述焉,老而不死,是为贼!”以杖叩其胫。

第四十六章　原壤箕坐以俟待孔夫子。原壤,是一个年老的人,孔夫子久认识他。箕坐是放开两脚,像箕一样,是蹲踞的样子,这叫做夷。〇原壤的母亲死了,他还歌唱。看《礼记·檀弓》。孔夫子说:“幼小的时候,不谦逊并不悌兄长,长大的时候,没有一点可称述的功效,老而不死,此是做贼!”贼是害人的名目,原壤不守礼,这样在世上,必定败坏风俗,是要害人。孔夫子就拿拐杖叩打他的胫。胫,是脚骨。孔夫子打他的脚骨,意思是责备他不要放开两脚而箕踞。

第一节 阙党童子将命。或问之曰:“益者与?”二节 子曰:“吾见其居于位也,见其与先生并行也。非求益者也,欲速成者也。”

第四十七章　第一节 阙党有一个童子,阙党是党的名。孔夫子使他将命。将命,是传说宾客并主人的话。或人向孔夫子问说:“他学习有进益么?”二节 〇孔夫子说:“我看见他居于正位上,本来童子该当坐在屋角那里,不该当居于正位。我看见他与先生并行路,本来童子该当跟从兄长之后,不该当与兄长并行。他不祈求学之进益,他只欲速成大人。”

论语集注卷八

卫灵公第十五　凡四十一章。

第一节卫灵公问陈于孔子。孔子对曰:“俎豆之事,则尝闻之矣;军旅之事,未之学也。”明日遂行。二节在陈绝粮,从者病,莫能兴。三节子路愠见,曰:“君子亦有穷乎?”子曰:“君子固穷,小人穷斯滥矣。”

第一章　第一节卫灵公问孔夫子论摆阵的事情。孔子回答说:“论俎豆之事,俎豆是祭祀用的器皿。我都听闻了;乃是训练兵卒的事情,我没有学过。”因此他明日就走了。学者可明孔子教人是废置兵学的,因为道理之于国家比武备还要紧。二节〇在陈国他们断绝了粮食,跟从他的门徒,都饿的生病,不能起来。三节〇子路有愠色发见于面说:“君子也有这样的穷困么?”孔夫子说:“君子固守穷困,小人若遇见穷困,他就滥溢而怨诉了。”

第一节子曰:“赐也,女以予为多学而识之者与?”二节对曰:“然,非与?”三节曰:“非也,予一以贯之。”

第二章　第一节孔夫子说:“赐呀,你想我是多学而记在心里么?”二节〇子贡回答说:“是,难道不是吗?”三节〇夫子说:“不是的,我用一理贯串万事。”一理,是仁心之理。〇比较《里仁第四》第十五章;又比较《路加》十章四十二节,耶稣说的,“你因为许多的事,心思扰乱,但是要紧的惟有一件”。

子曰:“由!知德者鲜矣。”

第三章　孔夫子说:“由呀,知道德性的人是鲜少的!”

子曰:“无为而治者,其舜也与?夫何为哉?恭己正南面而已矣。”

第四章　孔夫子说:“无为而平治的,不是舜么?他到底做什么呢?他自己恭恭敬敬的正面对南就是了。”国君在位,面向南方。〇比较《中庸》二十六章六节“无为而成”,学者可明不但是老子有这个无为的道理；又看《中庸》三十三章五节，《泰伯第八》第十八章，《为政第二》第一章又三章，《颜渊第十二》第十九章，《子路第十三》第四章三节又第六章。

第一节子张问行。二节子曰："言忠信，行笃敬，虽蛮貊之邦行矣；言不忠信，行不笃敬，虽州里行乎哉？三节立，则见其参于前也；在舆，则见其倚于衡也。夫然后行。"四节子张书诸绅。

第五章 第一节子张问孔夫子："人怎样能通行？"二节〇孔夫子说："他的言语要忠诚并信实，他的行为要笃厚并敬慎，这样做法，虽然他处在南蛮、北貊的邦国，他也可以通行；若是他的言语不忠诚并不信实，若他的行为不笃厚并不敬慎，这样虽然他处在他自己的州内，或是自己的里内，州，有二千五百家；里，有二十五家。难道他能通行么？三节〇站立的时候，他该当好象看见那两件参立在他面前；两件，是那言语、行为两件的德行，参是与我并立为三。他在舆中的时候，舆，就是车。他该当好象看见那两件倚靠于衡轭上，衡，就是车的轭，扎在车的横木之上，所以驾牲口。这样做法，然后可以通行。"四节〇子张就把这些教训书记于大带所挂下之绅。绅是带子缠束在腰上，余胜的垂挂下来，就做装饰。〇那时纸笔墨，都还没有，蔡伦始造纸，他是汉安帝时人。孔夫子用竹简，子张恐怕用针线绣在绅上。

第一节子曰："直哉史鱼！邦有道，如矢；邦无道，如矢。二节君子哉蘧伯玉！邦有道，则仕；邦无道，则可卷而怀之。"

第六章 第一节孔夫子说："梗直的人是卫国史官鱼！邦国有道的时候，他是像矢一样；邦国无道的时候，他也是像矢一样。矢，是一直向前。〇鱼将死的时候，遗嘱他的儿子说，我生前不能谏君，死不当成礼，将我的尸放在北堂。卫灵公去吊他，看见了问什么缘故。儿子告诉了他，卫灵公就叹息。二节〇君子哉是蘧伯玉！邦国有道的时候，他就入仕做官；邦国无道的时候，他就能包卷他的道而怀之。"怀之，恐怕不是怀藏的意思，乃是怀念的意思，就是求志，如孔子《季氏第十六》第十一章说"隐居以求其志，行义以达其道"；又看《泰伯第八》第十三章；又看下文第八章。〇蘧伯玉是卫国的大夫，他欲寡少自己的过失。看《宪问第十四》第二十六章。

子曰："可与言而不与之言，失人；不可与言而与之言，失言。知者不失人，亦不失言。"

第七章 孔夫子说："一个人可以与他讲话的时候，然不与他讲，这是失了这个人；一个人不可以与他讲话的时候，然与他讲，这是失了我的言语。有智慧的人，不失掉人，也不失掉言语。"

子曰："志士仁人，无求生以害仁，有杀身以成仁。"

第八章 孔夫子说："志士并仁人，他们不求生命若因此必害仁；他们又杀身以致成仁。"这是重义轻生的意思。比较《泰伯第八》第十三章"守死善道"；《宪问第十四》"见危授命”；《学而第一》“事君能致其身”；《子张第十九》“士见危致命”；又《孟子·告子章句上》“舍生而取义者也”；《尽心章句上》四十二章“以身殉道”。

子贡问为仁。子曰：“工欲善其事，必先利其器。居是邦也，事其大夫之贤者，友其士之仁者。”

第九章　子贡问：“行仁是怎样？”孔夫子说：“工匠若欲善做他的事，他必定先要磨利他的器具。你若住居在这一国，你要事奉那大夫中间所有的贤人，而且士子中间所有的仁人，你要做他们的朋友。”事奉贤人，结友仁人，辅助自己的德性。比较《颜渊十二》第二十四章。

第一节颜渊问为邦。二节子曰：“行夏之时，三节乘殷之辂，四节服周之冕，五节乐则《韶》舞。六节放郑声，远佞人。郑声淫，佞人殆。”

第十章　第一节颜渊问：“治邦国应该怎样？”二节〇孔夫子说：“要遵行夏朝定的时令，夏朝的历法，把大熊星的柄子，就是七星之中左边的三个星，看为标准。天上共有十二宫，是木星所行的宫，就是子、丑、寅、卯、辰、巳、午、未、申、酉、戌、亥，按着东、西、南、北四方，那大熊星的柄子。在十二个月内将晚的时候所指的方向，各月都不相同，一年运转一周，这个星的柄子在将晚的时候指向着寅宫的那一个月，夏朝定为正月。三节〇要乘殷朝用的木辂，辂，是车，殷朝的车，是朴素而坚固的；周朝的车，用金玉装饰，奢华太过。四节〇要服周朝戴的冕旒，冕，是帽子上有盖覆的片子，前后都有旒垂挂下来，周朝的冕旒最华美，并且等级分明，孔子看礼为重。五节〇作乐要用帝舜的韶乐并舞。韶，是声音；舞，是跳舞的容貌，韶舞是尽美而又尽善。六节〇要放绝郑国的声音，要远去佞人。郑国的声音是淫荡的，佞人是危殆国家。”

子曰：“人无远虑，必有近忧。”

第十一章　孔夫子说：“人若没有遥远的挂虑，他必有近今的忧患。”

子曰：“已矣乎！吾未见好德如好色者也。”

第十二章　孔夫子说：“罢了！我未看见一个人好德如好色一样。”看《子罕第九》第十七章。

子曰：“臧文仲其窃位者与？知柳下惠之贤，而不与立也。”

第十三章　孔夫子说：“臧文仲这个人，岂不是像一个偷窃官位的人么？他明知柳下惠是一个贤人，然他却不举荐他同立在朝廷上。”臧文仲名叫辰，看《公冶长第五》第十七章。〇柳下惠是鲁国的大夫，名叫展获。鲁国有海鸟，息于鲁国东门之外，臧文仲叫人祭他。柳下惠说不该当祭。臧文仲听闻了，他就自己认罪。看《左传》；又看《微子第十八》第二章，又第八章；又看《孟子·公孙丑章句上》第九章二节。

子曰：“躬自厚而薄责于人，则远怨矣。”

第十四章　孔夫子说：“人若厚重责成自己，而菲薄责成于人，他就能远离人的怨恨。”〇比较《中庸》十四章“失诸正鹄，反求诸其身”；《颜渊第十二》第二十一章“攻其恶，无攻人之恶”。

子曰：“不曰‘如之何如之何’者，吾末如之何也已矣。”

第十五章　孔夫子说：“若一个人不当问心说‘这个事是怎么样？这个事是怎么样？’我也没有法子待他怎么样。”看《述而第七》第八章。

子曰：“群居终日，言不及义，好行小慧，难矣哉！”

第十六章　孔夫子说：“人一天到晚合群同居，若不说到义理的事，而且若好爱行小智慧的计谋，是诡计之事。这样的人真是难的。”教化他们是难的。〇孔夫子认得人性。

子曰：“君子义以为质，礼以行之，孙以出之，信以成之。君子哉！”

第十七章　孔夫子说：“君子凡事看义为本质，用礼仪去行，用谦逊显出，用信实成全。这就是君子。”

子曰：“君子病无能焉，不病人之不己知也。”

第十八章　孔夫子说：“君子疚病因为他自己不能够，他不疚病别人不知道他。”比较《学而第一》第一章三节，又十六章；《里仁第四》第十四章；《宪问第十四》第三十二章，又三十七章二节；《中庸》十一章三节。

子曰：“君子疾没世而名不称焉。”

第十九章　孔夫子说：“君子疾恶，他没世以后，没世，看《大学》右传之三章，意思是去世以后。没有人称扬他的名声。”意思是君子仰慕实在得功效，他虽然不问现在的人赞美他或否，乃是他情愿后世的人不忘记他的功效。

子曰：“君子求诸己，小人求诸人。”

第二十章　孔夫子说：“君子凡事皆求于自己，小人凡事皆求于别人。”看上文第十四，《中庸》十四章五节，《宪问第十四》第二十五章。

子曰：“君子矜而不争，群而不党。”

第二十一章　孔夫子说：“君子是矜庄的，意思是庄严。而不与人争竞；他同人合群而不结党。”比较《子路第十三》第二十三章，又《八佾第三》第七章。

子曰：“君子不以言举人，不以人废言。”

第二十二章　孔夫子说：“君子不因为言语举用人，又不因为人废弃他的言语。”

子贡问曰：“有一言而可以终身行之者乎？”子曰：“其恕乎！己所不欲，勿施于人。”

第二十三章　子贡问孔夫子说：“有一个字可以做终身所行的标准么？”孔夫子说：“那个‘恕’字岂非这样的字么？己所不欲，勿施于人。”看《颜渊第十二》第二章，《公冶长第五》第十一章，《中庸》第十三章三节，《里仁第四》第十五章。

第一节子曰：“吾之于人也，谁毁谁誉？如有所誉者，其有所试矣。二节斯民也，三代之所以直道而行也。”

第二十四章　第一节孔夫子说：“我待人，我毁谤谁？我称誉谁？若有时我称誉一个人，我必试验了他。二节〇这个民，是三代所以行直道之缘故。”意思是因为这个民，三代之王行直道，可知这个民是尊贵而要紧的。

子曰：“吾犹及史之阙文也，有马者借人乘之。今亡矣夫！”

第二十五章　孔夫子说：“我以前犹及见史官若有所疑之事，留一空阙。他们不敢写不真的事。并又看见有马乘的人，借别人乘之。可惜今时无有这样的事。”意思是风俗刻薄了。

子曰：“巧言乱德，小不忍则乱大谋。”

第二十六章　孔夫子说：“巧妙的言语，扰乱德性；小事情不忍耐，就扰乱大计谋。”比较《学而第一》第三章，《阳货第十七》第十七章，《公冶长第五》第二十四章。

子曰：“众恶之，必察焉；众好之，必察焉。”

第二十七章　孔夫子说：“若众人憎恶一个人，必要察看他；若众人好爱一个人，也必要察看他。”意思是不能倚靠众人的意见。比较《子路第十三》第二十四章。

子曰：“人能弘道，非道弘人。”

第二十八章　孔夫子说：“人能弘大其道，道不弘大人。”弘大，是抬举的意思，也是归荣的意思。人的秉性行为，可以抬举他的道；若是行为与道相反，就不能抬举那个人。

子曰：“过而不改，是谓过矣。”

第二十九章　孔夫子说：“若有过而不改，此真谓是过。”比较《学而第一》第八章。〇诚哉是言也。可惜今时之人，多赞美孔子而不跟从他的话。

子曰：“吾尝终日不食，终夜不寝，以思，无益，不如学也。”

第三十章　孔夫子说：“我曾经一全日不吃饭，一全夜不寝卧，用心思想道，然而我没有益处，这不如学好。”比较《为政第二》第十五章。〇学者可明孔子也必要学。

子曰：“君子谋道不谋食。耕也，馁在其中矣；学也，禄在其中矣。君子忧道不忧贫。”

第三十一章　孔夫子说：“君子图谋道理不图谋饭食。比方耕田，有时也在这个里面遇着饥馁；如此也论到学，俸禄可有在其中。意思是俸禄不是一定得着的。然而君子忧虑道理不忧虑贫穷。”比较《为政第二》第十八章。

第一节子曰：“知及之，仁不能守之，虽得之，必失之。二节知及之，仁能守之，不庄以莅之，则民不敬。三节知及之，仁能守之，庄以莅之，动之不以礼，未善也。”

第三十二章　第一节孔夫子说：“若一个人的智识足以及得到，乃是若他的仁德不能够固守，他虽然得着了，他必定仍旧失掉。比较使徒保罗说的“我虽愿意为善，却不能为善”。《罗马书》第七章十八节。二节〇他的智识若足以及得到，并若他的仁德能够固守，乃是若他不能以庄重莅治，百姓就不恭敬他。三节〇他的智识若足以及得到，他的仁德能够固守，他也能以庄重莅治，乃是若他鼓动百姓不合礼，这也不是善的。”

子曰：“君子不可小知，而可大受也；小人不可大受，而可小知也。”

第三十三章　孔夫子说：“君子阿，人不能从小事上认识他，然他可以承受大事。小人不能承受大事，但是人能从小事上认识他。”君子就是大人，在小事里有时候有所无足的，乃是若必须办理大事他的才能就表出来。

子曰：“民之于仁也，甚于水火。水火，吾见蹈而死者矣，未见蹈仁而死者也。”

第三十四章　孔夫子说：“仁德关系于百姓，甚于水火。无水火，就害人之生活；无仁德，就害人之心。乃是我看见了人蹈水火而死，然我未见人蹈仁而死。”孔夫子叹息说，“虽然仁是最要紧，世人惧怕仁，甚于惧怕水溺火烧”。孔子忧愁人不肯为道拚命。〇学者可明，人若不一定有永生之希望，他也不肯为道舍命。

子曰：“当仁，不让于师。”

第三十五　孔夫子说：“人应该自己担当仁，不要让于师。”让于师，意思是请他代我做。

子曰：“君子贞而不谅。”

第三十六章　孔夫子说：“君子是贞正而不谅。”谅是小信，看《宪问第十四》第十八章三节。

子曰：“事君，敬其事而后其食。”

第三十七章　孔夫子说：“臣子事奉君，他敬慎办理他的事，而以俸禄为后。”今时之臣可以把这个为标准。

子曰：“有教无类。”

第三十八章　孔夫子说：“有教无类。”意思是若实有教化，就没有分类，以教化人皆可以复于善。〇人本来有类。看《季氏第十六》第九章；又看《中庸》二十章九节说的，“及其知之一也”。或有注解：“人设立教训之事，不该当分类，就是不分富贵贫穷、聪明愚笨、善良恶劣。”

子曰：“道不同，不相为谋。”

第三十九章　孔夫子说：“道路不同的人，不能互相谋画。”因为他们各人有各人的去处，这是比方的话。论道理说的，基督徒的志向是在天。

子曰：“辞达而已矣。”

第四十章　孔夫子说：“言辞要通达意思就好了。”中国文辞崇尚绮丽，并崇尚声调，这是违背孔子的教训。〇明白的话，比华美之文要紧。可惜中国历代以来，万兆之读书人，吃了多少苦，因为古书之言辞，有许多不能通达之文。而且也今时许多孩子们，历五六年上学堂读书，乃远不明古书之深奥的文理，费力、费钱、费工夫，而厌恶念书之事，这都是因为那言辞如孔子所说的不通达意思。乃什么读书人可怜中国今时八十兆之孩子，改变学堂所用之文法，而设立一个新的又清楚又华美之文法为准绳呢？

第一节师冕见，及阶，子曰："阶也。"及席，子曰："席也。"皆坐，子告之曰："某在斯，某在斯。"二节师冕出。子张问曰："与师言之道与？"三节子曰："然。固相师之道也。"

第四十二章　第一节鲁国乐师，名叫冕，古时作乐的人是瞎子。来候孔夫子，他及到了阶沿，孔夫子说："这是阶沿了。"夫子去迎接他，并引他上阶沿。及到了席，孔夫子说："这是席了。"众人皆坐下了，夫子就告诉他说："某人在这里，某人在那里。"二节〇师冕出去了以后，子张问孔夫子说："方才与师冕所说的话，是合宜之道么？"三节〇孔夫子说："果是的。这固然是相助瞽目乐师的道。"论待瞎子。比较《子罕第九》第九章。

季氏第十六　胡氏曰："此篇或以为齐论。"凡十四章。

第一节季氏将伐颛臾。二节冉有、季路见于孔子曰："季氏将有事于颛臾。"三节孔子曰："求！无乃尔是过与？四节夫颛臾，昔者先王以为东蒙主，且在邦域之中矣，是社稷之臣也。何以伐为？"五节冉有曰："夫子欲之，吾二臣者皆不欲也。"六节孔子曰："求！周任有言曰：'陈力就列，不能者止。'危而不持，颠而不扶，则将焉用彼相矣？七节且尔言过矣。虎兕出于柙，龟玉毁于椟中，是谁之过与？"八节冉有曰："今夫颛臾，固而近于费。今不取，后世必为子孙忧。"九节孔子曰："求！君子疾夫舍曰欲之，而必为之辞。十节丘也闻有国有家者，不患寡而患不均，不患贫而患不安。盖均无贫，和无寡，安无倾。十一节夫如是，故远人不服，则修文德以来之。既来之，则安之。十二节今由与求也，相夫子，远人不服而不能来也；邦分崩离析而不能守也。十三节而谋动干戈于邦内。吾恐季孙之忧，不在颛臾，而在萧墙之内也。"

第一章　第一节季氏将要兴兵伐颛臾。季氏是鲁国的大夫。看《八佾第三》第一章。〇颛臾是鲁国的附庸国。附庸是附在他旁边的意思。《左传》云："颛臾的国君姓风，他管理伏羲氏并有济的祭祀。"〇伐是攻伐，有讨罪的意思。只鲁君可以伐附庸，大夫不该当攻伐。〇现今山东费县西北，有颛臾旧城。二节〇冉有与季路他们当时做季康子的家臣。来见孔子说："我们的主人季氏，将要有攻伐的事于颛臾。"三节〇孔夫子说："求呀，求是冉有。此不是你的过吗？四节〇颛臾昔时先王使颛臾那小国的君做东蒙山的主，先王，是周朝的成王，他封颛臾的君办理蒙山之祭祀。〇蒙山在现今山东沂州府蒙阴县西南，那里有祠堂，颛臾国就在蒙山之下。并且那个颛臾国是在我们鲁邦疆域之中间，那国之君是社稷之臣也。社，是土地的神稷，是五谷的神，奉这样的祭祀，只鲁君主其事。颛臾之君助祭，所以他是社稷之臣，他的位分在大夫之上。怎能去伐他？”五节〇冉有说：“我们的夫子欲这个，我们两个臣子都不欲。”六节〇孔夫子说：“求呀，古时的良史周任有一句话说：‘臣子若可以开陈他的能力，开陈是发出的意思。他才就入官列，乃是若不能这个样他才退位停止。’譬如瞎子若他遇着危险，并引路的若不护持他或是若他颠仆，就是跌倒。并引路的若不扶起他，这样就为什么用那个相助的人呢？七节〇而且你的话是过错了。若老虎或兕牛兕牛就是犀牛。看《本草·兽部·犀牛》。有一角在鼻上，他的皮很坚固，可以泅水。从柙槛里逃出来，或是若大龟并美玉在椟柜内毁坏了，龟，古人用他的壳做问卜的东西。是谁的过失呢？”孔子表明国君的错处是臣子的过失。八节〇冉有说：“如今颛臾的城郭坚固，又近靠季氏的费城，现今若不取了，到后世定是子孙的忧愁。”九节〇孔夫子说：“求呀，君子最疾恶人不肯说‘我欲’，然必做托辞。十节〇我听闻了凡有国有家的人，不忧患人民寡少，忧患他们不得均平；不得均平是各人丧失了各人的本分，此是照朱夫子的注解。别的讲法是他们忧患，因为所有的不均平分开了百姓中间。不忧患财用贫乏，忧患百姓不得安宁。因为若有均平了，这样就无贫乏；若和睦了，这样就无寡少；若安宁了，这样就无倾覆。十一节〇既然如此，所以远方的人若不服的，就要修明文德以致他们来，而且若来了，必使他们安宁。十二节〇现今你由与求两个人相助你们的夫子，乃是远方的人不服而他不能使他们来，自己的邦国瓜分而崩裂，离心而析散，而他不能保守。瓜分而崩裂，是季氏等人把鲁国分为四，季氏得二分，孟孙得一分，叔孙得一分，惟有颛臾在另外。离心而析散，是季氏的家臣常常作乱，这样是分崩之中又离析也。十三节〇而且他设谋兴动干戈在邦内，我恐怕季孙的忧患，不是在颛臾，是在他自己的萧墙之内了。”萧墙，就是屏；萧，是严肃的意思。〇后来鲁哀公恨季氏，要叫越国来攻伐鲁国，除去季氏。

第一节孔子曰：“天下有道，则礼乐征伐自天子出；天下无道，则礼乐征伐自诸侯出。自诸侯出，盖十世希不失矣；自大夫出，五世希不失矣；陪臣执国命，三世希不失矣。二节天下有道，则政不在大夫。三节天下有道，则庶人不议。”

第二章　第一节孔夫子说：“天下有道的时候，礼乐并征伐从天子发出来；天下无道的时候，礼乐并征伐从诸侯发出来。若是从诸侯发出来，大约十世内希有不失掉他的权柄；若是从大夫发出来，大约五世内希有不失掉他的权柄；若是陪臣秉执国家的命令，陪臣是大夫的家臣。大约三世内希有不失掉他的权柄。二节〇天下有道，国政就不在大夫的手里。三节〇天下有道，庶人就不议论国家。”孔子的本意，不是禁人谈论国事，他只说若国有道，百姓就不责备国家的失误。

孔子曰：“禄之去公室，五世矣；政逮于大夫，四世矣；故夫三桓之子孙，微矣。”

第三章　孔夫子说："鲁国君禄之离去公家，已经有五世了。鲁文公死了，公子遂杀子赤，立宣公做鲁国的国君，由此鲁君没有权柄。宣公之后，到了成公、襄公、昭公、定公，已经有五代，国家的赋税钱粮，皆不为公家所有。查看《左传》"文公十八年"。国政下逮于大夫，已经有四世了。鲁国的大夫，季文子他起头专权秉政。季文子之后，到了季武子、季平子、季桓子，共计四代，都是专权秉政。○朱注，有季悼子在内。乃是季悼子在武子之前死的，所以不能说他专权，《四书拓馀说》。因为这个缘故，三桓的子孙也就衰微了。"三桓是孟孙、叔孙、季孙，他们都是鲁桓公的后人，所以叫做三桓。

孔子曰："益者三友，损者三友。友直，友谅，友多闻，益矣。友便辟，友善柔，友便佞，损矣。"

第四章　孔夫子说："三种朋友是有益的，三种朋友是有损的。友交梗直的人，友交忠谅的人，友交多闻的人，这就是有益的。友交那威仪的便人，便习于威仪的人，这等人不梗直。○"便人"二字，看《礼记·表记》，故自谓"便人"那句话。友交那善于温柔的人，善于温柔，是媚人的意思，这样的人虚假而不谅。友交那佞口的便人，便习于口辨的人，这不是多闻的博士。这就是有损的。"

孔子曰："益者三乐，损者三乐。乐节礼乐，乐道人之善，乐多贤友，益矣。乐骄乐，乐佚游，乐宴乐，损矣。"

第五章　孔夫子说："三种乐是有益的，三种乐是有损的。好乐裁节那礼与乐，裁节是考察的意思。好乐称道人的善，好乐多交贤良的朋友，这就是有益的。好乐骄乐，好乐安逸游玩，好乐宴饮欢乐，这就是有损的。"

孔子曰："侍于君子有三愆：言未及之而言谓之躁，言及之而不言谓之隐，未见颜色而言谓之瞽。"

第六章　孔夫子说："人若侍在君子的旁边，有三样愆尤他要免：正合言语的时候还未及到，就说话，这叫做急躁；正合言语的时候已经及到，而不说话，这叫做隐藏；还未看见君子的颜色就说话，这叫做瞽。"这是三样愆尤。

孔子曰："君子有三戒：少之时，血气未定，戒之在色；及其壮也，血气方刚，戒之在斗；及其老也，血气既衰，戒之在得。"

第七章　孔夫子说："君子有三件禁戒的事情：年少的时候，他的血气未坚定，所戒慎的是在女色；到了强壮的时候，他的血气就刚强，所戒慎的是在争斗；到了年老的时候，他的血气就衰败，所戒慎的是在贪心得财。"

第一节孔子曰："君子有三畏：畏天命，畏大人，畏圣人之言。二节小人不知天命而不畏也，狎大人，侮圣人之言。"

第八章　第一节孔夫子说："君子有三件敬畏的事情：他敬畏天命，敬畏大人，敬畏圣人的言语。二节〇小人不知道天命而不敬畏，他狎亵大人，他侮慢圣人的言语。”

孔子曰：“生而知之者，上也；学而知之者，次也；困而学之，又其次也；困而不学，民斯为下矣。”

第九章　孔夫子说：“生而知之的，他们是上等的；由学习所知道的，他们是次一等；困塞而勤学的，他们是又次一等；困塞而不学习的，这样的人在百姓中间是最下一等的。”

孔子曰：“君子有九思：视思明，听思聪，色思温，貌思恭，言思忠，事思敬，疑思问，忿思难，见得思义。”

第十章　孔夫子说：“君子所思想的事情，大约有九样：论视看，他思想要看得明白；论听闻，他思想要听得聪颖；论颜色，他思想要温和；论容貌，他思想要恭敬；论言语，他思想要忠实；论行事，他思想要敬慎；有疑惑的时候，他思想要询问；有忿怒的时候，他思想免难；他若看见得利之机会，他思想义。”

第一节孔子曰：“见善如不及，见不善如探汤。吾见其人矣，吾闻其语矣。二节隐居以求其志，行义以达其道。吾闻其语矣，未见其人也。”

第十一章　第一节孔夫子说：“看见善事好如不能及，看见不善的事好如怕手探在热汤里。我看见了这样的人，我也听闻了这样的言语。二节〇隐居以致考求其志意，行义以致达其道。我听闻了这个言语，乃我未看见了这样的人。”

第一节齐景公有马千驷，死之日，民无德而称焉。伯夷、叔齐饿于首阳之下，民到于今称之。二节其斯之谓与？

第十二章　第一节齐国的景公，有马一千驷，一驷，是四匹马；一千驷，是四千匹马，可见富足。乃是他死的日子，百姓没有一件善德称赞他。伯夷与叔齐，他们饿死在首阳山的下边，百姓直到如今还称赞他们。比较《述而第七》第十四章。二节〇《诗经》上说：“诚不以富，亦祇以异。”看《诗经·小雅·我行其野》之篇。那个话，岂不是与这事相合么？《诗经》那句话，错简在《颜渊第十二》第十章。

第一节陈亢问于伯鱼曰：“子亦有异闻乎？”二节对曰：“未也。尝独立，鲤趋而过庭。曰：‘学《诗》乎？’对曰：‘未也。’‘不学《诗》，无以言。’鲤退而学《诗》。三节他日又独立，鲤趋而过庭。曰：‘学礼乎？’对曰：‘未也。’‘不学礼，无以立。’鲤退而学礼。四节闻斯二者。”五节陈亢退而喜曰：“问一得三，闻《诗》，闻礼，又闻君子之远其子也。”

第十三章　第一节孔夫子的学生陈亢，字子禽。问孔夫子的儿子伯鱼说：“你从父亲那里曾听闻有异奇的教训么？”二节〇伯鱼回答说：“没有听见别的。有一次父亲独自一个人立在庭前，鲤就是我，是伯鱼的名。急趋而跑过庭中。父亲问我说：‘你曾学过《诗》么?’我对答说:‘未曾学过。’父亲说:‘你若不学《诗》,你就无能用好话应对。’我就退下去学《诗》。三节〇又一日,父亲又独自一个人立在庭前,我急趋而跑过庭中。父亲又问我说:‘你学过礼么?’我对答说:‘未曾学过。’父亲说:‘你若不学礼,你就无能立品行。’我就退下去学礼。四节〇我只听闻这两件事情。”五节〇陈亢退下去,心里喜欢说:“我问了一件事,我得了三件:我听闻了论《诗》,听闻了论礼,我又听闻了君子疏远他的儿子。”

邦君之妻,君称之曰夫人,夫人自称曰小童;邦人称之曰君夫人,称诸异邦曰寡小君;异邦人称之亦曰君夫人。

第十四章　邦君的妻子,妻有齐字的意思,表明他与丈夫齐等。君称叫他夫人,夫字,有扶字的意思,表明他是扶助国君。夫人自己称呼叫小童;小童,是幼小无知的意思,这是自己谦卑的称呼。本邦的人称呼他叫君夫人,本邦的人对异邦的人,称呼他叫寡小君;异邦的人称呼他,也叫君夫人。

论语集注卷九

阳货第十七　凡二十六章。

第一节阳货欲见孔子，孔子不见，归孔子豚。孔子时其亡也，而往拜之，遇诸涂。二节谓孔子曰："来！予与尔言。"曰："怀其宝而迷其邦，可谓仁乎？"曰："不可。""好从事而亟失时，可谓知乎？"曰："不可。""日月逝矣，岁不我与。"孔子曰："诺。吾将仕矣。"

第一章　第一节季氏的家臣阳货欲请孔子去相见，孔子不肯去见他，因此阳货将蒸豚馈送于孔子。豚，是蒸猪的熟肉。阳货因为古礼有一个规矩，大凡大夫馈送东西把士，倘若士没有在家里亲自收那个东西，士就该当到大夫家里去拜谢他。阳货特意访到孔子不在家的时候，送东西把孔夫子，是要孔夫子到他家来拜谢他。孔夫子瞰阳货出亡的时候去拜谢他，瞰，是窥探，看定这个时候；出亡，是不在家。孔夫子就遇见他在路途上，比较《孟子·滕文公章句下》第七章第三节。二节〇阳货对孔子说："你走过来，我要与你说话。"他就问说："若一个人怀藏了他的宝贝而不救邦国的迷乱，此可以称为仁么？"孔子回答说："不可以。"又问说："若一个人喜好从济世之事，而屡此失掉好时候，此可以称为智么？"孔子说："不可以。"阳货又说："日月逝去，年岁不俟待我们。"孔子说："是。我将要出仕。"

子曰："性相近也，习相远也。"

第二章　孔夫子说："论禀性，人本来是相近的；论习行，他们是相远的。"

子曰："唯上知与下愚不移。"

第三章　孔夫子说："唯独那最上智的人，并那最下愚的人，他们是不能改移的。"比较孟子说的，"自暴者，不可与有言也；自弃者，不可与有为也。言非礼义，为之自暴也；吾身不能居仁由义，谓之自弃也"。《离娄章句上》第十章。

第一节子之武城，闻弦歌之声。二节夫子莞尔而笑，曰："割鸡焉用牛刀？"三节子游对曰："昔者偃也闻诸夫子曰：'君子学道则爱人，小人学道则易使也。'"四节子曰："二三子！偃之言是也。前言戏之耳。"

第四章　第一节孔夫子到武城，听闻有丝弦唱歌的声音。因为那个时候子游做武城的宰官，用礼乐教导百姓。二节〇夫子莞尔而小笑说："莞尔是喜欢的样子。割小鸡割是宰。何必用杀牛的大刀？"意思说治一个小城，何必用大道理。三节〇子游对答说："从前偃是子游的名。听闻夫子说过：'君子学了道便爱人，小民学了道便容易可以使用他们。'"意思是他们安分从上。四节〇孔夫子说："二三子！就是弟子们。偃这说的是对了。我前所说的那句话只是戏耍的。"

第一节公山弗扰以费畔，召，子欲往。二节子路不说，曰："末之也已，何必公山氏之之也。"三节子曰："夫召我者而岂徒哉？如有用我者，吾其为东周乎？"

第五章　第一节季氏的家臣，姓公山名叫弗扰，占据了费城反畔了，公山弗扰，他是费邑的宰官，他和阳货同谋，欲杀季氏，没有成功。阳货逃出，公山弗扰就占据住费邑。他聘召孔子，孔子欲去。二节〇子路不喜悦，说："既然没有地方去就罢了，本文，末字是无也之字，是去也。何必往公山氏那里去呢？"三节〇孔夫子说："召我去的人，岂是徒然的召我去呢？若有人用我，我岂不能做一个东周么？"意思是如周公帮助武王一样。〇孔子实在不到费邑去。

子张问仁于孔子。孔子曰："能行五者于天下，为仁矣。"请问之。曰："恭、宽、信、敏、惠。恭则不侮，宽则得众，信则人任焉，敏则有功，惠则足以使人。"

第六章　子张问孔夫子："仁是怎样？"孔夫子说："能够把五件通行于天下，这就是仁。"子张请问什么五件。孔夫子说："恭敬、宽厚、信实、敏捷、惠爱。这五件，你若恭敬了，人就不侮慢；你若宽厚了，你就能得众人的心；你若信实了，人就要倚赖你；本文的任字，照朱注，是倚仗的意思；比较《尧曰第二十》第一章九节，"信则民任焉"。你若敏捷了，你就有功效；你若惠爱，你就足以使用人。"

佛肸召，子欲往。子路曰："昔者由也闻诸夫子曰：'亲于其身为不善者，君子不入也。'佛肸以中牟畔，子之往也，如之何！"子曰："然。有是言也。不曰坚乎，磨而不磷；不曰白乎，涅而不缁。吾岂匏瓜也哉？焉能系而不食？"

第七章　第一节佛肸聘召孔子，佛肸是鲁国的大夫，赵氏之中牟的宰官。孔子欲去。二节〇子路说："从前由听闻夫子说过：'凡亲身做不善的人，君子不入他的党。'佛肸占据了中牟反畔，晋国的大夫赵简子，与别的大夫范中行氏打仗，这个时候佛肸就占据中牟作乱。看《左传》。夫子去应他的召，此怎么样可以呢？"三节〇夫子说："是的，我果然有这话。然而你不听见么人说，有顶坚固的东西，虽然磨他而磨不磷薄；你又不听见么人说，有顶白的东西，虽然以涅染他也染不缁黑么？涅，是染黑色的东西。《说文》：涅，黑土在水中。缁，是黑色。四节〇我难道是一个匏瓜？人就系他而不食呢？”苦瓜，人厌弃而不食，所以是无用的东西。本文的意思是：孔子说，我焉能任人待我如那果子一样，只系他而不食呢！

第一节子曰：“由也，女闻六言六蔽矣乎？”对曰：“未也。”二节“居！吾语女。三节好仁不好学，其蔽也愚；好知不好学，其蔽也荡；好信不好学，其蔽也贼；好直不好学，其蔽也绞；好勇不好学，其蔽也乱；好刚不好学，其蔽也狂。”

第八章　第一节孔夫子说：“由呀，你听闻过六个字当中有六样蒙蔽么？”蒙蔽是遮蔽的意思，也是黑暗的意思。子路对答说：“我未曾听见过。”二节〇孔夫子说：“你坐下，我要告诉你。三节〇一、喜好仁而不喜好学，此蒙蔽归到愚笨；二、喜好智而不喜好学，此蒙蔽归到放荡；三、喜好信实而不喜好学，此蒙蔽归到贼害；四、喜好直而不喜好学，此蒙蔽到绞；意思是阻误自己的计谋，并不顾人的利害，或说是急切太过，或说是莽撞。〇比较《泰伯第八》第二章。五、喜好勇而不喜好学，此蒙蔽归到扰乱；六、喜好刚而不喜好学，此蒙蔽归到狂妄。”

第一节子曰：“小子！何莫学夫《诗》？二节《诗》，可以兴，三节可以观，四节可以群，五节可以怨。六节迩之事父，远之事君。七节多识于鸟兽草木之名。”

第九章　第一节孔夫子说：“小子们，你们为什么不学《诗》么？二节〇《诗》可用为兴起人心，本文以字是用的意思，可以二字不是一连。三节〇可用为观自己的得失，四节〇可用为叫人合群，五节〇可用为约束怨恨。六节〇密迩在家，可以知道怎样事父；高远在堂廉，可以知道怎样事君。七节〇又能多认识鸟兽草木的名。”

子谓伯鱼曰：“女为《周南》《召南》矣乎？人而不为《周南》《召南》，其犹正墙面而立也与？”

第十章　孔夫子对他的儿子伯鱼说：“你要学《诗》上的《周南》《召南》，这两篇在《诗经》前面，都是表明修身齐家的道理。周南，是得文王之化；召南，是得召伯贤人之化。若一个人不学《周南》《召南》，他犹如正面对墙而立阿！”

子曰：“礼云礼云，玉帛云乎哉？乐云乐云，钟鼓云乎哉？”

第十一章　孔夫子说：“人常说是礼阿，是礼阿，我说难道玉并帛是礼么？人又常说是乐阿，是乐阿，我说难道钟并鼓是乐么？”孔子的意思是礼主于敬，乐主于和。只有玉帛钟鼓，还未足以称为礼乐。

子曰：“色厉而内荏，譬诸小人，其犹穿窬之盗也与？”

第十二章　孔夫子说：“一个人若外面假装严厉的容色，而内里实在是荏弱，他是譬如小人，而且又像那穿壁逾墙的窃盗。”

子曰："乡原，德之贼也。"

第十三章　孔夫子说："乡愿的人，是德之贼也。"愿是谨厚的意思。乡愿，是一乡的人，皆称赞他是谨厚人。○看《孟子·尽心章句下》三十七章说的，孔子曰："过我门而不入我室，我不憾焉者，其惟乡愿乎？乡愿，德之贼也。"○孟子就表明这样的人的品行说，他们藐视古人之道。他们说，生斯世也，为斯世也，善斯可矣。他们是媚于世也者，他们同乎流俗，合乎污世，居之似忠信，行之似廉洁，众皆悦之，自以为是，而不可与入尧、舜之道。故曰："德之贼也。"孔子恶他们，因为怕他们乱真德。○他们是自足无谦卑之人，不认自己的过失，而轻看真德之道，他们是假貌为善之人，所以孔子称他们为德之贼。今时也有这样的人，不但在乡下。

子曰："道听而涂说，德之弃也。"

第十四章　孔夫子说："在道路上所听的事，到前途就说出来，这是弃掉德性。"

第一节子曰："鄙夫可与事君也与哉？二节其未得之也，患得之；既得之，患失之。三节苟患失之，无所不至矣。"

第十五章　第一节孔夫子说："有鄙夫，岂可与他们事君么？二节○他们未得意的时候，他们只忧患怎能可以得着；既然得意的时候，他们忧患怕失去。三节○若他们忧患恐怕失去，他们就无所不至矣。"

第一节子曰："古者民有三疾，今也或是之亡也。二节古之狂也肆，今之狂也荡；古之矜也廉，今之矜也忿戾；古之愚也直，今之愚也诈而已矣。"

第十六章　第一节孔夫子说："古时候民人有三样的毛病，本文疾字，是论心说的。今时这三样恐怕没有了。二节○一、古时高狂的人他们有一点恣肆，恣肆是他们轻看小规矩。今时高狂的人他们是放荡；二、古时矜持的人他们有一点廉隅，廉隅是方正有角。今时矜持的人，他们忿怒而乖戾；忿怒，容易和人争竞，乖戾是怪僻的意思。三、古时愚笨的人，他们是梗直的，今时愚笨的人，他们是诡诈的就是了。"

子曰："巧言令色，鲜矣仁。"

第十七章　孔夫子说："说巧妙的话，装好看的颜色，这样的人少有仁心了。"见于《学而第一》第三章。

子曰："恶紫之夺朱也，恶郑声之乱雅乐也，恶利口之覆邦家者。"

第十八章　孔夫子说："我厌恶那紫色之夺去朱色，紫色，是深于朱色，离黑色不远；朱色是红色，紫色妖艳好看，人便以为朱色不如紫色。我厌恶那郑国之淫声混乱雅乐，雅，是《诗经》里大雅的正乐，○看《子罕第九》第十四章。○论郑国淫声，看《卫灵公第十五》第十章。我厌恶那利口之倾覆邦家者。"利口，是快利的佞口，他的口才敏捷，以是为非，以非为是，片言决断，叫人无从辩驳。这样的人，胜过佞人，他的因果，归结到倾覆邦家。

第一节子曰："予欲无言。"二节子贡曰："子如不言，则小子何述焉？"三节子曰："天何言哉？四时行焉，百物生焉，天何言哉？"

第十九章 第一节孔夫子说："我欲不言语。"二节〇子贡问说："夫子若不言语，我们小子们有什么可以传述呢？"三节〇孔夫子说："天有言语么？四时运行，百物生长，乃天有言语么？"孔子欲以行为并功效显明其道，不欲用许多话。

孺悲欲见孔子，孔子辞以疾。将命者出户，取瑟而歌，使之闻之。

第二十章 孺悲欲见孔子，孔子推辞托言有病。传命的人出门户的时候，孔子就取瑟来并歌唱使他听闻。孔子要他知道自己没有生病，孔子不欲见他，因为孺悲有什么过失。

第一节宰我问："三年之丧，期已久矣。二节君子三年不为礼，礼必坏；三年不为乐，乐必崩。三节旧谷既没，新谷既升，钻燧改火，期可已矣。"四节子曰："食夫稻，衣夫锦，于女安乎？"曰："安。"五节"女安则为之！夫君子之居丧，食旨不甘，闻乐不乐，居处不安，故不为也。今女安，则为之！"六节宰我出。子曰："予之不仁也！子生三年，然后免于父母之怀。夫三年之丧，天下之通丧也。予也有三年之爱于其父母乎？"

第二十一章 第一节宰我问孔夫子论三年之丧说："一年已经长久了，本文期字是一年。二节〇君子若他三年的工夫不习礼，这礼必败坏；若他三年的工夫不习乐，这乐必崩坠。三节〇一年之内去年的旧谷已经吃完没有了，今年的新谷既然升场，钻木以取火，已经改完了四时之燧，燧，是取火的木头，四时用的木头不同。春天取榆树、柳树的火，夏天取枣树、杏树的火。夏季取桑柘，秋天取柞楢，冬天取槐檀，跟从时候而改变。期年之后，丧事也可以罢休了。"四节〇孔夫子说："你一年之后若吃稻米的好饭，穿锦绣的衣服，这样你于心里果安么？"宰我说："可以有安。"五节〇孔夫子说："你既然有安，你就可以随你做。乃是君子居丧事，设若吃旨好的饭他不以为甘，设若闻乐音他不以为快乐，设若居在好地方他不以为安，故此他不行这样。如今你有安，你就可以随你做。"六节〇宰我出去了。夫子说："予是宰我的名。实在没有仁！孩子生长了三年，然后才能免父母的怀抱。如此那三年之丧是天下之通丧也。予岂不是有三年之爱受了于其父母么？"

子曰："饱食终日，无所用心，难矣哉！不有博弈者乎，为之犹贤乎已。"

第二十二章 孔夫子说："若一个人终日饱餐饭粮，并一点不用心，这样的人就是难了！不有戏博并奕棋么？戏博用十二棋，六棋白，六棋黑；奕棋是围棋，有三百六十一着，人说尧作围棋。乃是尧、舜之事，没有人可以一定晓得，因为太古之时，没有可信之实录。西历前八百年，史籀做了一千篆字，史籀四百年以前，很多只有五百字。还有几百年以前，没有字。若没有字，就也没有史，是一定的理。此事之凭据，学者可考证。看花君之安所著的英文书《论中国太古之事》。做这样的事比无用心还是好的。"

子路曰："君子尚勇乎？"子曰："君子义以为上。君子有勇而无义为乱，小人有勇而无义为盗。"

第二十三章　子路问孔夫子说："君子崇尚那个勇敢么？"孔夫子说："君子看义为顶上的，君子若有勇敢而没有义，他就容易要作乱。小人若有勇敢而没有义，他就容易要做强盗。"

第一节 子贡曰："君子亦有恶乎？"子曰："有恶：恶称人之恶者，恶居下流而讪上者，恶勇而无礼者，恶果敢而窒者。"二节 曰："赐也亦有恶乎？""恶徼以为知者，恶不孙以为勇者，恶讦以为直者。"

第二十四章　第一节 子贡问孔夫子说："君子也，他有所憎恶的人么？"孔夫子说："是。他也有他所憎恶的人：他憎恶那称扬别人之恶的人，憎恶那居在下流而讪谤上司的人，下流，下位。憎恶那有勇敢而没有礼的人，憎恶那果敢而窒塞的人。"窒塞，是狭窄的。二节 〇孔夫子说："赐呀，你也有憎恶么？"子贡说："我憎恶那徼抄别人的学问以为自己的智慧的，徼抄是偷取的意思。我憎恶那不逊让而算此为勇敢的，我憎恶那发讦人的私事而算此为梗直的。"发讦，是泄漏的意思。

子曰："唯女子与小人为难养也，近之则不孙，远之则怨。"

第二十五章　孔夫子说："世间惟女人和小人，是最难待的。小人，是仆人。你若与他们亲近了，他们就不逊；你若与他们疏远了，他们就含怨。"按基督教除此弊最美之法，是设立在律法禁戒人娶妾，而且开女学堂，并广教化也及到小人。

子曰："年四十而见恶焉，其终也已。"

第二十六章　孔夫子说："人到了四十岁的时候，若他还是被人憎恶，他就到底也是这样了。"

微子第十八　此篇多记圣贤之出处，凡十一章。

第一节 微子去之，箕子为之奴，比干谏而死。二节 孔子曰："殷有三仁焉。"

第一章　第一节 微子离开了朝廷而遁去，微子是殷朝皇帝纣王的哥郎，名叫启，他封在微那个地方，他的爵是子。纣王无道，微子谏说他，纣王不听，他从朝廷里逃出去。箕子为纣王的奴，箕子是纣王的叔父，名叫胥馀，他封在箕那个地方，他的爵是子，他谏说纣王，纣王不听，就囚禁箕子，他就假做疯子，披着头发，解脱衣服而为奴。比干谏而死。比干是纣王的叔父，他谏纣王，纣王大怒说，比干自以为是圣人，我听说圣人之心有七窍，杀比干，剖开他的心而看。看《书经》。二节 〇孔夫子说："殷朝有这三位有仁的臣子。"

柳下惠为士师，三黜。人曰："子未可以去乎？"曰："直道而事人，焉往而不三黜？枉道而事人，何必去父母之邦。"

第二章　鲁国的大夫,柳下惠做士师官的时候,他被上司三次黜革。有人对他说:“你还未可以去而离开本国么?”柳下惠说:“我若用正直的道服事人,我可以到那一处而不被人三次黜革么?若我要用枉曲的道服事人,为什么我必离去父母的邦国呢?”

齐景公待孔子,曰:“若季氏则吾不能,以季,孟之间待之。”曰:“吾老矣,不能用也。”孔子行。

第三章　齐国的景公论待孔子的礼,说:“待孔子如鲁君待季氏那个样,我不能够;我要待他,只照待季氏并孟氏两人中间那个样。”他又说:“我老了,我不能用孔子的道。”孔子听见这话就行了。

齐人归女乐,季桓子受之。三日不朝,孔子行。

第四章　齐国的人人就是齐君,并他的臣子。归送女乐到鲁君,季桓子是鲁国的大夫。受了他们。他引进这女乐到鲁君。君臣三日不临朝,孔子就行了。孔子忧愁并愠恨,因为鲁君这样迷惑,孔子就到卫国去。

第一节楚狂接舆歌而过孔子曰:“凤兮!凤兮!何德之衰?往者不可谏,来者犹可追。已而,已而!今之从政者殆而!”二节孔子下,欲与之言。趋而辟之,不得与之言。

第五章　第一节楚国的狂士,名叫接舆,接舆,姓陆名通,楚国的人,他耕田做庄稼;他因为楚昭王政事没有一定,他假装疯子,不做官,人就称他为楚狂。唱歌而经过孔子的车子说:“凤凰呀!凤凰呀!你的德行怎样衰败了,已往的事,不可以谏止,意思是以前你不隐居,我论此事不要责备你。乃是将来的时候还可以追及。追及是挽救并防备。你快止了罢,止了罢!今时做官从政的人都招危殆的。”二节〇孔夫子下了车子,欲与他说话。他就快快的趋走而躲避了,孔夫子不得与他言语。

第一节长沮、桀溺耦而耕,孔子过之,使子路问津焉。二节长沮曰:“夫执舆者为谁?”子路曰:“为孔丘。”曰:“是鲁孔丘与?”曰:“是也。”曰:“是知津矣。”三节问于桀溺,桀溺曰:“子为谁?”曰:“为仲由。”曰:“是鲁孔丘之徒与?”对曰:“然。”曰:“滔滔者天下皆是也,而谁以易之?且而与其从辟人之士也,岂若从辟世之士哉?”耰而不辍。四节子路行以告。夫子怃然曰:“鸟兽不可与同群,吾非斯人之徒与而谁与?天下有道,丘不与易也。”

第六章　第一节长沮、桀溺两人长沮,沮字,是止而不出之意;桀溺,溺字,是沉沦的意思,二人皆是楚国的隐士。并耦耕田,孔子经过那块地方,差遣子路去问津在那里。津是渡口。二节〇长沮问子路说:“那个执缰绳在舆上的是谁?”子路说:“他姓孔,名叫丘。”长沮说:“就是那鲁国的孔丘么?”子路说:“是的。”长沮说:“他知道津。”意思是孔子无处不到，常常周流列国，他该当知道津在那里，这是长沮讥讽孔子的。三节〇子路又问桀溺。桀溺问子路说：“你是谁？”子路说：“我姓仲，名叫由。”桀溺说：“你不是鲁国孔丘的徒弟么？”子路说：“是的。”桀溺说：“如今的世道滔滔者下流不回来，天下都是这样，而谁能变易，并且你本文而字是你。跟从这个避人之士，避人之士，是说的孔夫子。避人，是若是这里不好，躲避到那里去。岂如跟从避世之士么？”避世之士是，桀溺说的自己，避世，是隐居不去做官。他说完了，他就耰锄而不停辍。耰是把土覆在种子上面，桀溺也不告诉子路津在那里。四节〇子路去并告诉夫子。夫子叹口气说：“本文怃然，是嗟叹的意思。与鸟并兽我们不可以同群，我若不与这世人之类相交本文徒字，是类。我与谁相交呢？设若天下已经有了道，我就无用变易了。”学者可明，国无道的时候，君子照孔夫子实在的意思，不该当避世隐居，乃是勉力，变易世界。

第一节子路从而后，遇丈人，以杖荷蓧。子路问曰：“子见夫子乎？”丈人曰：“四体不勤，五谷不分。孰为夫子？”植其杖而芸。二节子路拱而立。三节止子路宿，杀鸡为黍而食之，见其二子焉。四节明日，子路行以告。子曰：“隐者也。”使子路反见之。至则行矣。五节子路曰：“不仕无义。长幼之节，不可废也；君臣之义，如之何其废之？欲洁其身，而乱大伦。君子之仕也，行其义也。道之不行，已知之矣。”

第七章　第一节子路跟从夫子，一日偶然失落在后边，遇见一个丈人，丈人是老人。那个人用拐杖担荷着竹筱。筱，是竹做的，丈人把竹筱挂在拐杖之上，担荷之而行。子路问丈人说：“你曾看见我们的夫子么？”丈人说：“你的四体是两手两脚。不能勤劳，五谷不知分辨，五谷是稻、黍、稷、麦、菽。谁是你的夫子？”他就植立他的拐杖在地上而自己芸草。芸草，是除去草。二节〇子路拱着两手站立在旁边。三节〇丈人就留子路宿在他家里，杀一只鸡，煮黍饭给他吃，又叫他两个儿子来见子路。四节〇到了明日，子路就行了去告诉夫子。夫子说：“这是隐士。”夫子使子路回去再见那丈人，子路至了他家，丈人已经先行了。五节〇子路对他家里的人说：“隐居不去做官是无义。若长幼的礼节不可废掉，那个老人有两个儿子，欲他们明长幼之道。君臣的大义怎样可以废掉呢？他就是那个老人。欲洁净自己，本文身字，不指肉身说，是修己正心的意思。而他扰乱君臣的大伦。君子求仕并行他职分的义。至于道之不行，君子已经知道了。”君子有恒心，道虽然不行，他还不绝望。

第一节逸民：伯夷、叔齐、虞仲、夷逸、朱张、柳下惠、少连。二节子曰：“不降其志，不辱其身，伯夷，叔齐与！”三节谓：“柳下惠，少连，降志辱身矣。言中伦，行中虑，其斯而已矣。”四节谓：“虞仲，夷逸，隐居放言。身中清，废中权。五节我则异于是，无可无不可。”

第八章 第一节古来的逸民有七位：逸是隐逸的意思，民是人。一、伯夷，二、叔齐，伯夷、叔齐是孤竹君之二子，看《述而第七》第十四章。三、虞仲，虞仲是泰伯的弟郎。泰伯与虞仲让国于季历，去到荆蛮的地方。荆蛮的百姓，奉泰伯做国君。泰伯死，虞仲做国君，他剪去头发，描画身体，不穿衣服，他因为跟从蛮夷的风俗。看《泰伯第八》第一章。四、夷逸，姓夷，名叫逸，隐居不做官，志意狂傲。人劝他做官，夷逸说，我比方是牛，宁可带住那个轭在田野耕田，我不忍穿华美的装饰到宗庙里去做牺牲。〇做牺牲是要宰杀。五、朱张，朱张字子弓，荀子赞美朱张说，大儒做官，他就感化天下，不做官他就自己修励。败坏的世界，不能够污辱他。朱张就是这样。六、柳下惠，柳下惠是鲁国的圣人，看《卫灵公第十五》第十三章。七、少连。少连是东夷的人。二节〇孔夫子说："不肯屈降他们的志向，不肯污辱自己，这是伯夷、叔齐的品行！三节〇说到柳下惠与少连，他们屈降志向，污辱自己。但是他们的言语是中着伦次，伦次，是义理之次弟。他们所行的是中着人心之思虑，论他们这就是了。四节〇说到虞仲、夷逸，他们隐居并放肆言语，然而他们自己中着清洁之道，他们废弃世界是中着权变。意思是他们随机应变。五节〇我与这些逸民不同，我是孔夫子。我没有一定可以的，也没有一定不可以的。"孔夫子论六位逸民都说过了，论朱张他不说。

第一节大师挚适齐，二节亚饭干适楚，三饭缭适蔡，四饭缺适秦。三节鼓方叔入于河，四节播鼗武入于汉，五节少师阳、击磬襄入于海。

第九章 第一节鲁国掌乐的太师，名叫挚，往齐国去了；太师，看《泰伯第八》第十五章。二节〇掌第二顿饭的乐官，本文亚字是第二，饭是国君的饭，天子有四饭，诸侯只三饭。鲁君僭效天子也有四饭，每饭有每饭的乐章，乐官也是不同。论第一顿饭的乐官，此章不说什么。名叫干，往楚国去了；掌第三顿饭的乐官，名叫缭，往蔡国去了；掌四顿饭的乐官名叫缺，往秦国去了。三节〇击鼓的官，名叫方叔，去到河内；河是黄河，河内是黄河北边。四节〇播摇鼗鼓的官，名叫武，去到汉滨；五节〇做少师的乐官名叫阳，与击磬的乐官，名叫襄，去到海滨。襄，孔夫子以前跟从他学琴。〇孔子正鲁国的乐，乃是鲁国的国政，衰败日胜一日。乐官因为知道鲁国僭妄，羞耻事奉这样的国君，就到四方去。

周公谓鲁公曰："君子不施其亲，不使大臣怨乎不以。故旧无大故，则不弃也。无求备于一人。"

第十章 周公教训他的儿子鲁公说："他的儿子名叫伯禽。君子不废弛他的亲族，不使大臣怨恨因为君子不用他们。先朝故旧的臣子，倘若没有大的缘故，他就不弃绝他们。他不求全备于一个人。"看《子路第十三》第二十五章。

周有八士：伯达、伯适、仲突、仲忽、叔夜、叔夏、季随、季騧。

第十一章 周朝兴盛的时候，一家有八个贤士，他们是同胞的兄弟，他的母亲四次皆是双生。他们的名字叫伯达、伯适、仲突、仲忽、叔夜、叔夏、季随、季騧。

论语集注卷十

子张第十九　**此篇皆记弟子之言，而子夏为多，子贡次之。盖孔门自颜子以下，颖悟莫若子贡；自曾子以下，笃实无若子夏。故特记之详焉。凡二十五章。**

子张曰："士见危致命，见得思义，祭思敬，丧思哀，其可已矣。"

第一章　子张说："士子若见危难他情愿舍命，若见得利之机会他思想义，比较《季氏第十六》第十章，又看《宪问第十四》第十三章。祭祀的时候他思想诚敬，临丧的时候他思想悲哀，这样的人是可称赞的。"

子张曰："执德不弘，信道不笃，焉能为有？焉能为亡？"

第二章　子张说："若一个人执持着德而不宽弘其心，宽弘是开拓的意思。若相信道而不是笃实的人，怎能可以算他是有的？或是无有的？"

子夏之门人问交于子张。子张曰："子夏云何？"对曰："子夏曰：'可者与之，其不可者拒之。'"子张曰："异乎吾所闻：君子尊贤而容众，嘉善而矜不能。我之大贤与，于人何所不容？我之不贤与，人将拒我，如之何其拒人也？"

第三章　子夏的门徒到子张那里问交友的道理。子张问门人说："你们的夫子子夏怎样说？"门人回答说："我们的夫子子夏说：'所可以交友的，与他们要相交；所不可以交友的，要拒绝他们。'"子张说："此与我所听闻的是相异的：君子尊崇贤人，而且容纳众人，嘉奖善人，而矜怜那无能的人。倘若我是大贤阿，众人中间于什么人我不包容呢？倘若我是不贤阿，人就将要拒绝我，这么样我还可以拒绝人呢？"论交友该当遵从子夏，论待众人该当遵从子张。

子夏曰："虽小道，必有可观者焉；致远恐泥，是以君子不为也。"

第四章　子夏说："虽然是只小道，是百工技艺。其中也必有所可观之理；乃是若要推致这个理到远处，意思是若欲治人救国。那个小事恐怕是滞泥，滞泥是阻滞的意思。

所以君子不做那个事。"

子夏曰:"日知其所亡,月无忘其所能,可谓好学也已矣。"

第五章　子夏说:"若一个人日日知道他所未有的,而且月月不忘记他已经所能够的,这样的人,可称他是好学的了。"

子夏曰:"博学而笃志,切问而近思,仁在其中矣。"

第六章　子夏说:"若学是广博的,若志是笃实的,若问是切当的事,若思是近身之要,仁就在其中了。"

子夏曰:"百工居肆以成其事,君子学以致其道。"

第七章　子夏说:"百种的工匠居住在肆以成其事,肆是制造的地方,古时百种的工匠,各样的工,城里有一定的地方,或街舍,住在这里,他们专心做工,没有别的事分他们的心。君子这样专心学习以致成其道。"

子夏曰:"小人之过也必文。"

第八章　子夏说:"小人的过失他必文饰。"文饰是掩藏的意思。

子夏曰:"君子有三变:望之俨然,即之也温,听其言也厉。"

第九章　子夏说:"君子的情状有三样变换:若远远望他,他是俨然;若即近他面前,他就是温和;若听他的言语,他是凛厉的。"

子夏曰:"君子信而后劳其民,未信则以为厉己也;信而后谏,未信则以为谤己也。"

第十章　子夏说:"君子叫民信他而后可以劳动他们,若他们未信他,他们就以为他厉病他们;如此你也必先叫君主相信你而后可以谏说,若他未相信你,他就以为你毁谤他了。"

子夏曰:"大德不逾闲,小德出入可也。"

第十一章　子夏说:"论大德不逾越闲,逾越是过,闲是界限。论小德或出或入是可以。"

第一节子游曰:"子夏之门人小子,当洒扫、应对、进退,则可矣。抑末也,本之则无。如之何?"二节子夏闻之曰:"噫!言游过矣!君子之道,孰先传焉?孰后倦焉?譬诸草木,区以别矣。君子之道,焉可诬也?有始有卒者,其惟圣人乎!"

第十二章　第一节子游说:"子夏的门人小子,担当洒水扫地、应诺对答、并或进或退的规矩,论这样的事,他们可以了。学者可明,古时候的学生自己洒水扫地。但这都是末务,乃是那本务之所在,还没有一点在中间,此是怎么样可以呢?"二节○子夏听闻子游的话说:"唉,言游所说的话过错了。按君子的道,什么是该当先传的,什么是该当后倦的？后倦，是以为后而懒于教训。乃是譬如草木，按区类要分别他们。这样君子待各门徒，要按他们的才能。按君子教人的道，怎样可以诬罔学生呢？君子教人，该当因人而施，不可以把高远的道理勉强而诬罔他们。那有始初并一块儿有卒终的人，此不是惟圣人能够么？”意思是教训学生，必要渐渐而进，自容易到高远的境界。

子夏曰：“仕而优则学，学而优则仕。”

第十三章　子夏说：“做官的人，公事办完了若有余暇的工夫，就当学；本文优字，是余暇的工夫。为学的人读书人。若到了优裕的时候，就要入仕做官。”优裕，是为学成功的时候。

子游曰：“丧致乎哀而止。”

第十四章　子游说：“人居丧，若哀恸到了极处，就该当止。”不要用虚文，看《八佾第三》第四章第三节。

子游曰：“吾友张也，为难能也。然而未仁。”

第十五章　子游说：“我的朋友张，张，是子张。他能够做难事，然而他未得了仁。”

曾子曰：“堂堂乎张也，难与并为仁矣。”

第十六章　曾子说：“张的容貌堂堂有威仪，但是人难与他同为仁。”他不能帮助人为仁。

曾子曰：“吾闻诸夫子：人未有自致者也，必也亲丧乎！”

第十七章　曾子说：“我听闻了夫子说：人虽论别的事未致尽了他们的真情到极处，然丧父母的时候，他们必定要致尽！”

曾子曰：“吾闻诸夫子：孟庄子之孝也，其他可能也；其不改父之臣，与父之政，是难能也。”

第十八章　曾子说：“我听闻了夫子说：孟庄子孝父母的样子，孟庄子，是鲁国的大夫，名叫速，他的父亲孟献子，名叫蔑，也是鲁国的大夫。孟献子做了五十年的官，帮助三个国君。鲁国的人，赞美他是社稷之臣。论别的事平常的人可以能及他；乃是论他不改变父亲所用的臣子，并不改变他父亲所行的政事的模范，此是人难能及的。”

孟氏使阳肤为士师，问于曾子，曾子曰：“上失其道，民散久矣。如得其情，则哀矜而勿喜。”

第十九章　鲁国的大夫孟氏使阳肤是曾子的学生。做士师，阳肤就问曾子，论治狱的事领教于曾子。曾子说：“在上的失了道，所以民心离散已经长久了。若你做士师，并得着了一个犯罪的真情由，你该当哀痛并矜恤他，而不可喜欢你自己的能干。”

子贡曰：“纣之不善，不如是之甚也。是以君子恶居下流，天下之恶归焉。”

第二十章　子贡说：“商朝纣王的不善，不如他的名字说的这样利害。纣字的意思，是残忍损义。所以君子憎恶居住在下流的地位，因为到这样的地位，天下的恶都归到那里。”意思是人论他说各样的不好。

子贡曰：“君子之过也，如日月之食焉：过也，人皆见之；更也，人皆仰之。”

第二十一章　子贡说：“君子的过失，是如日并月之食一样：日食的缘故，是因为月在日与地球之中间；月食的缘故，是因为地球在日月之中间。他有过失，并人都看见；他更改，并人都仰望他。”

第一节卫公孙朝问于子贡曰：“仲尼焉学？”二节子贡曰：“文、武之道，未坠于地，在人。贤者识其大者，不贤者识其小者，莫不有文、武之道焉。夫子焉不学？而亦何常师之有？”

第二十二章　第一节卫国的大夫公孙朝问子贡说：“仲尼从什么人学道？”二节〇子贡说：“文王、武王的道，未曾坠落于地，还有在人的中间，可以寻着。贤人识记大端，不贤者识记小端，这样人无不有文、武的道。夫子那里不能学道，而为何他必常有一定的师长？”

第一节叔孙武叔语大夫于朝，曰：“子贡贤于仲尼。”二节子服景伯以告子贡。子贡曰：“譬之宫墙，赐之墙也及肩，窥见室家之好。三节夫子之墙数仞，不得其门而入，不见宗庙之美，百官之富。四节得其门者或寡矣。夫子之云，不亦宜乎！”

第二十三章　第一节鲁国的大夫叔孙、武叔，在朝内对众大夫说：“子贡是贤于仲尼。”二节〇鲁国别的大夫子服景伯，把武叔的话告诉子贡。子贡说：“譬如那宫室的墙，我的墙本文赐字，是子贡的名。只及到肩膀这样高，从外头人可以看见室家的华美。三节〇乃是夫子的墙，有数仞之高，七尺曰仞。人若不得墙的门而入，他就不能看见宗庙的华美，并百官的豪富。四节〇但是得着这门的人恐怕是寡少。武叔所云的话，不是合宜的吗？”

叔孙武叔毁仲尼。子贡曰：“无以为也，仲尼不可毁也。他人之贤者，丘陵也，犹可逾也；仲尼，日月也，无得而逾焉。人虽欲自绝，其何伤于日月乎？多见其不知量也！”

第二十四章　叔孙、武叔毁谤了仲尼。子贡说：“此是无用也，仲尼是不可毁谤的。别人的贤德是如同丘陵一样，丘是土堆，陵是小山。人还能逾过的；乃是仲尼是如同日月一样，人不能得而逾过的人。虽欲弃绝自己于他，乃是人怎能可以伤日月呢？只可见这样的人不知道自己的分量！”

第一节陈子禽谓子贡曰:“子为恭也,仲尼岂贤于子乎?”二节子贡曰:“君子一言以为知,一言以为不知,言不可不慎也。三节夫子之不可及也,犹天之不可阶而升也。四节夫子之得邦家者,所谓立之斯立,道之斯行,绥之斯来,动之斯和。其生也荣,其死也哀,如之何其可及也。”

第二十五章 第一节陈子禽姓陈名叫亢,看《学而第一》第十章。对子贡说:“你特意做谦恭的,仲尼怎样贤过了你么?”二节○子贡说:“君子因为一言人以为他有智,或因为一言人以为他不智,所以言语不可以不谨慎的。三节○夫子之高妙人不可以及得到,好像天之不可以阶梯而上去。四节○夫子设若得着了邦家治理,那功效就像人所说的,他植立百姓他们就树立,他引导百姓他们就遵行,他绥安百姓他们就来附,他鼓动百姓他们就协和。他生存的时候,人要尊荣他;他死亡的时候,人要哀恸他。这样看起来,人怎么样可以及得到他呢?”

尧曰第二十 凡三章。

第一节尧曰:“咨!尔舜!天之历数在尔躬,允执其中。四海困穷,天禄永终。”二节舜亦以命禹。三节曰:“予小子履,敢用玄牡,敢昭告于皇皇后帝:有罪不敢赦。帝臣不蔽,简在帝心。朕躬有罪,无以万方;万方有罪,罪在朕躬。”四节周有大赉,善人是富。五节“虽有周亲,不如仁人。百姓有过,在予一人。”六节谨权量,审法度,修废官,四方之政行焉。七节兴灭国,继绝世,举逸民,天下之民归心焉。八节所重:民、食、丧、祭。九节宽则得众,信则民任焉,敏则有功,公则说。

第一章 第一节帝尧训戒大舜说:“帝尧是上古的皇帝,他的年纪老了,传位于大舜,叫大舜做皇帝,他就训诫大舜。唉!尔舜阿!天的历数归在你的躬,历,是岁时节气之次序。历数,是历代帝王相传之次序。历代帝王之相继续,好像岁时之继续,所以叫做历数。你该当允执着那个中。中,是没有一点过分的,也没有一点不及的。倘若四海困厄穷苦,天禄就永久终绝了。”天禄,是天赐的禄位。倘若皇帝的德不合天心,那天命就不可以常保,天禄就永久断绝了。○看《书经·大禹谟篇》第十四至十七节。二节○大舜传位于夏禹王,也用这样的话命令他。三节○殷汤说:“殷汤起兵代夏朝的桀王,得了胜,他把桀王放到南巢那个地方,殷汤就告诉天下的诸侯。告诉的意思,是表明他奉天命而伐夏桀。我小子履,履,是殷汤的名。敢用玄黑的牡牺牲,夏朝专重黑色,这个时候,殷汤不会改变夏朝的礼。我敢昭告于皇皇后帝:皇皇后帝,就是至大至高的上帝。有罪的人我不敢赦免他。有罪的人,就是桀王。上帝的臣子我不敢蔽塞不用他们,我简阅就是查考。一切的事按上帝的心。看《书经·汤诰篇》第八节。若朕躬有罪,不要归于万方的人;万方的人若有罪,这罪就是在我身上。”○朱夫子《语类》说:“问简在帝心,何谓简?曰:‘如天检点数过一般,善与恶天皆知之。’你之有善也在帝心,我之有罪也在帝心。"○学者可明,朱夫子亦信天知道我们一切的善恶,天是无所不知的上帝。四节○周朝武王施大赏赉于天下,凡善人他叫他们有富足。看《书经·武成篇》第九节。五节○《书经》说:"《书经·泰誓中篇》六、七节。商纣虽有周亲,周亲是至亲的意思。他们不如我的仁人。百姓皆责备我,意思是若我不伐商。本文过字,是责备。这个过责在我一人。"六节○武王得了天下的时候,他就谨慎校正那权衡并量物的五量,权是称锤,是称物的东西。看《书经·舜典篇》第八节。审察那法度,修复那废官,废官,是纣王所黜革的;修,是叫他们复职。四方的政事就行了。七节○他兴复那灭亡的国,○比较《礼记·乐记篇》,武王伐殷之后,他还没有下车子,他就封黄帝的后人于蓟,封帝尧的后人于祝,封帝舜的后人于陈。他下了车子,他就封夏后氏的后人于杞,封殷朝的后人于宋。继续那个绝世,继续,是立嗣;绝世,是前代所没有后人的帝王。举用遗逸的民,遗逸的民是商朝所遗弃的贤人,武王举用他们而赐以爵禄。《礼记·乐记篇》,武王释放箕子之囚,复商容的职位。天下之民就归心向他。八节○武王所最重的是三件事:一、庶民的粮食,二、丧事,三、祭祀。《书经·武成篇》第十节。九节○因为他的宽洪,他就得了众人;因为他的信实,庶民就倚任他了;倚任是倚仗的意思。因为他的敏捷,他有了功勋;因为他的公正,百姓就喜悦他。

第一节子张问于孔子曰:"何如斯可以从政矣?"子曰:"尊五美,屏四恶,斯可以从政矣。"子张曰:"何谓五美?"子曰:"君子惠而不费,劳而不怨,欲而不贪,泰而不骄,威而不猛。"二节子张曰:"何谓惠而不费?"子曰:"因民之所利而利之,斯不亦惠而不费乎?择可劳而劳之,又谁怨?欲仁而得仁,又焉贪?君子无众寡,无小大,无敢慢,斯不亦泰而不骄乎?君子正其衣冠,尊其瞻视,俨然人望而畏之,斯不亦威而不猛乎?"三节子张曰:"何谓四恶?"子曰:"不教而杀谓之虐;不戒视成谓之暴;慢令致期谓之贼;犹之与人也,出纳之吝,谓之有司。"

第二章 第一节子张问于孔夫子说:"怎么样就可以从政了?"从政是做官。孔夫子说:"该当尊崇五件美事,屏除四件恶事,就可以从政了。"子张又问说:"什么叫做五件美事?"孔夫子说:"一、君子施惠于人而不靡费;二、他劳动百姓而百姓不怨恨;三、他有所欲的而不贪求;四、他是舒泰而不骄傲;五、他的容貌是威严而不猛厉。"二节○子张又问说:"怎么叫做施惠于人而不靡费么?"孔夫子说:"因依百姓所有之利而利益他们,比方他重农事,劝工艺,舒商力,并加增民人自己从这样的造作所得之利。这不是施惠而不用靡费么?拣择那可以劳动百姓的事而劳动他们,还有谁人怨恨呢?他欲仁并得仁,又那里是贪求呢?君子无论人众多人寡少,无论小事大事,他皆不敢怠慢,这岂不是舒泰而不骄傲么?君子端正他的衣冠,他用尊严的样子于瞻瞩顾视,他有俨然的相貌,人就望而畏惧他,这岂不是威严而不猛厉么?"三节○子张又问说:"什么叫做四件恶事?”孔夫子说:“一、不教民而杀他们,这称为虐;二、不预先告诫而忽致考视其成功,考视,是责其成功。这称为暴;三、自慢其令于前,而刻致其期于后,这称为贼;自慢其令于前就是出的告示是宽缓的,刻致其期于后,就是紧急的督责他,这是很害百姓,所以叫做贼。均之把物给人,出纳之时若有吝惜的样子,这称为有司。”有司是小官,君子赏赐人的时候,不该当吝惜如小官一样。

第一节 子曰:“不知命,无以为君子也。二节 不知礼,无以立也。三节 不知言,无以知人也。”

第三章 第一节 孔夫子说:“人若不知道天命,他就不能做君子。天命,是上帝的旨意。二节 〇人若不知道礼,他就不能立志意。比较《泰伯第八》第八章二节。三节 〇人若不知道言语,他就不能知道人。”比较《孟子·公孙丑章句上》第二章第十七节。

《论语本义官话》终

孟子本义官话

中文序

万物常常改变，学法也必按时务要改变。今时之人都要学实学，如算学、地理学、天文学、化学、重学、声光热电等学，卫生学、医学、矿学、国政学、律学、万国公法学、制造学、农学、方言学等类，若一个人实在要学习这样的实学，他就没有功夫照中国的旧法十年常常背“四书五经”。孔夫子说，虽一个人能成诵三百篇诗，然授任他以政事的时候，若他不通达，或是使令他到四方的时候，若他不能够独自对答，虽然他能诵很多的诗，到底有什么用呢？既然今时的人，必须学那个实学，所以十八省的学堂，现在必要用一个新法教孩子们读“四书五经”。按旧法先生勉强九岁或十岁的孩子先要熟背《孟子》的本文，虽然孩子不懂得《孟子》一句话的意思，而且不但勉强他背《孟子》，乃也背朱夫子的注解，叫那个孩子能背那几万句话，如同留声机器一样，机器不懂得意思，孩子也不懂得，我实在可怜那个孩子。若在西国一个先生或是父母用这个法子勉强他们的孩子背诵许多书，人就都要说他们待那个孩子不合宜，他们伤害那孩子的头脑，而且这个旧法在中国到今时有什么功效呢？许多孩子们三四年上学堂去，乃以后不能读一本小书，不能读新闻纸，也不能写封信于父母或朋友们，呜呼！中国四百兆人中间，还没有三十兆人能读书，能写一篇论；别的三百七十兆人，不能读书，不能写一封信；一百男人中间，大概十五个能读书；一百女人中间，大概四个或五个女人能读书。所以若在中国共总有一百兆小孩子们，就是未到十岁的，并一百五十兆男人，一百五十兆女人，这样大概二十二兆半男人七兆半女人能读书，别的三百七十兆人都不能读。若细想这个衰败的效验，人人可以晓得今时必要用一个新法教训中国一切的孩子们。○在日本国现在一百男孩子中间，九十三个，并一百女孩子中间，八十一个上学堂去；在德国一切的孩子们，若过了六岁，他们都必须上学堂去，百姓的孩子们岂不是国家的最贵重的宝贝么？国家怎能准许父母或先生贻误这个孩子们的才能么？国家必要勉强一切的父母送孩子到学堂，并在学堂里头要勉强先生用最善最美的法子教训那个孩子们，国家不能准许各样的先生随便从自己的意见教训孩子们。到底要用什么法子呢？最要紧是先生必由浅入深，必要从孩子所能明白的起头，并渐渐前进。故此孩子先要念特意为小孩子们所预备的很容易的书，乃《三字经》、《千字文》并"四书"都是为小孩子们太难的，现在已经有许多这样容易明白的书，如王亨统先生，并南洋公学所出的那样的书，而后若孩子学了五或六年，并若他能读容易的书，能写一封信，先生就要教孩子也念"四书五经"，但不该当勉强孩子先背他不明白的文理。乃第一要叫他明白文理的意思，而后可以拣选几百句最要紧的话叫孩子学到记得并存在心里，这样就可以希望一切孩子们的才干可以启发长进，并四百兆人中间，将来不但三十兆乃四百兆能读新闻纸，并能自己写封信，如在德国、英国、美国、日本国那样。我热心希望这个新教育法可以行在中国十八省的学堂，所以我现在用一年并七个月的功夫，细细翻译了四书的本文为官话，请看我以前所著的《论语》《大学》《中庸》本义官话那几本书，若先生并孩子们用这样的书，孩子们就容易可以明白本文的意思，能速速前进。论翻译四书的本文为官话，恐怕人多看这个事为很容易的，乃我晓得实在不是容易的，乃是难的。虽然现在功夫成了以后，似乎容易的，乃实在有许多难处在其中，因为必要把一句一句话细细想想有什么一定的意思，而且想想要用什么样的注法。〇翻译《孟子》的时候，我多用《四书补注备旨》，并雷格氏英文注解，并古危勒儿的法文注解，并花之安[①]的德文注解。花之安的德文注解，已经被翻了为英文，所以人可以比较他的意思，或用德文，或用英文。这一年七个月的功夫，中华茂材杨味西先生帮助我录写，谨慎留心做事。

光绪三十一年四月二十四日上海威海卫路三十四号　安保罗序

---

① 花之安：又名埃福柏（Ernst Faber，1839—1899），德国基督教新教传教士。花之安被誉为"19世纪最高深的汉学家"，著有《儒教汇纂》《中国宗教导论》《中国妇女的地位》《从历史角度看中国》《孟子的学说》《玩索圣史》《明心图》《自西徂东》《性海渊源》《泰西学校》《教化议》等书，最著名的著作是《自西徂东》以及《经学不厌精》。参看胡瑞琴著《晚清传教士与儒家经典研究》，齐鲁书社 2011 年版。

孟子集注卷一

梁惠王章句上　凡七章。

第一章　第一节孟子见梁惠王。二节王曰："叟不远千里而来，亦将有以利吾国乎？"三节孟子对曰："王何必曰利？亦有仁义而已矣。四节王曰：'何以利吾国？'大夫曰：'何以利吾家？'士庶人：曰'何以利吾身？'上下交征利而国危矣。万乘之国弑其君者，必千乘之家；千乘之国弑其君者，必百乘之家。万取千焉，千取百焉，不为不多矣。苟为后义而先利，不夺不餍。五节未有仁而遗其亲者也，未有义而后其君者也。六节王亦曰仁义而已矣，何必曰利？"

第一章　第一节孟子来见梁惠王。孟子姓孟，名轲，字子舆，邹国人。他是鲁国的三家孟孙之后。那个三家是孟孙、叔孙、季孙。那三家的光景在哀公的时候衰弱了，子孙支派有几个在鲁国，也有迁居到邹国的。孟子的祖宗就居在邹国。那古时的邹国，是在今时山东兖州府邹县内。〇孔子生于鄹邑，有人写作邹，乃那两个邹不是一样的。孔夫子所生的那地方属鲁国，孟子所生的那地方本来不属鲁国，乃是鲁国的邻国，是附近的，击柝相闻。虽然《孟子·公孙丑章句下》第七章，说孟子自齐国去到鲁国，要埋葬他的母亲，此还不是凭据证他自己本来是鲁国的人。乃因为□□□宗是鲁国的人，他欲埋葬母亲在祖宗的坟山那里，乃这个事还不是凭据。他的父亲所住的国属于鲁国，孟子的父亲，名激，字公宜，母亲仉字。按赵岐的注解，孟子的父亲早死了。赵岐说"夙丧其父"，夙字是早字的意思。后来传说孟子三岁的时候父亲死了，乃这个话恐怕不真。因为《孟子·梁惠王章句下》第十六章，臧仓说孟子处父亲的丧事很菲薄，他处母亲的丧事很丰厚，予想设若父亲在他三岁的时候死了，小孩子还不能担当这个事，所以赵岐注解那个话只有意思说，孟子年幼的时候父亲死了。〇孟子的母亲仉氏有贤德，母亲很切心教训他的儿子，三次搬移自己的住宅。〇按史《烈女传》云：孟子的母亲的房子靠近坟墓，孟子少小时候顽耍，效法那埋葬人的事情，母亲说，这不是我儿子合宜居处的地方，他就搬移到别处去。住的房子靠近街市，他就顽耍效法买卖的事情，母亲说，这也不是我儿子合宜居处的地方，他就搬到学堂的旁边，他就顽耍效法摆设俎豆，用礼貌谦让进退。母亲就说，这个地方真是我儿合宜居处的，他们就住在那里。有时候儿子从学堂里回来，母亲就问他功课做到那里，孟子有一点懒怠的样子，母亲就拿刀割断了机，说你废弃了学，就像我割断了这个机一样。孟子听闻了就畏惧，并日日从早到晚，勉力勤学，不敢懒怠。○孔夫子生于基督前五百五十一年，卒于四百七十九年。孟子生于基督前三百七十二年，卒于二百八十九年，所以从孔子去世至孟子降生是一百零七年，孟子寿八十四岁。那时，在泰西国也有博士伯拉透①，生于基督前四百二十九年，卒于三百四十七年，所以伯拉透和孟子，还有二十五年同活在世界上。阿司他特②生于基督前三百八十四年，卒于三百二十二年。西挪③生于基督前三百四十年，卒于二百六十年。伊必求儿④生于（基督前）三百四十二年，卒于二百七十年。德玛司尼⑤生于（基督前）三百八十三年，卒于三百二十二年，所以那时候有好些个博士在世界上。孟子若与他们比较，也可以相等。○孔夫子的孙是子思，就是孔伋，他作《中庸》。司马迁说："孟子受业子思之门人。"○孟子四十岁的时候到齐国，见齐宣王劝戒他。按雷格氏英文注解，孟子离开齐国，大概在（基督前）三百二十三年，他去到宋国，在那里滕国的世子来见孟子。（宋国是现今河南归德府。以后孟子从宋国回到邹国去。）滕国的世子即位做国君，他的谥号叫文公，孟子见滕文公劝戒他。看《梁惠王章句下》十三至十五章。以后在（基督前）三百十九年，孟子去到梁国见惠王。梁国本来是魏国。春秋的时候之晋国有六个卿，很有权柄。到了战国的时候，只有三家最强，就是魏、赵、韩。他们把晋国分为三国，惠王是魏国的王。即位以后，在（基督前）三百六十四年，迁都到大梁，改国号叫梁。大梁在今时河南开封府。惠王照《史记》即位在（基督前）三百六十九年，去世在三百三十四年，乃这个是错了。按《竹书》惠王去世在（基督前）三百十八年。《通鉴》从《竹书》乃表明惠王的后人是襄王。雷格氏说，孟子见惠王在（基督前）三百十九年，次年惠王去世。学者可明，孟子见惠王的时候，惠王大概已经在位五十年，乃他终身时常好战，他居心贪欲，所以孟子劝诫他，如下文。二节○梁惠王说："梁惠王是魏国的君，名䓨，看上文注解。叟叟是老者的称呼。不以千里为远而来到梁，将也有计谋可以利我的国么？"他希望孟子有富强的计谋，可以利益梁国。三节○孟子对梁惠王说："王为什么必要说利？我也有的只是仁义就罢了。本文亦有两个字，回应王所说的亦将有。惠王本来说，我希望你老人家不但空来这很远的路，乃也有实益处的计谋可以告我。孟子回应亦有那个两字。四节○倘若王自己计较说：'怎么样可以利我的国？'大夫必也要计较说：'怎么样可以利我的家？'而且士并庶人必要也计较说：'怎么样可以利我的身？'上下就要交互征取那利而国势就危亡了。在上者取利于下，在下者取利于上，这是上下交互征取那个利。这样在万乘的国里，天子畿内地方千里，出车有万乘。弑杀其君的，必是千乘之家的大夫；千乘的家，是天子的卿，卿的采地方百里，出车

① 柏拉透：即柏拉图。
② 阿司他特：即亚里士多德。
③ 西挪：芝诺。
④ 伊必求儿：即伊壁鸠鲁。
⑤ 德玛司尼：德谟斯提尼。

千乘。在千乘的国里，诸侯出车千乘。弑杀其君的，必是百乘之家的大夫。诸侯的大夫之采地，出车百乘。万分里取千分，千分里取百分，不为不多了。天子的大夫万分之中得了千分，诸侯的大夫千分之中得了百分，所以他们本来该当满心。乃是若以义为后而以利为先，这样他们若不尽夺得来，他们就不觉得餍足。餍足是满足。五节〇未有一个人他有仁而还遗弃他的父母，未有一个人他有义而还后他的君上。后是轻忽。〇意思是若一个人实在有仁德，他自然也尊爱父母，并若一个人实在有义，他自然忠心事奉君，所以不要特意劝化他爱亲忠君，若他有仁并义，此是够了。仁义是根本，爱亲忠君是自然的效验。六节〇王也该当说，只要仁义就罢了，为什么必要说利？"这一章最要紧的题目，是人该当以义为先，以利为后。比较《孟子·告子章句下》第四章第四至六节说的；又看《大学》传之第十章二十三节说的，"此谓国不以利为利，以义为利也"；又看《论语·里仁第四》第十六章，孔夫子说的，"君子喻于义，小人喻于利"。这个道理与基督教所讲的相合，请看予以前所著的《孔子基督为友论》一本书。〇所以论这个道理，孟子和基督教相合，无乃在今时人，多虽常学孟子的道理，而自己不跟从孟子的教训，还以利为先，以义为后。这样今时，在中国每年所出的时务书，也多陈出富强之计谋，只是因为有大益处在其中。虽然这样，我们却必要谨慎，不要误会孟子的本意，也不要妄议论人，因为论各人所行的要紧的是他本心的缘故。若他所行的从私心出来，这就是不好的，乃若他所行的从仁爱之心出来，这就是好的。那梁惠王在位五十年，经历许多试炼，还不能除去私心，他求问一个利国之法，只是因为他实在欲利自己，故此孟子劝诫他，并禁止他谋利的念头。乃是若一个仁爱之国君，或一个真爱国的臣子，常常想想怎么样我能帮助我的民人呢？怎么样我能利益他们叫他们富足呢？这样的心想，基督教并孟子不禁止。因为国君并爱国者的仁爱就必在这样的心想上现出来。而且若他们不问这样的事，他们就实在没有仁爱。所以孔夫子告诉冉有说，该当富民并该当教民，而且孟子常常劝化国君该当照顾百姓。请看《梁惠王章句上》第七章第二十一至二十四节，《滕文公章句上》第三章全章，《告子章句上》第七章，《尽心章句上》二十三章。

第二章　第一节孟子见梁惠王，王立于沼上，顾鸿雁麋鹿，曰："贤者亦乐此乎？"二节孟子对曰："贤者而后乐此，不贤者虽有此，不乐也。三节《诗》云：'经始灵台，经之营之，庶民攻之，不日成之。经始勿亟，庶民子来。王在灵囿，麀鹿攸伏，麀鹿濯濯，白鸟鹤鹤。王在灵沼，於牣鱼跃。'文王以民力为台为沼，而民欢乐之，谓其台曰灵台，谓其沼曰灵沼，乐其有麋鹿鱼鳖。古之人与民偕乐，故能乐也。四节《汤誓》曰：'时日曷丧？予及女偕亡。'民欲与之偕亡，虽有台池鸟兽，岂能独乐哉？"

第二章　第一节孟子见梁惠王，是别的时候。梁惠王站立在沼旁边，沼是池。顾看那鸿雁并麋鹿，鸿雁是大雁，麋鹿是大鹿。就说："贤者的君也乐这个么？"二节〇孟子对答说："若他们是贤者，他们就可以乐这个，乃若是他们不是贤者，虽有这样的佳景，然不得享其乐。三节〇《诗》云：'《诗经·大雅·灵台》之篇。经始灵台，灵是奇异的意思，那个台是文王的台，经始是测量的始初。经之营之，经是测量地基，营是谋定方位。庶民攻之，攻是用力造作。不日成之。不日，按雷格氏《诗经》注解是不多日。经始勿亟，经始的时候，文王告诉做工的人不要快快，亟是快。庶民子来。百姓们喜欢来做工，如儿子来替父亲做事。王在灵囿，囿是园，灵台底下有灵囿，麀鹿攸伏，麀鹿是牝鹿，伏是安处不动，攸字是所字的意思，麀鹿休息在那里。麀鹿濯濯，濯濯是肥壮而光泽。白鸟鹤鹤。鹤鹤是洁白的样子。王在灵沼，灵囿里面有灵沼。於牣鱼跃。'於是叹息赞美的声音，牣是满，鱼是水里的动物，跃是跳，意思是那池沼怎么这样充满了跳跃的鱼。文王用百姓的力量造作台造作沼，而百姓尚且喜欢快乐，称谓文王的台叫做灵台，称谓文王的沼叫做灵沼，而且他们喜乐文王有麋鹿鱼鳖。鳖是介虫。古之人和百姓们同乐，古人是文王同类，故此他们能享其乐。四节〇《书经·汤誓》说：'时日曷丧，时是这个，日是太阳，那个话是百姓指夏桀王说的。予及女偕亡。'予是我们，这是百姓自己称的，女是你，这是太阳，就是桀王。〇桀王是暴虐之王，他说了："我有天下，好像天之有太阳，若太阳丧亡，我也丧亡。"百姓就回应他的意思，说这个太阳到底什么时候要丧亡呢？我们情愿和他一同丧亡。百姓欲他丧亡，虽然他们自己必和他一同丧亡，百姓们思想若国君亡，恐怕许多人在大乱的时候也要死，乃比忍受他暴虐之轭，宁要同他死。虽然他有台池鸟兽，怎么样他能够独享其乐呢？"

第三章 第一节梁惠王曰："寡人之于国也，尽心焉耳矣。河内凶，则移其民于河东，移其粟于河内。河东凶亦然。察邻国之政，无如寡人之用心者。邻国之民不加少，寡人之民不加多，何也？"二节孟子对曰："王好战，请以战喻。填然鼓之，兵刃既接，弃甲曳兵而走。或百步而后止，或五十步而后止。以五十步笑百步，则何如？"曰："不可，直不百步耳，是亦走也。"曰："王如知此，则无望民之多于邻国也。三节不违农时，谷不可胜食也；数罟不入洿池，鱼鳖不可胜食也；斧斤以时入山林，材木不可胜用也。谷与鱼鳖不可胜食，材木不可胜用，是使民养生丧死无憾也。养生丧死无憾，王道之始也。四节五亩之宅，树之以桑，五十者可以衣帛矣；鸡豚狗彘之畜，无失其时，七十者可以食肉矣；百亩之田，勿夺其时，数口之家可以无饥矣；谨庠序之教，申之以孝悌之养，颁白者不负戴于道路矣。七十者衣帛食肉，黎民不饥不寒，然而不王者，未之有也。五节狗彘食人食而不知检，涂有饿莩而不知发；人死，则曰：'非我也，岁也。'是何异于刺人而杀之，曰：'非我也，兵也。'王无罪岁，斯天下之民至焉。"

第三章 第一节梁惠王问孟子说："寡人寡人是诸侯自己称呼的名号，意思是寡德之人。于国家的事情，我真尽心阿！河内那里凶荒的时候，河内是地方，大梁城是在黄河南边，乃魏国另外有地方在黄河北边。那黄河北边的，就称河内。因为太古时，皇帝的都城在冀州，就是在现今的山西省，所以古人看黄河北边的地方为河内之地。我就搬移那里的百姓到河东去，魏国的京城在黄河东南，所以称河东。并移运些粟米到河内去。河东那里凶荒的时候，我办理也是这样。若我察看邻国的政令，在他们中间就没有一个像寡人这样用心的。尚且邻国的百姓不减少，寡人的百姓不加多，这是为什么呢？”二节〇孟子对答说：“王喜好交战，请许我用交战说比方。本文喻字是比方。填然鼓之，填然是击鼓的声音，之字指兵丁，鼓字意思是鼓动他们，交战的时候，兵丁听鼓声就前进，听鸣金就退回。两边兵刃，既然交接的时候，兵是器械，刃是刀刃。一边的兵丁就丢弃甲胄拖曳兵器而逃走。或逃走一百步而止歇，或逃走五十步而止歇。若这个人因为只逃走了到五十步就笑那逃走到百步的人，因为百步远了。王以为这个如何？”梁惠王说：“这是不可以的。他们只不曾走到百步，然他们也逃走了。”孟子说：“王既然知道这个，所以就不要希望本国的民人可以加多于邻国。三节〇若不妨碍农时，本文违字是妨碍的意思。米谷就很多，人吃不尽了；若不准细密网罟入到洿池里，本文数字，是细密的意思，洿池是低下之处，水所聚的地方。〇古时候的网目，必须是四寸的，若鱼没有一尺长，民人不该当吃他。鱼鳖就很多人吃不尽了；斧斤若只合宜之时入山林斩伐，斧是斧头，斤是刀。朱注，时是草木零落的时候，乃此恐怕还不足。因为若人秋冬之时，斩伐高山一切所有的小树木，这样也没有萌芽可以长大。可惜今时在中国许多山上有这样的弊端，因为国家还不设立了补种树林之政令。泰西之国家，都保护树林，不准一个人随意斩伐一个树木。中国因为还不习学补种树林之学，所以中国之材木，年年渐少，必须购买外国之材木，而且黄河泛滥之缘故，也在这个里头。因为若高山没有树林，那山上之沙并泥，下雨之时容易被涤去，而淤塞黄河之底，所以黄河容易决口。学者可明那黄河之危险，若不讲求种植树林之学，万不能免。材木就很多，人用不尽了。米谷和鱼鳖若人吃不尽，材木若人用不尽，这是使百姓们能养生丧死并没有一点憾恨。丧死，有材木可以做棺椁。养生丧死并没有一点憾恨，这是王道的始初。若百姓不怨恨国君，乃都喜好他，他就渐渐可以王天下。四节〇五亩的宅，旁边该当栽植些桑树，古时候一井有九百亩，中间是公田，外面八百亩是私田。八家各种私田一百亩，并种公田十亩。另外公田余剩的二十亩，八家分用为盖房子的地方，一家得二亩半，耕种的时候居住。另外在城里各家也有二亩半，农功完毕的时候居住，所以各家所住的地方共有五亩，二亩半在城里，并二亩半在野里。在房屋旁边，该当种植些桑树以养蚕。〇古时候的亩，比现在的亩少。今时一步方五尺，一方步是二十五方尺，二百四十方步是一亩。这样那五十岁的人就可以穿绸帛；论畜养鸡豚狗彘那个事，不该当失他们怀胎的时候，这样七十岁的人就可以吃肉；论百亩的田，不该当夺那为耕种所需的时候，这样数口的家就可以不受饥饿；该当谨慎照顾庠序的教法，庠序是乡间的学堂。孟子在《滕文公章句上》第三章十节论四样学堂说，就是庠、序、学、校。庠、序、校三样是乡下的并城邑的学堂，学是大学堂。乃在这里对梁惠王，孟子只提起庠、序，不说论大学堂。大学堂虽然是少不得的，乃蒙学堂并中学堂为百姓们实在是很要紧的。今时在中国只设立几个大学堂，而忘记修整十八省的蒙学堂，这是不可以的。中国现在必须五十万蒙学堂，并一百万从师范学校毕业的先生。〇日本国有三万蒙学堂,并十万多先生。因为三十多年以前,日本皇帝发出上谕说,必要播扬教化遍于通国,以致没有一小村,并连没有一家有一个不认字的孺子,所以从那个时候以来,东洋蒙学堂林立。而且德国有六万蒙学堂,并十四万先生。并德国为这个蒙学堂,每年用三百五十四兆马克,就是一百七十七兆块洋钱。中国比德国及比日本国大概是大八倍,所以中国为蒙学堂该当有一百万多先生,并每年该当用一千四百四十兆块洋钱。国家并百姓之兴旺就是在这个中间。特意申明孝悌之义,这样就须发斑白的,斑白是一半黑一半白。可以不要负戴担子于道路上。子弟要替老者背负担子。倘若七十岁的老人有绸帛穿,有肉吃,并若黎民,黎民是黑头发的百姓。不受饥饿不受寒冷,若国家这样,国君不得王天下没有这个事。五节〇现今你们的狗并彘吃人的食而你们不知道节省,本文检字是节省的意思,孟子直说不怕王动怒。道途上有饿死的人而你们不知道发粟赈济;本文莩字是饿死的人。若人饿死了,你们就说:'不是我的过失,年岁凶荒害他们。'这怎么差异于刺人而杀他以后说:'不是我,是兵刃杀了他。'王不该当归罪于年岁,这样就天下的百姓都要来归附。"

第四章　第一节梁惠王曰:"寡人愿安承教。"二节孟子对曰:"杀人以梃与刃,有以异乎?"曰:"无以异也。"三节"以刃与政,有以异乎?"曰:"无以异也。"四节曰:"庖有肥肉,厩有肥马,民有饥色,野有饿莩,此率兽而食人也。五节兽相食,且人恶之。为民父母,行政不免于率兽而食人,恶在其为民父母也?六节仲尼曰:'始作俑者,其无后乎!'为其象人而用之也。如之何其使斯民饥而死也?"

第四章　第一节梁惠王说:"寡人情愿安心领教。"二节〇孟子说:"杀人或是用梃,梃是杖。或是用刃有什么分别么?"梁惠王说:"没有什么分别。"三节〇孟子说:"杀人或是用刃,或是用政,有什么分别么?"梁惠王说:"没有什么分别。"四节〇孟子说:"你们的庖厨有肥肉,厩就是马房。有肥马,乃百姓们有饥饿的面色,并城外之野里有饿死的人,本文莩字就是死的人。这就是驱率兽以吃人了。君王多取民财以养牲畜,乃叫百姓饥饿而死,这好像驱兽以吃人一样。五节〇有兽自相吞食,人因为这个厌恶他们。乃是若做百姓的父母的论他的行政,不免被人指摘他驱率兽而吃人,他怎样做百姓的父母呢?六节〇仲尼说:'孔夫子,字仲尼。始作俑者,其无后乎!'意思是起头创造这个俑的人,他不是无后绝嗣么。〇俑是木偶人,埋葬死人用木偶人从葬。太古的时候,从葬的是束草做的人,叫做刍灵,不过略有一点像人。到了中古的时候,改用新法,用木偶人从葬,雕刻面目,设置机关,并能跳俑,头像人的样子。以后这个风俗引暴虐之君用活人殉葬。孔子想这个残忍之弊,从那个做俑的人起头。〇秦武公去世,殉葬者六十六人,看《史记》。秦穆公去世,殉葬者百七十七人,看《史记》并看《左传·文公七年》,又看《诗经·秦风·黄鸟》之篇。秦始皇去世,他的儿子二世皇帝,命父亲的嫔妃没有儿子的,并做皇陵的工匠都殉葬。明朝太祖崩,宫人多从死。明朝后来的皇帝,都用殉葬之事。到了英宗,遗诏不要殉葬。孔夫子责备那个人因为他做人之偶像而用以从葬，怎么要说论一个国君若他叫百姓饥饿而死呢？”用像人的木偶以从葬，孔子恨他不仁，况真实使令百姓们饥饿而死么？

第五章　第一节梁惠王曰：“晋国，天下莫强焉，叟之所知也。及寡人之身，东败于齐，长子死焉；西丧地于秦七百里；南辱于楚。寡人耻之，愿比死者一洒之，如之何则可？”二节孟子对曰：“地方百里而可以王。三节王如施仁政于民，省刑罚，薄税敛，深耕易耨。壮者以暇日修其孝悌忠信，入以事其父兄，出以事其长上，可使制梃以挞秦、楚之坚甲利兵矣。三节彼夺其民时，使不得耕耨以养其父母，父母冻饿，兄弟妻子离散。五节彼陷溺其民，王往而征之，夫谁与王敌？六节故曰：‘仁者无敌。’王请勿疑！”

第五章　第一节梁惠王说：“在天下没有比晋国强盛的国，魏国的先君，本来是晋国的臣子，魏氏和韩氏、赵氏，共分晋国的地方，称为三晋。乃惠王在这里，将晋国的总名，用为自己的魏国的名号，说在天下我的国是最强盛的。这是叟所知道的。乃是自国家及到寡人的时候，东边我们受败于齐国，并那时我的长子死了；梁惠王三十年，就是基督前三百四十年，齐国伐魏，大败魏兵，擒太子申而杀之；西边我们丧失七百里的地方于秦国；梁惠王十七年，秦国伐魏，取魏国少梁的地方。梁惠王三十年，秦国商鞅大败魏兵。梁惠王献奉河西之地于秦国。南边受辱于楚国。魏与楚国的昭阳战败，丧亡七邑的地。寡人耻之，我情愿为死者以一场洗去这羞辱，本文比字是为，本文洒字是洗去的意思。〇死者是论他的祖宗说的，惠王觉得凌辱了祖宗。怎么样我就可以成这个事么？”二节〇孟子对答说：“虽地方只百里也可以得王天下。虽一个国君只有方百里的地，他也可以至于王天下，何况魏国该当能这样。三节〇王倘若施行仁政于民，减省那刑并罚，轻薄那税并敛，叫百姓耕田要深，锄耨要小心。本文易字是治，意思是小心做事。叫年壮的人，以闲暇的日子修其孝悌并忠信，叫他们用这个德性在家里事奉他们的父兄，出门的时候事奉他们的长上，本文以字指孝悌忠信那个德性。本文入字，是在家里，出字是离家出门，或做买卖，或佣工做活。王倘若做这样就可使令他们制梃，梃是木头做的。以鞭挞秦国、楚国的坚甲和利兵。兵是兵器。四节〇那国的国君，本文彼字指秦国、楚国的国君。他们夺他百姓们的农时，使百姓们不能耕种锄耨以养其父母，父母受冻受饿，兄弟们并老婆娃子都被分离拆散。五节〇那个国君陷害沉溺他们的百姓，陷是陷于阱，溺是溺于水，这是比方暴虐百姓。王若去征伐那国君，谁就与王对敌呢？那国君暴虐百姓，百姓怨恨，王起兵去征伐，百姓定然归服，不至来抵敌王。六节〇故此古语说：‘仁者无敌。’王请不要疑惑。”

第六章　孟子见梁襄王。出，语人曰：“望之不似人君，就之而不见所畏焉。卒然问曰：‘天下恶乎定？’吾对曰：‘定于一。’‘孰能一之？’对曰：‘不嗜杀人者能一之。’‘孰能与之？’对曰：‘天下莫不与也。王知夫苗乎？七八月之间旱，则苗槁矣。天油然作云，沛然下雨，则苗浡然兴之矣。其如是，孰能御之？今夫天下之人牧，未有不嗜杀人者也，如有不嗜杀人者，则天下之民皆引领而望之矣。诚如是也，民归之，由水之就下，沛然谁能御之？'"

第六章 第一节孟子见梁襄王。梁襄王是梁惠王的儿子，名赫。二节〇孟子见过了，出来告诉人说："我远望他的时候他不是像一个人君，就近的时候我看见他无所畏惧。本文望之就之，看《论语·子张第十九》第九章。他卒然问我说：'卒然是急迫的样子。天下恶乎定？'恶乎是怎么样的意思。〇天下兵争，怎么样就安定？我对他说：'可以定在于合一。'意思是若一个国君能合天下为一，这样就可以安定天下。三节〇襄王问说：'谁人能够合一天下么？'四节〇我对他说：'不嗜好杀人的，他能够合一天下。'五节〇襄王问说：'谁能与他呢？'本文与字，是给的意思，看《万章章句上》"孰与之，天与之"那句话。六节〇我对他说：'天下的人，没有一个不要与他。王知道那个苗么？七月、八月之间天旱，那苗就枯槁了。周朝的七月、八月，是夏朝的五、六月，今大清用夏朝的历。〇天旱是天不下雨。而后天油然作了云，油然是稠密的样子，作是聚起。沛然下了雨，沛然是大雨的样子。那苗就勃然兴起了。勃然是忽然。他若这样兴起，谁能禁止他呢？本文御字，是禁止的意思。现今天下的人牧，人牧是牧民的君。没有一个不嗜好杀人的，倘若有一个不嗜好杀人的君，那天下的百姓，就都要伸颈而仰望他。领是颈，引是伸。既然这样，百姓们要归附他，好像水之流下，本文由字是犹，是好像的意思。沛然谁能禁止呢？'"沛然是大水流下的样子。

第七章 第一节齐宣王问曰："齐桓、晋文之事可得闻乎？"二节孟子对曰："仲尼之徒无道桓、文之事者，是以后世无传焉。臣未之闻也。无以，则王乎？"三节曰："德何如，则可以王矣？"曰："保民而王，莫之能御也。"四节曰："若寡人者，可以保民乎哉？"曰："可。"曰："何由知吾可也？"曰："臣闻之胡龁曰，王坐于堂上，有牵牛而过堂下者，王见之，曰：'牛何之？'对曰：'将以衅钟。'王曰：'舍之！吾不忍其觳觫，若无罪而就死地。'对曰：'然则废衅钟与？'曰：'何可废也？以羊易之！'不识有诸？"五节曰："有之。"曰："是心足以王矣。百姓皆以王为爱也，臣固知王之不忍也。"六节王曰："然。诚有百姓者。齐国虽褊小，吾何爱一牛？即不忍其觳觫，若无罪而就死地，故以羊易之也。"七节曰："王无异于百姓之以王为爱也。以小易大，彼恶知之？王若隐其无罪而就死地，则牛羊何择焉？"王笑曰："是诚何心哉？我非爱其财。而易之以羊也，宜乎百姓之谓我爱也。"八节曰："无伤也，是乃仁术也，见牛未见羊也。君子之于禽兽也，见其生，不忍见其死；闻其声，不忍食其肉。是以君子远庖厨也。"九节王说曰："《诗》云：'他人有心，予忖度之。'夫子之谓也。夫我乃行之，反而求之，不得吾心。夫子言之，于我心有戚戚焉。此心之所以合于王者，何也？"十节曰："有复于王者曰‘吾力足以举百钧’，而不足以举一羽；‘明足以察秋毫之末’，而不见舆薪，则王许之乎？”曰：“否。”“今恩足以及禽兽，而功不至于百姓者，独何与？然则一羽之不举，为不用力焉；舆薪之不见，为不用明焉；百姓之不见保，为不用恩焉。故王之不王，不为也，非不能也。”十一节曰：“不为者与不能者之形何以异？”曰：“挟太山以超北海，语人曰‘我不能’，是诚不能也。为长者折枝，语人曰‘我不能’，是不为也，非不能也。故王之不王，非挟太山以超北海之类也；王之不王，是折枝之类也。十二节老吾老，以及人之老；幼吾幼，以及人之幼。天下可运于掌。《诗》云：‘刑于寡妻，至于兄弟，以御于家邦。’言举斯心加诸彼而已。故推恩足以保四海，不推恩无以保妻子。古之人所以大过人者无他焉，善推其所为而已矣。今恩足以及禽兽，而功不至于百姓者，独何与？十三节权，然后知轻重；度，然后知长短。物皆然，心为甚。王请度之！十四节抑王兴甲兵，危士臣，构怨于诸侯，然后快于心与？”十五节王曰：“否。吾何快于是？将以求吾所大欲也。”十六节曰：“王之所大欲可得闻与？”王笑而不言。曰：“为肥甘不足于口与？轻暖不足于体与？抑为采色不足视于目与？声音不足听于耳与？便嬖不足使令于前与？王之诸臣皆足以供之，而王岂为是哉？”曰：“否。吾不为是也。”曰：“然则王之所大欲可知已。欲辟土地，朝秦、楚，莅中国而抚四夷也。以若所为，求若所欲，犹缘木而求鱼也。”十七节王曰：“若是其甚与？”曰：“殆有甚焉。缘木求鱼，虽不得鱼，无后灾。以若所为，求若所欲，尽心力而为之，后必有灾。”曰：“可得闻与？”曰：“邹人与楚人战，则王以为孰胜？”曰：“楚人胜。”曰：“然则小固不可以敌大，寡固不可以敌众，弱固不可以敌强。海内之地方千里者九，齐集有其一。以一服八，何以异于邹敌楚哉？盖亦反其本矣。十八节今王发政施仁，使天下仕者皆欲立于王之朝，耕者皆欲耕于王之野，商贾皆欲藏于王之市，行旅皆欲出于王之涂，天下之欲疾其君者皆欲赴愬于王。其若是，孰能御之？”十九节王曰：“吾惛，不能进于是矣。愿夫子辅吾志，明以教我。我虽不敏，请尝试之。”二十节曰：“无恒产而有恒心者，惟士为能。若民，则无恒产，因无恒心。苟无恒心，放辟，邪侈，无不为已。及陷于罪，然后从而刑之，是罔民也。焉有仁人在位，罔民而可为也？二十一节是故明君制民之产，必使仰足以事父母，俯足以畜妻子，乐岁终身饱，凶年免于死亡。然后驱而之善，故民之从之也轻。二十二节今也制民之产，仰不足以事父母，俯不足以畜妻子，乐岁终身苦，凶年不免于死亡。此惟救死而恐不赡，奚暇治礼义哉？二十三节王欲行之，则盍反其本矣。二十四节五亩之宅，树之以桑，五十者可以衣帛矣；鸡豚狗彘之畜，无失其时，七十者可以食肉矣；百亩之田，勿夺其时，八口之家可以无饥矣；谨庠序之教，申之以孝悌之义，颁白者不负戴于道路矣。老者衣帛食肉，黎民不饥不寒，然而不王者，未之有也。”

第七章　第一节齐宣王齐宣王是齐威王的儿子，姓田氏，名辟疆。按雷格氏注，宣王即位，在西历前三百三十二年。〇这第七章有五段，第一段自第一至第五节，孟子表明王天下之德；第二段自第六至第八节，孟子叫宣王认识自己的心；第三段自第九至第十二节，孟子劝化宣王推广仁心；第四段自第十三至第十九节，孟子劝戒宣王以私心不能得他所欲的；第五段自十八节二十四节，孟子讲明王政美善之功效。问孟子说：“齐桓公、晋文公的事体，可以得闻么？”齐桓公、晋文公是五霸中间最有名的君，看《左传》。二节〇孟子对说：“仲尼的门徒，没有论那个桓公、文公的事体，故此论那个事后世没有遗传。臣就是孟子。没有听闻。乃若王少不得要我讲论，朱注：无以，是不已，就是少不得的意思。为何不论王天下之道呢？”《孟子·离娄章句下》第二十一章，孟子说：“晋之《乘》，楚之《梼杌》，鲁之《春秋》，一也；其事则齐桓、晋文，其文则史。孔子曰：‘其义则丘窃取之矣。’”所以孟子晓得齐桓公并晋文公之事。乃因为孟子不喜欢他们，所以在这里不愿意对宣王讲论，说我没有听闻他们的事。〇论《春秋》并《左传》看《论语本义官话·公冶长第五》第十七章，予想《左传》十分之八孔夫子自己选的。三节〇齐宣王说：“德要怎么样可以王了？”孟子说：“若爱护百姓，这样没有人能阻止你王天下。”按雷格氏“保民”二字句绝，而王连下句读。四节〇齐宣王说：“像寡人这样的人，可以爱护百姓么？”孟子说：“可以。”齐宣王说：“怎么知道我可以呢？”孟子说：“臣听闻胡龁说，胡龁是齐国的臣子，有时王坐于堂上，有一个人牵一只牛而经过堂下，王看见了说：‘牛往那里去？’牵牛的人说：‘将要用以衅钟。’衅钟，新铸成的钟，杀一个牲，取血以涂钟的空隙。王说：‘舍了他罢！我不忍他这样觳觫，觳觫是恐怕的样子。好如无罪的人被引到死地那样。’牵牛的人对说：‘这样我们就可以废弃衅钟那个事么？’王说：‘怎么可以废弃衅钟呢？用一只羊换易罢！以上都是孟子引胡龁的话。胡龁所说的我不知道有这个事么？”五节〇齐宣王说：“有了。”孟子说：“这样的心是足以王天下。百姓们都以王为爱惜那一只牛，乃臣确知道王因为不忍杀的缘故做那样。”六节〇齐宣王说：“是的，百姓这样疑惑我实在有缘故。乃齐国地方虽然褊窄狭小，我怎么样爱惜一只牛呢？实在是因为我不忍牛的觳觫，好如无罪的人被引到死地那样，故此我叫他用一只羊换易。”七节〇孟子说：“王不要怪百姓以王为爱惜那牛。本文异字是怪。拿小牲换易大牲，小牲是羊，大牲是牛。他们怎能知道实在的缘故？王若隐痛牲畜无罪而被引到死的地方，牛羊中间为什么要拣择呢？”牛无罪而杀，令人不忍。羊无罪而杀，也令人不忍，为什么拿羊换牛？齐宣王笑说：“真实我的心到底是什么样呢？我不是爱惜财而怎么样我拿羊换牛呢？有合宜之缘故叫百姓说我爱惜财。”八节〇孟子说：“他们的话没有妨害，乃王之行为是行仁的方术，方术是巧妙之法。王看见牛还没有看见了羊。君子之于禽兽，若看见了他们生，就不忍看见他们死；若听闻了他们鸣叫的悲声，将死的时候，鸣叫的悲声。就不忍吃他们的肉。故此君子远开庖厨。”远开庖厨，是不忍看见禽兽的死，不忍闻禽兽的悲鸣。九节〇齐宣王喜悦说：“《诗》云：‘《诗经·小雅·巧言》之篇。他人有心，予忖度之。’忖度是度量。这话论夫子是对的。我做那个事，乃我反于心而考求的时候，我不能得我心。不得我心发动的缘故。及至夫子说了，那时我就于心里有怜恤的意思戚戚然。戚戚然，是感动的样子。这样的心为什么合于王天下之道呢？”十节〇孟子说：“设若有一个人告诉于王说‘我的力量足以举起百钧’，一钧是三十斤，百钧就是三千斤，而不足以举起一条羽；羽是鸟的羽，最轻的东西。‘我的明明是眼力。足以察看秋毫的末锐’，秋天的毫毛最小，最难看见。而不能看见舆薪，舆是车，薪是束，薪就是柴在车子上被装载的。王果相信而应许他么？”齐宣王说：“不应许他。”孟子说：“现今有恩泽足以及到禽兽，不忍杀牛，是恩泽及到禽兽。而功用不至于百姓，惟独把这个放在外有什么缘故呢？这个二字，指推恩及到百姓那个本分。果然是一条羽之他不举起，是因为他不用力；舆薪之他不看见，是因为他不用明；百姓之不见保护，是因为不用恩。故此王之不王，是因为王不做，不是因为不能够做。”十一节〇齐宣王问说：“那不做和那不能做之情形什么样可以分别呢？”孟子说：“挟持泰山以超过北海，论这个事若我告诉人说这件事我不能够，这就是因为我真实不能够。代长者折取一枝，枝是草木之枝。论这个事若我告诉人说这件事我不能够，这是因为我不做，不是因为我不能做。故此王之不王，不保民而王。不是挟持泰山以超越北海那事之类；王之不王，是折取一枝那事之类。十二节〇老我的老者，老是按照老人合宜的样子事奉他们。以及别人的老者也受一样的事奉；幼我的幼者，幼是按照少者合宜的样子惠怀他们。以及别人的幼者也受一样的惠怀。这样就天下可运用于掌上。《诗》云：‘《诗经·大雅·思齐》之篇。刑于寡妻，刑就是他的榜样感动他的寡德之妻。至于兄弟，以御于家邦。’御是治理，意思是以致他的国家受治。这是说的文王举用这个心加恩于他们而已。他们是寡妻，并兄弟并家邦。故此推扩恩泽是足以保护四海，不推扩恩泽是也不足以保护妻子。古之人所以大过人的缘故没有别的，只是他们善推扩他们所做的就是了。意思是他们好懂得推扩自己的心以致感动别人。现今有恩泽足以及到禽兽，而功用不至于百姓，惟独把这个放在外有什么缘故呢？十三节〇必要用权然后知道东西轻的重的；权是称锤，所以称物而分别轻重。必要用度然后知道东西长的短的。度是丈尺，所以量物而分别长短。凡物这样可知道，知心就是知道心或轻重，或长短。是更要紧的。王请度量心！十四节〇王兴起坚甲利兵，使士臣危险，士是战兵，臣是将帅。构结怨恨于诸侯，若王做这样然后快于心么？”十五节〇齐宣王说：“不是。我怎能有快乐于这个事呢？把这个事要求我所大欲的。”十六节〇孟子说：“王所大欲的可得听闻么？”王发笑而不说。孟子说：“难道是因为肥甘的美食不足于口么？或是因为轻的并暖的衣服不足于身体么？或是因为华采的色不足视于眼睛么？或悠扬的声音不足听于耳朵么？或便嬖的人便嬖是侍奉嬖幸的人。不足使令于面前么？王的各样的臣子，皆足以供给这些事，而王岂因为这样的事有大欲么？”齐宣王说：“否。不是因为这样的事。”孟子说：“既然这样王之所大欲可以知道了。王欲开辟土地，欲慑服秦国、楚国来朝，欲临莅中国而抚治四夷。乃以像王所做的求像王所欲的，所做的是兴甲兵的事，所欲的，是开辟土地等事。是好像攀缘树木而求鱼一样。”十七节〇齐宣王说：“我的差谬实在像那样太甚么？”孟子说：“还又甚于那样。攀缘树木而求鱼，虽不得鱼，然后来没有灾殃。乃若以像王所做的，求像王所欲的，并尽心力而做去，后来就必定有灾殃。”齐宣王说：“这个事的缘故，请教可得听闻么？”孟子说：“若邹国的人和楚国的人交战，王以为谁国得胜呢？”齐宣王说：“楚国的人要得胜。”孟子说：“这样就小国确然不可以抵敌大国，寡少的确然不可以抵敌众多的，软弱的确然不可以抵敌强壮的。四海内的土地，有九区各方千里，集合齐国全地只有一区。拿一区要慑服八区，这个比较邹国抵敌楚国有什么分别呢？所以王该当反到本阿！意思是王若欲得功效，王也必须反回到得功效之本。十八节〇现今若王发政施仁，意思是发爱民施仁的善政。这样就可以叫天下做官的人，皆欲站立于王的朝廷，并叫耕田的人皆欲耕于王的田野，并叫商贾做买卖的人皆欲藏货于王的市，并叫行旅的人是别国的人。皆欲出于王的道途，并叫天下的欲疾恶其君的人，皆欲来诉苦于王。而且若天下的人都像这样，谁人就能够阻止呢？”本文御字是阻止，就是阻止他们归附王。十九节〇齐宣王说：“我是昏昧蠢笨的，不能够进于这样。这样就是得这样大的功效。情愿夫子辅助我的志意，辅助就是帮助，明明教训我。我虽然不敏慧，请准我把所教训的尝试而行。”二十节〇孟子说：“没有恒产而还有恒心，恒产是一定的利息的产业，恒心是常有善心。惟独士子为能够这样。乃民人若没有恒产，因为这个他们就没有恒心。倘若没有恒心，他们就放纵，并偏僻，并邪曲，并侈肆，无所不为。乃及至他们陷落了于罪，然后从而刑戮他们，从是追究的意思。这是网罗百姓了。是拐骗笼络他们，好像诱野兽入网罗一样。若有仁人在位，怎么样可以做网罗百姓那个事么？二十一节〇这样所以明君图制百姓的产业，以致必叫他们仰仰，是上面。有足以事父母，俯俯，是下面。有足以畜养老婆娃子，并叫他们丰乐的年岁之内终身饱足，凶荒的年岁之内能免于死亡。这样然后明君可以驱率他们并他们向善，并这样所以百姓们的从善是容易的。本文轻字是容易。二十二节〇现今百姓的产业这样被图制，以致百姓们仰不足以事奉父母，俯不足以畜养老婆娃子，丰乐的年岁之内他们终身困苦，凶荒的年岁之内他们不免于死亡。因为这样的光景，他们只救自己免死而恐惧不赡足，这样他们还有什么闲暇治礼义么？二十三节〇王若欲举行这个事，就是图制民之常产。何不反到其本呢？民得常产业之本，孟子就解明在下文。二十四节〇五亩的宅，旁边该当栽植些桑树，这样那五十岁的人就可以穿绸帛；论畜养鸡豚狗彘那个事，不该当失他们怀胎的时候，这样七十岁的人就可以吃肉;论百亩的田,不该当夺那为耕种所需的时候,这样八口的家,第三章里说数口之家,一百亩田,大概可养八口。就可以不受饥饿;该当谨慎照顾庠序的教法,特意申明孝悌之义,这样就须发斑白的可以不要负戴担子于道路上。倘若年老的人有绸帛穿,有肉吃,并若黎民不受饥饿不受寒冷,若国家这样,那国君不得王天下,未有这个事。”孟子这样的道理,也为现今之时务可以做标准,其中有三件最要之端:百亩之田,那个话,指明司农之要务;五十岁的人穿绸帛那个话,指明百艺之要务;照顾庠序的教法那个话,指明训蒙之要务。若今时国家实在要振兴这个三端,必须查考世界最文明之国论这三端所用之美法,并必要引进这个新法于中国,而后四百兆黎民,都可以得产业,可以得安慰,而国家可以大兴旺。

孟子集注卷二

梁惠王章句下 凡十六章。

第一章 第一节庄暴见孟子,曰:“暴见于王,王语暴以好乐,暴未有以对也。”曰:“好乐何如?”孟子曰:“王之好乐甚,则齐国其庶几乎!”二节他日,见于王曰:“王尝语庄子以好乐,有诸?”王变乎色,曰:“寡人非能好先王之乐也,直好世俗之乐耳。”三节曰:“王之好乐甚,则齐其庶几乎! 今之乐犹古之乐也。”四节曰:“可得闻与?”曰:“独乐乐,与人乐乐,孰乐?”曰:“不若与人。”曰:“与少乐乐,与众乐乐,孰乐?”曰:“不若与众。”五节“臣请为王言乐:六节今王鼓乐于此,百姓闻王钟鼓之声,管籥之音,举疾首蹙頞而相告曰:‘吾王之好鼓乐,夫何使我至于此极也? 父子不相见,兄弟妻子离散。’今王田猎于此,百姓闻王车马之音,见羽旄之美,举疾首蹙頞而相告曰:‘吾王之好田猎,夫何使我至于此极也? 父子不相见,兄弟妻子离散。’此无他,不与民同乐也。七节今王鼓乐于此,百姓闻王钟鼓之声,管籥之音,举欣欣然有喜色而相告曰:‘吾王庶几无疾病与? 何以能鼓乐也?’今王田猎于此,百姓闻王车马之音,见羽旄之美,举欣欣然有喜色而相告曰:‘吾王庶几无疾病与? 何以能田猎也?’此无他,与民同乐也。八节今王与百姓同乐,则王矣。”

第一章 第一节庄暴来见孟子,说:“庄暴是齐国的臣子。暴见于王,王告诉暴他喜好乐,暴没有什么话对答王。”请问:“论喜好乐,夫子想什么样?”孟子说:“若王喜好乐很甚,齐国就近于善治。”本文庶几是近于善治。二节〇别的时候,孟子见于王说:“王曾经告诉庄子喜好乐,有这个事么?”齐宣王改变了面色,说:“齐宣王惭愧自己所喜好的不是正乐。寡人不能够喜好先王的乐,但喜好世俗的乐。”三节〇孟子说:“王若喜好乐很甚,齐国就近于善治。现今的乐,犹古时的乐。”意思是现今的乐,也能够有大功效。四节〇齐宣王说："这个事的缘故，请教可得听闻么？"孟子说："独一个人听乐而因此快乐，或是和人听乐而因此快乐，本文第二个乐字是快乐的乐。那样有多快乐呢？"齐宣王说："不如和人听乐。"孟子说："与稀少的人听乐而因此快乐，或是与众多的人听乐而因此快乐，那样有多快乐呢？"齐宣王说："不如与众多的人听乐。"五节〇孟子说："臣请为王讲明论乐所说的话。六节〇现今设若王叫人作乐于这里，本文鼓字是作。百姓听闻王的钟鼓之声，管籥之音，管是竹做的乐器，长一尺；籥是竹做的乐器，长一寸。他们都头痛皱频而相告诉说：'本文疾首是头痛，蹙是皱，频是额，人因为忧愁便皱蹙其额。我们的王喜好作乐就是这样，乃他为什么使我们到这困苦之极呢？父并子不得相见，哥郎并弟郎老婆并娃子都分离折散了。'现今设若王在田野打猎，打猎是打猎禽兽。百姓闻听王车马的声音，看见羽旄的华美，羽旄是旌旗之类。他们都头痛皱频而相告诉说：'我们的王喜好在田野打猎就是这样，乃他为什么使我们到这困苦之极呢？父并子不得相见，哥郎并弟郎老婆并娃子都分离折散。'百姓有这样的情形没有别的缘故，只是因为王不和百姓们同享快乐。七节〇现今是反对说的。设若王叫人作乐于这里，百姓听闻王的钟鼓之声，管籥之音，他们都欣欣然有喜乐的面色而相告诉说：'欣欣然是欢喜的样子。我们的王幸没有生病，倘若不是，他怎么能够作乐呢？'现今设若王在田野里打猎，百姓听闻王车马的声音，看见了羽旄之华美，他们都欣欣然有喜乐的面色而相告诉说：'我们的王幸没有生病，倘若不是，他怎么能够在田野里打猎呢？'百姓有这样的情形没有别的缘故，只是因为王和百姓们同享快乐。是他举行仁政，使百姓们也有快乐。八节〇现今若王要和百姓们同享快乐，就必要得王天下了。"

第二章　第一节齐宣王问曰："文王之囿方七十里，有诸？"孟子对曰："于传有之。"二节曰："若是其大乎？"曰："民犹以为小也。"曰："寡人之囿方四十里，民犹以为大，何也？"曰："文王之囿方七十里，刍荛者往焉，雉兔者往焉，与民同之。民以为小，不亦宜乎？三节臣始至于境，问国之大禁，然后敢入。臣闻郊关之内有囿方四十里，杀其麋鹿者如杀人之罪。则是方四十里，为阱于国中。民以为大，不亦宜乎？"

第二章　第一节齐宣王问孟子说："文王的囿囿是养育鸟兽的地方。方七十里，这事是真的么？"本文方七十里，按雷格氏注："是七十方里。"赵岐注的解释说"方是方阔"，与雷格氏的意思相合。按《日讲》注："方七十里意思是那囿四围是七十里路长的。"还有一个注解，如法国教士古危勒儿，以法文翻译《孟子》说："那个囿是七十里长的，也是七十里广的。"这三样注解，分别很大，明算学者可以算出来，予想那法文的注解是不错。孟子对答说："于书传有的。"二节〇齐宣王说："像这样的大么？"孟子说："百姓们还以为是小的。"齐宣王说："寡人的囿不过方四十里，百姓们还以为是大的，是什么缘故呢？"孟子说："文王的囿方七十里，乃刍荛者刍是取草以养牲畜，荛是采薪。都可以到里面去，雉兔者雉兔者，是打猎的人。都可以到里面去，这样他和百姓们同用。百姓们就以为是小的，这不是合宜的么？三节〇臣始初到了齐国的境界，访问国中重大的禁令，然后我就敢入。臣听闻郊关的里面有囿方四十里，城外五十里是近郊，百里是远郊，四郊的门是关。人倘若杀里面的麋鹿，就算像杀人的罪过一样。这样那方四十里的囿是为陷阱于国中。阱是掘地为坑，兽堕落下去就死了，那个囿为百姓有一样的危险。百姓们以四十里为大的，这不是合宜的么？”

第三章 第一节齐宣王问曰：“交邻国有道乎？”孟子对曰：“有。惟仁者为能以大事小，是故汤事葛，文王事昆夷；惟智者为能以小事大，故大王事獯鬻，句践事吴。以大事小者，乐天者也；以小事大者，畏天者也。乐天者保天下，畏天者保其国。四节《诗》云：‘畏天之威，于时保之。’”四节王曰：“大哉言矣！寡人有疾，寡人好勇。”五节对曰：“王请无好小勇。夫抚剑疾视曰：‘彼恶敢当我哉！’此匹夫之勇，敌一人者也。王请大之！六节《诗》云：‘王赫斯怒，爰整其旅，以遏徂莒，以笃周祜，以对于天下。’此文王之勇也。文王一怒而安天下之民。七节《书》曰：‘天降下民，作之君，作之师。惟曰其助上帝，宠之四方。有罪无罪，惟我在，天下曷敢有越厥志？’一人衡行于天下，武王耻之。此武王之勇也。而武王亦一怒而安天下之民。八节今王亦一怒而安天下之民，民惟恐王之不好勇也。”

第三章 第一节齐宣王问孟子说：“国家与邻国交接有道么？”孟子对答说：“有的。惟独仁者能够以自己之大国服事小国，故此本文是故的意思，是比方如。成汤服事那葛，葛是小国，看《孟子·滕文公章句下》五章二节。文王服事那昆夷；昆夷是西方的戎。〇以大国服事小国，意思是抚字周恤他们。惟独智者惟能够以自己之小国服事大国，故此太王服事那獯鬻，獯鬻是狄人，看《孟子·梁惠王章句下》第十五章一节。句践服事那吴。句践是越国的君，他服事吴王夫差。〇以小国服事大国，是听从服役。二节〇以自己之大国服事那小国，这是乐天的国君；以大国保护那小国，这是合昊天之意。以自己之小国服事那大国，这是畏天的国君。畏天意思是畏天命。〇朱夫子注这两节说：“天者，理而已矣。”乃在《书经·秦誓中》“天视自我民视，天听自我民听”注：“问天视天听，谓天即理也。”曰：“天固是理，然苍苍者亦是天；在上而有主宰者亦是天。”各随他所说。今既曰视听即理，又如何会视听？看《雍正钦定书经传说汇纂》第十卷。所以学者可明朱夫子有时也明认“天”不但是“理”，乃是有大睿智的主宰。而且也在这两句乐天畏天，学者可明乐天是乐昊天之意，畏天是畏天之命。乃一个无灵之理，实在不能有意，也不能发命，所以昊天不但是理，乃是造万物之上帝也。那个乐天的，他能够保护天下；那个畏天的，他能够保守自己的国。三节〇《诗》云：‘《诗经·周颂·我将》之篇。畏天之威，意思是我畏惧昊天上帝的威严。于时保之。'"于是我保守天命而不失掉。四节〇齐宣王说："大哉这个言语阿！可惜寡人有毛病，原文疾字是毛病，寡人好勇。"意思是因为好勇，所以我不能服事大国，服事小国。五节〇孟子对答说："我请王不要好那个小勇。若一个人执剑，本文抚字意思是执。怒目视看说：'他怎样敢当我么！'这是匹夫的勇，只能够抵敌一个人的。我请王张大那个勇。六节〇《诗》云：'《诗经·大雅·皇矣篇》。王赫斯怒，王是文王，赫是动气的样子，斯是其字的意思，怒是动气。文王那时做方伯，密人自主起兵去侵阮国，文王知道这件事，他就赫然动气。爰整其旅，爰是于的意思，整是整顿，旅是兵。〇文王动气，于是就料理整顿兵马去救护阮国。以遏徂莒，遏是阻拦，徂是往去，莒是国名。《诗经》本文作以按徂旅，按就是遏，旅就是密人的兵丁，他们去往共那个地方。雷格氏注："莒就是共意思，是文王起兵阻拦密人往到共去。"共是阮国的地方，在现今甘肃平凉府不远。密人去侵阮国，兵已经到了共那个地方，文王领兵去阻拦他们。以笃周祜，笃是厚，就是栽培的意思，周是周家，祜是福。〇意思是文王起兵阻拦强梁的，帮助软弱的，这样办理，正是栽培笃厚周家的福气。以对于天下。'对是答，文王这样办理，正是对答天下人所希望的。这是文王的勇。文王一动怒就安了天下的民。七节〇《尚书》说：'《书经·周书·泰誓》之篇。〇这是武王说的。天降下民，降是生，意思是上天降生世界的百姓，《书经》本文，降字作佑，就是保佑。作之君，作是设立，意思是上天为百姓们设立君王。作之师。上天为百姓设立师长。惟曰其助上帝，宠之四方。惟说他们能够帮助上帝，故此他或做君王，或做师长，就宠异于四方。〇宠是叫他们为奇异出众，赐他们出众的位。〇《书经》本文说："惟其克相上帝，宠绥四方。"〇克是能，相是帮助。《集传》云："宠是爱，绥是安。"意思是安天下。有罪无罪，惟我在，有罪的就征伐他，无罪的就安抚他，这些事体惟在于我去办理。天下曷敢有越厥志？'曷是何字的意思，越是过字的意思，厥是其字的意思。〇意思是我既在此，天下的人何敢过越放纵他们的心志而作乱么。〇孟子说："国君或师长的本分是帮助上帝。"〇看《中庸本义官话》第十九章又第三十三章；又看《论语本义官话·尧曰第二十》第一章第三节；又看《孟子·离娄章句上》第七章第五节；又看《离娄章句下》第二十五章二节。〇《书经》本文说，"有罪无罪，予曷敢有越厥志"，意思是论查察人，谁是有罪的，谁是无罪的，我何敢过用我自己的心志么？一人横行于天下，这是孟子解释《书经》的意思说的。〇一人是商纣王，横行是不遵天理而作乱。武王羞耻那个事。武王羞耻因为纣王的暴虐，于是他就起兵伐纣王。这是武王的勇。而武王也一动怒就安了天下的民。八节〇现今王也该当一动怒而就安天下的民，民惟恐惧王不好勇阿！"

第四章　第一节齐宣王见孟子于雪宫。王曰："贤者亦有此乐乎？"孟子对曰："有。人不得，则非其上矣。二节不得而非其上者，非也；为民上而不与民同乐者，亦非也。三节乐民之乐者，民亦乐其乐；忧民之忧者，民亦忧其忧。乐以天下，忧以天下，然而不王者，未之有也。四节昔者齐景公问于晏子曰：'吾欲观于转附、朝儛，遵海而南，放于琅邪。吾何修而可以比于先王观也？'五节晏子对曰：'善哉问也！天子适诸侯曰巡狩，巡狩者巡所守也；诸侯朝于天子曰述职，述职者述所职也。无非事者。春省耕而补不足，秋省敛而助不给。夏谚曰："吾王不游，吾何以休？吾王不豫，吾何以助？一游一豫，为诸侯度。"六节今也不然：师行而粮食，饥者弗食，劳者弗息。睊睊胥谗，民乃作慝。方命虐民，饮食若流。流连荒亡，为诸侯忧。七节从流下而忘反谓之流，从流上而忘反谓之连，从兽无厌谓之荒，乐酒无厌谓之亡。八节先王无流连之乐，荒亡之行。九节惟君所行也。'十节景公说，大戒于国，出舍于郊。于是始兴发补不足。召大师曰：'为我作君臣相说之乐！'盖《徵招》《角招》是也。其诗曰：'畜君何尤？'畜君者，好君也。"

第四章 第一节齐宣王来见孟子于雪宫。齐宣王把雪宫供给孟子居住，齐宣王就到雪宫那里来见孟子。○雪宫本来是国君有时候游玩之处，人说山东青州府的临淄县有那个古迹。齐宣王说："贤者也以这样的事为乐么？"这样的事，指雪宫的华美。孟子对答说："有的。乃若民人不得着，不得着，是不得着和雪宫同样的快乐，不特意说得雪宫的快乐。他们就非刺他们的君上。非刺是责备。二节○不得而非刺君上，这是错了；乃若为民上的人不叫百姓同享快乐，这也是错了。三节○若国君乐百姓们所乐的，百姓们所乐的，是百姓们所欲的。百姓们也就乐他所乐的；若国君忧百姓们所忧的，百姓们也就忧他所忧的。乐以天下，意思是与天下同乐。忧以天下，意思是与天下同忧。按照这样而不王天下，没有这个事。四节○古时候齐景公问于晏子说：'晏子是齐国的大夫，名婴，看《论语·公冶长第五》第十六章。吾欲观览于转附，转附是山，齐太公的坟墓在那里。并朝儛，朝儛也是山，齐桓公的坟墓在那里。这两个山靠近齐国的都城，在西北边，海在南边。而后我要遵循海滨向南去，放至于琅邪那里。琅邪也是山，也是邑名，在齐国就是在现今青州府。我该当怎么样作为就可以比美于先王的游观？'五节○晏子对答齐景公说：'善哉问得好阿！天子到诸侯那里去，这称为巡狩，原文适字是到。巡狩意思是他巡行他们所守的土地；就是察看他们。诸侯朝于天子这称为述职，述职意思是他们陈述所受的职。这都不无事空行的。周朝天子每十二年巡行诸侯之国，诸侯每六年朝见天子。而且春天之时他们省视百姓的耕种而弥补那不足的，弥补是救济贫人。秋天之时他们省视百姓的收敛而帮助那不给的。不给也就是不足。夏朝的谚歌唱曰："谚是俗语。吾王不游，吾何以休？休是百姓收到恩惠而快乐。○意思是吾王倘若不出来游玩，就不举行救济贫穷，我们怎样受到恩惠而快乐呢。吾王不豫，吾何以助？豫是喜乐，因喜乐而出游。○意思是吾王倘若不喜乐而出游，我们怎样得到帮助呢。一游一豫，为诸侯度。"意思是吾王的一游一豫，做诸侯的法度，诸侯都效法他。六节○现今不是那样：师旅护卫而行，本文师字是兵，二千五百人为师。○意思是现今君主出游用许多兵跟从。而所有的粮米被兵丁食了，饥饿的人没得吃，劳碌的人不得息。

他们睊睊然而相为谗谤的话，睊睊是侧眼斜视的样子，胥是相，谗谤是毁谤国君。民人乃起了怨恨。本文作字是起慝，是怨恨，就是怨恨国君。国君方了王命虐了民人，本文方字是背逆，背逆天子安民的命令。饮食好如奔流一样。饮食糜费很多，好像水之奔流不止。国君或流或连或荒或亡，这句的讲解在下文看。这是为诸侯的忧愁。国君的诸侯，因为这个事忧愁，诸侯是所属的附庸国，并县邑的宰官。忧愁，因为许多烦扰并糜费。七节〇自上逐流而下是放舟随水而下。而忘记反回来，这样称为流；流是流荡不止的意思。自下逐流而上是挽舟逆水而上。而忘记反回来，这样称为连；连是连续不绝的意思。从兽而不厌足，从兽是田猎。这样称为荒；荒是荒废时日的意思。喜乐饮酒而不厌足，这样称为亡。亡是亡失政事。八节〇先王没有流连的乐，并荒亡的行为。九节〇惟君要择定君所欲行之道。’君是景公，晏子劝化他跟从先王之道，离开今时之弊。十节〇齐景公喜悦，就大告戒于国，并他自己出舍于郊。舍是行而就人馆，郊是城外乡村。景公不敢处于王宫，而居宿于城外，因为这样可以察看百姓。于是他始做兴发的事，兴发是发食廪的粟米。补百姓之不足。并召太师说：‘太师，是乐官的长。为我作君臣相悦的乐！’君是齐景公，臣是晏子，他就做《徵招》并《角招》那两套。招字与韶字相同，韶本来是虞舜氏的乐，乐有五音：一曰宫，为君；二曰商，为臣；三曰角，为民；四曰徵，为事；五曰羽，为物。〇雷格氏说：“那两调的第一音，恐怕一个是徵音，一个是角音。”那《徵招》《角招》之诗说：‘畜君何尤？’畜止也，尤过也。〇意思是能畜止国君，是什么过失呢？畜止国君，这是好国君。”好君，是爱君。〇这一句是孟子讲解诗句的意思。

第五章 第一节齐宣王问曰：“人皆谓我毁明堂。毁诸？已乎？”二节孟子对曰：“夫明堂者，王者之堂也。王欲行王政，则勿毁之矣。”三节王曰：“王政可得闻与？”对曰：“昔者文王之治岐也，耕者九一，仕者世禄，关市讥而不征，泽梁无禁，罪人不孥。老而无妻曰鳏。老而无夫曰寡。老而无子曰独。幼而无父曰孤。此四者，天下之穷民而无告者。文王发政施仁，必先斯四者。《诗》云：‘哿矣富人，哀此茕独。’”四节王曰：“善哉言乎！”曰：“王如善之，则何为不行？”王曰：“寡人有疾，寡人好货。”对曰：“昔者公刘好货。《诗》云：‘乃积乃仓，乃裹糇粮，于橐于囊。思戢用光。弓矢斯张，干戈戚扬，爰方启行。’故居者有积仓，行者有裹粮也，然后可以爰方启行。王如好货，与百姓同之，于王何有？”五节王曰：“寡人有疾，寡人好色。”对曰：“昔者大王好色，爱厥妃。《诗》云：‘古公亶甫，来朝走马，率西水浒，至于岐下。爰及姜女，聿来胥宇。’当是时也，内无怨女，外无旷夫。王如好色，与百姓同之，于王何有？”

第五章 第一节齐宣王问孟子说：“人皆告诉我要废毁那个明堂。明堂，在山东泰山东北，是周天子东巡狩朝诸侯的宫。《大戴礼》：明堂有九室，一室有四户八牖，三十六户七十二牖。用草盖屋，上圆下方。本来是王畿内朝诸侯发政令的宫。天子出来巡狩，朝诸侯于方岳之下，效法明堂的样子盖造为堂，所以泰山那里有明堂。我就该当毁废呢？或是该当已止呢？”二节〇孟子对答说：“这个明堂是王者的堂阿！王倘若欲行政，就不要废毁他罢。”三节〇齐宣王说：“王政可以得听闻么？”孟子对答说：“古时文王治岐的模样请陈说于下：岐是地方，在现今陕西省凤翔府岐山县。耕田的农夫用九一的税法，九一，是九分里取一分，就是井田的法子。方一里就是一个井，有九百亩田，画井字分别界限为九处。中间的一百亩是公田，四边的八百亩是私田。一家领受私田一百亩，总共八家领受私田八百亩，八家都帮助耕中间的一百亩公田，国君不另外受他们的钱粮，这就是九分中取一分。看《梁惠王章句上》第三章四节。先代做官的后人世世享受俸禄，本文仕者，是勋臣的子孙。若他们没有才能，不能够做官，也给他们俸禄，因为记念他们先人的功劳。关并市只是讥察而不征税，关是道路的关，市是都邑的市。关市的官，只查察来往的人，不收商人的钱粮。〇今时请求富国学者，可明孟子赞美文王之政令，因为他不征货税，以致连邻国运进之货，百姓能够买得便宜。潴水的泽通鱼的梁没有厉禁；厉禁是禁止百姓取鱼。罪人不孥。孥，是老婆、儿子。犯罪的人，只办他自己的罪，不连累老婆儿子。年老的人而没有老婆的这称为鳏，鳏是忧愁独居的意思。年老的女人而没有丈夫的这称为寡，年老的人而没有儿子的这称为独，年幼的人而没有父亲的这称为孤。这四等人是天下最穷的民而无处可告苦的。乃文王发政以施仁，而且他必先照顾这四等人。《诗》云：‘《诗经·小雅·正月》之篇，这是大夫忧愁那时候潦乱而作的。哿矣富人，哿字是可字的意思，富人是富足有钱的人。哀此茕独。’”茕是憔悴的样子，茕独是贫穷的人。〇意思是现在潦乱得很，那富足的人，还可以过日子，乃是这贫穷的人，实在是可哀阿。四节〇齐宣王说：“善哉这个话阿！”孟子说：“王若以这个话为善，为什么不仿行？”齐宣王说：“寡人有毛病，寡人好货。”因为好货，就多取百姓的钱粮而不能行王政。孟子对答说：“古时公刘好货。公刘是后稷的曾孙，文王的祖宗。他居于戎狄那里，讲究农务耕种的事，有了米粮畜积，就迁移到豳那里去，百姓多跟从他，周家由此兴旺。豳那个地方，是在陕西邠州三水县。《诗》云：‘《诗经·大雅·公刘》之篇。乃积乃仓，积，是田间的露积；仓，是家里的仓廪，意思是公刘把收割的禾稼堆积在外头，并后来收到仓里。乃裹餱粮，裹是包裹收藏，餱是脯，粮是米。于橐于囊。橐是没有底的袋，囊是有底的袋，意思是他包藏脯并米在袋里。思戢用光。戢是安集，光是光大。〇意思说公刘思想以辑和其民人而显光其国家。弓矢斯张，他铺张那弓矢。干戈戚扬，干是盾，戈是戟，戚是斧，扬是钺。斧是小的，钺是大的。爰方启行。’爰字，意思是于是，或说以后，方字是始，启是开始。他启行到豳那里去。故此那留居的人有了露积仓廪，并那行路的人有了裹粮，然后公刘想可以爰方启行。王若好货，该当叫百姓能够同享富足，这样于王天下何难之有？”五节〇齐宣王说：“寡人有毛病，寡人好色。”色是女色。孟子对答说：“古时太王好色，太王是公刘九代的孙，文王的祖父。爱他的妃。本文厥字，是他字的意思；妃是美女，就是太王的妻，古时国君的夫人，称为妃。《诗》云：‘《诗经·大雅·绵》之篇。古公亶父，古公是先公的意思，亶父是太王的名。来朝走马，朝是早晨，太王因为逃避狄人的难，他来以早晨的时候走马而行。率西水浒，率是循，浒是水滨，他率循水滨。至于岐下。岐下，是岐山之下。爰及姜女，姜女，是太王的妻，太王和姜女同行。聿来胥宇。’聿是虚字，就是同来的意思，胥是相宇是宅，就是选择住的地方。当那个时候，内里没有怨恨的女子，外面没有闲旷的汉子。闲旷的汉子，是没有老婆的。〇太王敬重他的夫人，而且按花之安《孟子》德文注："太王只有一个妻，所以家内无怨女。"意思是他的榜样，感动百姓，以致夫妇之伦得以正。〇那古传有深意，可以劝化今时之人，禁绝娶妾之弊。王若好色，该当叫百姓也能够同享室家之福，这样于王天下何难之有？"

第六章 第一节孟子谓齐宣王曰："王之臣有托其妻子于其友，而之楚游者。比其反也，则冻馁其妻子，则如之何？"王曰："弃之。"二节曰："士师不能治士，则如之何？"王曰："已之。"三节曰："四境之内不治，则如之何？"王顾左右而言他。

第六章 第一节孟子告诉齐宣王说："王一个臣子若托自己的老婆并儿子于朋友，叫他照看，而自己往楚国游历去。及到了他反回来的时候，若他听见那个朋友叫他的老婆并儿子受冻挨饥，冻是受寒冷；本文馁字，是受饥饿。他就要待他怎么样呢？"齐宣王说："他要弃绝那个朋友。"二节〇孟子说："士师士师是狱官的首领。若不能够治理属他的士，属士师的官员称为士，就是乡士、遂士、县士等类。乡士管理六乡的刑狱，遂士管理六遂的刑狱，县士管理一县的刑狱。士师若不能够治理属他的士，是士师不能够率领他们办理刑狱的事体。王要待他怎么样呢？"齐宣王说："罢去他。"本文已字，是罢去。三节〇孟子说："四境的里面若没有善政治理，四境的里面，是齐国的境界里面，不治理，是百姓贫困，政事废坏，想法子挽回。这怎么样呢？"齐宣王就顾看左右论说别的事。本文他字是别的事。

第七章 第一节孟子见齐宣王曰："所谓故国者，非谓有乔木之谓也，有世臣之谓也。王无亲臣矣，昔者所进，今日不知其亡也。"二节王曰："吾何以识其不才而舍之？"三节曰："国君进贤，如不得已，将使卑逾尊，疏逾戚，可不慎与？四节左右皆曰贤，未可也；诸大夫皆曰贤，未可也；国人皆曰贤，然后察之；见贤焉，然后用之。左右皆曰不可，勿听；诸大夫皆曰不可，勿听；国人皆曰不可，然后察之；见不可焉，然后去之。五节左右皆曰可杀，勿听；诸大夫皆曰可杀，勿听；国人皆曰可杀，然后察之；见可杀焉，然后杀之。故曰，国人杀之也。六节如此，然后可以为民父母。"

第七章 第一节孟子见齐宣王说："所说的故国之那个称呼，故国是旧国。意思不是说那国有乔木，乔木，是很高的树木。乃是说那国有世臣。世臣是他家祖宗世世代代做大官的大臣，国家倚赖他们。王现在没有亲臣了，亲臣，是君所亲近而很相信的臣子。昨日所进用的臣子，今日他逃走了，而王还不晓得。"本文昔者是昨日，本文亡字是逃走。〇连亲臣都没有,那里还有世臣么。二节〇齐宣王说:“我怎么样能认识那不才的人而舍置他呢?”本文舍字,是捨,意思是不用他。三节〇孟子回答说:“国君升进贤人,如不得已的模样,不得已,是再三迟延,慢慢留难,好像本来不欲用他,乃因为他的才干不得已而用他。因为若他将要使卑贱的人逾过尊重的老臣,并使疏远的人逾过自己的亲戚,做这样可以不谨慎吗?四节〇设若左右的臣子皆指明说这一个人是贤的,未可也;不可相信。设若众位大夫皆指明说这一个人是贤的,未可也;设若通国的人皆指明说这一个人是贤的,这样就要察看他;并若自己看见他是贤人,然后可用他。设若左右的臣子皆说不可,不要听他们;若众位大夫皆说不可,不要听他们;设若通国的人皆说不可,这样就要察看他;并若自己看见他是不可以的,然后舍去他。比较《论语·子路第十三》第二十四章。五节〇设若左右的臣子皆指明说这一个人可杀,不要听他们;若众位大夫皆指明说这一个人可杀,不要听他们;设若通国的人皆指明说这一个人可杀,这样就要察看他;并若自己看见他是可杀的,然后就杀他。这就是照那所说的国人杀之阿!朱夫子注:“盖所谓天命天讨,皆非人君之所得私也。”比较《书经》说的,“天视自我民视,天听自我民听”。六节〇如此,方才可以做百姓的父母。”比较《大学》传之十章第三节说的,“民之所好好之,民之所恶恶之,此之谓民之父母”。

第八章 第一节齐宣王问曰:“汤放桀,武王伐纣,有诸?”孟子对曰:“于传有之。”二节曰:“臣弑其君可乎?”三节曰:“贼仁者谓之贼,贼义者谓之残,残贼之人谓之一夫。闻诛一夫纣矣,未闻弑君也。”

第八章 第一节齐宣王问说:“成汤放置夏桀王,成汤是诸侯,夏桀王是天子,放置是拘管他到别处去。〇《书经·汤誓篇》成汤放桀于南巢。武王伐商纣王,武王是诸侯,商纣王是天子。〇看《书经·武成篇》。有那个事么?”孟子对答说:“于古传有的。”二节〇齐宣王说:“臣子可以弑杀自己的君么?”三节〇孟子说:“害仁者本文贼字是害的意思。他叫做贼,贼是忍心害理。害义者他叫做残,残是残破的意思,因为他破败纲常。残贼之人他叫做一夫。一夫就是平民百姓一样,《书经·秦誓下篇》第四节,叫纣王独夫。我听闻成汤诛戮了一夫纣,未听见他弑了君。”比较《大学本义官话》传之十章第四节。

第九章 第一节孟子见齐宣王曰:“为巨室,则必使工师求大木。工师得大木,则王喜,以为能胜其任也。匠人斫而小之,则王怒,以为不胜其任矣。夫人幼而学之,壮而欲行之。王曰‘姑舍女所学而从我’,则何如?二节今有璞玉于此,虽万镒,必使玉人雕琢之。至于治国家,则曰‘姑舍女所学而从我’,则何以异于教玉人雕琢玉哉?”

第九章 第一节孟子见齐宣王说:“王设若盖造巨室,巨室是大房屋。就必叫工师工师是工人的头。求大木头。并若工师得了大木头,王就喜欢以为这个木头能够合用。

设若匠人把这个大木头斫削小了，王就要发怒以为那个木头不能合用。现在有一个人他幼时学习，学习仁义之理。并强壮的时候他欲施行他所学的。乃若王对他说‘现在暂时要舍掉你所学的而跟从我’，这是什么样呢？二节〇现今设若有一个璞玉在这里，璞玉是玉生在石头中间，还没有破开取出。虽然他值万镒的重价，镒是二十四两，是金子分两的名目。朱夫子从赵注说二十两。王必要使玉人雕琢这个璞玉。玉人是琢玉的工人，意思是王欲加增那玉的文饰，乃不敢自己雕琢，交付玉匠。至于治国家，王就说‘现在暂时要舍掉你所学的而跟从我’，王为什么办国家的事，这样不同于使玉人雕琢玉呢？”本文教字，是使字的意思。

第十章　第一节齐人伐燕，胜之。二节宣王问曰：“或谓寡人勿取，或谓寡人取之。以万乘之国伐万乘之国，五旬而举之，人力不至于此。不取，必有天殃。取之，何如？”三节孟子对曰：“取之而燕民悦，则取之。古之人有行之者，武王是也。取之而燕民不悦，则勿取。古之人有行之者，文王是也。四节以万乘之国伐万乘之国，箪食壶浆，以迎王师。岂有他哉？避水火也。如水益深，如火益热，亦运而已矣。”

第十章　第一节齐国的人起兵伐燕国并得了胜。《史记》燕王哙把燕国让给宰相子之，国里大乱。齐国乘这个机会伐他，燕国的兵丁不情愿交战，不关城门，齐国就得了大胜。二节〇齐宣王问孟子说：“或人叫寡人不要取，不要取，是不收燕国的土地，不虏燕国的百姓，只安抚燕国。或人叫寡人取之。是收燕国的土地，虏燕国之人民。以万乘之齐国伐那万乘之燕国，并只五十日就举之，本文旬字，是十日。五旬是五十日，举是成事。人力不足为这个。齐宣王想是天意。倘若我不取必定有天殃。齐宣王以为天把燕国赐给齐国，倘若齐国不取，是背逆天的意思，天必定降灾殃。取之，你想什么样呢？”三节〇孟子对答说：“若燕民喜悦王取他们，王就可以取。古之人中间有一个君行那样，就是武王。乃若燕民不喜悦王取他们，王就不可以取。古之人中间有一个君行那样，就是文王。文王三分天下有了二分，他还不取天下。四节〇以万乘之齐国，伐万乘之燕国，那时侯他们箪食壶浆，箪，是竹器；食，是饭；壶，口是圆的，腹是方的；浆，是汤。以迎接王的师。王的师，是齐王的兵。没有别的缘故，只要逃避水火的危险。水火比方燕国国家的暴虐。倘若王叫水越发深，火越发热，他们便再要运转就罢了。”运转，意思是他们反转过来望别人搭救。

第十一章　第一节齐人伐燕，取之。诸侯将谋救燕。宣王曰：“诸侯多谋伐寡人者，何以待之？”孟子对曰：“臣闻七十里为政于天下者，汤是也。未闻以千里畏人者也。二节《书》曰：‘汤一征，自葛始。’天下信之。‘东面而征，西夷怨；南面而征，北狄怨。曰，奚为后我？’民望之，若大旱之望云霓也。归市者不止，耕者不变。诛其君而吊其民，若时雨降，民大悦。《书》曰：‘徯我后，后来其苏。'三节今燕虐其民，王往而征之。民以为将拯己于水火之中也，箪食壶浆，以迎王师。若杀其父兄，系累其子弟，毁其宗庙，迁其重器，如之何其可也？天下固畏齐之强也。今又倍地而不行仁政，是动天下之兵也。四节王速出令，反其旄倪，止其重器，谋于燕众，置君而后去之，则犹可及止也。"

第十一章 第一节齐国的人起兵伐燕国，就取那个地方。诸侯拿定主意将谋救燕国。诸侯是列国的君，救燕国，是恢复燕国的土地人民。齐宣王问孟子说："诸侯设了好多计谋要来伐寡人，我怎样可以防备他们么？"本文待字，是防备。孟子对答说："臣听闻了有一个君他以七十里的国行政于天下，就是成汤。我未听闻一个君有千里的国而还畏惧别人。二节〇《书》曰：'《书经·商书·仲虺之诰篇》。汤一征，成汤第一次始征伐，自葛始。'由征伐葛国起头。葛国，现今河南省归德府宁陵县。天下信之。天下都相信他。〇这一句不在《书经》本文。'东面而征西夷怨，成汤起兵向东方征伐的时候，那西方的夷就怨恨他不来。南面而征北狄怨，向南方征伐的时候，北方的狄人就怨恨他不来。曰，奚为后我？'西夷的人，或北狄的人，就怨恨说，汤为什么先征伐他们，把我们放在后边呢？〇这以上都是孟子引证《书经》的话。民人希望他，好像大旱的时候希望云霓一般。霓是虹，他们望云是盼望降雨，望霓是恐怕雨止，因为虹现出来，以后雨就止。归市做买卖的人他们不停止，因为成汤的兵丁，不惊扰他们。耕田的农夫他们不改变工作。成汤诛戮那暴虐之君而安慰那百姓，本文吊字，是安慰。他来好如合时的雨降下，民人大喜悦。《书》曰：'《书经·商书·仲虺之诰篇》。徯我后，后来其苏。'徯是等待，后是君，苏是复生。〇意思是我们等待了我们的君，君来了，我们就得复生。三节〇现今燕国之君暴虐了他的民，王去征伐他了。民人想王将要拯救他们于水火之中，所以他们箪食壶浆以迎接王的师。乃王杀戮了他们的父兄，捆绑了他们的子弟，本文系累是捆绑。毁坏了他们国君的宗庙，并迁移宗庙里重器，重器，是在宗庙里所收藏的宝器。怎么可以这样做呢？天下已经畏忌齐国之强盛，现今若王又加添一倍的土地而不行仁政，这样是动天下的兵戈了。四节〇王若快快发出号令，说要反回燕国的耄倪，耄是老人，倪是小儿，所掳掠的老人小儿，都送他们回国。要止住燕国的重器，意思是不迁移到齐国。而且商量于燕国众人之后，要置立一个新君，并而后要回去，这样还可以来得及止他们动兵。"

第十二章 第一节邹与鲁哄。穆公问曰："吾有司死者三十三人，而民莫之死也。诛之，则不可胜诛；不诛，则疾视其长上之死而不救，如之何则可也？"二节孟子对曰："凶年饥岁，君之民老弱转乎沟壑，壮者散而之四方者，几千人矣；而君之仓廪实，府库充，有司莫以告，是上慢而残下也。曾子曰：'戒之戒之！出乎尔者，反乎尔者也。'夫民今而后得反之也。君无尤焉。三节君行仁政，斯民亲其上、死其长矣。"

第十二章 第一节邹国和鲁国有打仗的哄声。哄是打仗的声音。邹国是孟子所生之国,就是邾国。到穆公的时候,改邾为邹。穆公姓曹是子爵。邹穆公问孟子说:“我的有司有司是官。看《论语·泰伯第八》第四章三节。三十三人死了,而百姓们不肯以死保卫他们。若我欲诛戮百姓,我不可以诛戮这样许多人;若我不诛戮,这样兵丁疾看长上的死而不救,那个罪就不受处治,怎么样可以解这个难处么?”二节〇孟子对答说:“凶年饿岁的时候,君的百姓老的软弱的饥饿辗转而死于沟壑里,沟是长而小的,壑是深而大的,是有水的地方。年壮的人离散而到四方去的,他们的数目共有几千人;乃君的仓廪是殷实的,仓是收藏粟的,廪是收藏米的。府库是充满的,而你们的有司没有一个把这样的情形告诉君,这样你们的官是简慢的而残害下民。曾子说:‘曾子是孔夫子的门徒,名参。戒之戒之!意思是要警戒要警戒。出乎尔者,反乎尔者也。’意思是由你发出的是什么样,反报到你的就是什么样。〇这两句是曾子说的。百姓现今到底得了机会报复他们了,本文反字,样报复的意思,他们是有司。君不要尤怨他们。三节〇君倘若施行仁政,这个百姓就要亲爱其上而要为长上死了。”比较《罗马书》五章七节说的,“替义人死就少见的,替仁人死,或有敢作的”。

第十三章 第一节滕文公问曰:“滕,小国也,间于齐、楚。事齐乎?事楚乎?”二节孟子对曰:“是谋非吾所能及也。无已,则有一焉:凿斯池也,筑斯城也,与民守之,效死而民弗去,则是可为也。”

第十三章 第一节滕文公问说:“滕国在现今山东滕县。文公是定公的儿子。〇孟子离开齐国,大概在(公元前)三百二十三年。他去到宋国,在那里滕国的世子来见孟子。以后世子即位做国君,谥法叫文公。孟子就自己去到滕国。孟子住在滕国,至(公元前)三百十九年,那时候孟子回到梁国。滕,小国也,夹于齐国、楚国中间。我该当事奉齐国,或该当事奉楚国呢?”二节〇孟子对答说:“这个计谋不是我所能商量。若君少不得要我商量,只有一个计谋我可以陈出:君要凿深你们的池,要筑坚你们的城,城是城墙。要与百姓们共守这个城池,而且攻伐的时候,君要预备致死而民要不离开君,这是合宜的道路。”

第十四章 第一节滕文公问曰:“齐人将筑薛,吾甚恐。如之何则可?”二节孟子对曰:“昔者大王居邠,狄人侵之,去之岐山之下居焉。非择而取之,不得已也。三节苟为善,后世子孙必有王者矣。君子创业垂统,为可继也。若夫成功,则天也。君如彼何哉?强为善而已矣。”

第十四章 第一节滕文公问说:“齐国的人将要筑城于薛,薛国久已被齐国灭了,此时图谋定了将要筑城于薛。我甚恐惧。因为滕国靠近薛,齐国的人要用薛城攻伐滕国,所以文公惧怕。我就可以做怎么样呢?”二节〇孟子对答说:“古昔时太王居于邠,太王是文王的祖父，邠是地名。狄人起兵侵犯他的国，太王就迁移而去到岐山之下居住。不是因为他选择了爱去那个地方，乃是因为不得已了。三节〇倘若君尽力为善，你们后世的子孙必有一个王天下的。这样太王尽力为善，他的后人武王就王天下。君子创造基业垂下统绪，只做后世所可继续的。至于成功是在天。天是上帝，君子创造基业，欲后人继续，乃成功是在天。君于那齐国可以做什么呢？本文彼字指齐国。君只要勉强尽力为善就罢了。"

第十五章 第一节滕文公问曰："滕，小国也。竭力以事大国，则不得免焉。如之何则可？"孟子对曰："昔者大王居邠，狄人侵之。事之以皮币，不得免焉；事之以犬马，不得免焉；事之以珠玉，不得免焉。乃属其耆老而告之曰：'狄人之所欲者，吾土地也。吾闻之也：君子不以其所以养人者害人。二三子何患乎无君？我将去之。'去邠，逾梁山，邑于岐山之下居焉。邠人曰：'仁人也，不可失也。'从之者如归市。二节或曰：'世守也，非身之所能为也。效死勿去。'二节君请择于斯二者。"

第十五章 第一节滕文公问说："滕，小国也。虽然我竭力以事奉大国，却不得免祸患，怎么样我可以做呢？"孟子对答说："古昔时太王居于邠，狄人起兵侵犯他的国。他拿皮并币币是绸帛。事奉狄人，乃还不得免他们的侵犯；他拿犬并马事奉狄人，乃还不得免他们的侵犯；他拿珠并玉事奉狄人，乃还不得免他们的侵犯。乃太王就聚会，本文属字是聚会。国中的耆老而告诉他们说：'狄人之所欲的，是我的土地。我听见有言说：君子不以其所以养人者害人。土地本来是生物以养人的，君子不因为要保守土地害其民。二三子们为何要忧愁若你们没有君呢？意思是不要忧我去了以后，你们没有君。我将要去。太王就离开邠到别处去，逾越了梁山作邑于岐山之下并居在那里。邠地在岐西北边二百五十里，从北边向南边二百三十里，有梁山。邠地的人说：'他是仁人，我们不可失掉他。'他们就跟从他好像归市一般。跟从太王的人，他们都踊跃争先，好像归市一般。二节〇反此或人说：'土地是世世代代守下来的，不是一个君自己所能舍掉的。该当效死保守而不舍去。'三节〇请君于这两端中间拣择罢。"孟子自己不参疑惑之见。一定的意思，该当以义气致死保国。

第十六章 第一节鲁平公将出。嬖人臧仓者请曰："他日君出，则必命有司所之。今乘舆已驾矣，有司未知所之。敢请。"公曰："将见孟子。"曰："何哉？君所为轻身以先于匹夫者，以为贤乎？礼义由贤者出，而孟子之后丧逾前丧。君无见焉！"公曰："诺。"二节乐正子入见，曰："君奚为不见孟轲也？"曰："或告寡人曰'孟子之后丧逾前丧'，是以不往见也。"曰："何哉君所谓逾者？前以士，后以大夫；前以三鼎，而后以五鼎与？"曰："否。谓棺椁衣衾之美也。"曰：

“非所谓逾也，贫富不同也。”三节乐正子见孟子，曰：“克告于君，君为来见也。嬖人有臧仓者沮君，君是以不果来也。”曰：“行或使之，止或尼之。行止，非人所能也。吾之不遇鲁侯，天也。臧氏之子焉能使予不遇哉？”

第十六章　第一节鲁国的平公将出去。平公名叔，是景公的儿子，鲁平公和齐宣王会于凫铎山下，孟子的学生乐正子引荐孟子于平公说：“孟子仰慕仲尼之道，君怎么不见他呢？”嬖人鲁平公嬖爱的臣子。臧仓者姓臧，名仓。请曰：“别的日子若君出去，就必告诉有司所往之处。有司，是管理车驾的人。现今乘舆已经驾好了，乘舆，是君的马车，是驾马诸侯的车子驾四匹马。乃有司还不知道君所往之处。敢请问。”臧仓已经知道了，他假冒不知道。平公说：“我将去见孟子。”臧仓说：“为什么呢？君轻屈自己以先施礼于匹夫，是恐怕因为君以孟子为贤么？礼义是从贤者发现出来的，乃孟子之处后丧逾过了前丧，孟子前丧父亲，后丧母亲，孟子办理母亲的丧事，胜过于办理父亲的丧事，好像他厚待母亲，薄待父亲。君不要去见他。”平公说：“是了。”本文诺字，是答应的。二节〇孟子的学生乐正子姓乐正名克，在鲁国做官。入见鲁平公说：“君为什么不见孟轲呢？”鲁平公说：“或人告诉寡人说，孟子之处后丧逾过了前丧，因为这个所以我不往见他。”乐正子说：“怎么样呢？君所说的逾过的那句话，是恐怕因为他前用了士的礼，后用了大夫的礼；前用了三鼎而后用了五鼎呢？”鼎用铜铁等物做的，三只脚，两个耳朵。三鼎，是士的祭礼，一装鱼，一装豕，一装干肉；五鼎是大夫的祭礼，一装羊，一装豕，一装鱼，一装干肉，一装肤，这是大夫的祭礼。鲁平公说：“否。我说那个话因为棺椁衣衾之华美。”母亲的棺椁衣衾很华美，胜过父亲。乐正子说：“这还不能说逾过，只是因为贫穷的境遇富厚的境遇不同的缘故。”丧父的时候家贫，丧母的时候家富，所以孟子葬母亲胜过葬父亲。〇有人说，孟子三岁的时候父亲死了，乃若乐正子的话是真的，那个传言不可信的。因为三岁的孩子，还不能管理丧事。三节〇乐正子见孟子说：“克论夫子告诉了君，君所以已经预备了来见夫子。乃嬖人中间有臧仓那人阻挡君，君因为这个所以不照他本来的意思来见夫子。”孟子说：“人之得行而升进或有别人使令，人之止而不用或有别人阻挡。本文尼字是阻挡的意思。乃行止的实在的缘故，固非人的力量所能使令的。我之不遇鲁侯而得行，不遇鲁侯，意思是不得鲁侯如我之愿劝谕他王天下之道。是天也。是天命。臧氏之子，怎能使我不遇合呢？”孟子的意思是人之升进或不升进，恐怕常有别人在其中唆使。乃一个人进与不进实在的缘故，真是在天，人不能作主，只有天用别人成就天之旨意。〇比较《论语·宪问第十四》第三十八章说的：“道之将行也与，命也；道之将废也与，命也，公伯寮其如命何？”又看《述而第七》二十二章说的：“天生德于予，桓魋其如予何？”又看《子罕第九》五章三节说的：“天之未丧斯文也，匡人其如予何？”〇孟子以前常常希望一个国君可以行仁政而这样得王天下。这样十五年以前，孟子离齐国的时候说：“夫天未欲平治天下也，如欲平治天下，当今之世，舍我其谁也？”看《公孙丑章句下》十三章，他说天未欲，所以他还有一点希望。乃现在十五年以后，就是大概在西历（公元前）三百零九年，孟子在鲁国还不能得国君听信教训，以致行王政。所以孟子现在绝望，因为相信是天命，昊天不能赐福于鲁国，因为国君和民人不要从善。所以孟子说："吾之不遇鲁侯，是天也。"既然是天命，所以孟子顺服天命，并以后不再周流各国，不更谒见国君和宰相，乃退去隐居。约二十年，教训门徒，立说著书。看雷格氏《孟子》英文注解序三十九页。

孟子集注卷三

公孙丑章句上 凡九章。

第一章 第一节公孙丑问曰："夫子当路于齐，管仲、晏子之功，可复许乎？"二节孟子曰："子诚齐人也，知管仲、晏子而已矣。三节或问乎曾西曰：'吾子与子路孰贤？'曾西蹴然曰：'吾先子之所畏也。'曰：'然则吾子与管仲孰贤？'曾西艴然不悦，曰：'尔何曾比予于管仲？管仲得君，如彼其专也；行乎国政，如彼其久也；功烈，如彼其卑也。尔何曾比予于是？'"四节曰："管仲，曾西之所不为也，而子为我愿之乎？"五节曰："管仲以其君霸，晏子以其君显。管仲、晏子犹不足为与？"六节曰："以齐王，由反手也。"七节曰："若是，则弟子之惑滋甚。且以文王之德，百年而后崩，犹未洽于天下；武王、周公继之，然后大行。今言王若易然，则文王不足法与？"八节曰："文王何可当也？由汤至于武丁，贤圣之君六七作。天下归殷久矣，久则难变也。武丁朝诸侯有天下，犹运之掌也。纣之去武丁未久也，其故家遗俗，流风善政，犹有存者；又有微子、微仲、王子比干、箕子、胶鬲皆贤人也，相与辅相之，故久而后失之也。尺地莫非其有也，一民莫非其臣也，然而文王犹方百里起，是以难也。九节齐人有言曰：'虽有智慧，不如乘势；虽有镃基，不如待时。'今时则易然也。十节夏后、殷、周之盛，地未有过千里者也，而齐有其地矣；鸡鸣狗吠相闻，而达乎四境，而齐有其民矣。地不改辟矣，民不改聚矣，行仁政而王，莫之能御也。十一节且王者之不作，未有疏于此时者也；民之憔悴于虐政，未有甚于此时者也。饥者易为食，渴者易为饮。十二节孔子曰：'德之流行，速于置邮而传命。'十三节当今之时，万乘之国行仁政，民之悦之，犹解倒悬也。故事半古之人，功必倍之，惟此时为然。"

第一章 第一节公孙丑问说："公孙丑是孟子的学生，齐国的人。夫子设若当路于齐国，当路是当道的意思，就是操行政的权柄。像管仲、晏子那样的功业，管仲，齐国的大夫，名夷吾，他相齐桓公霸诸侯，看《论语·八佾第三》第二十二章，《宪问第十四》第十章、第十七章、十八章。〇晏子齐国的大夫，名婴，字平仲，看《梁惠王章句下》四章四节，《论语·公冶长第五》第十六章。还可以复期许么？”期许是应许将来建立那样的功业。二节〇孟子说：“你真是齐国的人，本文诚字，是真字的意思。孟子说，你的话真是合齐人的样子，就是见识窄小。你只知道管仲、晏子就罢了。三节〇或人问于曾西说：‘曾西，是曾子的孙，名申，字子西。子夏把《诗经》传给他。〇这还是孟子回答公孙丑的话。若吾子吾子是你的意思。和子路比较谁人贤呢？’曾西就蹴然说：‘蹴然，是面色不安的样子，因为子路很高，不敢和他比较。吾先子之所畏惮。’先子，是曾子，就是曾西的祖父，畏惮是敬重的意思，曾子敬重子路。或人问说：‘既然如此，若吾子就是你。和管仲比较，谁人贤呢？’曾西艴然不喜悦，说：‘艴然是面色发怒的样子。你怎么乃本文曾字，是乃字的意思。把我和管仲比较呢？管仲得了君的信任，像那样专权的样子，施行那齐国的政事像那样的长久，管仲握大权四十几年。乃他所建立的功烈到底像那样的卑，你怎么把我和这样的人比较呢？’孟子不喜欢管仲，因为管仲用诡诈的计谋办理国事，不行仁政，而所以桓公不能王天下。孔子有时候赞美他，看《宪问第十四》第十七第十八章；有时讥刺他，看《八佾第三》第二十二章。四节〇这样，孟子又说。管仲是曾西所不屑为的，为是效法。而你替我希望效法管仲么？”本文愿字，是希望的意思。〇赵岐注：“孙氏解释云：‘为字读平声，意思是你以为我情愿仿效他么？’”〇予想这个讲法不错。五节〇公孙丑说：“管仲使其君霸诸侯，晏子使其君显名于天下。像管仲、晏子那样，夫子还以为不足为么？”六节〇孟子说：“把齐国致王是好像反手一般。”反手是很容易。七节〇公孙丑说：“照这样说起来，弟子的疑惑加倍更甚。本文滋字，是加添的意思。连以文王那样的德，并虽他享受百年而后崩，崩是去世，文王九十七岁去世，然他这里说百年，是大概说的。然他还没有浃洽于天下，浃洽是感化周遍，文王三分天下有其二分。必要武王、周公继续他，然后大行。现今夫子说王齐国是像这样的容易，难道文王还不足以效法么？”八节〇孟子说：“文王怎么敢当呢？计算从成汤起头到武丁那个时候，这个中间贤圣之君有六七作。从成汤起头至武丁的时候，拢总十八个王。他们中间的好君，是成汤的孙太甲，他能够懊悔改过；后来五世传到太戊，有伊陟做宰相，气象与旺；后来三世传到祖乙，用巫贤做宰相，天下太平；后来六世传到盘庚，因为黄河漫溢，由耿迁移到殷去，举行成汤的政令，光景兴盛；后来三世传到武丁。天下归向殷朝已经久远了，久远所以就难以改变。武丁朝诸侯有天下，好像运用在手掌上一般。武丁得传说做宰相起兵征伐鬼方，商道复兴旺，庙号称为高宗。把纣王的时候计算起来，那时候距武丁的时候还不久远，从武丁至纣王凡七世。那勋旧的故家，先民的遗俗，前王的流风，本朝的善政，犹有存者；并且又有微子、微子是纣王的兄。微仲、微仲，是微子第二个儿子，名衍，或说是微子的弟郎。王子比干、比干是纣王的叔父。箕子、箕子也是纣王的叔父。〇他们都和纣王同姓，看《论语·微子第十八》第一章。胶鬲，胶鬲是文王引荐的，他和纣王不同姓。他们皆是贤人也，通同相与辅相纣王，故此他可以好长久了而后失掉天下。没有一尺的地方不是他所有的，民人中间没有一个不是他的臣子，然而文王由方百里的国兴起来，所以他有难处不容易得王天下。九节〇齐人有言说：'人虽有智慧，是不如乘势；势是机会。人虽有镃基，镃基是农夫所用的器具，就是耒耜等类。是不如待时。'意思是该当等合宜之时。现今时候是易然也。就是容易得王天下。十节〇夏后氏是大禹的时候。看《论语·八佾第三》第二十一章。并殷朝并周朝之兴盛的时候，他们王畿的地未有过千里的，乃齐国已经有这样大的地方；鸡鸣并狗吠的声音，吠是狗叫。彼此相闻而宣达声音到四境，意思是四境之内，那国有许多城并村庄，人烟稠密。并齐国已经有了这样多的人民。地方不需改图开辟，开辟是加添。人民不需改图集聚，若齐国的君施行仁政，没有人就能阻止他王天下。比较《梁惠王章句上》第七章三节。十一节〇况且王者之不作起，未有疏阔过于这个时候的；疏阔是离绝之时候长久。人民之憔悴于暴虐之政，未有甚于这个时候的。憔悴是受苦难而忧愁。饥饿的人容易为食，口渴的人容易为饮。为字恐怕是受字的意思，就是受食受饮。雷格氏注："容易做食，容易做饮。"〇这是比方的话。比较《尽心章句上》第二十七章："饥者甘食，渴者甘饮。"十二节〇孔子说：'德之流行，速于置邮而传命。'置，是驿站，用马传送书信；邮，是邮局。朱注："驲也。"也是用马，比较驿更快。看《四书经注集证》。〇意思是德化之流行，传播极快，比驿站、邮局之传递王命更快。十三节〇当现今的时候，万乘之国，若举行仁政，民人就喜悦，好如蒙解放了倒悬之苦一般。倒悬是比方很困苦。故此虽论出力行事比较古人只做一半，然功效必有加倍之多。惟独这个时候有这样的机会。"

第二章　第一节公孙丑问曰："夫子加齐之卿相，得行道焉，虽由此霸王不异矣。如此，则动心否乎？"孟子曰："否。我四十不动心。"二节曰："若是，则夫子过孟贲远矣。"曰："是不难，告子先我不动心。"三节曰："不动心有道乎？"曰："有。四节北宫黝之养勇也，不肤挠，不目逃，思以一毫挫于人，若挞之于市朝。不受于褐宽博，亦不受于万乘之君。视刺万乘之君，若刺褐夫。无严诸侯。恶声至，必反之。五节孟施舍之所养勇也，曰：'视不胜犹胜也。量敌而后进，虑胜而后会，是畏三军者也。舍岂能为必胜哉？能无惧而已矣。'六节孟施舍似曾子，北宫黝似子夏。夫二子之勇，未知其孰贤，然而孟施舍守约也。七节昔者曾子谓子襄曰：'子好勇乎？吾尝闻大勇于夫子矣：自反而不缩，虽褐宽博，吾不惴焉；自反而缩，虽千万人，吾往矣。'八节孟施舍之守气，又不如曾子之守约也。"九节曰："敢问夫子之不动心，与告子之不动心，可得闻与？""告子曰：'不得于言，勿求于心；不得于心，勿求于气。'不得于心，勿求于气，可；不得于言，勿求于心，不可。夫志，气之帅也；气，体之充也。夫志至焉，气次焉。故曰：

‘持其志，无暴其气。’”[十节]“既曰‘志至焉，气次焉’，又曰‘持其志无暴其气’者，何也？”曰：“志壹则动气，气壹则动志也。今夫蹶者趋者，是气也，而反动其心。”[十一节]“敢问夫子恶乎长？”曰：“我知言，我善养吾浩然之气。”[十二节]“敢问何谓浩然之气？”曰：“难言也。[十三节]其为气也，至大至刚，以直养而无害，则塞于天地之间。[十四节]其为气也，配义与道；无是，馁也。[十五节]是集义所生者，非义袭而取之也。行有不慊于心，则馁矣。我故曰，告子未尝知义，以其外之也。[十六节]必有事焉而勿正，心勿忘，勿助长也。无若宋人然：宋人有闵其苗之不长而揠之者，芒芒然归。谓其人曰：‘今日病矣，予助苗长矣。’其子趋而往视之，苗则槁矣。天下之不助苗长者寡矣。以为无益而舍之者，不耘苗者也；助之长者，揠苗者也。非徒无益，而又害之。”[十七节]“何谓知言？”曰：“诐辞知其所蔽，淫辞知其所陷，邪辞知其所离，遁辞知其所穷。生于其心，害于其政；发于其政，害于其事。圣人复起，必从吾言矣。”[十八节]“宰我、子贡善为说辞，冉牛、闵子、颜渊善言德行。孔子兼之，曰：‘我于辞命则不能也。’然则夫子既圣矣乎？”[十九节]曰：“恶！是何言也？昔者子贡问于孔子曰：‘夫子圣矣乎？’孔子曰：‘圣则吾不能，我学不厌而教不倦也。’子贡曰：‘学不厌，智也；教不倦，仁也。仁且智，夫子既圣矣！’夫圣，孔子不居，是何言也？”[二十节]“昔者窃闻之：子夏、子游、子张皆有圣人之一体，冉牛、闵子、颜渊则具体而微。敢问所安。”[二十一节]曰：“姑舍是。”[二十二节]曰：“伯夷、伊尹何如？”曰：“不同道。非其君不事，非其民不使；治则进，乱则退，伯夷也。何事非君，何使非民；治亦进，乱亦进，伊尹也。可以仕则仕，可以止则止，可以久则久，可以速则速，孔子也。皆古圣人也，吾未能有行焉；乃所愿，则学孔子也。”[二十三节]“伯夷、伊尹于孔子，若是班乎？”曰：“否。自有生民以来，未有孔子也。”[二十四节]曰：“然则有同与？”曰：“有。得百里之地而君之，皆能以朝诸侯有天下。行一不义、杀一不辜而得天下，皆不为也。是则同。”[二十五节]曰：“敢问其所以异？”曰：“宰我、子贡、有若智足以知圣人。污，不至阿其所好。[二十六节]宰我曰：‘以予观于夫子，贤于尧、舜远矣。’[二十七节]子贡曰：‘见其礼而知其政，闻其乐而知其德。由百世之后，等百世之王，莫之能违也。自生民以来，未有夫子也。’[二十八节]有若曰：‘岂惟民哉？麒麟之于走兽，凤凰之于飞鸟，太山之于丘垤，河海之于行潦，类也。圣人之于民，亦类也。出于其类，拔乎其萃，自生民以来，未有盛于孔子也。’”

第二章 [第一节]公孙丑问孟子说：“夫子设若蒙加齐国的卿相之位，并得以行道，虽由此叫国君成就霸业王业这个事没有什么异怪。乃若真是这样，夫子就动心还是不动心呢？”动心是恐惧的意思，也是疑惑的意思。孟子说：“否。我四十的时候不动心。”比较《论语·为政第二》第四章说的“四十而不惑”。二节〇公孙丑说：“既然如此，夫子胜过于孟贲很远了。”孟贲，齐国的人。遗传说，他不怕蛇龙虎豹，能生拔牛角，他喊叫的声音震动天地，秦武王喜好力士，孟贲就向他那里去。孟子说：“这是不难的，这句话孟子论能得不动心说，不论那孟贲说。告子远能先我不动心。”告子名不害，先，是不曾到四十岁的时候，论告子那个人，看《告子章句上》。三节〇公孙丑说：“不动心有道么？”本文道字是方法。孟子说：“有。四节〇北宫黝养勇之道就是那样，姓北宫，名黝。他不挠屈身体怕肌肤被刺，他的目不逃避怕刺，他思想受一毫挫折于人，一毫是受最小的羞辱于人。是好像受鞭挞于市朝一般。而且他于褐宽博之夫所不忍受的羞辱，褐宽博之夫，是微贱的人，褐是毛布，宽博是宽大的衣服，这是微贱之人的衣服。他也不忍受于万乘的君王。他视看刺万乘的君王好像刺褐夫一般。褐夫是微贱之夫。他不惧怕诸侯。本文严字是惧怕的意思。若有恶声传到他耳里，恶声是毁谤他的言语。他必定反报之。也以恶声报复。〇北宫黝是一个刺客，他的意见以必胜为主而不动心。〇孔夫子说：“勇而无礼则乱”，看《泰伯第八》第二章；“君子有勇而无义为乱，小人有勇而无义为盗”，《阳货第十七》第二十三章；“仁者必有勇，勇者不必有仁”，《宪问第十四》第五章；比较《马太》五章四十四节。五节〇孟施舍之所养勇，姓孟名（施）舍；施，獲语声。他自己说道：‘我看不胜好像得胜一般。这是交战以前的时候预先想的，意思是遇见敌人他就只想要交战，不问胜不胜。但要交战，而且连若不得胜，也不要懊悔。若度量敌人而后进前，思虑能胜的计谋而后合战，本文会字是合战，这样是畏惧三军了。三军大概是敌人。舍怎能晓得将必得胜呢？我只能无惧就罢了。’孟施舍以无惧为主而不动心。〇有时候子路问孔夫子说：“倘若夫子统领三军，夫子愿叫谁人偕行呢？”孔夫子说：“空手捉搏老虎，徒步渡河，死而不忧悔，这样的人我不愿准他与我偕行。与我行者，临事之时，他必要小心惧虑，必要好设筹谋，且必要有能干以成就其谋。”看《述而第七》第十章。六节〇孟施舍有一点像曾子，孟施舍以无惧为主，是取必于自己，他的气象好像曾子反求诸己。北宫黝有一点像子夏。北宫黝以必胜于人为主，是取必于人。〇予不晓得孟子为什么比较子夏于北宫黝，《论语》论子夏没有那样的事。他们二子的勇，我未知道谁是贤的，然而孟施舍所守的是要紧的。本文约字，是要紧的。〇意思是把孟施舍所守的比较于北宫黝所守的，孟施舍得到要领意思是求人不如求己。七节〇昔者曾子告诉子襄说：‘子襄是曾子的学生。你果好勇么？我曾经听见大勇的讲解于夫子了：夫子是孔子。若我自反而不直，自反是察看自己。〇本文缩字是直字的意思。虽然褐宽博之夫来敌我，我岂不惴慄他呢？惴慄是恐惧，《诗经·秦风》：“惴惴其慄。”若我自反而直，虽千万人来敌我，我却奋往前进。八节〇孟施舍之所守的只是气，孟施舍只守气，他不曾查察直与不直。又不如曾子之所守的要领。”这是孟子的话。〇曾子所守的，是他看重在理上，他察看自己直与不直。九节〇公孙丑说：“敢请问夫子的所以不动心，并告子的所以不动心，可以得听闻么？”孟子说：“我听见告子曾经说：‘不得于言，勿求于心；不得于心，勿求于气。'意思是你于一个人的言语所不得的，也不该当求于他心里；于心里所不得的，也不该当求于气。〇学者若欲明白告子的意思，先必要查考在《告子章句上》所陈说的告子论人性的话。告子说："人性之无分于善不善也"；又说："性无善无不善也"；又说："生之谓性"；朱子曰："生之谓气，生之理谓性。"乃告子不认生有理，只说生就是性，这样告子实在不分别善恶。他的意思是人虽然做平常所说的仁，或做平常所说的恶，实在我们不能责备他。因为按告子的意思，仁义之情形，仿佛身体之行路吃饭睡觉。他说人性之无分于善不善也，犹水之无分于东西也。看雷格氏《孟子》英文注解序六十页。这样看来，告子在此章，恐怕有意思说，人之心实在没有好善恶恶之主意。所以若一个人说非礼之言语，倚赖他是非之良心劝化他，也是无用的。因为人之心按告子的意思没有爱善之本性，乃人之生命之作用什么样，他的性也是什么样。孟子所以责备他说，这样的道理不可准许。论告子第二句说的"不得于心，勿求于气"这句话，孟子说，这句话还可以的。因为心是先，气是后，心或志是气之帅，所以于心里所不得的，自然也不能求于气。不得于心，勿求于气，我看还可以；乃不得于言，勿求于心，我看不可以。志，是气的帅；志是心，所以也可以说心是气的帅。气，是身体之所充满流动的。气在身体之内，充满往来，气帮助志，好像是志的兵丁。志是最要紧的为至，气为次。故此我说：'人该当持守自己的志，并不要粗暴自己的气。'"粗暴是伤害的意思，就是过分用力，并七情的伤害。〇气是生命之力，就是不但是外面身体壮健之气象，乃也是以仁义所养心力之精神，亦包括在内。〇孔子说："气也者，神之盛也；魄也者，鬼之盛也。合鬼与神，教之至也。众生必死，死必归土，此之谓鬼。骨肉毙于下，阴为野土，其气发扬于上，为昭明。"看《礼记·祭义》。〇《礼记·檀弓》说："骨肉复归于土，命也。若魂气则无不之也，无不之也。"〇《礼记·郊特牲》云："魂气归于天，形魄归于地。"〇《礼记·礼运》说："孔子曰：'体魄则降，知气在上。'"〇《大戴礼记》说："阳之精气曰神，阴之精气曰灵。神灵者，品物之本也。"〇宋儒魏了翁云："宇宙之间，气之至而伸者为神，反而归者为鬼。其在人焉，则阳魂为神，阴魄为鬼，二气合则魂聚魄凝而生。离则魂升为神，魄降为鬼。"看《性理大全》书二十八章。〇宋儒真德秀云："天地之气，即人生之气；人生之气，即天地之气也。"看《性理大全》书。〇宋儒陈淳云："人自孩提至于壮，是气之伸，属神；中年以后，渐渐衰老，是气之屈，属鬼。以生死论，则生者气之伸，死者气之屈；就死上论，则魂之升者为神，魄之降者为鬼。魂气本乎天，故腾上。体魄本乎地，故降下。"看《性理大全》二十八章。〇学者若细想查考上文所引的话，大概可以明白孟子论气所说的意思。[十节]〇公孙丑说："既然夫子说'志是最要紧的为至，气是为次'，什么样又说'人该当持守自己的志，并不要粗暴自己的气呢'，夫子说这样有什么缘故呢？"孟子说："志若专壹求一个事他还是动气，而且若气专壹用力做一个事他还是动志。比方若一个人跌倒或趋走，本文蹶字是跌倒。这事属他的气，而却反动他的心。"意思是志、气彼此感动，不能轻看气。〇《语类》："志动气，好像水的源头浊了，那下流也就浊了；气动志，好像水的下流壅塞不通，反浊了上面。"[十一节]〇公孙丑说："敢请问夫子是什么长处？"公孙丑问孟子之不动心，比较告子不同的缘故，有什么长处胜过他。孟子说："我能够知言，我能够善养我浩然之气。"浩然是盛大流行的样子。[十二节]〇公孙丑说："敢请问什么叫做浩然之气？"孟子说："这是难说的。十三节〇那个气的模样，至大至刚，至刚是不受屈。若以直养这个气而不伤害他，以直养。看第七节并第十五节说的，直是诚实公正。这样那个气就充塞于天地之间。意思是人因为这个气，可以感化万物。比较《中庸》说的，"致中和，天地位焉，万物育焉"。看《中庸本义官话》第一章五节，又看第二十二章说的，"能尽人之性，则能尽物之性；能尽物之性，则可以赞天地之化育"。十四节〇那个气的功用，能够配合义，并能够配合道；配合，是夹持的意思，也有辅助的意思。临事的时候，义所当为者，气即辅之以为；道所当行者，气即辅之以行。若没有这个气，人就馁乏了。雷格氏注："本文馁字，不但论身体，乃论全人说的。"意思是若没有这个气，那个人就是软弱的，仿佛近于饿死一样，容易惧怕疑惑丧胆，不能行义从道。十五节〇这个气是因为集义所生的，不是因为行一事合义偶然可袭取的。集义，是集聚义，就是事事行义。人不能希望因为行一二件事偶然合义，便可养那个气。要紧的是因为常常习行公正之事，建立纯善之品格。袭字是暗袭的意思，仿佛人不料的时候，忽然偷来。倘若人因为自己的行为有不慊快于心里，他的气就馁乏了。若人行不合义之事，他的是非之良心就责备他。所以他心里不平安，而他的气仿佛馁乏了。我故此说，告子未尝知道了义，因为他看义为心之外边的。看《告子章句上》第一章至第五章。十六节〇人若要养这个气，必须常常有事于习练义，乃不要预期功效，有事，是用力去做这个事，另外没有别的事。〇本文正字，是预先期望功效。《春秋传》战不正胜。心里该当不忘记，不要忘记集聚义养那个事。乃不要勉强帮助那个气长。不要急求功效，矫揉妄做以帮助他长。不要像宋人那样：一个宋人有忧愁他的苗之不长，而且他揠拔了他的苗，本文闵字是忧愁。这个事做完了，他就芒芒然归家。芒芒然，意思是他的面色是昏愚蠢笨的样子。他就告诉家人说：'今日我疲倦了，本文病字，是疲倦的意思。我帮助了苗长大。'他的儿子就疾趋而往田里去视看苗，苗已经枯槁了。他的父亲所揠拔的苗，已经都枯槁了。天下之不帮助苗长的人是寡少的。意思是世人差不多都要勉强他们的气长大，如同那个宋人欲帮助那苗长大一样。有人他们以为那个气是无益的而舍掉不管他，他们就仿佛不耘苗的人；耘是去草。乃那特意帮助自己的气长大的人，他们是仿佛揠拔苗的人一样。他们所做的不但没有益处，而且反又害他们的气。"人若常常算算自己做好事的功效什么样大呢？或若天天想想我的气，今天仿佛那苗长大了一寸，这样他就害自己的气。十七节〇公孙丑说："怎么样夫子说知言呢？"看上文十一节。孟子说："若人说诐辞，诐辞是偏陂的话，意思是若人于正理只说着一半。我知道他心里怎么样受了遮蔽？本文所字，指他的心地是什么样受蔽了。〇孟子晓得人之言语若有错误，这个缘故是在心里。〇下文同。若人说淫辞，淫辞，是放荡的话，追究到极高极远的境界还不停止。我知道他心里怎么样陷溺了。陷溺，是沉沦的意思，他的心堕落到深处不得出来。人若说邪辞，邪辞，是邪僻的话，连一半理都没有。我知道他心里怎么样离叛了正道。离叛，是背逆正道。人若说遁辞，遁是逃遁的意思。他因为觉得所说的话不对，他用饰词以搪塞，我知道他心里怎么样穷蹙了。穷蹙，是困屈的意思。他因为觉得所说的话不合理，心中屈抑受窘迫。这样的过失，生于其心，而就要害于其政；若发于其政，也就要害于其事。设若后世圣人复起，他必定依从我这个话。”比较《滕文公章句下》第九章十节；又看《中庸》二十九章四节说的，“百世以俟，圣人而不惑”。十八节 ○公孙丑说：“宰我并子贡，他们善为说辞，善为说辞，是善于辩论。冉牛并闵子并颜渊，善言德行。本文行字，对本文言字，意思是他们又有善言，又有德行。他们的言语是善的，而且他们的品行也是有德的。这是按雷格氏注，不能解说他们善知道论自己的德行说。因为下文说，孔子兼之，而且夸张自己的德行，不是可赞美的好处。○论五个门徒，看《先进第十一》第二章二节。孔子兼有他们的长处，乃他还说：‘我于辞命则不能也。’辞是文字，命是命令，孔子说论辞命我还有所不足的欠缺。照这样看来，夫子已经到圣的地位么？”夫子，是孟子。○孔子认自己论辞命还有欠缺，乃孟子说我知言。所以公孙丑说孟子恐怕已经到了圣人之地位。十九节 ○孟子说：“哎呀！本文恶字，是惊怪叹息的声音。这是什么话呢？昔者子贡问于孔子说：‘夫子是圣人么？’孔子回答说：‘圣人的地位我不能够当，只是我学习不厌而教人不倦。’比较《述而第七》第二章又第三十三章。子贡说：‘学习不厌这是智，教人不倦这是仁。有这样的仁并且有这样的智，夫子到底是圣人了。’以上是孟子引子贡和孔子问答的话。这个圣人的地位，连孔子还不敢居，你所说的这是什么话呢？”二十节 ○公孙丑说：“昔者我窃听闻了：窃是私窃，是谦卑的说法。子夏并子游并子张，他们皆有圣人的一体，一体是一肢的意思，他们都承接孔子的支派，皆有孔子的一体。冉牛并闵子并颜渊，他们已经备具圣人的全体而略略微些。敢请问夫子于他们中间所愿意安处的是谁？”夫子于他们中间愿意与谁比较自己呢？二十一节 ○孟子说：“姑且舍置他们。”姑且，是现在暂时。看《梁惠王章句下》第九章，意思是虽然他们的志向在善，乃孟子不以他们为标准，因为标准必须是最善的。二十二节 ○公孙丑说：“伯夷、伊尹怎么样呢？”伯夷是孤竹国国君的儿子，伊尹是殷朝成汤的宰相。看《论语·述而第七》第十四章，并《颜渊第十二》第二十二章。孟子说：“他们与我不同道。若非看为自己的君就不事奉他，若非看为自己的民就不使用他；世治的时候他就进，是上任做官。世乱的时候他就退，这样是伯夷之道。伯夷以清为其道。乃说道：‘何事非君，何使非民？’有注解说：得君则事，何所事而非我君；得民则使，何所使而非我民。雷格氏翻译说：“什么君我不可事奉呢？我若事奉他，这就是做他为我君；什么民我不可使用呢？我若使用他们，这就是做他们为我民。”世治的时候亦进，世乱的时候亦进，这样是伊尹之道。伊尹以任为其道。可以出仕的时候就出仕，可以止息的时候就止息，可以久延的时候就久延，可以速去的时候就速去，这样是孔子之道。孔子以时为其道。○比较《万章章句下》第一章四节，又第四章六七节；又看《滕文公章句下》：“孔子三月无君，则皇皇如也。”他们皆古圣人也，我未能够有行；果行那个样。乃我心所愿的是学孔子。”二十三节 ○公孙丑说：“伯夷、伊尹于孔子，这样可以班列么？”班列是齐等。孟子说：“否。自有生民以来，意思是自有人以来。未有像孔子那样的。”雷格氏翻译云：“未有别的孔子。”二十四节〇公孙丑说：“然则他们果有一二相同之处么？”孟子说：“有。若他们得百里的地方而为君在那里，他们就皆能够朝诸侯有天下。而且行一件不义的事，杀一个无辜的人，而这样得天下，他们皆不屑为。不屑做那个样子。相同之处在此。”有相同之处，乃孔子自然胜过伯夷并伊尹，看上文二十三节。二十五节〇公孙丑说：“敢请问孔子所以异于他们的是什么样？”孟子说：“宰我并子贡并有若，他们的知识足以知圣人。他们能知道圣人的模样，所以他们能认识孔子是一个圣人。他们必不卑污自己，污音蛙，意思是卑贱自己。至于阿私其所好。阿私，是偏私。阿私其所好，是赞美过分，意思是他们不赞美孔子过分的。〇论这句话看下文。二十六节〇宰我说：‘按照我的意思观看夫子，他贤过于尧、舜远甚。’二十七节〇子贡说：‘大凡看见先王的礼，就可以知道他的政是什么样？听闻先王的乐，就可以知道他的德是什么样？我从百世之后，三十年为一世。能差等百世之王，差等是能鉴别他们的高下。他们没有一个能够逃遁的。本文违字是逃遁的意思，就是说他们不能掩藏。自生民以来，未有夫子也。’看上文二十三节。二十六节〇有若说：‘岂独只民人中间是这样么？意思是各物本来自有一类，乃一类之中有异于众的。比方，有麒麟之列于走兽中间，麒麟，是走兽的首领。按古传，他的身体如麋，尾如牛尾，头如狼头，脚如马蹄，一个角，角上有肉；他的性质有一点仁义，走路遵依规矩，不踏路上的草，并路上的虫蚁。君王有仁德的时候，他就出来。黄帝的时候，他游行于花园内。〇这是古说。有凤凰之列于飞鸟中间，凤凰，是飞鸟的首领，是最灵的鸟。看《论语·子罕第九》第八章。有泰山之列于丘垤中间，泰山，是高山，在山东省；丘是土堆；垤是蚂蚁堆。有河海之列于行潦中间，行潦是路上没有根源的水。这都是同类。如此群圣人之列于凡民中间，也是同类。乃他们就是圣人。出于其类，拔乎其萃之上。萃是草的模样，野草稠密，有森萃的样子，有几茎高出乎众草之上。这样圣人虽与别人同类，然高出乎平民之上。自生民以来，未有盛于孔子也。”意思是圣人本胜过众人，而孔子尤胜过群圣人。〇比较《论语·子张第十九》第二十四、二十五章。〇那三个门徒并孟子赞美孔夫子是合宜的。因为孔夫子实在为中国列代的民人大有功效。中国到如今所有的善道，大概都是从孔子来的。

第三章　第一节孟子曰：“以力假仁者霸，霸必有大国，以德行仁者王，王不待大。汤以七十里，文王以百里。二节以力服人者，非心服也，力不赡也；以德服人者，中心悦而诚服也，如七十子之服孔子也。《诗》云：‘自西自东，自南自北，无思不服。’此之谓也。”

第三章　第一节孟子说：“用力量并假冒仁的这称为霸，霸，以力量勉强诸侯顺服，如齐桓公那样。霸必须有大国，乃那用德性并实在行仁的这称为王，如成汤、文王、武王那样。王不必须待于大国。成汤以七十里的国，文王以百里的国。他们以小国成王天下之业。二节〇若一个人以力量降服人，他们就心里不降服，只是因为他们的力量不赡足；乃若一个人以德性降服人，他们就中心悦而诚服也，如同七十子之服孔子一样。孔子的门徒有名望的共七十九人。《诗》云:'《诗经·大雅·文王有声》之篇。自西自东,自南自北,无思不服。'意思是四方的人,没有一个思想不归服文王。这正是表明那个理说的。"上文本来论降服别人的身体,并他们的国家说的。比较《论语本义官话·为政第二》第十六章。

第四章 第一节孟子曰:"仁则荣,不仁则辱。今恶辱而居不仁,是犹恶湿而居下也。二节如恶之,莫如贵德而尊士,贤者在位,能者在职。国家闲暇,及是时明其政刑。虽大国,必畏之矣。三节《诗》云:'迨天之未阴雨,彻彼桑土,绸缪牖户。今此下民,或敢侮予?'孔子曰:'为此诗者,其知道乎!能治其国家,谁敢侮之?'四节今国家闲暇,及是时般乐怠敖,是自求祸也。五节祸福无不自己求之者。六节《诗》云:'永言配命,自求多福。'《太甲》曰:'天作孽,犹可违;自作孽,不可活。'此之谓也。"

第四章 第一节孟子说:"国君倘若有仁他就必得荣耀,倘若不仁他就必得羞辱。现今的国君恨恶羞辱而反居于不仁,意思是安心常做不仁的事。这是好像恶湿而居于卑下的地方一样。二节○国君若果恨恶羞辱,最好是贵重德而尊敬士子,本文莫如,意思是最好。以致贤人在位,有能干的人在职。比较《中庸》二十章十二节。而且国家闲暇的时候,意思是没有外患打仗的时候。该当趁这个时候修明其政事并刑律。这样虽然大国,也必敬畏我国。修明政事并刑律,也为中国今时很要紧的关系。日本国已经修明了,所以世界之大国,都畏敬日本国,在东洋于国内所住的外国人,也受国家的管束。三节○《诗》云:'《诗经·豳风·鸱鸮》之篇,这诗篇是周公作的。迨天之未阴雨,周公做这个诗篇,以鸟之爱巢,比方君之爱国。他就述叙鸟所说的话,鸟说道:"及天未曾阴暗以前。"○本文迨字,是及字的意思。彻彼桑土,彻是取,桑土是桑根之皮,土音杜。○鸟说:"我已经取了桑根之皮。"绸缪牖户。绸缪,是细细修补;牖是仿佛巢的窗,就是通气之处;户是仿佛巢的门,就是出入之处。○鸟说:"我把那个桑根之皮,细细修补为我巢的窗并门。"今此下民,鸟的巢在高处,民人在下,所以称下民。或敢侮予?'侮是侮慢,意思是轻看。○鸟说:"你们在下居住的民,难道或有人敢侮慢我么?"○那鸟趁天晴的时候,预备修补其巢。这样国君没有外患之时,也该当整齐国政。孔子说:'孔子读了这个诗篇,就赞美说。著作这个诗篇的人,他不是深知治国之道么!若国君能够治理其国家,谁敢侮慢他呢?'学者可知修明国政,并设立最美之宪法,此真是合孔夫子的本意。真儒者该当从之,不可轻忽时务。四节○现今的国君当国家闲暇的时候,趁这个时候般乐怠敖,般乐是放纵情欲,贪图快乐;怠敖,是怠惰偷安。这样是自己求祸患了。五节○大凡得祸与得福无不由己求之者。由自己招取。六节○《诗》云:'《诗经·大雅·文王》之篇。永言配命,永字,是常字的意思;言,是思念;配是合;命是天命,就是上帝的旨意。上帝的旨意,定立我们行为的准则,并安排我们生命的境遇。自求多福。'多福,是盛大之福。○意思是人若常常思念合于天命,这样就是自己招取盛大之福。《太甲》曰:'太甲,是《书经》的篇名。天作孽,孽是祸，比如水火凶荒地震之灾。犹可违；违是祈祷而逃避。自作孽，不可活。’《书经》本文活字作逭，意思是缓也，就是止住或免掉。〇自己所招取的孽，就不可以免而存活。人若以硬心特意犯罪而不悔过，这样他自己招取孽而不免祸。这两句与上文所说的理很对的。”

第五章　第一节孟子曰：“尊贤使能，俊杰在位，则天下之士皆悦而愿立于其朝矣。二节市廛而不征，法而不廛，则天下之商皆悦而愿藏于其市矣。三节关讥而不征，则天下之旅皆悦而愿出于其路矣。四节耕者助而不税，则天下之农皆悦而愿耕于其野矣。五节廛无夫里之布，则天下之民皆悦而愿为之氓矣。六节信能行此五者，则邻国之民仰之若父母矣。率其子弟，攻其父母，自生民以来，未有能济者也。如此，则无敌于天下。无敌于天下者，天吏也。然而不王者，未之有也。”

第五章　第一节孟子说：“一个国君倘若他尊敬贤人，并倘若他使用有能干的人，看上文第四章二节。以致俊杰之辈都在位，智诚胜过十人称为杰，智诚胜过千人称为俊。这样那天下的士子就都喜悦而情愿立于他的朝廷。看《梁惠王章句上》第七章十八节。二节〇论到市，市是街市，做买卖的地方。朱夫子《语类》说：这是京城的市。只收廛而不征取税，廛是收店铺的捐，不另外征取货物的税。或治他们以市官之法，法是律法，就是平货物的价钱，并宣判他们争讼。而不收廛，意思是不收什么税，只保护并管理买卖的人。这样就天下的商人都喜悦而情愿藏货物于他的市上。学者可明轻税以纾商力，商务就可以兴旺。三节〇论到关，若只讥察行人而不征取他们的货税，这样那天下行旅之人，就皆喜悦而情愿向他的国的路上去。比较《梁惠王章句下》第五章三节；又看《梁惠王章句上》第七章十八节。〇《周礼·地官》说：“国凶札则无关门之征。”乃《四书摭馀说》云《周礼》那句话，是后来添补的。雷格氏英文注解从之。〇孟子不分丰年凶年，乃一定不喜悦收关税。呜呼！若孟子今时降世，他论今时之厘金想什么样呢？厘金阻拦商务，以致民人不能富足。四节〇论到耕田的农夫，若只叫他们助耕公田，不另外收税，这是助法，就是井田九一之法。看《梁惠王下》五章第三节。这样那天下之农夫，就皆喜悦而情愿耕于他的野。五节〇市廛之民若不收他们夫税并里布，本来夫税是罚游民无常业的人，罚他们使出一夫百亩的税。〇里布，是罚不种桑麻的人家，罚他们使出一里二十五家的布。〇居于市廛的百姓，或做买卖，或做工作，不与游民可比，不该当罚他们出一夫百亩的税；街市做买卖的地方，不能种桑麻，不该当令他们出二十五家的布。战国的时候，国君勒索百姓，此不是先王之法。这样那天下之民，皆喜悦而情愿做他的氓。氓是别国来的百姓。六节〇若一个国君实在能够行这五件事，本文信字是实在。这样那邻国的百姓就仰慕他好如父母一样。率领其子弟以攻伐其父母，自生民以来，未有一个人能成这个事。本文济字是成事。如此这样的国君就无敌于天下。无敌于天下者，是天吏也。饶双峰说：“吏是君所命令的，天吏是天所命令的。吏奉行君的命令，可以刑人杀人；天吏，奉行天的命令，可以征伐暴乱之国。”〇论天吏，又看《公孙丑章句下》八章二节：古时成汤、武王是天吏。〇论无敌于天下那句话,看《尽心章句下》第三章三节“仁人无敌于天下”。可惜不常有这个事。历代万国史鉴有许多证据,仁人在这个世界上,有时候实在被仇敌逼迫受难,比如耶稣、孔子、孟子、琐格底①,都受患难,这是凭据。按照这样而不王天下,没有这个事。”

第六章 第一节孟子曰:“人皆有不忍人之心。二节先王有不忍人之心,斯有不忍人之政矣。以不忍人之心,行不忍人之政,治天下可运之掌上。三节所以谓人皆有不忍人之心者,今人乍见孺子将入于井,皆有怵惕恻隐之心。非所以内交于孺子之父母也,非所以要誉于乡党朋友也,非恶其声而然也。四节由是观之,无恻隐之心,非人也;无羞恶之心,非人也;无辞让之心,非人也;无是非之心,非人也。五节恻隐之心,仁之端也;羞恶之心,义之端也;辞让之心,礼之端也;是非之心,智之端也。六节人之有是四端也,犹其有四体也。有是四端而自谓不能者,自贼者也;谓其君不能者,贼其君者也。七节凡有四端于我者,知皆扩而充之矣,若火之始然,泉之始达。苟能充之,足以保四海;苟不充之,不足以事父母。”

第六章 第一节孟子说:“人皆有不忍人之心。不忍人之心,是不忍看人受害之心。比较《梁惠王章句上》第七章四至六节。二节〇先王有不忍人之心,他们所以也有不忍人之政事。以不忍人之心,施行不忍人之政事,他们治天下就如可以运一物于手掌之上。三节〇所以若我说,人皆有不忍人之心这个意思可以证明,比方:设若现今有人忽见孺子将坠入于井,本文乍字,是忽字的意思,孺子是娃子。他们皆有怵惕恻隐之心。怵惕,最惊吓的容貌;恻,是悲哀的意思;隐,是疼痛的意思。他们有这样的心,不是因为要结交于孺子的父母,本文内字,是纳也,意思是结交。也不是因为求名誉于乡党朋友,本文要字,是求字的意思。也不是因为恶不仁的声名而发的样的心。不是因为怕旁人议论他们不好,他们才发慈悲之心。〇人忽然看见娃子将入于井,他们的怜悯之心就自然发出,那时候还没有想到结交情于人,求好名声于人,免议论于人。四节〇照这样观看起来,人倘若无恻隐之心,就不算是人;人倘若无羞恶之心,就不算是人;羞,是羞耻自己不好;恶是恨人不好。人倘若无辞让之心,就不算是人;辞是辞却使其去己,让是交给别人。人倘若无是非之心,就不算是人。是者,知道那个好而以为是;非者,知道那个歹而以为非。五节〇恻隐之心,是仁之端也;端是端绪,端绪是发露于外的,比方蚕茧外有一条绪便晓得内有一团丝。羞恶之心,是义之端也;辞让之心,是礼之端也;是非之心,是智之端也。这个智,不是以格致学所得的智,乃是知善恶之智也,这个是真智也。比较《旧约·约伯记》二十八章二十八节说的,“敬畏主,便是智慧,远离恶事,就是聪明”。〇孔子曰:“思知人,不可以不知天。”又曰:“不知命,无以为君子也。”六节〇人之有这个四端,好像他有四体一般。四体,是两只手,两只脚。有这个四

① 琐格底:指古希腊思想家苏格拉底。

端而自己说不能够推扩这个端，这样的人他是贼害自己；而且若一个人说他的君不能够推扩这个端，他就贼害其君。他阻拦君行善。七节〇既然凡人都有这四端于自己之心里，若他们知道皆推扩这个四端以充满之，皆字，按雷格氏注，指四端。一端不能遗掉，必要推扩而且充满这四端本然之量。这样那个四端就如火之始烧，泉之始涌一般。本文然字，是烧也；达字，是涌出也。火始烧的时候，其势不可灭；泉始涌出的时候，其势不可阻挡。〇路德，就是德国复立正教者，论基督徒说："他的信心，是仿佛火一样，如火无不发热，这样人的信心，无不动爱心为善。"苟能充满这个四端，他的器量就足以保爱四海；苟不能充满这个四端，他的器量就不足以事父母。"

第七章　第一节孟子曰："矢人岂不仁于函人哉？矢人唯恐不伤人，函人唯恐伤人。巫匠亦然，故术不可不慎也。二节孔子曰：'里仁为美。择不处仁，焉得智？'夫仁，天之尊爵也，人之安宅也。莫之御而不仁，是不智也。三节不仁、不智、无礼、无义，人役也。人役而耻为役，由弓人而耻为弓，矢人而耻为矢也。四节如耻之，莫如为仁。五节仁者如射，射者正己而后发。发而不中，不怨胜己者，反求诸己而已矣。"

第七章　第一节孟子说："矢人难道他是不仁胜过于函人么？矢人，是造矢的人，矢是箭；函人，是造函的人，函是甲。矢人他惟恐不伤人，矢人常欲他所造的矢要伤人。函人他惟恐伤人。函人常欲他所造的甲要保护人，恐怕人受伤。巫人匠人的心也是这样。巫人替人祈祷，希望人生活；匠人造作棺椁，由人死得利。故此拣择术不可以不谨慎。术是事业，谨慎是取那保全良心之术，斥去那伤害良心之术。〇这是按照朱注。乃花之安在《孟子》德文注解，有别的讲法说："孟子说难道意思是那矢人并函人，那巫人并匠人，实在都可以有仁心？要紧的只是人不论从什么事业，必要谨慎和忠心做本分。"比方把一个管理军器之将军与一个医生比较起来，不能说将军少有仁心，不能说不该当做将军和矢人；也不能说棺木匠比巫人少有仁心，因为若没有棺木匠，众人不能尽孝道。这样看来，若一个事业为别人有益处，就可以从那个事业。乃实在害人家的事业，自然不可从之，比如鸦片烟室等事。路德曾说了："做木匠或做洗衣的阿妈，比那时之罗马教在修道院所住的隐士还好些。"二节〇孔子说：'二十五家的里，有仁厚的风俗为美。人若选择自处的而不取于仁，怎样得为智呢？'看《里仁第四》第一章，孔子的本意，单论择里说。孟子引证孔子的话，不单论择里说，也有择事业的意思，包括在里面。仁是上天付给于人的尊爵，朱注："仁是天地生物之心，人初生的时候就得到了。仁包括那四端。"《易经》所说的："元者，善之长也。"故此仁是最尊贵的爵。是人的安逸之宅。人该当以仁为自己安居之所，该当常常居在其中。既然没有人阻止我们而却为不仁，本文御字是阻止。这是不智也。雷格氏云："按孟子的意思，这个智字指着上文所引孔子所说的智字。"三节〇人若不仁并不智，他也就无礼无义，这样的人就必要做别人的役使。孟子大概论国君说，这样的人，必要以自己的国事奉别的大国。做别人的役使而还羞耻做役使，这是好如弓人而羞耻造弓一样；

本文由字是犹，意思是好如。或好如矢人，而羞耻造矢一样。四节〇若他果羞耻，羞耻被别人役使。最好莫如为仁。五节〇仁者是好如射箭的样子，仁者就是欲为仁之人。射箭的人必先正己而发箭。若发箭而不中的，他就不怨恨所能胜己之人，若别人中的，他不怨恨他们。只反求于自己就罢了。”反求于自己，是求所以不中的之缘故于自己。〇比较《中庸》十四章第五节；又《论语·八佾第三》第七章，又第十六章；又《孟子·离娄下》二十八章四至六节。

第八章　第一节孟子曰：“子路，人告之以有过则喜。二节禹闻善言则拜。三节大舜有大焉，善与人同。舍己从人，乐取于人以为善。四节自耕、稼、陶、渔以至为帝，无非取于人者。五节取诸人以为善，是与人为善者也。故君子莫大乎与人为善。”

第八章　第一节孟子说：“子路，子路是孔子的门徒，姓仲，名由。若一个人告诉他有了过失他就喜欢。子路喜欢因为可以改过。比较《公冶长第五》第十三章，又看《先进第十一》第二十一章。〇今时这世人，若告诉他们有过失必要改，他们容易生气。二节〇夏禹王若听闻了善言他就下拜。夏禹王是夏朝的王，大舜把天下让给他做王。〇《书经》说：“禹拜昌言。”三节〇大舜还有大志气，胜过子路和大禹。善与人同。朱注：“公天下之善而不为私也。”意思是他看天下所有的善是属人人的公业，他不但欲将那个善为自己取用，所以他心里仰慕人人进于善，并自己同他们进于善，看下文；又比较使徒保罗说的，“你们各人不要顾自己的事，也当顾别人的事”。看《腓力比书》二章四节。舍自己而跟从人，若别人所陈的意思是善的，他情愿舍自己本来的计谋而从别人。乃孟子不说舜常常从人，若别人的计谋不善，大舜不从之。〇舍己之理的最高的标准是耶稣基督。看《腓力比书》二章五至八节。乐取别人的善以为善。他乐意取别人之善为榜样而从之。〇本文以为善，意思是以致自己行善，为是行。四节〇他自耕田、种稼、烧窑、打鱼的时候，以至为帝的时候，大舜耕种于历山，历山的农夫皆让田畔给他；他取鱼于雷泽，雷泽的渔人皆让居给他；陶于河滨，河滨烧的东西皆不坏。帝尧让位给他，使他做君。〇学者不该当忘记《书经》所述的古传，虽然是很体面的，乃实在不能倚靠这个古传为实史。看《论语本义官话·阳货第十七》第二十二章注；又看《中庸本义官话》二十六章十节注；查考雷格氏《书经》英文注解，在序文自四十七到八十页；又请看花之安用英文所著的《中国太古之史》。尧、舜实在只是古人心里好高之美意所返照的现象，如镜之显出形象。这样尧、舜之古传显出古人心里所仰慕之美意。惜哉！我心里所仰慕的，我还不得着了。乃欣喜现今我们晓得，古人所仰慕的美意在基督里得了应验，成了实史。他没有一时不取善于人。五节〇取别人的善以自己行善，这是帮助人为善。本文与字，是帮助的意思，也有激劝的意思。比较《告子》十八章一节，与字，也有这个意思。〇人因为我取他的善，他必喜乐而心里受感动越发勉励为善，这样我帮助他为善。故此君子最大的德行是帮助人为善。”比较这个德行没有大过他的。〇看《哥林多前书》十三章，使徒保罗说的，“我虽有先知讲道之能，也明白各样的奥妙，各样的深理。我虽有充足之信，叫我能够移山，若没有爱心，我就算不得什么。我虽尽出所有周济贫穷，又舍己身叫人焚烧，若没有爱心，仍然与我无益。爱是宽恕慈悲，爱是不嫉妒，爱是不矜夸，不张狂，不妄为，不求利己，不轻发怒，不逆料奸恶，不喜欢非义，只喜欢真理。凡事包容，凡事相信，凡事盼望，凡事忍耐。爱是永不止息”。

第九章　第一节孟子曰：“伯夷，非其君不事，非其友不友。不立于恶人之朝，不与恶人言。立于恶人之朝，与恶人言，如以朝衣朝冠坐于涂炭。推恶恶之心，思与乡人立，其冠不正，望望然去之，若将浼焉。是故诸侯虽有善其辞命而至者，不受也。不受也者，是亦不屑就已。二节柳下惠，不羞污君，不卑小官。进不隐贤，必以其道。遗佚而不怨，阨穷而不悯。故曰：‘尔为尔，我为我，虽袒裼裸裎于我侧，尔焉能浼我哉？’故由由然与之偕而不自失焉，援而止之而止。援而止之而止者，是亦不屑去已。”三节孟子曰：“伯夷隘，柳下惠不恭。隘与不恭，君子不由也。”

第九章　第一节孟子说：“伯夷，若非看为自己的君就不事奉他，若非看为自己可交的朋友就不交接他。比较上文第二章二十二节。他不肯立于恶人朝廷之上，人字指上文君字；立，是暂时一立，如献奉贽以见国君，或聘问邻国等类。他不肯和恶人说话。立于恶人的朝廷之上，并和恶人说话，他看好如以朝衣朝冠坐于涂炭一般。他，就是伯夷，朝衣是华美的衣服，朝冠是华美的帽子，涂是泥。若我们推究他恶恶之心，若查考伯夷恶恶之心。我们可明，他思想若他和乡人立在一块儿，并若乡人的帽子不正，他就思想必要望望然去之，好如怕将污秽自己。望望然，是他一去不回头顾看。本文浼字，是污秽的意思。故此诸侯中间虽然有几个用美善的辞命而至，他不接受。不接受是因为什么呢？是因为他不屑就。本文屑字，按赵氏：“是洁；不屑，是不以为洁。”伯夷看当时的诸侯是恶人，所以不屑就他们。《康熙字典》云：“凡遇事物轻看不加意曰不屑。”所以不屑也有意思不自卑去做。○伯夷之道是清。二节○柳下惠，柳下惠是鲁国的大夫，姓展，字禽，封他的地方在柳下，谥法称为惠。事奉污君他不以为羞耻，做小官他不以为卑屈。得进用的时候，他不隐藏自己的贤处，贤是道存于心，他进而做官的时候，他发现自己的贤德而不随波逐流。乃必要用其道；他必定守其正直之道，把贤处发现出来。被人遗佚的时候，他不怨恨；处阨穷的境遇之时候，他不忧悯。故此，雷格氏翻译云：“按照这样。”他自己说：‘尔为尔，我为我，虽然尔袒裼裸裎在我旁边，袒裼，是赤剥剥的露出臂来；裸裎，是赤剥剥的露出身躯来。尔怎能污秽我呢？’意思是尔虽然赤身露体，站在我旁边，尔怎能污秽我呢？○这以上是柳下惠的话。故此他由由然和众人同偕而不失自己，由由然，是自得的样子。人若援而止他，他就止住。援是劝他留住，不愿他到别处去。人援而止他，他就止住，是因为什么呢？是因为他不屑去。”意思是因为他不想洁净之道，所宜的是必要去。○虽然他不去，他还可以守洁净之心。○柳下惠之道是和。比较耶稣论门徒祷告说的，“我不求天父叫他们离开世界，只求你保护他们不陷在罪恶里。他们不和世人同类，像我不和世人同类一样，求天父用你的真理，使他们成为圣洁，你的道就是真理”。看《约翰》十七章十五至十七节；又看《提多书》一章十五节说的，“凡物在洁净的人看，无有不洁净的；在不洁净和不信主的人看，无有一样洁净的，他们的心地天良，也都污秽了”。三节〇孟子说：“伯夷有一点隘，隘是狭窄，不与世人合群。柳下惠有一点不恭。不恭，是简慢，他忘记自己的体统。〇这是孟子的意思，乃本文特意说柳下惠不隐贤，并由由然就是自得的样子。与人同偕，而且不失自己，别人怎能污秽他么？予想若他实在不失自己而要以正直之道感化别人，怎么样可以说他是不恭呢？〇孟子别的时候说，“柳下惠不以三公易其介”，意思说柳下惠连若可得三公之职，也不改变自己的志向，看《尽心章句上》二十八章；孟子又说：“柳下惠是百世之师也，若人听闻柳下惠之风者，薄夫敦，鄙夫宽。”意思是刻薄的人改变成为敦厚，鄙吝之人改变成为宽大。看《尽心章句下》十五章。《论语·微子第十八》第二章论柳下惠说，他做士师官的时候，被上司三次黜革。有人对他说：“你还未可以去而离开本国么？”他说：“我若用正直的道服事人，我可以到那一处而不被人三次黜革么？若我欲用枉曲的道服事人，为什么我必离去父母的邦国呢？”意思是他必定以正直的道服事他的本国，他爱国之心很重。〇孔子说，柳下惠与少连，他们屈降自己的志向，受辱于自己的身，乃他们的言语是中着伦次，他们的行为是中着人心之思虑。看《微子第十八》第八章三节。隘与不恭，君子不由也。”不由是不从这个。

孟子集注卷四

公孙丑章句下 **凡十四章。自第二章以下，记孟子出处行实为详。**

第一章　第一节孟子曰："天时不如地利，地利不如人和。二节三里之城，七里之郭，环而攻之而不胜。夫环而攻之，必有得天时者矣；然而不胜者，是天时不如地利也。三节城非不高也，池非不深也，兵革非不坚利也，米粟非不多也；委而去之，是地利不如人和也。四节故曰：域民不以封疆之界，固国不以山谿之险，威天下不以兵革之利。得道者多助，失道者寡助。寡助之至，亲戚畔之；多助之至，天下顺之。五节以天下之所顺，攻亲戚之所畔；故君子有不战，战必胜矣。"

第一章　第一节孟子说："天时不如地利，朱注："天时，谓时日支干、孤虚旺相之属也。"〇古人打仗的时候，选择时日，并选择方位，时日有十天干，十二地支分配。十天干，就是甲、乙、丙、丁、戊、己、庚、辛、壬、癸；十二地支，就是子、丑、寅、卯、辰、巳、午、未、申、酉、戌、亥。古时的术士，在天干地支上察看吉凶说，有孤、有虚、有旺、有相，孤是衰败之兆，虚是空亡之兆，旺是兴盛之兆，相是帮助之兆。打仗的时候，选择时日方位，要离开孤，攻打虚，倚赖旺，靠着相，便是吉，不然就是凶。〇今时之格致家，晓得这样的话是虚空的。孟子也说："天时不如地利。"〇地利是山川之险阻，城郭之坚固。地利不如人和。人和是得民心之和。二节〇比方三里之城，七里之郭，若敌人四面环围而攻打而却不得胜。他们四面环围而攻打，他们必有得了天时之吉，然而他们到底不得胜是为什么呢？是因为天时不如地利。三节〇或是比方若一个城的墙不是不高，池不是不深，兵革不是不坚利，米粟不是不多，然而居民到底委弃而离去他，是因为什么呢？是因为地利不如人和。那个地方的民人，不一心保守这个城池。四节〇故此说：若要域限百姓，不能倚仗封疆之界限；古时国君封土为疆。若要固守其国，不能倚仗山谿之险阴；谿是山谷中之涧河。若要威服天下，不能倚仗兵革之坚利。比较孔子说的论国家之三要，就是足食、足兵、民信。若必不得已而去一个，就还可去兵，或去粮食。乃若民无信就一定不得立，意思是使百姓信靠其上，比练兵而且也比富国更要紧。看《颜渊第十二》第七章。得道之国君有许多人帮助他，失道之国君少有人帮助他。少人帮助他，若这样的光景到至极，那时就连亲戚皆离畔他；乃反此，若所帮助他的人，渐渐加多到了至极，那时就连天下皆顺服他。五节〇若天下之所顺服的，攻伐那亲戚之所离畔的；若果然有这样的光景，君子可以不要战，乃若交战他必定得胜。”

第二章 第一节孟子将朝王，王使人来曰：“寡人如就见者也，有寒疾，不可以风。朝将视朝，不识可使寡人得见乎？”对曰：“不幸而有疾，不能造朝。”二节明日出吊于东郭氏。公孙丑曰：“昔者辞以病，今日吊，或者不可乎？”曰：“昔者疾，今日愈，如之何不吊？”三节王使人问疾，医来。孟仲子对曰：“昔者有王命，有采薪之忧，不能造朝。今病小愈，趋造于朝，我不识能至否乎？”使数人要于路，曰：“请必无归，而造于朝！”四节不得已而之景丑氏宿焉。景子曰：“内则父子，外则君臣，人之大伦也。父子主恩，君臣主敬。丑见王之敬子也，未见所以敬王也。”曰：“恶！是何言也！齐人无以仁义与王言者，岂以仁义为不美也？其心曰‘是何足与言仁义也’云尔，则不敬莫大乎是。我非尧、舜之道，不敢以陈于王前，故齐人莫如我敬王也。”五节景子曰：“否，非此之谓也。《礼》曰：‘父召，无诺；君命召，不俟驾。’固将朝也，闻王命而遂不果，宜与夫礼若不相似然。”六节曰：“岂谓是与？曾子曰：‘晋、楚之富，不可及也。彼以其富，我以吾仁；彼以其爵，我以吾义，吾何慊乎哉？’夫岂不义而曾子言之？是或一道也。天下有达尊三：爵一，齿一，德一。朝廷莫如爵，乡党莫如齿，辅世长民莫如德。恶得有其一，以慢其二哉？七节故将大有为之君，必有所不召之臣。欲有谋焉，则就之。其尊德乐道，不如是不足与有为也。八节故汤之于伊尹，学焉而后臣之，故不劳而王；桓公之于管仲，学焉而后臣之，故不劳而霸。九节今天下地丑德齐，莫能相尚。无他，好臣其所教，而不好臣其所受教。十节汤之于伊尹，桓公之于管仲，则不敢召。管仲且犹不可召，而况不为管仲者乎？”

第二章 第一节孟子将要朝王去，王使人来说：“寡人本意欲来就见夫子，本文如字作欲。乃寡人有寒疾，不可以冒风。明朝寡人将视朝，不知道夫子可来使寡人得见么？”孟子对答说：“不幸我也有疾，不能够造于朝。”造字是到。二节〇明日，孟子出去吊丧于东郭氏。东郭氏齐国大夫家，孟子特意出去，希望齐王要知道昨日实在没有疾，只是因为王不自己来见，所以孟子不屑去见王。孟子那时在齐国是客卿，不做官，若国君欲领他的教，国君必自己先来见孟子。〇这样看来，学者可明孟子实在不说谎言，乃他专心勉励使国君知道诚实的缘故，他要教训国君该当遵从合宜之礼。〇今时之世人若不情愿见客人，容易说自己有病，乃后来他们不表明于客人叫他知道实在没有病，这样他们只因为自己的方便，向人撒谎。乃他们不能以孟子那个事为推诿，因为孟子那个事是不一样的。〇《论语》论孔子也有相似之事说，孺悲欲见孔子，孔子推辞托言有病。乃传命的人出门户的时候，孔子就取瑟来，并歌唱使他听见。看《阳货第十七》第二十章。孔子也特意取瑟并歌唱，要使那个人知道自己没有病，只是因为孺悲有过失，孔子不欲见他，孔子也要教训他一段道理。〇设若一个人推辞说有病，若实在没有，只因为不方便会客人，这就是撒谎。乃孔子、孟子不做这样，基督徒也断不当做这样，基督徒该当恨撒谎过于恨死。常该当说实话，因为晓得无所不知的上帝察看他的念头。公孙丑说："昨日夫子辞以病，今日吊丧，此恐怕不可乎？"公孙丑想恐怕人要责备孟子不尊敬王。孟子说："若我昨日有疾，乃今日痊愈，为什么不该当往吊呢？"孟子的意思说，比方若我昨日实在有病，并若今日痊愈而出去，怎能说是不合宜呢？三节〇王差遣人来问孟子的疾，并差遣医生来。孟仲子对答说："孟仲子，赵氏注："是孟子的从兄弟。"他也跟从孟子学习。昨日有王命来召见，因为有采薪之忧，夫子不能够造朝。采薪之忧，是谦卑的话，意思是有病的人，不能够采薪。今日毛病略略小愈，夫子就趋走而造于朝，我不晓得夫子已经能到了朝否乎？"孟仲子就使数人要迎孟子于路途，告诉孟子说："本文要字是寻求。请夫子必于未归以前要造于朝。"孟仲子对王的使者说了虚假的话，所以他现在使人阻拦孟子于路，要孟子造朝以见王。四节〇孟子不得已而去到景丑氏之家，并在那里借一宿。不得已，是因为孟子专心要王懂得孟子不朝王实在的缘故，所以现在不得已去到景丑氏大夫家里，希望这个大夫后来要告诉王实在的缘故。〇景丑氏是齐国大夫之家。景子说："家内则有父子，家外则有君臣，这是人之大伦也。父子之间所主的是在恩，君臣之间所主的是在敬。丑只看见了王之敬子，未看见子什么样敬王。"孟子说："哎呀！本文恶字，是惊怪的声音，看《公孙丑章句上》第二章十九节。这是什么话呢？齐人中间没有一个人以仁义与王谈论的，难道他们以仁义为不美呢？不是。乃他们心里度量说'这个人怎么样足以与他谈论仁义呢？'他们只这样说就罢了，本文云尔二字，看《论语·述而第七》第十八章二节。不敬王没有胜过这样的。意思是他们最轻慢王。我除非尧、舜之道，不敢陈说于王前。故此齐国的人没有一个如我敬王。"比较《离娄章句上》第一章十三节。五节〇景子说："否，我所说的不是这个意思。《礼》曰：'父召，无诺；《礼记·玉藻》："若父亲的命呼唤儿子，儿子唯而不诺。"唯是答应的声音急速而恭敬；诺，是答应的声音迟延而怠慢。君命召，不俟驾。'若君的命令召见臣子，臣子急忙前去，在朝廷不等待穿屦，在外面不等待驾车。看《万章下》第七章九节，又看《论语·乡党第十》第十三章四节。子本意固将朝王，乃闻了王命而遂不果往朝，按照这个礼你们的行为仿佛是不相似的。"六节〇孟子说："我的行为怎么样有这个意思呢？曾子有言说：'晋、楚之富，不可及也。彼以其富，我以吾仁；意思是他们的国君可以有富，我有我的仁，我的仁比他们的富更是宝贝的。彼以其爵，我以吾义，他们国君可以有他们的爵，我有我的义，我的义比他们的爵更贵重。我为什么该当抱歉呢？'本文慊字，或作嗛，是抱歉的意思，也是衔恨的意思。曾子这样的意思，难道是不合当然之理么？而因为曾子说了这个话，所以恐怕必有一段道理在里头。天下达尊有三种：达字是通字的意思，达尊，是通天下之所尊。

爵是一个，齿是一个，齿是年纪老。德是一个。在朝廷里头莫如爵，朝廷按照爵分别贵贱。在乡党里头莫如齿，在乡党里，年老的人是最尊贵的。若欲辅助世界并长育民人莫如德。辅助世界，是以道理感化世人，长育民人，是善治百姓，兼保护他们。若一个人只有那三达尊之一，怎么样他能因为这一个轻慢那别的两个呢？国君有爵，贤人有德有齿。七节〇故此将大有作为的君，必有他所不召之臣。若国君欲同他商量，他自己往就那臣子。若国君不如此尊他的德，乐他的道，这样的国君就不配同他做什么事。八节〇这样本文故字是这样的意思。成汤待伊尹，先受学于他而后任用他做臣子，故此不劳而王天下；意思是成汤容易得天下。并齐桓公待管仲，先受学于他而后任用他做臣子，故此不劳而霸诸侯。九节〇现今天下，凡国君的地土是丑类的，凡国君的德业也是齐等的，没有一个国君能够出众。相尚，是超过别人，就是出众的意思。这没有别的缘故，只是因为他们喜好任用自己所教之臣，而不喜好任用自己所受教之臣。十节〇成汤待伊尹，齐桓公待管仲，不敢召他们。若不可召管仲，而况不为管仲的人怎么样呢？"意思是怎么样可以召他呢？〇不为管仲，是孟子论自己说的，看《公孙丑章句上》第一章四节。

第三章 第一节陈臻问曰："前日于齐，王馈兼金一百而不受；于宋，馈七十镒而受；于薛，馈五十镒而受。前日之不受是，则今日之受非也；今日之受是，则前日之不受非也。夫子必居一于此矣。"二节孟子曰："皆是也。三节当在宋也，予将有远行。行者必以赆，辞曰：'馈赆。'予何为不受？四节当在薛也，予有戒心。辞曰：'闻戒。'故为兵馈之，予何为不受？五节若于齐，则未有处也。无处而馈之，是货之也。焉有君子而可以货取乎？"

第三章 第一陈臻问孟子说："陈臻，孟子的门徒。前日夫子在齐国的时候，王馈送了兼金一百镒而夫子辞退不受；兼金，是好金，镒二十四两，比较《梁惠王章句下》第九章二节。在宋国的时候，国君馈送了七十镒而夫子受了；宋国，现今河南省，归德府。在薛国的时候，薛国，看《梁惠王下》十四章一节。国君馈送了五十镒而夫子也受了。前日之不受若是合宜的，则今日之不受就差错了；今日之受若是合宜的，则前日之不受就差错了。夫子于这个中间必有一边差错。"二节〇孟子说："皆不差错。三节〇当在宋国的时候，我将有远行。将要行的客人必要送赆于他，赆是送行之礼，古时候有这样的礼。宋君致辞命于我说：'馈赆。'意思是送一点路费。我为什么不当受呢？四节〇当在薛国的时候，我有警戒之心。时人有欲害孟子的，孟子用兵丁以防备。薛君致辞命于我说：'我听闻了子有戒心。故此我馈送这个为兵俑。'此还是薛君辞命里的言语。这样我为什么不当受呢？五节〇乃论在齐国的时候，那个事则未有所处。处上声，就是处物为义之处，意思是自己没有什么事需用这个钱。若一个人无所处而馈送兼金于他，这是用货贿引诱那个人了。本文货之，意思是用货贿引诱。那里有君子而可以用货贿罗致他么？"本文取字，是罗致笼络的意思。

第四章 第一节孟子之平陆，谓其大夫曰："子之持戟之士，一日而三失伍，则去之否乎？"曰："不待三。"二节"然则子之失伍也亦多矣。凶年饥岁，子之民，老羸转于沟壑，壮者散而之四方者，几千人矣。"曰："此非距心之所得为也。"三节曰："今有受人之牛羊而为之牧之者，则必为之求牧与刍矣。求牧与刍而不得，则反诸其人乎？抑亦立而视其死与？"曰："此则距心之罪也。"四节他日，见于王曰："王之为都者，臣知五人焉。知其罪者，惟孔距心。为王诵之。"王曰："此则寡人之罪也。"

第四章 第一节孟子到了平陆，平陆是齐国的邑。告诉那里的大夫说："大夫，是平陆的邑宰。子之持戟之士的中间，戟是兵器，长一丈六尺，双枝称为戟，单枝称为戈。军法，五人为伍，这伍中的一个头目称为持戟之士。若有一个一日之内三次失伍，失伍，是离开他所当守的行列。请问大夫果斥去他否乎？"大夫说："我不等待他三次失伍。"二节〇孟子说："乃是你失了伍也多次。凶年饥岁的时候，你的百姓年老的羸弱的饥饿辗转而死于沟壑里，年壮的人离散而到四方的，他们的数目共有几千人。"比较《梁惠王下》十二章二节。大夫说："这不是距心之所得专为的。"意思说，赈济民穷，不是我所得自专自主。三节〇孟子说："现今有一个人领受别人的牛羊而替代他牧养，则必须替代他寻求牧地并寻求刍草。寻求牧地，是欲令牛羊就地食草；寻求刍草，是割草存留以补其不足。日里饲于牧地，夜里饲以刍草。若寻求牧地并寻求刍草而不得着，他就把牛羊交还于那个人呢？本文诸字是于那个人，是主人。或是难道他站立而看那牛羊死呢？"本文抑字，是或。〇孟子的意思是，若那个官不能得国君之准许以赒济穷民，他该当辞退不做官。大夫说："这就是距心的罪。"大夫姓孔名距心，他认识自己的过失。四节〇别的日子，孟子见于王说："王所有治理都邑的宰官，臣于他们中间知道五人。乃他们中间知道自己的罪的，惟独是孔距心一人。孟子就把责备孔距心的那个话一一为王诵说。"王就说："这是寡人的罪。"

第五章 第一节孟子谓蚳蛙曰："子之辞灵丘而请士师，似也，为其可以言也。今既数月矣，未可以言与？"二节蚳蛙谏于王而不用，致为臣而去。三节齐人曰："所以为蚳蛙，则善矣；所以自为，则吾不知也。"四节公都子以告。五节曰："吾闻之也：有官守者，不得其职则去；有言责者，不得其言则去。我无官守，我无言责也，则吾进退，岂不绰绰然有余裕哉？"

第五章 第一节孟子告诉蚳蛙说："蚳蛙，齐国的大夫。子之辞退灵丘之邑而请做士师之官，论士师，看《梁惠王下》第六章二节。似乎合理，因为士师之官可以劝谏王。现今已经过了数月，难道未可以劝谏王么？"二节〇蚳蛙就进谏于王而王不用他的话，蚳蛙就交还为臣的官职而去。本文致字，是交还。三节〇齐人议论孟子说："他为蚳蛙所计较的路径是善的，乃他为自己所计较的路径我们不知道。”四节〇公都子把这话告诉孟子。公都子是孟子的学生。看《滕文公上》九章一节。五节〇孟子说：“我听闻了：有官守的，若不得尽其职他就去；一个官，倘若君阻挠他以致他不得尽其职分，就该当辞官而去。有谏诤之责任的官，若不得行其言他就去。谏官若君违背他，以致他不得行其言，他就该当辞官而去。乃我没有官守，我没有谏诤之责任，所以我之或进或退，岂不能绰绰然有很宽裕的样子么？”绰绰然，是宽裕的样子，就是任意自行，孟子那时候在齐国做客卿，不做实官。

第六章　第一节孟子为卿于齐，出吊于滕，王使盖大夫王驩为辅行。王驩朝暮见，反齐、滕之路，未尝与之言行事也。二节公孙丑曰：“齐卿之位，不为小矣；齐、滕之路，不为近矣。反之而未尝与言行事，何也？”曰：“夫既或治之，予何言哉？”

第六章　第一节孟子为卿于齐国，卿是客卿，不受俸禄。替代王出吊于滕国，王使盖邑的大夫王驩做副使。盖是邑，在泰山郡沂水县西边。〇本文辅行是副使。王驩朝暮皆来见孟子，暮是晚间。孟子从齐往滕，并从滕返齐，在路上的时候，未曾有一回和他谈论出使的事体。王驩是小人，孟子未曾给他体面，和他谈论出使吊丧的事体。〇本文行事，是王使他们所行的事，就是吊丧的礼数，邦交的仪文。二节〇公孙丑对孟子说：“齐卿的位，不为小的；王驩居摄卿位而做副使。由齐国到滕国的路程，不为近的。由往而返未曾和他谈论出使的事体，这是什么缘故呢？”孟子说：“这出使的事体几个有司已经治理了，我为什么该当谈论呢？”孟子厌弃王驩，比较《离娄下》二十七章。

第七章　第一节孟子自齐葬于鲁，反于齐，止于嬴。充虞请曰：“前日不知虞之不肖，使虞敦匠事。严，虞不敢请。今愿窃有请也，木若以美然。”二节曰：“古者棺椁无度，中古棺七寸，椁称之。自天子达于庶人。非直为观美也，然后尽于人心。三节不得，不可以为悦；无财，不可以为悦。得之为有财，古之人皆用之，吾何为独不然？四节且比化者，无使土亲肤，于人心独无恔乎？五节吾闻之君子：不以天下俭其亲。”

第七章　第一节孟子由齐国到鲁国去葬母亲，孟子在齐国做官，母亲去世，孟子就到鲁国去葬母亲。比较《梁惠王下》十六章，又看本书第一章注解。返回齐国的时候，止息于嬴邑。嬴邑，是齐国的邑，现今泰山嬴县。充虞请问孟子说：“充虞，是孟子的学生。〇雷格氏说：“孟子恐怕在鲁国居丧三年，学生常想这个事，现在询问。”《会意解》云：“孟子归鲁国三月之后，返回齐国，予不知是否。”前日夫子不知道虞之不肖，使虞监督匠人作棺之事。本文敦字，是监督的意思。因为那时候夫子以丧事为严紧，虞不敢请问。现今我窃要请问于夫子，所用的木头照我看似乎像太华美。”二节〇孟子说：“太古的时候，棺椁没有厚薄之度；中古的时候，棺是七寸厚，椁与棺相称。自天子达于庶人都做那样，不但因为观看之美，乃因为这样才竭尽他们人之本心。意思是他们的心里就满足。〇《礼记·丧大记》说："君大棺八寸，属六寸，椑四寸；上大夫大棺八寸，属六寸；下大夫大棺六寸，属四寸；士棺六寸。"〇《礼记》这个话，与孟子所说的不相合。〇学者须知周朝之七寸，是现在大概四寸。三节〇若他们因限于法制不得为，他们就不可以喜悦；限于法制，是法制不准他们做这样。若他们无钱财，他们就也不可以喜悦。乃若他们得了而若有钱财，本文为字作而。古之人就皆用那个样子，我为什么该当独不做这样呢？四节〇并且为那死而腐化者不使令泥土亲近他们的肌肤，岂不是独这个事能叫人心快然无恨么？本文恔字，是快然无恨之意。这个事，能叫人心里安适。五节〇我听闻了：君子不以天下之货物吝惜于其亲。"本文俭字，是吝惜的意思。

第八章　第一节沈同以其私问曰："燕可伐与？"孟子曰："可。子哙不得与人燕，子之不得受燕于子哙。有仕于此，而子悦之，不告于王而私与之吾子之禄爵；夫士也，亦无王命而私受之于子，则可乎？何以异于是？"二节齐人伐燕。或问曰："劝齐伐燕，有诸？"曰："未也。沈同问'燕可伐与？'吾应之曰'可'，彼然而伐之也。彼如曰'孰可以伐之？'则将应之曰：'为天吏，则可以伐之。'今有杀人者，或问之曰'人可杀与？'则将应之曰'可'。彼如曰'孰可以杀之？'则将应之曰：'为士师，则可以杀之。'今以燕伐燕，何为劝之哉？"

第八章　第一节沈同以其私意问孟子说："私意，是王不叫他。〇沈同，齐国的臣子。〇沈同问孟子的时候，齐国还未曾伐燕。燕国可伐么？"孟子说："可以。子哙不应当给燕国与别人，子哙是燕王，他把燕国让给宰相子之。子之不应当受燕国于子哙。子哙让国于子之，希望子之要推辞，如尧、舜那样。乃子之不推辞，受了燕国，以后子哙的儿子，欲做王复国，国中大乱，百姓受苦难。看《梁惠王下》第十章、十一章。设若有一个人求仕于此，而子喜悦他，不等待告诉王就从私意给他你自己的禄爵；而且若这个士也不等待王命就从私意受那个禄爵于子，这样的事情可行么？燕国的光景比较这个有什么分别呢？"二节〇齐国的人伐燕国，或人问孟子说："夫子劝了齐伐燕，真有这个事么？"孟子说："未也。沈同问了我'可以伐燕国么？'我答应了他说'可以'，他们想可以就伐了燕？本文彼字，是他们的意思，就是齐国的君臣。设若他问了我'谁可以伐燕国呢？'我就将答应他说：'为天吏，则可以伐之。'天吏，是奉行天命的人。看《公孙丑上》第五章六节。设若现今有一个人杀人，或人问道'这杀人的人可以杀他么？'我就将答应他说'可以'。设若他问'谁可以杀他呢？'我就将答应他说：'为士师，就可以杀他。'乃现今以一个燕国伐别的燕国，齐国也无道，比较燕国差不多，以齐国伐燕国，好像以燕国伐燕国一样。怎么样我可以劝他们做这个呢？"

第九章　第一节燕人畔。王曰："吾甚惭于孟子。"二节陈贾曰："王无患焉。

王自以为与周公，孰仁且智？”王曰：“恶！是何言也？”曰：“周公使管叔监殷，管叔以殷畔。知而使之，是不仁也；不知而使之，是不智也。仁智，周公未之尽也，而况于王乎？贾请见而解之。”三节见孟子问曰：“周公何人也？”曰：“古圣人也。”曰：“使管叔监殷，管叔以殷畔也，有诸？”曰：“然。”曰：“周公知其将畔而使之与？”曰：“不知也。”“然则圣人且有过与？”曰：“周公，弟也；管叔，兄也。周公之过，不亦宜乎？四节且古之君子，过则改之；今之君子，过则顺之。古之君子，其过也，如日月之食，民皆见之；及其更也，民皆仰之。今之君子，岂徒顺之，又从为之辞。”

第九章　第一节燕国的人背畔了齐国。齐国胜了燕国二年以后，燕国的人，共立太子平做王。齐国的王说：“我甚怀惭愧于孟子面前。”王不信孟子的话，所以王惭愧。论孟子劝王之言，看《梁惠王下》第十、第十一章。二节〇陈贾见王说：“陈贾是齐国的大夫。王不要忧愁。王若比较自己和周公之仁且智，王想是谁胜呢？”王说：“哎呀！这是什么话呢？”陈贾说：“周公使管叔监察武庚于殷，后来管叔以殷背畔了朝廷。武王得了天下，封纣王的儿子武庚于殷，使管叔并蔡叔并霍叔监察武庚的国。武王去世，成王幼年即位，周公掌权行政。管叔传说谣言说，周公将不利于天子。周公就辞官居东二年，后来成王知道周公之忠，迎接周公回朝。管叔等惧怕有祸，就和武庚反了。成王命周公征伐他们，三年得了胜，杀武庚、管叔，监禁蔡叔于郭邻，降霍叔为平民。〇看《书经》，又看《史记》。若周公知道他将畔而故使他，这样周公就是不仁；若周公不知道他将畔而误使他，这样周公就是不智。仁智连周公还不能够完全，而况王怎么样可以希望得完全么？我请王准我去见孟子而替王解释心里的惭愧。”三节〇陈贾去见孟子，问孟子说：“周公是什么人呢？”孟子说：“周公是古圣人也。”陈贾说：“周公使管叔监察武庚于殷，后来管叔以殷背畔了朝廷，有这个事么？”孟子说：“有。”陈贾说：“周公知道管叔将畔而故使他么？”孟子说：“周公不知道。”陈贾说：“照这样他虽然是圣人尚且有过么？”孟子说：“周公是弟郎，管叔是哥郎。周公的过，不亦宜乎？意思说，这过是该有的。周公是管叔的弟郎，周公自然不忍预先度量自己的哥郎将要反畔，所以真心相信，叫他监察，所以周公这个过是合宜的。四节〇并且古时候的君子，有过就改；现今的君子，有过就顺从着过。古时候的君子，他的过是如日并月之食一样，民人都看见他；并到了他更改，民人就都仰望他。比较《论语·子张第十九》第二十一章。现今的君子，岂但顺从着过呢？他们又从而用辞辨以遮掩其过。”

第十章　第一节孟子致为臣而归。二节王就见孟子，曰：“前日愿见而不可得，得侍，同朝甚喜。今又弃寡人而归，不识可以继此而得见乎？”对曰：“不敢请耳，固所愿也。”三节他日，王谓时子曰：“我欲中国而授孟子室，养弟子以万钟，使诸大夫国人皆有所矜式。子盍为我言之？”四节时子因陈子而以告孟子，陈子以时子之言告孟子。五节孟子曰:“然。夫时子恶知其不可也?如使予欲富,辞十万而受万,是为欲富乎?六节季孙曰:‘异哉子叔疑!使己为政,不用,则亦已矣,又使其子弟为卿。人亦孰不欲富贵?而独于富贵之中,有私龙断焉。’七节古之为市也,以其所有易其所无者,有司者治之耳。有贱丈夫焉,必求龙断而登之,以左右望而罔市利。人皆以为贱,故从而征之。征商,自此贱丈夫始矣。”

第十章 第一节孟子交还臣位于君而将要归去。二节〇王就孟子的馆见孟子说:“前日我情愿见夫子而不可得见,是孟子未曾到齐国的时候。以后我得了侍于夫子旁边,同朝的人都甚喜欢。今夫子又丢弃寡人而归去,我不晓得继今日之见后尚可以得见夫子么?”孟子对答说:“臣不敢请再见,但这真是我心所愿的。”三节〇别的日子王告诉时子说:“时子,是齐国的臣子。我欲当国之中授孟子房屋,本文室字是房屋。并要养他的弟子以万钟的粟,四升称为豆,四豆称为区,区是一斗六升,四区称为釜,釜是六斗四升,十釜称为钟,所以一钟是六十四斗,十斗是一石,所以也可以说一钟是六石四斗。按照这样,孟子在第五节辞退十万钟,就是六十四万石。乃在齐国一个大夫,不能有这样大的俸禄。六十四万石,学者要明汉朝的量,比较今时之量,大概是五分之一。设若周朝之量与汉朝之量相合,齐王就愿给孟子一万二千八百石。并孟子说自己已经辞退了十二万八千石,乃这样的俸禄还是太大,不可信的。阎若璩云:“孟子说的十万钟,恐怕是孟子一切住在齐国的时候所可得,而辞退不受的俸禄共算起来是这样。”看雷格氏(《孟子》英文注解)序二十九页。使诸大夫并国人皆有矜式。矜是敬仰,式是效法,是敬仰他并奉他为模范。子何不替我告诉孟子呢?”四节〇时子把齐王的话倚托陈子以告诉孟子。陈子,就是陈臻,看第三章。〇本文因字,是倚托的意思。陈子把时子的话告诉孟子。五节〇孟子说:“唉。本文然字,是有一点叹息的意思。乃时子怎能知道这样的事情不可行呢?意思是时子不能知道不可以利饵君子,他想孟子贪财。设使我欲富,辞十万之禄而受一万之馈,这难道是欲富么?六节〇季孙有言说道:‘这是孟子引季孙的话告诉陈子。子叔疑,真是一个奇怪的人呀!他叫自己为政,意思是他用各样的法子以致他得做官。〇按雷格氏注:“本文使字与下文的使字是一样的意思。”到了国君不用他,他就没有法子必须退去,乃他又图谋使他的子弟为卿。本文使字,与上文使字是一样的意思。世人中间谁不欲富贵么?乃他属于富贵之中有私得之垄断。’本文私字,是独得之计谋,就是偷取的意思,是他独自己勉力得益处。〇这句是比方的话,看下节就可以懂。〇垄是冈垄,垄断是凸出之小山,看下文。七节〇上古的时候做买卖为市者,以其所有的货物交易其所无的货物,而只有司者治理他们就罢了。有司,是市中官府;治理,是平货物的价,并审判争讼。乃有时候有一个贱丈夫,他必求垄断就是凸出之小山。而登在上面,以左顾右盼而网罗市中的利归于自己。网罗是一网取尽,不遗漏一点。人皆以他为贱,故此从而征他的货物。征商人是从这个贱丈夫起来。”这是解明垄断的意思。〇孟子的意思是倘若他受齐王所送的万钟之粟，他是仿佛子叔疑一样贪利。〇比较上文第三章五节。

第十一章　第一节孟子去齐，宿于昼。二节有欲为王留行者，坐而言。不应，隐几而卧。三节客不悦曰："弟子齐宿而后敢言，夫子卧而不听，请勿复敢见矣。"曰："坐！我明语子。昔者鲁缪公无人乎子思之侧，则不能安子思；泄柳、申详，无人乎缪公之侧，则不能安其身。四节子为长者虑，而不及子思，子绝长者乎？长者绝子乎？"

第十一章　第一节孟子离开齐国而去，歇宿于昼邑。昼邑在现今山东青州府临淄县。二节〇有一个人欲替王挽留孟子的行，他来坐下并对孟子问口讲。乃孟子不答应他，凭倚着几而卧。本文隐字，是凭倚的意思；几是小凳，孟子坐在席上，曲肱并俯首到几上而睡。三节〇客人不喜悦说道："弟子齐戒过宿而后敢来告诉留行的意思，乃夫子卧而不听，请从今以后不再敢来见夫子了。"孟子说："请坐下！我要明说我的意思于你。本文语字是说，子字是你。以前若鲁缪公不差遣人伺候于子思的旁边，鲁缪公名显，鲁元公的儿子。子思是孔子的孙，鲁缪公尊礼他。〇子思是伯鱼的儿子。伯鱼去世，在西历前四百八十二年。鲁缪公即位，在四百零九年，所以那时候子思的寿已经很大。〇看《先进第十一》第七章。他就不能安而留子思；泄柳、申详，泄柳，鲁国的人，字子柳，叔仲皮的儿子，子硕的哥郎。〇申详，子张的儿子，卫国公叔戍逃奔到鲁国来，和申详接交，子思禁止他。若他们没有人在缪公的旁边叫他不忘记贤人，缪公就不能安而留那两人。有臣子在缪公旁边引导他恭敬贤人，若没有人在旁边引导，缪公就待贤人恐怕或有冷淡的样子，这样他就不能安宁泄柳、申详而留住他们。四节〇子为长者忧虑设计谋，长者，是孟子自称的。而不按子思那个样看待我，所以子就是你。弃绝长者呢？或是长者弃绝子呢？"客若欲为孟子计较，该当效法从前安留泄柳、申详的法子，并引道齐王以尊礼贤人，像缪公待子思那样。乃齐王实在不欲挽留孟子，而客自己欲为王留孟子，这是轻看孟子并弃绝他。

第十二章　第一节孟子去齐。尹士语人曰："不识王之不可以为汤、武，则是不明也；识其不可，然且至，则是干泽也。千里而见王，不遇故去。三宿而后出昼，是何濡滞也？士则兹不悦。"二节高子以告。三节曰："夫尹士恶知予哉？千里而见王，是予所欲也；不遇故去，岂予所欲哉？予不得已也。四节予三宿而出昼，于予心犹以为速。王庶几改之。王如改诸，则必反予。五节夫出昼而王不予追也，予然后浩然有归志。予虽然，岂舍王哉？王由足用为善。王如用予，则岂徒齐民安，天下之民举安。王庶几改之，予日望之。六节予岂若是小丈夫然哉？谏于其君而不受，则怒，悻悻然见于其面。去则穷日之力而后宿哉？"七节尹士闻之曰："士诚小人也。"

第十二章　第一节孟子离开齐国而去。尹士告诉人说："孟子以前若不知道了王不可以为汤、武，这样他的见识就不明白了；乃若知道了王不可以为那样，然且至齐国来，这样他就干求恩泽了。《论语·为政第二》第十八章论子张说他干禄。他行过千里的路而来见王，乃因为不遇合，故此他去。然他迟延三宿而后出昼邑，为什么这样迟滞呢？本文濡滞是迟慢。士看这样的行为心里不喜悦。"本文兹字指定迟慢说。二节〇高子把尹士的话告诉孟子。高子，是孟子的学生。三节〇孟子说："尹士他那里知道我呢？行过千里的路而来见王，我本来欲这样的；乃因为不遇合故此离开齐国而去，难道此是我所欲的么？我不得已而去。孟子不得已而去，因为齐王不从其道。四节〇我迟延了三宿而后出昼邑，按照我心所愿的我还以这个为疾速。我盼望那时候王庶几或改变心肠。王倘若改变心肠，他就必定追我回来。五节〇乃我出了昼邑而王不追我回来，我然后浩然有归去之志。浩然，是奋勇的意思。〇归去就是到邹国，孟子的本国。我虽然这样，乃怎么样我可以舍弃王呢？王犹足用为善。本文由字是犹，意思是还可以。〇朱注："用字作以。"雷格氏说："这恐怕不尽用字的意思。"雷格氏翻译云："王到底可以受感化为善。"〇予想"足用为善"四个字，必要讲解像《告子章句上》第六章第五节"则可以为善"那句话那样。虽然一个人现在不好，孟子说必要希望他可以为善，意思是以道理可以感化他改变而成为善。孟子在那个地方加一句说，乃所谓善也，意思是我说的人性是善，就是这个意思。学者可明人性可以为善，这一句是很要紧。看雷格氏《孟子》英文注解序第六十二页。王假如用我，此岂但可希望叫齐国的民人得安宁呢？不但这样，而且天下的民人都可以得安宁。王庶几要改变，我日日希望这个。六节〇我难道像小丈夫那样么？他们劝谏他们的君而若君不接受他们的话，他们就动怒，悻悻然发现于他们的面貌上。悻悻然，是发怒的意思。他们就去并穷一日之力而后歇宿，难道我那样么？"〇尹士听见了这个话就说："我真是一个小人。"

第十三章　第一节孟子去齐。充虞路问曰："夫子若有不豫色然。前日虞闻诸夫子曰：'君子不怨天，不尤人。'"二节曰："彼一时，此一时也。三节五百年必有王者兴，其间必有名世者。四节由周而来，七百有余岁矣。以其数则过矣，以其时考之则可矣。五节夫天，未欲平治天下也；如欲平治天下，当今之世，舍我其谁也？吾何为不豫哉？"

第十三章　第一节孟子离开齐国而去。充虞在路上问孟子说："充虞是孟子的学生。夫子好像有一点不愉悦的面色那样，乃前日虞听闻于夫子说：'君子不怨天，不尤人。'"尤人，是归咎于人。〇这本来是孔子的话，看《论语·宪问第十四》第三十七章。二节〇孟子说："前日是一时，今日又是一时。本文彼字是前日，此字是今日。前日孟子希望一个王天下者可以兴起来，乃现在他晓得天未欲平治天下。所以孟子虽不怨天而安得不悲天命；虽不尤人而安得不悯人穷。〇学者必要明白人或因为自己之苦难，或因为世人之穷困，可以有不悦的面色。乃别人不要因为这个说他怨天，比方孔子因为颜渊去世，也有悲伤，乃实在不怨天。三节〇自古以来五百年的期限必有王者兴起，并那个期限中间也必有名世者。那五百年中间必有名世之臣帮助王。四节〇计算从周朝到如今，是七百有余岁了。按其数目算起来那个期限已经过了，周朝开国在西历前一千一百二十二年；孟子生于三百七十二年，亡于二百八十九年。孟子第一次离齐国，大概在三百二十四年。看雷格氏《孟子》序第二十四页并二十九页。从（西历前）一千一百二十二年到孟子离齐国的时候，差不多八百年已经过去了。按其时候考察起来，时候，指孟子那时候，我们可以希望王者能兴起来。孟子的时候，国家的光景很撩乱，那时侯一个仁君容易可以得王天下，看《公孙丑上》一章九节。五节〇夫天，未欲平治天下；假如欲平治天下，当今之世，除非我谁能够成这个大事？我何为不豫哉？"雷格氏翻译云："我该当做怎么样，除非不豫呢？意思是我没有别的法子，必要不豫，就是必要忧愁。"予想这个讲法是对的。平常注解说："为什么我该当不豫呢？"意思是孟子因为天命属于自己，他安慰自己而满足不忧愁，予想这个讲法误会孟子的本意。在本文充虞说孟子有不豫悦之面色，孟子不回他说我到底未曾不豫，乃孟子应许自己实在不豫悦，看上文注解。所以予想雷格氏的讲法是对的，孟子说："我自然不豫。"

第十四章　第一节孟子去齐，居休。公孙丑问曰："仕而不受禄，古之道乎？"二节曰："非也。于崇，吾得见王。退而有去志，不欲变，故不受也。三节继而有师命，不可以请。久于齐，非我志也。"

第十四章　第一节孟子离开齐国而去，居住于休。休是地名，在现今山东兖州府滕县内。公孙丑问说："做官而不受俸禄，本文仕字，意思是做官。古之道是这样么？"二节〇孟子说："不是。当日在崇，我始得见齐王。崇是地名。我退回的时候我已经有去齐国的志意，而且因为我不欲改变这个志意，故此我不受俸禄。三节〇继而有师旅的命令，师旅，是兵丁，王叫起兵打仗。〇别的讲法，是王命令孟子做师以劝教帮助王，解释赵氏注者说这个讲法，雷格氏想也是可以的。所以我不可以请去。乃我这样久留于齐国，这不是我本来的志意。"

孟子集注卷五

滕文公章句上　凡五章。

第一章　第一节滕文公为世子，将之楚，过宋而见孟子。二节孟子道性善，言必称尧、舜。三节世子自楚反，复见孟子。孟子曰："世子疑吾言乎？夫道一而已矣。四节成覸谓齐景公曰：'彼丈夫也，我丈夫也，吾何畏彼哉？'颜渊曰：'舜何人也？予何人也？有为者亦若是。'公明仪曰：'文王我师也，周公岂欺我哉？'五节今滕，绝长补短，将五十里也，犹可以为善国。《书》曰：'若药不瞑眩，厥疾不瘳。'"

第一章　第一节滕文公做世子的时候，世子，是国君的太子，是希望世世不绝的意思。将往楚国去，他就经过宋国而见孟子。滕国南边的地方和楚国交界，由滕国到楚国不要经过宋国。此回世子绕路向西南行三百五十余里过宋国，是因为孟子在那里的缘故，他这样尊敬孟子。二节〇孟子对他论说性善的意思，论说的时候他常常称赞尧、舜。称赞尧、舜以证明性善之意。三节〇世子由楚国回来的时候，复见孟子。孟子向世子说："世子疑惑我的话么？道只是一没有别的。四节〇以前成覸告诉齐景公说：'成覸，齐国的人。彼丈夫也，彼是贤人圣人。我丈夫也，意思是他们是人，我也是人。我为什么该当畏惧他们呢？'以前颜渊说：'舜何人也？予何人也？有作为的人，本文有为者，意思是人若勉力奋进。也能造就像这样。'像舜的样子。以前公明仪说：'公明仪是鲁国的贤人，姓公明，名仪。他是子张的门徒，以后也是曾参的门徒。文王我师也，周公难道以那句话欺我么？'"文王我师也"这句话，是周公说的，意思是周公说："我效法文王。"公明仪说："既然周公说，人能效法文王，难道周公这样的话空虚而不可信的么？"五节〇现今滕国绝长补短扯算起来，绝是截去，补是加添，地土不是方的，若要统算起来，太长的地方要截去，太短的地方要补足，这样可以大概算。将近五十里的地方，犹可以为善国。犹字，意思是虽然是小国，还可以为善国。《书》曰：'《书经·说命篇》。若药不瞑眩,瞑眩,是昏乱之意。人吃利害的药,令人昏乱,俟待昏乱既定,毛病就渐渐痊愈。厥疾不瘳。'"厥字,是其字的意思,瘳是痊愈。○《书经》说:"倘若人所吃的药,不是利害令人昏乱,他的病还是不得痊愈。"这是比方治国倘若不能勇猛向前,还是懒怠守旧,就不足以自立。

第二章 第一节 滕定公薨。世子谓然友曰:"昔者孟子尝与我言于宋,于心终不忘。今也不幸至于大故,吾欲使子问于孟子,然后行事。"二节 然友之邹问于孟子。孟子曰:"不亦善乎!亲丧固所自尽也。曾子曰:'生,事之以礼;死,葬之以礼,祭之以礼,可谓孝矣。'诸侯之礼,吾未之学也;虽然,吾尝闻之矣。三年之丧,齐疏之服,饘粥之食,自天子达于庶人,三代共之。"三节 然友反命,定为三年之丧。父兄百官皆不欲,曰:"吾宗国鲁先君莫之行,吾先君亦莫之行也,至于子之身而反之,不可。且《志》曰:'丧祭从先祖。'"曰:"吾有所受之也。"四节 谓然友曰:"吾他日未尝学问,好驰马试剑。今也父兄百官不我足也,恐其不能尽于大事,子为我问孟子。"然友复之邹问孟子。孟子曰:"然。不可以他求者也。孔子曰:'君薨,听于冢宰。歠粥,面深墨。即位而哭,百官有司,莫敢不哀,先之也。'上有好者,下必有甚焉者矣。'君子之德,风也;小人之德,草也。草尚之风必偃。'是在世子。"五节 然友反命。世子曰:"然。是诚在我。"五月居庐,未有命戒。百官族人可谓曰知。及至葬,四方来观之,颜色之戚,哭泣之哀,吊者大悦。

第二章 第一节 滕定公薨了。国君去世称为薨。世子告诉然友说:"世子是滕文公,然友是世子的师傅。以前孟子曾与我谈道于宋国,我记念在心里终不忘记。现今不幸至于遭遇丧事的大故,我欲使子问于孟子,然后举行丧礼。"二节 ○然友到了邹国请问于孟子。孟子说:"世子使你问这个事这不是好意思么!人遭着亲的丧事果然竭尽自己的真情到极处。比较《论语·子张第十九》第十七章,曾子说:'人未有自致者也,必也亲丧乎。'意思是人虽论别的事,未致尽了他们的真情到极处,然丧父母的时候,他们必定要致尽。以前曾子说:'父母生存的时候,要按礼事奉他们;父母去世以后,要按礼埋葬他们,又要按礼献祭于他们,看《论语·为政第二》第五章三节,本来是孔夫子的话。这样就可以说是孝道。'上文按孟子是曾子的话。诸侯的丧礼,我没有详细习学;虽然,乃我曾听闻了。行三年之丧,穿齐疏之服,这是麻衣。齐是衣服的下缝,缉过的称为齐衰,没有缉过的称为斩衰。○疏是粗布。○世子实在该当穿斩衰,不该当穿齐衰。孟子说齐疏之服,是大概论的。○衰是丧服,论齐衰两个字,看《论语·子罕第九》第九章。吃饘粥之食,杨雄《方言》薄粥称为饘。○按《礼记·居丧之礼》:"父母去世三日,儿子始喝粥;埋葬之后,儿子始吃粗饭。"自天下达于庶人都做那样,并夏、商、周三代通共从这个礼。"比较《论语·阳货第十七》第二十一章。[三节]○然友把孟子的言语回复世子，本文反命两个字，意思是他告诉世子，世子的命令得了什么回信。世子就定为三年之丧。乃他的父兄百官皆不情愿这样行，父兄，是同姓的老臣。他们就说："我们的宗国鲁国的先君没有行这样的礼，朱注："滕国和鲁国，皆是文王的后人。而鲁国的周公最长，别的兄弟之国，都崇奉周公为宗，所以滕国的人，称鲁国为宗国。"我们的先君也没有行这样的礼，滕国第一代的先君名叔绣。○这里所说的先君，是周公叔绣后来的君。至于子之身，意思是你。而反背先君所行的，一定不可以。并且《志》上吩咐说：'丧祭从先祖。'"意思是该当跟从先祖。仿佛先祖说："吾有所受之也。"《志》上那句话，说这句话的意思是仿佛那先祖说我们自己受了那个礼，从我们的祖宗传下来。[四节]○世子告诉然友说："我以前的时候，未曾专务学问，喜好驰马，并喜好试剑。剑是兵器，试是操练。现今父兄百官不以我满足其意，我恐怕于这桩大事不能尽我的本分，你替我再往请问孟子。"是问他自己该当怎样自尽其心，叫父兄百官不议论。然友复往邹国请问于孟子。孟子说："既然如此，乃世子不可以求于别的人。意思说一个最好的方法，不可以求于别的人，乃该当都求于自己。○比较《论语·卫灵公第十五》第二十章说的，"君子求诸己，小人求诸人"。又看《中庸》十四章五节。以前孔子说：'君薨了，百官听命于冢宰。比较《论语·宪问第十四》第四十二章二节说的，"君薨，百官总己以听于冢宰三年"。嗣君自己喝粥，本文歠字是喝。颜面现出深墨的色。他就往丧位而哭泣，百官有司他们没有一个敢不哀恸，因为嗣君先导他们。'大凡在上的所好的，在下的必加倍甚好那个。上文几句话，孟子说他引孔夫子的言语，《论语》未记这话，想是不全备。'因为君子的德是如同风，小人的德是如同草。草上若经风一吹草必偃倒。'上文是孔子的话，比较《颜渊第十二》第十九章。今日这个事是在于世子自己。"在于世子自尽其真情。[五节]○然友又把孟子的话回复世子。世子说："是的，今日这个事真在于我自己。"他就决意行三年之丧。他就五个月居于倚庐，倚庐，是中门外东墙下，倚木为庐。《礼记·丧大记》："父母之丧，居于倚庐，不关丧事，他不说话。"○比较《宪问第十四》第四十三章。未有命令或戒言，百官并族人可谓曰知。这本文恐有错误。○雷格氏翻译曰："可为知礼。他们说可谓世子知礼。"及至埋葬的时候，四方的人来观看世子行丧礼，世子的颜色现出悲戚的样子，世子哭泣现出哀伤的样子，吊丧的人皆大悦。吊丧的人，是别国的国君或臣子。

第三章　[第一节]滕文公问为国。[二节]孟子曰："民事不可缓也。《诗》云：'昼尔于茅，宵尔索绹；亟其乘屋，其始播百谷。'[三节]民之为道也，有恒产者有恒心，无恒产者无恒心。苟无恒心，放辟邪侈，无不为已。及陷乎罪，然后从而刑之，是罔民也。焉有仁人在位，罔民而可为也？[四节]是故贤君必恭俭礼下，取于民有制。[五节]阳虎曰：'为富不仁矣，为仁不富矣。'[六节]夏后氏五十而贡，殷人七十而助，周人百亩而彻，其实皆什一也。彻者，彻也；助者，藉也。[七节]龙子曰：

‘治地莫善于助，莫不善于贡。贡者校数岁之中以为常。乐岁，粒米狼戾，多取之而不为虐，则寡取之；凶年，粪其田而不足，则必取盈焉。为民父母，使民盻盻然，将终岁勤动，不得以养其父母，又称贷而益之。使老稚转乎沟壑，恶在其为民父母也？’八节夫世禄，滕固行之矣。九节《诗》云：‘雨我公田，遂及我私。’惟助为有公田。由此观之，虽周亦助也。十节设为庠序学校以教之：庠者，养也；校者，教也；序者，射也。夏曰校，殷曰序，周曰庠，学则三代共之，皆所以明人伦也。人伦明于上，小民亲于下。十一节有王者起，必来取法，是为王者师也。十二节《诗》云‘周虽旧邦，其命惟新’，文王之谓也。子力行之，亦以新子之国。”十三节使毕战问井地。孟子曰：“子之君将行仁政，选择而使子，子必勉之！夫仁政，必自经界始。经界不正，井地不钧，谷禄不平。是故暴君污吏必慢其经界。经界既正，分田制禄可坐而定也。十四节夫滕壤地褊小，将为君子焉，将为野人焉。无君子莫治野人，无野人莫养君子。十五节请野九一而助，国中什一使自赋。十六节卿以下必有圭田，圭田五十亩。十七节余夫二十五亩。十八节死徙无出乡，乡田同井。出入相友，守望相助，疾病相扶持，则百姓亲睦。十九节方里而井，井九百亩，其中为公田。八家皆私百亩，同养公田。公事毕，然后敢治私事，所以别野人也。二十节此其大略也。若夫润泽之，则在君与子矣。”

第三章 第一节滕文公问于孟子，论治理国家。二节〇孟子说：“民人的农事不可以缓忽。缓忽是轻看。《诗》云：‘《诗经·豳风·七月》之篇。昼尔于茅，昼是日里，尔是你，于是去采取，茅是茅草。宵尔索绹；宵是夜里，索是绞，就是把绪串合在一块儿，绹是绳索。亟其乘屋，亟是急，乘是升。〇周公述农夫自己警戒家人说，日里你去采取茅草，夜里你绞绳索，而后你们要趁紧升上屋修理房屋。其始播百谷。’不久我们必须再始播种百谷。〇他说：“我们的工夫不多，明年快到，那时候我们必再出去做庄稼，所以现在冬天的时候，要趁紧修理房屋。”〇引这个诗篇是表明农事最重。三节〇民之为道，意思是民之为民，就是民人的禀性。倘若有恒产，他们就有恒心；乃倘若没有恒产，他们就没有恒心。倘若没有恒心，他们就放纵，并偏僻，并邪曲，并侈肆，无所不为。乃及至他们陷落了于罪，然后从而刑戮他们，从字是追究的意思。这是网罗百姓了。是拐骗笼络他们，好像引诱野兽入网罗一般。若有仁人在位，怎么样可以做网罗百姓那个事么？看《梁惠王上》第七章二十节。四节〇这样所以贤君必持守着恭，并持守着俭，他以礼接待臣下，他取于民有节制。五节〇以前阳虎说：‘阳虎是鲁国季氏的家臣，看《论语·阳货第十七》第一章。为富不仁矣，专务为富，这样的人不能得仁。为仁不富矣。’专务为仁，这样的人不能得富。〇阳虎本来的意思是不好，他不愿意行仁，因为行仁的不能得富。乃孟子引他的话，只是要表明贪财并行仁，不能相兼并。六节〇夏后氏五十而贡，夏朝的时候，百姓一家付给五十亩田，每一家按照五亩所收获的取他们的税，这称为贡法。贡字的意思,是在下者贡献于在上者。殷人七十而助,殷朝的人,设立井田的制度,以六百三十亩田分为九区,每区七十亩,中间一区是公田,旁边八区是私田,一家付给私田一区,八家彼此帮助耕公田,这个称为助法。周人百亩而彻,周朝用井田之法,八家同一井,一井共计九百亩。中间一百亩是国君的公田,八家各家皆得一百亩田,八家同力耕种公田并私田,所收的谷子,十分中拿一分归于国君,八家就平分那九分,这个称为彻法。〇比较《论语·颜渊第十二》第九章,又看《孟子·梁惠王上》第三章四节,《梁惠王下》五章三节,《公孙丑上》五章四节。查考贡法、助法、彻法的真实的光景,皆是十分中取一分。彻法这个名目意思是彻,彻字,是通共的意思,就是通共出力,并均分所收的谷。助法这个名目意思是藉。藉字,按朱注是借字的意思。雷格氏翻译云:"助法意思是百姓彼此倚赖以同力耕公田。"七节〇古人龙子说:'龙子,古时的贤人,名穆。列子云:"龙子一称龙叔。"治地分田的法子,没有好过那助法,没有坏过那贡法。本文不善是坏。贡法是较量数岁之中定为取粮之常数。意思是把数岁较量一个不丰不凶之中道,以为取粮之常数,这样以后不问丰年凶年,皆取一定的额数。〇本文校字,是较量的意思。丰乐年岁的时候,粒米狼藉狠多,本文狼戾,是狼藉的意思,就是很多。我想虽然多取些不算为暴虐,因为粒米很多。乃若用那贡法实在是寡少取的;乃凶荒年岁的时候,所收的粒米还不足以赔偿粪其田的费,乃若用那贡法,也必取盈满之数。若为民的父母,就是国君。使百姓盻盻然,盻盻然,是百姓怒目而视在上的人。叫他们将终年的勤动,意思是叫他们虽然把一年的劳苦所收的。还不能得所以养其父母,又叫他们举行借贷以完足贡法之盈数。意思是百姓不能奉养父母。而且若他们必须献奉贡法之盈数,他们就没有法子,必借钱于别人,这样他们的负累,日日加多。〇本文益字,是完足的意思。以致使令年老的人、稚弱的人饥饿辗转而死于沟壑里,到了这样的光景,那个国君怎样做百姓的父母呢?'八节〇夫世禄的制度,世禄,是若先人有功劳的,他的子孙世世享受俸禄,就是国君赐给他们土田,他们享受公田所入的。〇世禄出于公田,这个世禄的制度和助法相干涉。〇看《梁惠王下》五章三节。滕国已经举行了。意思是既然行了世禄,也该当行助法。九节〇《诗》云:'《诗经·小雅·大田》之篇。雨我公田,雨是降雨,公田是井田中间的一区,属国家的,所以称为公田。遂及我私。'私是私田,就是井田四旁的八区田,就是八家所耕的。〇诗人述农夫之言说道:"我们盼望天降雨到公田,以后也遍及到我们的私田。"惟独助法有公田。贡法没有公田。按照这个诗句观看起来,连周朝也遵行助法。本文虽字,意思是虽然我周朝的法度斟酌到完全的地步,而未曾改变助法,可见周朝的先王也看那个助法为顶好的法子。十节〇设立庠序学校以教训百姓:庠序、学校俱是学堂的名目。庠的这个名目意思是养也,以养老为宗旨。校的这个名目意思是教也,以教人修德为宗旨。序的这个名目意思是射也。以习射为宗旨。〇这三种是小学堂。夏朝用校为名目,殷朝用序为名目,周朝用庠为名目,至于那学,就是大学堂。三代都用这个,《礼记·王制》说:"虞舜的时候有庠,夏朝的时候有序,殷朝的时候有学,周朝的时候有东胶,并虞庠。"这与孟子所说的不相合。这皆所以明人伦的。朱

注:“父子有亲,君臣有义,夫妇有别,长幼有序,朋友有信,这是人之大伦。庠序学校,皆所以发明这个道理,没有别的。”倘若国君这样把人伦的道理发明于上,那小民就自然亲爱于下。十一节〇这样倘若有一个王者起来,他必要来从你取法,这样你将要做王者的师。十二节〇《诗》云:‘《诗经·大雅·文王》之篇。周虽旧邦,其命维新’,意思是周家立邦虽是很古的,就是文王以前一千年开基,然文王新受了天命。〇比较《大学》二章三节。这是赞美文王说的。你倘若奋勇力行那教民养民的善法,你也可以新你的国度。”十三节〇滕文公使令毕战问于孟子,论井地。毕战是滕国的臣子。孟子说:“你的君将要行仁政,他于众臣中间选择了而使令你,所以你必须勉之!意思是你必须尽心尽力以帮助你的君。这个仁政必从经界做起。朱注:“经界是经画那沟途封植之界。”〇沟是水界。〇途是陆地的界,包括道路在内。〇封是土堆,所以记里数的,称为堠,五里一堠。〇植是种植树木的界限。〇经画丈量了使彼此的界限,并公私的界限,分明不乱。倘若经界不正,井地就不能均,经界既不正,这样公田、私田,没有一定的界限,井地就不能均。并且谷禄就不能平。田地既不均,这样谷禄也不平。〇谷禄是抽取公田中所入的谷以为臣子的俸禄。这样所以暴虐的国君,并贪污的官吏,他们必定轻慢其经界。他们废弃经界之法,他们的计谋是要侵占田地,多取钱粮。倘若经界既正了,论那分田并制禄,国君可以安坐而定。若田界清楚了,定归分田并制禄,是容易的事。十四节〇滕国的壤地虽然褊小,然国度之中殆必有君子,殆必有野人。本文将字,是殆字的意思。倘若无君子就没有人治理野人,倘若无野人就没有人养君子。十五节〇请于都鄙之野用九一而助,都鄙,是距国都远的地方。〇用九一而助,意思是在那远的地方,要用井田之法,就是定九区之中间的田为公田,叫野人同力彼此帮助耕那个公田,而把公田所供入的给君子为俸禄,所余的八区,野人八家自己各耕一区为私田。请于国中乡遂之地什一使自赋。什一两个字,意思是十分中取一分。乡遂之地,是靠近国都的地方。在乡遂之地,不便用井田之法,所以要分田给野人,而叫他们十分之中把一分献于君子,而野人自受其九分,若国家十分中取一分,是仿佛行贡法。十六节〇从卿以下必有圭田赐给他们,卿以下,是卿并卿底下的官。〇圭字,是洁字的意思,用这个圭字,意思是因为臣子的先人的德行洁白。〇这是他们所受的平常俸禄之外国君赐给臣子,那圭田为预备祭祀的费用。圭田的数目是五十亩。十七节〇余夫的田该当于二十五亩。一家算父亲、母亲、长子,并妻,并儿女,大概七八口,他们受一百亩。若父亲另外有儿子,就称他们为余夫。他们十六岁的时候,另受二十五亩田,以后若他们娶妻有家,他们也受百亩。十八节〇若要埋葬死人,或若要移徙搬家,他们都不出本乡之外,本乡田同井的八家。他们或出或入都相友,他们或守或望守望是防备盗贼。都相帮助,他们有了疾病都相扶持,这样百姓们就亲睦了。亲睦,是亲爱而和睦。十九节〇方一里的地就是一井,一井共计有九百亩,一井九区,每区一百亩,此是周朝的制度。〇有人说,夏朝的五十亩,殷朝的七十亩,是与周朝的一百亩一样大的。中间的百亩为公田。八家皆私受百亩,他们八家同力培养那公田。公事完毕了,公事,是八家同耕公田之事。然后他们敢

治理私事，私事，是八家自己耕种私田。这样是所以分别野人。平常注解说："是分别野人异于君子。"予想孟子的本意，指十五节所说的，他的意思是这样分别野人与国中的人。论待野人要用井田之法，论待国中的人要用贡法。二十节〇这所说的不过是大略。若论到因时润泽，润泽，是按照时务，斟酌变通。润是软而不硬，泽是滑而不滞的意思。这就是在于君与你。"

第四章 第一节有为神农之言者许行，自楚之滕，踵门而告文公曰："远方之人闻君行仁政，愿受一廛而为氓。"文公与之处，其徒数十人，皆衣褐，捆屦、织席以为食。二节陈良之徒陈相与其弟辛，负耒耜而自宋之滕，曰："闻君行圣人之政，是亦圣人也，愿为圣人氓。"三节陈相见许行而大悦，尽弃其学而学焉。陈相见孟子，道许行之言曰："滕君，则诚贤君也；虽然，未闻道也。贤者与民并耕而食，饔飧而治。今也滕有仓廪府库，则是厉民而以自养也，恶得贤？"四节孟子曰："许子必种粟而后食乎？"曰："然。""许子必织布而后衣乎？"曰："否。许子衣褐。""许子冠乎？"曰："冠。"曰："奚冠？"曰："冠素。"曰："自织之与？"曰："否。以粟易之。"曰："许子奚为不自织？"曰："害于耕。"曰："许子以釜甑爨，以铁耕乎？"曰："然。""自为之与？"曰："否。以粟易之。"五节"以粟易械器者，不为厉陶冶；陶冶亦以其械器易粟者，岂为厉农夫哉？且许子何不为陶冶，舍皆取诸其宫中而用之？何为纷纷然与百工交易？何许子之不惮烦？"曰："百工之事，固不可耕且为也。"六节"然则治天下独可耕且为与？有大人之事，有小人之事。且一人之身，而百工之所为备。如必自为而后用之，是率天下而路也。故曰：或劳心，或劳力；劳心者治人，劳力者治于人；治于人者食人，治人者食于人：天下之通义也。七节当尧之时，天下犹未平，洪水横流，泛滥于天下。草木畅茂，禽兽繁殖，五谷不登，禽兽逼人。兽蹄鸟迹之道，交于中国。尧独忧之，举舜而敷治焉。舜使益掌火，益烈山泽而焚之，禽兽逃匿。禹疏九河，瀹济、漯，而注诸海；决汝、汉，排淮、泗，而注之江，然后中国可得而食也。当是时也，禹八年于外，三过其门而不入，虽欲耕，得乎？八节后稷教民稼穑。树艺五谷，五谷熟而民人育。人之有道也，饱食、暖衣、逸居而无教，则近于禽兽。圣人有忧之，使契为司徒，教以人伦：父子有亲，君臣有义，夫妇有别，长幼有序，朋友有信。放勋曰：'劳之来之，匡之直之，辅之翼之，使自得之，又从而振德之。'圣人之忧民如此，而暇耕乎？九节尧以不得舜为己忧，舜以不得禹、皋陶为己忧。夫以百亩之不易为己忧者，农夫也。十节分人以财谓之惠，教人以善谓之忠，为天下得人者谓之仁。是故以天下与人易，为天下得人难。十一节孔子曰：'大哉尧之为君！惟天为大，惟尧则之，荡荡乎民无能名焉！

君哉舜也！巍巍乎有天下而不与焉！'尧、舜之治天下，岂无所用其心哉？亦不用于耕耳。十二节吾闻用夏变夷者，未闻变于夷者也。陈良，楚产也。悦周公、仲尼之道，北学于中国。北方之学者，未能或之先也。彼所谓豪杰之士也。子之兄弟事之数十年，师死而遂倍之。十三节昔者孔子没，三年之外，门人治任将归，入揖于子贡，相向而哭，皆失声，然后归。子贡反，筑室于场，独居三年，然后归。他日，子夏、子张、子游以有若似圣人，欲以所事孔子事之，强曾子。曾子曰：'不可。江、汉以濯之，秋阳以暴之，皓皓乎不可尚已。'十四节今也南蛮鴃舌之人，非先王之道，子倍子之师而学之，亦异于曾子矣。十五节吾闻出于幽谷迁于乔木者，未闻下乔木而入于幽谷者。十六节《鲁颂》曰：'戎狄是膺，荆、舒是惩。'周公方且膺之，子是之学，亦为不善变矣。"十七节"从许子之道，则市贾不贰，国中无伪。虽使五尺之童适市，莫之或欺。布帛长短同，则贾相若；麻缕丝絮轻重同，则贾相若；五谷多寡同，则贾相若；屦大小同，则贾相若。"十八节曰："夫物之不齐，物之情也；或相倍蓰，或相什伯，或相千万。子比而同之，是乱天下也。巨屦小屦同贾，人岂为之哉？从许子之道，相率而为伪者也，恶能治国家？"

第四章　第一节有假托神农氏之言者许行，姓许名行，楚国的人。○神农氏，是太古时候的君，姓姜，他教训百姓耕种，故此称为神农氏。由楚国往滕国来，踵门而告诉文公说："踵，至也。我远方的人听闻了君行仁政，我情愿受一廛之处而为君的氓。"氓是从异邦来的民。○廛是民所居住的。文公给他所居之处，他的门徒数十人，皆穿毛布之褐，他们都捆椓屦捆椓，是扣椓。○麻做的鞋子称为屦，草做的称为扉，皮做的称为履。他们又织席，席是莞蒲做的，可以卷起，也可以放开。卖以供食。意思是糊口。二节○陈良的门徒陈相和他的弟郎辛，陈良，是楚国的儒者；陈相，是宋国的人，陈相的弟郎，名辛。背负着耒耜由宋国往滕国来，他们告诉文公说："我们听闻了君行圣人的政事，这样君自己是一个圣人，我们情愿做圣人的氓。"三节○陈相看见了许行就大喜悦，他就尽丢弃本来所学过的而学许行的道。陈相见孟子就称道许行所论之言，说："滕君真是一个贤君；虽然，可惜未曾闻太古之真道。贤者该当自己和百姓们并耕以供自己的食，自己该当煮早饭、晚饭，本文饔字，是早饭；飧字，是晚饭。按雷格氏云："这两个字在这里必有意思预备或煮那早饭、晚饭。"而一块儿要治理民事。意思是国君该当和百姓们同受辛苦，也做耕种的事，并自己烧饭而兼治理民事。现今滕国的君有仓廪府库，仓是收藏米的，廪是收藏粟的，府是收藏财宝的，库是收藏兵器的。这样是厉民以养自己了，怎样他可以算为贤呢？"四节○孟子问陈相说："许子恐怕必自己种粟而后吃么？"陈相说："是的。"孟子又问说："许子恐怕必自己织布而后用为衣服么？"陈相说："不是。许子穿毛布之褐。"孟子说："许子戴冠么？”冠是帽子。陈相说：“他戴冠。”孟子说：“他戴的什么样的冠？”陈相说：“戴的冠是朴素的。”朴素是俭薄的意思。孟子说：“是他自己织的么？”陈相说：“不是。他拿自己的粟换易冠。”孟子说：“许子为什么不自己织冠呢？”陈相说：“因为若自己织冠这就妨害耕田的事。”孟子说：“许子恐怕用釜并甑烧火炊爨，釜是铁做的，用以烹煮食物；甑是窑里烧成的东西，用甑烧火以蒸煮食物；炊爨就是烧火以蒸煮食物的意思。并且他用铁器耕田么？”铁器，是庄稼汉耕田所用的东西，或是耜，或是铫。陈相说：“是的。”孟子说：“这个釜甑并铁器果是他自己做的么？”陈相说：“不是。他拿自己的粟换易这些东西。”五节〇孟子说：“这样农夫拿自己的粟换易械器，不算是厉病陶人、冶人；陶人，是烧窑的人，就是造甑的工匠；冶人，是铸铁的人，就是造釜并造田器的工匠。陶人、冶人也拿自己的械器换易粟，难道这样就算是厉病农夫么？且许子为什么不自己做陶人、冶人，把一切需用的物皆只取于自己的宫中而用呢？本文舍字，是止字的意思，就是只。为什么他纷纷然和百工们交易？为什么许子不惮这样烦琐呢？”意思是为什么他不怕这样费事呢？陈相说：“若做百工的事的人，实在不可另外做耕种的事。”两件事不能在一块儿做。六节〇孟子说：“既然如此，难道治天下独可以与那耕田在一块儿兼做么？有大人之事，有小人之事。并且一人之身须用百工之所造的东西件件不可缺少。本文备字，是件件不可缺少的意思。假如他必须自己造作而后用，这样是叫天下的人奔走道路了。意思是叫他们没有一点安歇。故此古语说：或劳心，或劳力；劳心者治人，劳力者治于人；治于人意思是被人治理；治于人者食人，意思是被治理的百姓奉养君子。治人者食于人。意思是治理百姓的君子，他们被人奉养。这是天下的通义。义是合宜的理，通义是通行之义。〇这一句也关今世之时务很要紧。因为在现今之各国内，必有劳心者，必有劳力者。劳力者奉养劳心者，乃劳心者治理保护教化劳力者。两种人彼此倚赖，那个不能轻看这个，这个不能轻看那个。比如身子是一个，肢体却有许多。然而肢体虽多，只成一个身子，眼睛不能对耳说，我用不着你；头也不能对脚说，我用不着你。但身上看为软弱的肢体，用处更是要紧的。假如一个肢体受苦，所有的肢体一同受苦；一个肢体得着荣耀，所有的肢体一同快乐。七节〇当帝尧的那个时候，天下还未曾平治，洪水横流，横流是洪水散漫乱流。泛滥漫溢于天下。泛滥，是乱流的样子。草木条畅而茂盛，禽兽繁多而长殖，五谷不得成熟，五谷是稻、黍、稷、麦、菽。〇本文登字，是成熟的意思。因为洪水没有耕种的地方，所以五谷不得成熟。禽兽逼近于人民。兽蹄鸟迹的路，交杂于中国。本文道字是路。帝尧独忧愁这个大害，他就举大舜而叫他布置治理。本文敷字，是布置的意思。大舜就使令伯益掌火，伯益，是大业的儿子，姓嬴，他帮助大禹治水有功。益就举火烈向山并泽焚烧在那边所有的草木，以致禽兽就逃遁而藏匿。大禹治水疏通九河，朱注：“九河：曰徒骇，曰太史，曰马颊，曰覆釜，曰胡苏，曰简，曰洁，曰钩盘，曰鬲津。”〇疏通是去水的淤，分水的势。并瀹浚那济水、漯水而放注于海；瀹浚是除去水的壅塞。〇济水发源于王屋山，在现今山东。〇漯水，是黄河的支流，由大伾而来。大禹也决那汝水、汉水，决是除去水的淤塞。○汝水从河南天息山发源，流到蔡州与淮水相合。○汉水发源于嶓冢山，向东流到汉口的大别山与江水相合。他也排那淮水、泗水，排是除去水的淤塞。○淮水发源于胎簪山。○泗水发源于陪尾山，向南流到下邳，与淮水相合。而放注于江，这样然后中国的人才得有饭吃。洪水既平，有地方可以耕种，百姓才有饭吃。当那个时候，大禹八年的功夫在外边，而且他虽三回经过他的家门然他不进去，那时候连设若他欲耕田做庄稼，难道他能够么？八节 ○后稷教民稼穑的事体。后稷名弃，周朝的祖宗。○后稷是管理庄稼的官。○稼是耕种，穑是收敛。树艺五谷，树艺是栽种。五谷成熟了而民人就足以过日子。本文育字，意思是他们得着所以养生。人之有道，意思是人人的禀性是。○比较三章三节说的民之为道也。本文的说法是一样。若只叫他们饱食暖衣并逸居而无教，这样他们就近于禽兽。去禽兽不远。圣人是大舜。因为这个事在心里忧愁，使契做司徒，契是帝喾的儿子，成汤的祖宗。○司徒是掌教之官。使他教训百姓们以人伦的道理：就是父子有亲、君臣有义、夫妇有别、长幼有序、朋友有信。放勋放是大，勋是功劳。这是史臣赞美尧的话，以后就作尧的号。告诉契说：'劳之意思是该当劝勉并训慰百姓。来之，该当引导百姓。匡之该当改正百姓。直之，意思是使百姓的行为梗直。辅之是辅助他们。翼之，意思是仿佛给他们翅膀，叫他们能疾速前进。使他们能持守自己，又该当从而振作并加惠于他们。'振作是激动的意思。○本文德字，是加惠的意思。○以上是尧的话，下文是孟子说的。圣人既然为百姓这样忧虑，难道他们还有闲暇耕田呢？九节 ○尧看不得舜为自己的忧愁，舜看不得禹、皋陶为自己的忧愁。乃若一个人看百亩之不治理为自己的忧愁，他只是农夫。看上文六节说的，有大人之事，有小人之事。十节 ○把财分给人这个事称为惠，以善教训人这个事称为忠，得一个于天下有益的人，这个事称为仁。故此把天下付给人这是容易，得一个于天下有益的人这是难。十一节 ○以前孔子说：'大哉尧之做皇帝！惟天是大的，惟尧则效天，荡荡乎意思是他的德性是广远的。民不能名言他的德性！君哉舜也！意思是他实在是君。巍巍乎就是高高的样子。有了天下而他欲仿佛不与分！'意思是他觉得没有什么难处。○本文不与，朱注云："言其不以位为乐。"○这以上是孔子的话，比较《论语·泰伯第八》第十八章、第十九章。这样尧、舜之治天下，难道他们无所用其心么？但他们不用其心于耕田阿！十二节 ○我听闻了人用华夏的道改变蛮夷，我未曾听闻人被改变于蛮夷之道。本文夏字，是中国夷字，指孟子那时候的异邦人。那时候的夷是东夷，住在今时山东省的东方莱州等地。○看《书经·禹贡》："莱夷，作牧。"陈良他生产于楚国。他喜悦周公并仲尼之道，他由南方向北方来就学于中国。北方一切的学者没有一个人能够胜过他。本文先字，是胜过的意思。他真是人所说的一个豪杰之士。你和你的弟兄们事奉他数十年的工夫，乃师死之后你们立刻就背叛他。十三节 ○以前孔子去世，本文没字是去世。三年以后，朱注："古时候先生死了，学生心丧三年。"心丧就是心里悲哀的意思，像丧父一般，但没有服制。门人就治理行李将归家，将字意思是预备。○本文任字，是行李担子。○他们在孔子的坟墓那里居住了三年，以后因为心丧三年的时候已足，他们就归家。他们进去向子贡作揖，他们因为子贡主理丧事，所以向子贡作揖，告诉离别的意思。他们彼此相对而哭泣，皆失声，本文向字，是对。○失声是很悲哀。然后他们归家。乃子贡反复盖造庐舍于坛场之上，本文筑字，是盖造；室字，是庐舍。他独一个人居住了三年，子贡不忍离去，他看守坟墓比他们多历三年。然后归家。别的时候，子夏、子游、子张心里想有若的气象好似圣人，有若是孔子的门徒。欲按照事奉孔子的礼貌事奉有若，他们做这个，欲安慰自己思想孔子之意。他们欲勉强曾子同做这个事。曾子说：'不可。江、汉以濯之，江是长江，汉是汉水，这不是寻常的水；濯是洗濯。○这是比方的话，意思是孔子的道德纯粹清洁，好像江水、汉水洗濯过的布帛。秋阳以暴之，秋阳是秋天的太阳，秋天的太阳很猛烈。暴是曝晒。○意思是孔子的道德明朗干净，好像秋天的太阳曝晒过的物。皓皓乎不可尚已。'皓皓乎是洁白的样子，尚是加。○意思是孔子的道德是最洁白，不可加于他之上。○曾子说这话，是表明孔子的道德很大，不是有若所能够比较。十四节○现今那个南蛮鴃舌之人，蛮、夷、戎、狄，那时候住在中国外边，蛮住在南边，孟子称许行为南蛮，因为他从楚国来的。○鴃就是鵙鸟。《礼记·月令》"仲夏，鵙始鸣"注：鵙鸟鸣叫应着属阴的时候。○鴃鸟的声音不好听，孟子厌弃那个许行，说他是鴃舌之人。他的道不是先王之道，你背畔你的师而跟从他学习，你这样的行为与曾子不同。曾子不情愿事奉似圣之有若，陈相乃情愿事奉非圣之许行，所以说他异于曾子。十五节○我听闻了有鸟出于幽谷，《诗经·小雅·伐木》之篇。○幽谷，是幽暗之谷，是卑下之处。迁于乔木，乔木是高耸之木。○诗人说，鸟从幽谷里出来，迁到那乔木的高处。乃我未曾听闻了有鸟降下乔木而入于幽谷。十六节○《鲁颂》说：'《诗经·鲁颂·閟宫》之篇。戎、狄是膺，戎是西戎，狄是北狄，膺是攻击，意思是他攻击西戎、北狄。荆、舒是惩。'荆是楚国，舒是舒国，舒国靠近楚国。惩是惩治，就是征伐的意思。○意思是他征伐荆楚、舒国。○诗本意是赞美鲁僖公，孟子想是论周公说的。这样周公方且膺击他，意思是周公必要攻击他。乃你跟从这个人学习，你改变的实在不好。"十七节○陈相说："若人人跟从许子之道，市中就不二价，国中就不诈伪。使五尺之童子往市中去，意思是叫他买物件。○五尺之童大概是十二岁的孩子，看《论语·泰伯第八》第六章。也没有一个人欺骗他。而且布并帛若尺寸的长短是相同，那价钱就相等；本文相若，是相等。○意思是长的与长的是一样的价目，短的与短的是一样的价目。○只是布与布，帛与帛一样的价目，不是布与帛一样的价目。麻缕丝絮，若斤两的轻重相同，未曾绩的称为麻，已经治的称为缕，丝是蚕所吐的，细丝称为绵，败绵称为絮。价钱就相等；五谷若斗斛的多寡相同，那价钱就相等；屦若模样大小相同，那价钱就相等。"十八节○孟子说："一切物的精粗不齐，这是物本来的情；情是自然的实理。若彼此比较起来，有东西与别的东西或相去一倍五倍，本文蓰字，是五倍。○意思是有东西胜过别的东西一倍或五倍多。或相去十倍百倍，或相去千倍万倍。倘若你叫各类之物平等而价钱相同，这是扰乱天下。意思是勉强齐价，则物失其分，物失其分，则天下各物乱了。

设若巨屦的价钱同于小屦的价钱，什么人肯做巨的呢？陈相论许行本来不说大屦小屦该当同价。他说一样大的鞋子该当同价，乃他不问或精或粗。若人跟从许子之道，这是彼此率领做诈伪的事，怎能治国家呢？”许行欲齐物价，比较《庄子·齐物论》。

第五章 第一节墨者夷之，因徐辟而求见孟子。孟子曰：“吾固愿见，今吾尚病，病愈，我且往见，夷子不来！”二节他日又求见孟子。孟子曰：“吾今则可以见矣。不直，则道不见；我且直之。吾闻夷子墨者。墨之治丧也，以薄为其道也。夷子思以易天下，岂以为非是而不贵也？然而夷子葬其亲厚，则是以所贱事亲也。”三节徐子以告夷子。夷子曰：“儒者之道，古之人‘若保赤子’，此言何谓也？之则以为爱无差等，施由亲始。”徐子以告孟子。孟子曰：“夫夷子，信以为人之亲其兄之子为若亲其邻之赤子乎？彼有取尔也。赤子匍匐将入井，非赤子之罪也。且天之生物也，使之一本，而夷子二本故也。四节盖上世尝有不葬其亲者。其亲死，则举而委之于壑。他日过之，狐狸食之，蝇蚋姑嘬之。其颡有泚，睨而不视。夫泚也，非为人泚，中心达于面目。盖归反虆梩而掩之。掩之诚是也，则孝子仁人之掩其亲，亦必有道矣。”五节徐子以告夷子。夷子怃然为间曰：“命之矣。”

第五章 第一节墨者夷之，墨者是习学墨翟之道的人。夷之，姓夷，名之。〇墨子是和孔子同时的人，乃他略后些。孔子的寿数，自（公元前）五百五十一到四百七十九年；孟子的寿数自（公元前）三百七十二到二百八十九年。他因着徐辟而求见孟子。因是倚托的意思，徐辟是孟子的弟子。孟子说：“我本来情愿见他，现今我还有病，俟待我的病痊愈了，我且往去见他，夷子不要再来！”孟子要试他欲真心受教否。二节〇别的日子，夷之又求见孟子。孟子说：“我今日可以见他了。乃若我不直他，朱注：“直，尽言以相正也。”则正道不得发现；我将要直他。本文且字，是将。我听闻了夷子是个墨家的门徒。墨子论治理丧事，以薄为其道。他看俭薄的样子为要紧，一切棺椁等类，概从菲薄。〇《庄子》：“墨子生不歌，死无服，桐棺三寸而无椁。”夷子思想以墨家的道变易天下，难道他看墨子的道为非是而不贵么？意思是他一定不以墨子的道为错误而不贵重。〇本文贵字，是尊崇的意思。然而夷子到底埋葬了他的亲反从很丰厚的样子，这是用墨家所贱恶的礼事奉其亲了。”三节〇徐子把孟子的话告诉夷子。夷子说：“连按照儒者的道，古之人待百姓‘若保赤子’，《书经·康诰》九节，武王教训康叔说：“呜呼！封！（封，就是康叔的名），用刑罚该当有次序不乱”，云云。保护百姓如同保护娃子一样，百姓就安康而平治。〇比较《大学》第九章二节。这句话是什么意思呢？按照之的意思看起来，之字是夷子的名。意思是爱人没有差等，爱人不该当有厚薄的等级。但施行爱心的次序，必须从爹娘起头。”夷子要表明自己厚葬父母的缘故说，爱人该当无差等，乃施行这个理该当从爹娘起头。〇他这样的话，实在是自相矛盾。〇墨子的道以“兼爱”为宗旨，而且这个“兼爱”的意思，是人的爱心不该当有差等。因为墨子自己说：“人不该当别”，就是别差等；墨子说：“别‘非’而‘兼是’。”〇《墨子·兼爱篇》有话说：“姑尝两而进之，谁以为二士，使其一士者执别，使其一士者执兼。是故别士之言曰：‘吾岂能为吾友之身，若为吾身？为吾友之亲，若为吾亲？’是故退睹其友，饥即不食，寒即不衣，疾病不侍养，死丧不葬埋。别士之言若此，行若此。兼士之言不然，行亦不然，曰：‘吾闻为高士于天下者，必为其友之身，若为其身；为其友之亲，若为其亲。然后可以为高士天下。’是故退睹其友，饥则食之，寒则衣之，疾病侍养之，死丧埋葬之。”〇看《墨子》本文；在雷格氏《孟子》序一百十三页。〇若细查上文所引的话，可以晓得墨子实在有那“无别无差等”的道，而且他实在说，人该当为其友之亲。若为其亲，这个道理实在大错了。我们不能而且也不该当看别人的父亲如我们的父亲，别人的孩子如我们的孩子，别人的国如我们的国。〇这也不是基督的道理。而且若今时有人说基督“爱人如己”之道是与墨子“兼爱”之道差不多，这是大错了。他们误会墨子的道，也误会基督的道，差谬很甚。〇“爱人如己”之道，实在是与孔夫子的“恕”道相合。就说，人该当推己及人，该当自己所欲的，也施于人；或己所不欲的，勿施于人；该当泛爱众。看《论语·学而第一》第六章，《颜渊第十二》第二章，《卫灵公第十五》第二十三章，又看《中庸本义官话》第十三章三节注解。乃这个“恕”道不说我们该当“兼爱”，或我们的爱不该当有差等。那个“恕”道，并“爱人如己”之道包括人伦所须要的差等在内。比方若我情愿人按照“恕”道待我的父亲或我的孩子，这个意思不是我欲他们爱我的父亲或孩子，如他们爱自己的父亲或孩子一样；我也不爱他们的父亲或孩子如我爱我的父亲或孩子一样。所以“恕”道并“爱人如己”之道，包括应当有的“差等”在内。基督教也认识爱人之事按照人伦必须有差等。而且因为我们的力量并本领有限，故此我们发现而施行爱众之心，也必须有界限。请看《马太》十五章五节又二十六节，二十六章十至十二节；《加拉太》六章十节；《提摩太前书》五章四节八节；《约翰》十九章二十七节；《以弗所》六章五节；《彼得前书》二章十八节；《提多》二章九节十节；《路加》十七章七至九节；《罗马》十三章一节、七节；《彼得前书》二章十七节；《马太》二十二章二十二节。按照这样看起来，基督教与墨子的道理相反。而且基督教论这一件事实在与孟子的道理相合，学者必要明这个。〇若人疑惑我的话，请看花之安论墨子的道所说的；看九江库牧师所翻译的花之安论墨子的书，在第十六章第四十二页。他也说爱人常有“差等”，这个“差等”必不能废。若爱路人如爱亲一般，是逆性的，真是不合宜的。徐子把夷子的话告诉孟子。孟子说：“难道夷子真以为人疼爱哥郎的娃子只如疼爱邻舍的娃子么？《周书》那个话有所取义。赤子匍匐而行将堕入于井里，匍匐是伏地而走。这不是赤子的罪。真是父母的罪，所以人都要可怜并保护他。如此百姓犯罪，真是君上的过失，君上该当保护百姓如娃子一样。〇孟子说《书经》那句话的本义，就是这个意思，不是国君该当看百姓与自己的娃子平等。夷子看错了，他想墨子“兼爱”之道在《书经》里头。并且上天之生物，物字是人字的意思。使他们有一本，乃夷子叫他们有二本，故此他说这样。人之一本是父母。若墨子说，人该当爱别人如父母一样，是仿佛他叫人有二本，这是他的差谬。[四节] 〇上世的时候，是太古的时候。有人他们不埋葬他的爹娘。那时候未有埋葬之礼。他们的爹娘死了，他们就举爹娘的尸委弃于壑里。壑是山水所趋向的地方。别的日子儿子经过那地方，不是偶然经过，是特意去看，因为儿子不忍忘记。儿子就看见狐狸吃爹娘的尸，狐是妖兽，狸是野猫，有许多种类，有香狸风狸等。而且苍蝇并蚋嘬食他们。苍蝇是虫，蚋是蚊子，楚国称为蚊，秦国、晋国称为蚋，蚊子晚间的时候团聚而鸣叫。〇本文姑字，按朱注，是语助声，没有意思。〇嘬是吃。儿子的颡额之上有汗，本文泚字，是泚然出汗的样子。儿子只斜看而不忍正视。本文睨字是斜看。〇儿子不能不看，又不忍正看，因为心中哀恸。儿子这样泚然出汗，不是因为别人的缘故，中心所有悲哀之情达于面目。他就急速归家把蔂并梩取来反泥土而掩覆爹娘。蔂是土笼，就是装载泥土的篮子；梩是土辇，就是装载泥土的车。若这样掩覆他们真是合宜的，就可以知道孝子仁人若掩埋爹娘，也必有合宜之道。”若太古之人，只用一点泥土掩覆爹娘，是合宜的，所以今世之孝子仁人，按礼葬埋他们，也必是合宜的。五节〇徐子把孟子所说的告诉夷子。夷子有怃然的模样，怃然是茫然自失的样子。〇好像人迷失路途的时候，忽然有人指点，他就茫然丧失无所倚靠的模样。过了片时，他说：“本文为间二字，是过了片时。〇夷子过了片时方才说话。好像人昏迷才醒，稍歇片时方才能够说话的模样。命之矣。”本文之字是夷子的名。〇命是教训。〇夷子说，夫子教训了我。

孟子集注卷六

滕文公章句下　凡十章。

第一章　第一节陈代曰："不见诸侯，宜若小然；今一见之，大则以王，小则以霸。且《志》曰：'枉尺而直寻'，宜若可为也。"二节孟子曰："昔齐景公田，招虞人以旌，不至，将杀之。志士不忘在沟壑，勇士不忘丧其元。孔子奚取焉？取非其招不往也，如不待其招而往，何哉？三节且夫枉尺而直寻者，以利言也。如以利，则枉寻直尺而利，亦可为与？四节昔者赵简子使王良与嬖奚乘，终日而不获一禽。嬖奚反命曰：'天下之贱工也。'或以告王良。良曰：'请复之。'强而后可，一朝而获十禽。嬖奚反命曰：'天下之良工也。'简子曰：'我使掌与女乘。'谓王良。良不可，曰：'吾为之范我驰驱，终日不获一；为之诡遇，一朝而获十。《诗》云："不失其驰，舍矢如破。"我不贯与小人乘，请辞。'五节御者且羞与射者比。比而得禽兽，虽若丘陵，弗为也。如枉道而从彼，何也？且子过矣，枉己者，未有能直人者也。"

第一章　第一节陈代问于孟子说："陈代，孟子的弟子。夫子不往见诸侯，这好像执守小节的样子；现今若夫子一次往见诸侯，大功效是可以叫一个诸侯得为王，小功效是可以叫一个诸侯得为霸。况且《志》上说：'枉尺而直寻'，枉是屈，直是伸，八尺称为寻，枉尺而直寻，意思是若屈一尺可以伸八尺，就是人若离开绳尺一点，可以容易成就心里所欲的。○离开绳尺是不好的，所以那个道理仿佛说，以不好的方法，可以成就好的主意，乃君子不做这样。照我看好像可做这样。"意思是他想孟子可以自己去见诸侯。二节○孟子说："以前齐景公田猎的时候，招虞人用一个旌，虞人，是官名，他看守苑囿。○招虞人该当用皮冠，招大夫该当用旌。虞人不肯来，景公将要杀他。《左传》：昭公二十年，齐侯田于沛，招虞人以弓，不进，公使执之。辞曰："昔我先君之田也，旃以招大夫，弓以招士，皮冠以招虞人。臣不见皮冠，故不敢进。"

乃舍之，就是公赦免他。仲尼说："守道不如守官，君子韪之。"〇《左传》的本文与孟子所引的话，有一点不同。孔子说：'志士不忘在沟壑，志士常常记念，要不改变自己的操守，虽然恐怕穷苦以致自己的尸在沟壑里，也不懊悔。勇士不忘丧其元。'勇士不忘记将来，恐怕必要丧失自己的头。〇或是打仗的时候，或是因为国君动怒定罪处决，乃勇士不惧怕。〇本文元字是头。〇这两句是孔子赞美虞人的话。孔子看那个虞人到底取什么缘故赞美他呢？取赞美的缘故是虞人因为不得合宜之招所以不往君那里去，倘若不待合宜之招而自己往见君，这是什么样呢？意思是孟子不能自己往见诸侯。三节〇况且那所说的若屈一尺可以伸八尺那句话，是论计利说的。若以计利为心，难道屈八尺以伸一尺而得利，这样可以做么？四节〇昔时赵简子，赵简子，是晋国的大夫，名鞅，赵景子的儿子。使王良替嬖奚御车，王良字无恤，是赵简子的御者。〇嬖奚是赵简子宠爱的臣子。〇乘是御车，本文与字是为字的意思，就是替。终日的功夫是由早到晚。他们不得一只禽。嬖奚回来反命说：'王良是天下御者中间的最贱的工。'贱工，是不善御车。或人把嬖奚的话告诉王良。王良请复替嬖奚御车。嬖奚本来不肯，勉强劝他而后可以，一朝的功夫他们就得了十只禽。嬖奚回来反命说：'王良是天下御者中间的一个最良的工。'良工，是善于御车。赵简子说：'我要叫他专主替你御车。'本文掌字，是专主的意思。赵简子就叫人告诉王良。王良不肯，说：'我按照御车的矩范替他驰驱，他就终日的工夫不得一只禽；而后我特意替他诡遇，诡遇是不用御车的正法，用诡谲的法子希望幸遇。他就一朝的工夫便得了十只禽。射猎的时候，禽兽不都是向前面来，射者该当在车子上转身或向左或向右迎而射之。乃嬖奚只能够射前面来的禽兽，左边右边的他都不能射。所以御者然后丢弃正法驱车，或歪斜向左，或歪斜向右，以迎合之，他方能射中。《诗》云："《诗经·小推·车攻》之篇。不失其驰，驰是御车驰驱的法子。舍矢如破。"舍是发出。〇诗人说，御车的人不失掉驰驱的正法，射者发矢皆中，好如斧头一定破物一般。我没有习惯替小人御车，请辞谢罢。'五节〇这样那个御者尚且羞耻和那个射者阿比。阿比，是结党的意思，就是和小人在一块儿用诡遇的法子御车。设若阿比虽然得了禽兽很多像丘陵一般，他却不做这样。设若我枉我的道而从那诸侯，这是什么样呢？本文彼字是诸侯。况且你差错了，枉己的人未有能直别人。"枉己就是枉道，直人就是正人。看《万章上》第七章七节。

第二章　第一节景春曰："公孙衍、张仪岂不诚大丈夫哉？一怒而诸侯惧，安居而天下熄。"二节孟子曰："是焉得为大丈夫乎？子未学礼乎？丈夫之冠也，父命之；女子之嫁也，母命之，往送之门，戒之曰：'往之女家，必敬必戒，无违夫子！'以顺为正者，妾妇之道也。三节居天下之广居，立天下之正位，行天下之大道。得志与民由之，不得志独行其道。富贵不能淫，贫贱不能移，威武不能屈。此之谓大丈夫。"

第二章　第一节景春对孟子说："景春，姓景名春，是为纵横之术的人。公孙衍、公孙衍，魏国的人，和孟子同时。《史记》称公孙衍为犀首，《史记》佩五国的相印，做合纵的首领。合纵是联合南边北边的国度做一块儿和好。联合的这个使臣，称为纵约长。犀首与张仪不和。张仪死后，犀首就到秦国做宰相。〇看《史记·列传》第十篇。张仪张仪是魏国的人，也是和孟子同时。他跟从鬼谷子学习，秦国用他做宰相。他用连横之法。连横是连合东边的各国与西秦和好，就解散南北各国的合纵。岂不真是大丈夫么？他们若一发怒一切诸侯就惧怕，他们动怒，就游说国君，叫国君用兵打仗，故此诸侯惧怕。他们若安居天下的灾难就熄。”熄是兵戈不起，好像火之灭熄一般。二节〇孟子说：“这样的人怎么样得称为大丈夫呢？你难道未曾学礼么？礼是仪礼。丈夫之冠也，冠是戴帽子于首，男子二十岁的时候，行冠礼。父亲命令儿子；行冠礼的时候，父亲命令儿子成人之道，就是戒尔幼志，勉尔成德那几句话。〇看《仪礼》并《礼记·冠仪篇》。〇孟子引《仪礼》的话，并《礼记》的话串合在一处。女子之出嫁的时候，母亲命令女儿，女儿往夫家去的时候，母亲送他到门，并告戒他说：‘往之汝家，女子以丈夫之家为主，称出嫁为归家。〇汝字是你。必敬必戒，无违夫子。’夫子是丈夫。〇母亲说，你往你家去，待人必须恭敬，守己必须戒慎，不可违背你的丈夫。这样以顺为正，是妾妇的道。孟子用这个话，渺视公孙衍并张仪，说他们顺从权贵的人，如妾妇一样。下文论真实的大丈夫说，与这个相反。三节〇与这个相反，居天下之广居，天下之广居，是论仁说的，仁是仿佛天下之明宫，抱括一切的德性在内。立于天下之正位，天下之正位，是论礼说的，立是站立，若人守身以礼，他仿佛站于天下之正位。行天下之大道。天下之大道，是论义说的，行是行走。倘若得志做官，他就与百姓们通同趋向那个德性；本文之字，是仁、义、礼三个德性。倘若不得志，他自己独行其道。富贵不能淫荡他的心，贫贱不能移动他的节，威武不能挠屈他的志。这可称为大丈夫。”

第三章　第一节周霄问曰：“古之君子仕乎？”孟子曰：“仕。传曰：‘孔子三月无君，则皇皇如也，出疆必载质。’公明仪曰：‘古之人三月无君则吊。’”二节“三月无君则吊，不以急乎？”三节曰：“士之失位也，犹诸侯之失国家也。《礼》曰：‘诸侯耕助，以供粢盛；夫人蚕缫，以为衣服。牺牲不成，粢盛不洁，衣服不备，不敢以祭。惟士无田，则亦不祭。’牲杀器皿衣服不备，不敢以祭，则不敢以宴，亦不足吊乎？”四节“出疆必载质，何也？”五节曰：“士之仕也，犹农夫之耕也，农夫岂为出疆舍其耒耜哉？”六节曰：“晋国亦仕国也，未尝闻仕如此其急。仕如此其急也，君子之难仕，何也？”曰：“丈夫生而愿为之有室，女子生而愿为之有家。父母之心，人皆有之。不待父母之命、媒妁之言，钻穴隙相窥，逾墙相从，则父母国人皆贱之。古之人未尝不欲仕也，又恶不由其道。不由其道而往者，与钻穴隙之类也。”

第三章　第一节周霄问于孟子说：“周霄，魏国的人。古时候的君子他们入仕做官么？”孟子说：“他们入仕做官。《传》有言说：‘孔子三月无君，则皇皇如也，无君是国君不用他。〇皇皇如，是好像要得什么而不得的光景。而且若他出疆往别国去，他必载见人的贽。’出疆是罢了官职往别国去。〇本文质字，就是贽，贽是见人所馈送的礼物。〇孔子到别国去，他预备礼物以见别国的国君。公明仪有话说：‘公明仪，古之贤人。看《滕文公上》第一章四节。古之人三月无君则吊。’”吊是吊慰。〇古之人罢了官职，若三月之间无君，别人就来吊慰他。二节〇周霄问说：“三月无君则吊，这不是太急迫么？”本文以字，是已，就是太字的意思。三节〇孟子说：“士之罢官失位，是好像诸侯之失国家一般。《礼》有言说：‘诸侯躬耕，百姓相助以供祭祀的粢盛；《礼》曰：“诸侯的祭田百亩，诸侯自己秉耒耕田，而百姓们帮助。收的谷子藏于御廪，以预备宗庙祭祀的粢盛。”〇黍稷称为粢，装在器内称为盛。夫人蚕缫以为祭祀的衣服。《礼经》曰：“诸侯使令世妇养蚕于公桑蚕室。世妇把蚕茧儿献奉于夫人，夫人穿礼衣受这个蚕茧儿。夫人就缫三盆手。缫三盆手，就是夫人把蚕茧儿放在盆里，用手三回向盆里抓蚕茧儿的丝绪，作缫丝的样子。以后夫人就把蚕茧儿分给三宫世妇，叫他们缫丝以做成祭祀的衣服，预备穿了祭祀祖宗。”〇以上是《礼经》之言，以下是孟子的话。倘若牺牲不成，牲口纯色称为牺，牛羊称为牲。若粢盛不精洁，若衣服不齐备，这样他就不敢举行祭祀。惟士无田，则亦不祭。’这是《礼经》之言，孟子引之。〇士若罢官失位，他就没有圭田，圭田是祭祀的田。看《滕文公上》第三章十六节。若牲杀并器皿并衣服不齐备，牲是牛羊之类，用牛羊必定宰杀。〇器是俎豆之类，皿是覆器的。他就不敢举行祭祀，《礼经》曰：“士有田则祭，无田则荐。”〇行祭祀则各样祭物必须齐备。行荐礼，祭物可以不要齐备。祭有一定的时候，荐没有一定的时候。士就不敢以宴，不敢以宴，是抱歉不安的意思。〇因为不能尽孝享之心，所以心中不安。照这样还不足吊慰么？”人吊慰他，不但是因为无君，乃因为不得尽孝道。四节〇周霄问说：“孔子若出疆往别国去他必载见人的贽，这是什么意思呢？”五节〇孟子说：“士之入仕做官，犹如农夫之耕田一般，农夫难道因为出疆就舍掉自己的耒耜么？”这是将农夫比喻士。士出疆的时候，就携带礼物，俟候国君来聘，就去见国君。六节〇周霄说：“晋国也是一个生产游宦之士的国，游宦，是士子离开本国，到别国游历做官。晋国也多产这样的游宦之士。我未曾听闻他们入仕像这样急迫。若入仕应当像这样急迫，君子之难仕，为什么呢？”君子，暗指孟子；难仕，暗指不见诸侯。孟子说：“一个丈夫生了的时候，父母就情愿替他娶妻以有室；一个女子生了的时候，父母就情愿替他嫁夫以有家。父母这样的心，人皆有一样。若儿子女儿不俟待父母的命令，并媒妁通好之言，媒是联合两家婚姻的人。〇女人做媒人，称为妁。而且若他们钻穴隙以相窥视，钻穴隙，是在墙壁上穿一个洞。或逾过墙壁以相从，这样父母并国人都轻贱他们。古之人未尝不欲入仕做官，乃他们又恨恶不由其道。若不由其道而往见诸侯，这就是与钻穴隙一类。”

第四章 第一节彭更问曰：“后车数十乘，从者数百人，以传食于诸侯，不以泰乎？”孟子曰：“非其道，则一箪食不可受于人；如其道，则舜受尧之天下，不以为泰，子以为泰乎？”二节曰：“否。士无事而食，不可也。”三节曰：“子不通功易事，以羡补不足，则农有余粟，女有余布；子如通之，则梓匠轮舆皆得食于子。于此有人焉，入则孝，出则悌，守先王之道，以待后之学者，而不得食于子。子何尊梓匠轮舆而轻为仁义者哉？”四节曰：“梓匠轮舆，其志将以求食也；君子之为道也，其志亦将以求食与？”曰：“子何以其志为哉？其有功于子，可食而食之矣。且子食志乎？食功乎？”曰：“食志。”五节曰：“有人于此，毁瓦画墁，其志将以求食也，则子食之乎？”曰：“否。”曰：“然则子非食志也，食功也。”

第四章 第一节彭更问于孟子说：“彭更，是孟子的弟子。用数十乘车跟在后头，用数百人从随，并传续周流诸侯之国受他们的饭食，这不是太侈泰么？”侈泰，是过分。孟子说：“设若没有当受之道，连一箪饭也不可受于人；若有当受之道，连舜受尧的天下也不以为侈泰，子难道以为侈泰么？”子字是你。〇意思是你难道以舜受尧的天下为侈泰么。二节〇彭更说：“否。乃士若实在没有做什么公事而受饭食，这不可以。”比较《新约》说的，“若有人不肯工作，就不应当吃饭”。《帖撒罗尼迦后书》三章十节。三节〇孟子说：“子若没有交通人的功而贸易人的事，拿这里的羡余补那里的不足，农夫就有许多余剩的粟，女子就有许多余剩的布；因为不通买卖，所以许多余剩，堆积无用。子设若交通人的功，这样梓人、匠人、轮人、舆人，梓人，是制造木器的工；匠人，是盖造房屋的工；轮人，是制造车轮的工；舆人，是制造车子的工。他们就尽得食于子。有这样的光景，比方若有一个人，他在家里尽孝道，出门的时候尽悌道，执守先王的道，以俟待后世的学生，而他却不得食于子。子怎么样尊崇那梓人、匠人、轮人、舆人，而倒轻看那行仁义之士呢？”四节〇彭更说：“那梓人、匠人、轮人、舆人，他们的志向是将要以生活求吃饭；君子之为道，他的志向也将用其道以求吃饭么？”孟子说：“子于他的志向有什么相干呢？他有功于子，他实在堪受给他饭食而所以该当给他饭食。而且子给人饭食是按照人的志向呢？或是按照人的功劳呢？”彭更说：“我给人饭食，是按照人的志向。”五节〇孟子说：“比方设若有一个人在这里，他毁坏你的瓦，并画墁于你的墙，瓦是盖造房屋的物，毁是毁坏，墁是墙壁上的饰，画墁是画的不好看的墁。虽然他的志向是以那个事将求吃饭，子还给他食么？”彭更说：“否。”意思是不给他食。孟子说：“既然如此，所以你给人食，不是按照人的志向，是按照人的功劳。”

第五章 第一节万章问曰：“宋，小国也。今将行王政，齐、楚恶而伐之，则如之何？”二节孟子曰：“汤居亳，与葛为邻，葛伯放而不祀。汤使人问之曰：‘何为不祀？’曰：‘无以供牺牲也。’汤使遗之牛羊。葛伯食之，又不以祀。汤又使人问之曰：‘何为不祀？’曰：‘无以供粢盛也。’汤使亳众往为之耕，老弱馈食。葛伯率其民，要其有酒食黍稻者夺之，不授者杀之。有童子以黍肉饷，杀而夺之。《书》曰:‘葛伯仇饷。’此之谓也。三节为其杀是童子而征之,四海之内皆曰:‘非富天下也,为匹夫匹妇复仇也。’四节‘汤始征,自葛载’,十一征而无敌于天下。东面而征,西夷怨;南面而征,北狄怨,曰:‘奚为后我?’民之望之,若大旱之望雨也。归市者弗止,芸者不变,诛其君,吊其民,如时雨降。民大悦。《书》曰:‘徯我后,后来其无罚。’五节‘有攸不惟臣,东征,绥厥士女,匪厥玄黄,绍我周王见休,惟臣附于大邑周。’其君子实玄黄于匪以迎其君子,其小人箪食壶浆以迎其小人,救民于水火之中,取其残而已矣。六节《太誓》曰:‘我武惟扬,侵于之疆,则取于残,杀伐用张,于汤有光。’七节不行王政云尔,苟行王政,四海之内皆举首而望之,欲以为君。齐、楚虽大,何畏焉?”

第五章 第一节万章问于孟子说:“万章,孟子的弟子。宋国是一个小国。现今他的国君将要行王政,朱注:“宋王偃曾起兵灭掉滕国,攻伐薛国,又和齐国、楚国、魏国的兵打仗,得了胜,欲霸天下。”〇宋王偃欲平定天下的搀乱,合为一统,这好似欲行王政,乃实在不行王政。看《史记·宋微子世家》。齐国、楚国憎恶而攻伐他,夫子论这个事想怎么样呢?”二节〇孟子说:“以前成汤居在亳邑的时候,他与葛国为邻,葛国的国君姓嬴。葛伯放肆而不祭祀先祖,成汤使一个人去问葛伯说:‘为什么不祭祀先祖呢?’葛伯说:‘因为我不能供备牺牲。’成汤就使令人馈送些牛羊。葛伯把牛羊吃了,他又不以祭祀先祖。成汤又使一个人去问葛伯说:‘为什么不祭祀先祖呢?’葛伯说:‘因为我不能供备粢盛。’成汤就使亳邑的众百姓往葛国去替代他们耕田,年老的人,稚弱的人,馈送饭食往田里去。葛伯就率领本国的民人,要截路上馈送酒饭黍稻的人,就劫夺他们的东西,若不肯给就杀他们。有一个童子以黍并肉饷耕田的人,饷是馈送。他们就把那个童子杀了,把童子的黍并肉劫夺得来。《书》曰:‘《书经·仲虺之诰篇》。葛伯仇饷。’意思说葛伯与饷酒饭的人为仇。这就是论这件事说的。三节〇成汤因为葛伯杀这个童子就起兵征伐他,四海之内的人皆说:‘成汤不是贪天下之富,他替匹夫匹妇复仇。’复仇,是报复无辜被杀的冤仇。四节〇‘汤始征,成汤第一次始征伐。〇此以下是孟子引述《书经·仲虺之诰》的话。自葛载’,载字,是始也,意思是由征伐葛国起头。〇葛国,现今河南省归德府零陵县。十一征而无敌于天下。成汤虽征伐十一国,而他却没有一个抵敌他。东面而征西夷怨,成汤起兵向东方征伐的时候,那西方的夷就怨恨他不来。南面而征北狄怨,向南方征伐的时候,北方的狄人就怨恨他不来。曰:‘奚为后我?’西夷的人或北狄的人,就怨恨说,汤为什么先征伐他们,把我们放在后边呢?这以上都是《书经》的话。民人之希望他,好像大旱的时候希望下雨一般。归市做买卖的人他们不停止,因为成汤的兵丁不惊动他们。芸田的农夫他们不改变工作,成汤诛戮那暴虐之君,而吊慰那百姓,他来好如合时的雨降下。民人大喜悦。《书》曰:‘《书经·仲虺之诰篇》。徯我后,后来其无罚。’徯是等待,后是君,罚是暴君的刑罚。〇意思是我们等待我们的君,君来了我们就免脱暴君的刑罚。〇看《梁惠王下》第十一章二节。五节〇'有攸不为臣,以下是《书经·武成篇》之言,孟子引之。比较《书经》本文不尽相合。〇攸字是所字的意思。〇意思是当纣王的时候,有所帮助纣王而不为周邦的臣者。东征,武王起兵向东方征伐。绥厥士女,绥是安,厥是其,士是男子,女是女人。〇意思是武王东征安一切男女老少的百姓。篚玄厥黄,本文匪字,就是篚,是竹做的,长三尺,广一尺,深六寸,脚高三寸,上有盖。〇玄黄是币。〇一切男女百姓,皆拿篚装玄黄之币迎接武王。绍我周王见休,绍字是继字的意思,就是从今以后;休是福。〇百姓说:"从今以后我们要事奉我们的周王,庶几得着福气。"惟臣附于大邑周。'臣附,是归服的意思。大邑周,是尊崇周朝的说法。〇他们男女老少都率领归服于大邑周。〇以上是《书经》之言,乃有一点不同。以下是孟子说的话。这样那君子,就是殷朝的官府。装玄黄于篚里以迎接那些君子,就是武王的官府。那小人是殷朝的百姓。箪食壶浆箪是竹器,食是饭,壶是器具,浆是汤。以迎接那些小人,是武王的百姓。武王救了百姓于水火之中,他只拘拿残害百姓的并杀他们就罢了。六节〇《周书·太誓》说:'《书经·太誓中篇》。我武惟扬,武是威武,扬是表扬。侵于之疆,侵是侵入,疆是纣王的疆界。〇《书经》意思是武王说:"我要表扬我的威武,我要侵入纣王的疆界。"则取于残,取是拘拿,残是凶残之贼。杀伐用张,杀伐,意思是杀伐纣王的功效;张,是张大。〇意思是我要拘拿那凶残之贼而诛戮他,这事情的功效,就要传扬,人都要赞美。于汤有光。'汤是殷朝开国的王,名成汤;光是光亮。〇武王说:"我伐纣王比较成汤伐桀王我还要多得光辉。"这是从朱注。蔡沈注:"武王说:'我伐纣这个事,要归荣光于成汤,叫人明白成汤伐桀王的意思。'"乃《钦定书经传说汇纂》云:"这个讲法,虽意非不深,然多一曲折。"雷格氏也跟从朱夫子。七节〇宋国的国君实在不照你所说了的行王政,本文云尔两个字,指《万章》在第一节说的话。若果行王政,四海之内的人就皆要仰首而希望他,欲事奉他为君。那齐国、楚国虽然强大,宋国为什么该当畏惧他们呢?"

第六章 第一节孟子谓戴不胜曰:"子欲子之王之善与?我明告子。有楚大夫于此,欲其子之齐语也,则使齐人傅诸?使楚人傅诸?"曰:"使齐人傅之。"曰:"一齐人傅之,众楚人咻之,虽日挞而求其齐也,不可得矣;引而置之庄岳之间数年,虽日挞而求其楚,亦不可得矣。二节子谓薛居州,善士也,使之居于王所。在于王所者,长幼卑尊,皆薛居州也,王谁与为不善?在王所者,长幼卑尊,皆非薛居州也,王谁与为善?一薛居州,独如宋王何?"

第六章 第一节孟子向戴不胜说:"戴不胜,宋国的大夫。你欲你的王之向善么?王,是宋王偃,宋王偃暴虐无道。我要明明白白告诉你。意思是要告诉你什么样你的王可以成为善。倘若有一个楚国的大夫在这里,若他欲他的儿子会说齐国的话,请问他该当使齐国的人教他呢?还是该当使楚国的人教他呢?"戴不胜说:"该当使齐国的人教他。"孟子说:"若只一个齐国的人教他的儿子说齐国的话,而且若许多楚国的人咻之，咻之是吵闹的意思，楚国的人，是用楚国的话对他高声相谈。虽然父亲天天鞭鞑责求他说齐国的话，他也不会说；乃若引领他的儿子安置于庄或岳之间，安置，是居住。〇庄是齐国城内之街名，岳是齐国城外之村名。过数年的功夫，虽然父亲天天鞭挞他责求他说楚国的话，他也不会说了。这是孟子说的比方。〇今时学外国话最美之法，也请外国人为师傅，而且若能就要去到外国。若学英文，去到伦敦；若学德文，去到柏林；若学法文，去到巴利。二节〇你想薛居州是一个善士，薛居州，宋国的大夫。你荐引他居于王那里。倘若在王那里的臣子，年长的、年幼的、位卑的、位尊的，皆是薛居州，就是薛居州那样的人。王将同谁人趋向于不善呢？倘若在王那里的臣子，年长的、年幼的、位卑的、位尊的，一切都不是薛居州，王将同谁人趋向于善呢？一个薛居州，他独自己怎能感化宋王么？”

第七章　第一节公孙丑问曰：“不见诸侯何义？”孟子曰：“古者不为臣不见。二节段干木逾垣而辟之，泄柳闭门而不内，是皆已甚。迫，斯可以见矣。三节阳货欲见孔子而恶无礼，大夫有赐于士，不得受于其家，则往拜其门。阳货瞰孔子之亡也，而馈孔子蒸豚；孔子亦瞰其亡也，而往拜之。当是时，阳货先，岂得不见？四节曾子曰：‘胁肩谄笑，病于夏畦。’子路曰：‘未同而言，观其色赧赧然，非由之所知也。’由是观之，则君子之所养可知已矣。”

第七章　第一节公孙丑问于孟子说：“士不往见诸侯，做这样有什么义在里头？”孟子说：“古时候若人未做诸侯的臣子，他不往见诸侯。二节〇以前段干木段干木，魏国的人，子夏的门徒。他逾过垣墙而回避魏文侯，魏文侯称赞段干木说：“段干木光乎德，寡人光乎地；段干木富乎义，寡人富乎财。”魏文侯请段干木作相，俸禄百万，段干木辞退。有时魏文侯自己往见段干木，段干木逾过垣墙而逃避。泄柳闭门而不纳鲁缪公，鲁缪公自己往见泄柳，泄柳关门不放纳他进门。或人问泄柳为什么这样？泄柳说：“我听闻君子道行则乐其志，不行则乐其身。若天下真有欲治的国君，而且若他能行我的道，我虽必要徒步走去往见他，我还情愿；乃若国君不能行我的道，虽国君敬礼贤人，得国君的荣耀，也是无用的。”〇论泄柳，看《公孙丑下》第十一章三节，《论语·宪问第十四》第三十九章。他们这样皆有一点太甚。太甚，是自守太严。若诸侯迫切求见，就可以见他。三节〇以前阳货欲请孔子来相见，阳货是鲁国季氏的家臣。乃阳货不喜欢废坏礼，意思是他必要按礼成就这个事。阳货知道若大夫馈送礼物于士，而且倘若士不在家不能自己受那个礼物，这样他必往拜大夫之门。这是古礼。所以阳货窥瞰孔子出亡的时候，出亡是不在家。那时候就馈送孔子蒸豚；蒸豚是熟肉。孔子也窥瞰阳货出亡的时候，就去拜谢他。当那个时候，阳货首先加礼，焉能不往见他呢？比较《论语·阳货第十七》第一章。四节〇曾子有话说：‘胁肩谄笑，胁肩，是把自己的肩儿抬举向上，因为低头向下，肩儿就向上，这是小人献媚于人的模样。〇谄笑是勉强笑。病于夏畦。’病是劳苦。畦，照《说文》是五十亩。夏畦，是夏天在田里做工的人。〇曾子说：“可怜那胁肩谄笑的人，他们装腔做势以献媚于人，他们这般劳苦，胜过于夏天在田里做庄稼的劳苦。”子路有话说：

‘未同而言，意思是若与一个人未曾同心合意而特为勉强去与他说话。观其色赧赧然，赧赧然，是面色发红的模样。〇意思是若看他面上的颜色他发红色，因为勉强与那人说话，心里惭愧。非由之所知也。’由是子路的名。〇子路说：“我不要认识这样的人。”由他们的话观看起来，君子怎样培养心神可以知道了。”君子不谄媚于人。

第八章 第一节戴盈之曰：“什一，去关市之征，今兹未能。请轻之，以待来年，然后已，何如？”二节孟子曰：“今有人日攘其邻之鸡者，或告之曰：‘是非君子之道。’曰：‘请损之，月攘一鸡，以待来年，然后已。’三节如知其非义，斯速已矣，何待来年。”

第八章 第一节戴盈之对孟子说：“戴盈之，宋国的大夫。什分中只取一分为税，除去关市的征赋，现今这个时候我未能够这样。请先要轻减些，以等待来年，然后我要一概停止，夫子想什么样呢？”论中国今时所有的坏风俗，〇也有人想如戴盈之那样。二节〇孟子说：“现今有一个人日日攘取他的邻舍的鸡，或人告诉他说：‘这不是君子的道。’那人对答说：‘请损去些，损去些，是少偷些。我要只一月中攘取一只鸡，以等待来年，然后我要一概停止。’三节〇若知道一件事非义，就该当即速停止，为什么要等待到来年呢？”取百姓的税太多，譬如，窃取邻舍的鸡一般不该当说慢慢改正，当立刻停止。

第九章 第一节公都子曰：“外人皆称夫子好辩，敢问何也？”孟子曰：“予岂好辩哉？予不得已也。二节天下之生久矣，一治一乱。三节当尧之时，水逆行，泛滥于中国。蛇龙居之，民无所定。下者为巢，上者为营窟。《书》曰：‘洚水警余。’洚水者，洪水也。四节使禹治之。禹掘地而注之海，驱蛇龙而放之菹。水由地中行，江、淮、河、汉是也。险阻既远，鸟兽之害人者消，然后人得平土而居之。五节尧、舜既没，圣人之道衰。暴君代作，坏宫室以为污池，民无所安息；弃田以为园囿，使民不得衣食。邪说暴行又作，园囿、污池、沛泽多而禽兽至。及纣之身，天下又大乱。六节周公相武王，诛纣伐奄，三年讨其君，驱飞廉于海隅而戮之。灭国者五十，驱虎、豹、犀、象而远之。天下大悦。《书》曰：‘丕显哉，文王谟！丕承哉，武王烈！佑启我后人，咸以正无缺。’七节世衰道微，邪说暴行有作，臣弑其君者有之，子弑其父者有之。八节孔子惧，作《春秋》。《春秋》，天子之事也。是故孔子曰：‘知我者其惟《春秋》乎！罪我者其惟《春秋》乎！’九节圣王不作，诸侯放恣，处士横议，杨朱、墨翟之言盈天下。天下之言，不归杨，则归墨。杨氏为我，是无君也；墨氏兼爱，是无父也。无父无君，是禽兽也。公明仪曰：‘庖有肥肉，厩有肥马，民有饥色，野有饿莩，此率兽而食人也。’杨、墨之道不息，孔子之道不著，是邪说诬民，充塞仁义也。仁义充塞，则率兽食人，人将相食。十节吾为此惧，闲先圣之道，距杨、墨，放淫辞，邪说者不得作。作于其心，害于其事；作于其事，害于其政。圣人复起，不易吾言矣。十一节昔者禹抑洪水而天下平，周公兼夷狄驱猛兽而百姓宁，孔子成《春秋》而乱臣贼子惧。十二节《诗》云：'戎狄是膺，荆舒是惩，则莫我敢承。'无父无君，是周公所膺也。十三节我亦欲正人心，息邪说，距诐行，放淫辞，以承三圣者，岂好辩哉？予不得已也。十四节能言距杨、墨者，圣人之徒也。"

第九章　第一节公都子问于孟子说："公都子，孟子的弟子。外人皆称夫子好辨论，外人是孟子门徒之外的人。敢请问夫子，这是什么样呢？"孟子说："我怎么样好辨论呢？我不得已。二节〇天下的生民从古到今已经长久了，有时候或平治，有时候或擄乱。一时平治，一时擄乱，循环转换。三节〇当帝尧的时候，水逆行，逆行是倒流，因为下流阻拦，所以水倒流乱行，泛滥漫溢于中国。比较《滕文公上》第四章七节。蛇龙居之，蛇龙是动物。〇之字，指中国说。民人没有安定的居处。因为水患。在卑下的地方他们用架木结巢，是下排椿在底，上头结巢以居住。在上面的地方他们做营窟。营窟是在平地就堆土为小山，以后做穴，在高处就依山穿一个洞。〇看《礼记·礼运篇》，冬则居营窟，夏则居橧巢。《书》曰：'《书经·禹谟篇》。洚水警余。'洚水，是很大无边的水；警，是警戒；余是我。〇大舜告诉大禹说："那很大无边的水警戒我，叫我忧愁。"洚水那句话，就是洪水。洪是大。四节〇大舜使大禹治洪水，大禹掘去地上的淤塞而注水于海，大禹开通水路的淤塞，水便有归海的道路。驱逐蛇龙而放之菹。菹是有水有草的泽；之字指蛇龙，禹叫他们往大泽去。水由地中行，地中，按朱注，是两涯的中间。〇雷格氏翻译云："水流于国中间，就是水不乱流遍地，乃遵循国中合宜的水道。"〇大禹实在不用筑堤岸之法，乃他按照地势，察看本来的水道而开通阻碍。〇今时勉强黄河流于两涯之间，以致河身日高，这个法子也是不足。该当查考欧州治水最新最巧之法。而另外该当从甘肃到山东，在一切的山上栽种树林。〇看《梁惠王上》第三章三节注解。这水道就是长江、淮水、黄河、汉水。那个危险并阻碍既然远开以后，害人的鸟兽就消散，然后民人得到平土而居住。五节〇尧、舜已经没世以后，圣人的道衰微了。暴虐的君相继而作起，暴虐的君，如夏朝的太康、孔甲、履癸；商朝的武乙等类，孟子大概说的。他们毁坏百姓的宫室，把那个地方做污池，污池，是游玩之处。民人没有安息的地方；他们废弃田亩，把那个地方做园囿，园是栽种花木，囿是养育鸟兽。叫民人不得穿衣吃饭的实业。以后邪僻之说、暴乱之行又作起，先有邪僻之言糊涂了义理，然后君臣上下的人，行暴乱无道的事。〇邪僻之说是因，暴乱之行是果。园囿并污池并沛泽很多而禽兽复来。沛属于园囿，泽属于污池。又到纣王之身的时候，天下又大乱。由尧、舜那时候到殷朝末年，这个中间，有时候太平，有时候擄乱，没有一定。到了纣王的时候，天下又大乱。六节〇周公辅相武王，诛灭纣王，攻伐奄国，三年以后他诛讨奄国的君，奄国在淮夷的北边，现今山东西边。驱飞廉于海隅而杀戮他。飞廉，是纣王宠爱的臣子。飞廉善于奔走，武王灭纣，并杀飞廉于海边。他所灭的国度是五十个，这五十个国度，皆是帮助纣王的。他驱逐虎并豹并犀并象而远投之。犀似牛的模样，头似豕的模样。在非洲有一种，他有二个角，一个角在额上，一个角在鼻上。这样天下的人就大喜悦。《书》曰：'《书经·君牙》之篇。丕显哉，文王谟！丕是大显，是明亮；谟是图谋。〇周穆王命君牙做司徒，告诫他说："大显明阿，我的祖宗文王的谟。"丕承哉，武王烈！承是继续，就是继续文王；烈是刚烈。〇意思是大哉武王继续了文王的图谋，而且他刚烈成事。佑启我后人，咸以正无缺。'佑是帮助；启是开通，就是教训我后人，是周穆王说的自己；缺是不足。〇意思是他们帮助并教训我们后人，他们的模范，都是端正没有什么欠缺。七节〇后来世界复衰败大道微茫，邪僻之说、暴虐之行又作起，本文有字是又。有臣子弑自己的国君，有儿子弑自己的父亲。八节〇孔子心里惧怕，就作《春秋》。春秋，是鲁国史记之名。〇用"春秋"二字是什么意思？因为记录事体，必先写某年，一年之中有春、夏、秋、冬四时，故取"春秋"二字作史记之名。《春秋》，天子之事也。《春秋》记录事体，善事就褒，恶事就贬，有一点天子的王法包藏在内。〇朱注引胡安国的话说："仲尼作《春秋》以寓王法。"意思是孔子要包藏并表明王法在书之内。〇平常之注解说："孔子校订鲁国《春秋》之本文，改变几个字以表明自己褒贬之意。"善事就褒，恶事就贬。乃雷格氏《春秋》英文序说："这个讲法不对。有许多地方那个讲法不足以释疑。"〇予想"春秋"两个字，是那部书的总名，包括《左传》在内。而且孔夫子自己作《左传》留传于门徒。那个左字，是左右之左，就是本文左边复加的传，不是左丘明的姓。《史记》论左丘明说的话是不可信的，而且《论语》所说的左丘明，是孔子以前的人，不是孔子的门徒。这样看来，不是左丘明乃孔夫子自己作《左传》。乃我们现在所有的《左传》有几句话被门徒所加添的，就是如仲尼曰这样的话。孟子在《离娄章句下》二十一章三节论《春秋》说："其事则齐桓、晋文，其文则史。"孔子曰："其义则丘窃取之矣。"孟子说的"其文"两个字，指鲁国本来的《春秋》。他本文的文法是史，而且孔子说的"其义则丘窃取之矣"，那句话，指《左传》所有的义。因为《春秋》之本文少表明义，乃在《左传》褒贬之义，实在发现很多。〇比方若今时学生说，我背了《论语》，他不但想《论语》本文，乃也包括朱注在内。这样若孟子说："孔子作《春秋》，他包括左边所复加的传在内。"〇若无《左传》，我们不能懂《春秋》。《左传》实在比《春秋》要紧。《春秋》在好多地方，隐讳真事，乃《左传》明说有位者的过失。若看《左传》，我们可以明白乱臣贼子惧。雷格氏因为他还想孔子只作《春秋》，他议论孔子说："孔子有时候隐讳真事。"乃若我们相信孔子作《左传》，我们就必须称赞孔子。因为他在《左传》里，诚如素王，毅然定归了褒贬之义。汉朝，河休注《公羊》引闵因叙云："昔孔子受端门之命，制春秋之义，使子夏等十四人求周史记，得百二十国宝书。"我们可知这一百二十国的史记，实在都包在《左传》之内，见闻很博，功劳很大。设若孔子只作《春秋》，乃门徒做《左传》，那个门徒实在比夫子聪明。而且最诧异之事，是我们不能确知那异常的门徒的事迹。若我们信孔子自己作《左传》十分之八，这一切的难处都可以消释。虽然孔子不自己写一切在今时《左传》所有的字，要紧的是孔子自己搜聚《左传》所有的事而定归褒贬之义。孔子所留遗之《左传》，门徒以后校订并续补，这是自然的。乃若司马迁《史记》第十四说："鲁君子左丘明，因孔子史记具论其语，成《左氏春秋》。"予疑惑司马迁可以知道那门徒之姓名否。〇而且连若实在有了那个左丘明，我们也按司马迁的话，可以知道孔夫子自己留下一编史记，这一编史记不一定是《春秋》，乃恐怕是鲁国《春秋》之注解，就是今时所有的《左传》的根源。〇比较《论语·公冶长第五》

第十七章注解。故此孔子说：'知我者其惟《春秋》乎！罪我者其惟《春秋》乎！'罪我者，平常的注解说："有人要责备孔子，因为他虽然无天子之位，却行天子之事。"予想孔子大概论自己的道理说的。就说，若人实在要明白我的道，必要查看《春秋》；而且若有人责备我，他们就要责备在《春秋》我所发明的道。〇若"春秋"两个字包括左边之传在内，孔子这句话就是很明亮的。学者可明，若欲实在知道孔子的本义，必要学《春秋》并《左传》。《春秋》并《左传》还比《论语》要紧以明白孔子的宗旨。九节〇到了今时，圣王不作，诸侯放荡恣肆，处士横生议论，处士，是不见用的读书人。杨朱、墨翟的言语盈满天下。杨子，名朱，他是老子的门徒。〇墨子，名翟，宋国的人，著书十六卷，共六十一篇。〇看《滕文公上》第五章。天下之言，若不归杨氏，就归墨氏。杨氏的道主于为我，这是仿佛无君；为我之心，叫人不认国君专制之义。墨氏的道主于兼爱，看《滕文公上》第五章。这是仿佛无父。墨子之爱无差等，视父母无异于众人。这个道理，叫人不认儿子向父母所当尽之孝心。无父无君，就是禽兽了。墨子无差等的兼爱之道，实在是错了。我们已经说过，基督教与墨子的道不相合。乃若孟子说墨子叫人无父，这话恐怕有一点严厉，因为墨子也有五伦之道。墨子说："为人君必惠，为人臣必忠，为人父必慈，为人子必孝，为人兄必友，为人弟必悌。故君子莫若欲为惠君、忠臣、慈父、孝子、友兄、悌弟，当若兼之不可不行也。此圣王之道，而万民之大利也。"看雷格氏《孟子》英文序，第一百十九页；比较韩文公《读墨子》篇。〇杨氏为我之道，比墨子兼爱之道还更坏。那两种异端不是齐等的。可惜今时有许多杨氏之徒，他们虽口中矜夸仁义、忠恕之道，乃心里还存杨氏为我之意。惟独耶稣基督之爱心有能力以改变那为我之心，而感发那按恕道推己而泛爱众之心。古人公明仪说：'庖厨有肥肉，厩就是马房。有肥马，乃百姓们有饥饿的面色，并城外之野里有饿死的人，本文莩字，是饿死的人。这就是驱率兽以吃人了。'君主多取民财以养牲畜，乃叫百姓饥饿而死，这好像驱兽以吃人一样。〇比较《梁惠王章句上》第四章四节。〇以上是公明仪的话。若杨氏、墨氏的道不止息，而且若孔子的道不显著，这样就那邪说欺诬百姓，并阻塞仁义之路。本文充塞二字，意思是邪说充满，妨碍仁义。仁义既被阻塞，这样就是驱率兽以吃人，并将要人吃人。大乱起来，有时人吃人。十节〇我因为这样的害，心里惧怕，我特意闲卫先圣的道，距绝杨氏、墨氏，放弃淫荡的言辞，以致邪说者不得作起。因为这样的邪说作于其心，就要害于其事；若作于其事，就也要害于其政。设若后世圣人复起，他必不变易我这个话。这个话，就是上文所说的因为这样的邪说作于其心那四句话。〇看《公孙丑上》第二章十七节；朱注引程子说："杨、墨之害，甚于申不害并韩非；佛氏之害，甚于杨、墨。"盖杨氏为我，疑于义，疑就是仿佛；墨氏兼爱，疑于仁；申不害并韩非，则浅显卑陋，容易知道。故孟子止辟杨、墨，因为他迷惑世人很利害。佛氏之言近理，又非杨、墨之比，所以为害尤甚。〇呜呼！既然程子并朱夫子这样警戒人，为什么在中国今日亦有人多跟从佛教虚诞之言，拜佛所设立的偶像呢？设若孔子并朱夫子再降世，他们必不喜欢这样虚空无用的事。中国人现在为这个菩萨一年大概费四百兆银子，可不惜哉！十一节〇昔时大禹遏抑洪水而天下就平治，周公兼并夷、狄并驱逐猛兽，而百姓就安宁，孔子编成《春秋》而乱臣贼子们就惧怕。十二节〇《诗》云：'《诗经·鲁颂·閟宫》之篇。戎、狄是膺，膺是攻击。〇意思是他攻击西戎、北狄。荆、舒是惩，荆是楚国，舒是楚国的邻国；惩是征伐。〇意思是他征伐荆楚、舒国。则莫我敢承。’承是阻拦。〇意思是没有一个人敢阻挡我。可以晓得那无父无君之辈，是周公所必定膺击的。诗本意是赞美鲁僖公。孟子想是论周公说的。十三节〇我也欲正人心，止息那邪说，距挡那诐行，放弃那淫辞，以承继那三位圣人。予难道好辨么？予实在不得已。十四节〇倘若一个人能够以言语距挡杨、墨，他就是圣人的门徒。”有人想孟子要用外面的兵力逼迫而且灭绝一切不跟从儒教之人。乃孟子在这第十四节特意用“能言距”三个字，就是表明他只用言语，不是用外面的兵力要距邪说。公都子在第一节说了外人皆称夫子好辨，所以孟子答应他说我不好辨，乃我不得已以辨论要距邪道并正人心。孟子引《诗经》论周公膺戎、狄，这只是比方的话。因为周公本来攻击那戎、狄，不是因为他们道理的缘故，乃是因为他们是周朝的仇敌。就是说如周公以兵戎距国仇，这样孟子以言语并真道之力距邪道。〇予想孟子实在有不忍人之心，他一定不喜欢因为道理逼迫别人。可惜后来有窄心浅量的人，他们误会孟子的本意，而且有时候以暴虐之刑，逼迫了别教，乃这不是按孔子并孟子的本意。孟子说：“以力服人者，非心服也，力不赡也；以德服人者，中心悦而诚服也，如七十子之服孔子也。”看《公孙丑章句上》第三章二节。乃这勉强人害良心之理，实在不是按孔子、孟子的本意。因为孔子、孟子常常劝化人重诚实。〇所以今时在中国一切真爱国之人，该当希望朝廷也准许皇亲、公侯、督抚大官，各人从自己良心之觉悟，这是格物、立信、建德、兴国之根基也。

第十章　第一节匡章曰：“陈仲子岂不诚廉士哉？居于陵，三日不食，耳无闻，目无见也。井上有李，螬食实者过半矣，匍匐往将食之，三咽，然后耳有闻，目有见。”二节孟子曰：“于齐国之士，吾必以仲子为巨擘焉。虽然，仲子恶能廉？充仲子之操，则蚓而后可者也。三节夫蚓，上食槁壤，下饮黄泉。仲子所居之室，伯夷之所筑与？抑亦盗跖之所筑与？所食之粟，伯夷之所树与？抑亦盗跖之所树与？是未可知也。”四节曰：“是何伤哉？彼身织屦，妻辟纑，以易之也。”五节曰：“仲子，齐之世家也。兄戴，盖禄万钟。以兄之禄为不义之禄而不食也，以兄之室为不义之室而不居也，辟兄离母，处于于陵。他日归，则有馈其兄生鹅者，已频顣曰：‘恶用是鶃鶃者为哉？’他日，其母杀是鹅也，与之食之。其兄自外至，曰：‘是鶃鶃之肉也。’出而哇之。六节以母则不食，以妻则食之；以兄之室则弗居，以于陵则居之。是尚为能充其类也乎？若仲子者，蚓而后充其操者也。”

第十章　第一节匡章匡章，齐国的人。问于孟子说：“陈仲子岂不真是一个廉士吗？廉是清洁之节，也是克己的意思。陈仲子，齐国的人，字子终。楚王差遣人送金百镒，聘请陈仲子做宰相，陈仲子和老婆商量，就逃走到别处去，以灌园为生活。他居住在于陵，于陵地名，在山东省，离济南府不远。三日不吃饭，耳朵就不能够听见，眼睛就不能够看见。井上有一个李树，那树上的李子已经被蛴螬吃过了一半，蛴螬是虫。他就匍匐而走到井那里，将要吃李子，吞咽了三次，然后耳朵才能够听见，眼睛才能够看见。”二节〇孟子说：“我看齐国一切的士子中间，我必定以仲子为巨擘。巨擘，是大指。齐人中间有一个仲子，好像众小指中间有一个大指。虽然，仲子怎能够算是廉呢？若要一个人要扩充仲子的操守，必要做蚯蚓而后可以。蚯蚓是动物。〇这是孟子笑陈仲子的话，说若一个人要躲避一切不从善之人，他必要离开人类，做一个虫子。三节〇那个蚯蚓，他上面吃槁壤，槁壤是干泥土。下面饮黄泉。黄泉是浊水。仲子所住的房子，果是伯夷那样的人所盖造的呢？本文筑字，是盖造的意思。或是盗跖那样的人所盖造的呢？盗跖，柳下惠的弟郎，他聚众九千人，横行天下。仲子所吃的粟米，果是伯夷那样的人所种的呢？或是盗跖那样的人所种的呢？这个事没有人可知道。”四节〇匡章说：“这有什么妨害呢？他自己做生活织屦，屦是鞋子。他的妻子做生活绩麻，本文辟字是绩，纑是麻。以换易那房子并饭粮的。”换易房子是买房子，或租房子。五节〇孟子说：“仲子他本来是齐国的世家。世家，是世世代代做官之家。他的哥郎戴，戴是哥郎的名。享受盖邑的俸禄万钟。盖邑，是仲子的哥郎所封的地方。乃他看哥郎的俸禄是不义的俸禄，所以他不吃；他看哥郎的房子是不义的房子，所以他不居住。他躲避哥郎，离开母亲，并居住在于陵那里。有一天仲子归家，是从于陵归家。那时有一个人馈送一只生鹅鹅是动物。给他的哥郎，仲子就颦蹙着说：‘本文频字，是颦，就是促眉的样子；颇字是蹙，就是促鼻的样子。受这个鶃鶃者做什么呢？’鶃鶃是鹅鸣叫的声音。别的日子，他的母亲杀这个鹅给他吃。那时他的哥郎从外面来说：‘这就是那鶃鶃者的肉。’仲子就立刻出去把鹅肉吐掉。本文哇字是吐。六节〇仲子看母亲所给的饭粮为不义，他不肯吃，乃他吃妻子所给他的饭粮；仲子看哥郎的房子为不义，他不肯居住，乃他居住在于陵。按照这样他怎能充满其操守之类呢？本文充字是推满了没有一点缺憾。像仲子那样的志意，人必要做蚯蚓而后能充满其操守。”意思是人不能离开人类，所以也不能躲避一切不从善之人。

孟子集注卷七

离娄章句上 凡二十八章。

第一章 第一节孟子曰："离娄之明，公输子之巧，不以规矩，不能成方员；师旷之聪，不以六律，不能正五音；尧、舜之道，不以仁政，不能平治天下。二节今有仁心仁闻而民不被其泽，不可法于后世者，不行先王之道也。三节故曰，徒善不足以为政，徒法不能以自行。四节《诗》云：'不愆不忘，率由旧章。'遵先王之法而过者，未之有也。五节圣人既竭目力焉，继之以规矩准绳，以为方员平直，不可胜用也；既竭耳力焉，继之以六律，正五音，不可胜用也；既竭心思焉，继之以不忍人之政，而仁覆天下矣。六节故曰，为高必因丘陵，为下必因川泽。为政不因先王之道，可谓智乎？七节是以惟仁者宜在高位。不仁而在高位，是播其恶于众也。八节上无道揆也，下无法守也，朝不信道，工不信度，君子犯义，小人犯刑，国之所存者幸也。九节故曰：城郭不完，兵甲不多，非国之灾也；田野不辟，货财不聚，非国之害也。上无礼，下无学，贼民兴，丧无日矣。十节《诗》曰：'天之方蹶，无然泄泄。'十一节泄泄，犹沓沓也。十二节事君无义，进退无礼，言则非先王之道者，犹沓沓也。十三节故曰：责难于君谓之恭，陈善闭邪谓之敬，吾君不能谓之贼。"

第一章 第一节孟子说："离娄离娄，是太古的时候目力最明的人。是目力最明的人，公输子公输子，名班，鲁国最巧的人，是妙手的工匠。按古传，他为母亲造一个车，机关一开，车子就走；又造一个木鸢，凑合自己能飞；又造云梯，帮助楚国攻伐宋国，这等事表明他的巧妙。是手艺最巧的人，但若不用为员的规，为方的矩，他们还不能成或方的或员的东西；又如晋国的师旷，听音是最聪的，师旷号子野，是晋国的乐官，看《左传·襄公十四年》。然他若不用那六律，他不能正五音；六律，是竹做的律管；本来是十二个律管，六个属于阴，六个属于阳。朱注录其名：一黄钟、二太簇、三姑洗、四蕤宝、五夷则、六无射，这六个属于阳；另外有六个：一大吕、二夹钟、三仲吕、四林钟、五南吕、六应钟，这六个属于阴。○有这个吕，就可以定归五音。五音：一是宫，二是商，三是角，四是徵，五是羽。○比较雷格氏《书经》英文注解《舜典》二十四节，第二十八页注解。这样尧、舜之道，道字，意思是若一个国君情愿跟从尧、舜行政的道理。若不用仁政，就也不能平治天下了。仁政有一定的法子，好像那规矩或那六律一样。二节○现在有国君他们有仁心，也有仁者的声名，乃百姓却不受他们的恩泽，他们也不能垂法于后世，这都是因为他们不行先王的道。先王之道，常常因时制宜，用最美之法。学者不要误会想先王之道是拘守旧法，先王之道实在是前进之道。看花之安《经学不厌精遗编》第一卷"周政优于夏、商说"。三节○所以有话说，人徒有善心，人君只有善心而没有法度。这还不足以为政；而且若徒有法度，人若没有善心，徒有法度。那个法度不能自己行。意思是若没有仁爱之国君，法度不能自然行，法度没有力量以感动人。四节○《诗经》说：'《诗经·大雅·假乐》之篇。不愆不忘，愆是过分，忘是照顾不及。率由旧章。'率由，是循从。○诗篇是赞美先王的子孙说，他们所行不致太过，也不致遗失，但遵着本来的章程而行。人能遵从先王的法而还犯过失，就是太过或不及的过失。没有这个事。五节○圣人制器既竭尽了眼睛的力，他们又继续用规矩准绳，准是水准或水平，绳是绳墨。以制造那些或方或员或平或直的东西，那器具的用处不能尽了；圣人作乐既竭尽了耳朵的力，他们又继续用六律以正那五音，那律管的用处不能尽了；至于圣人治国既竭尽了心思，他们又继续用不忍人的政，这样他们的仁德就覆盖天下。六节○故此有话说，人若要为高，就是筑台造塔等类。必须依着丘陵；土高曰丘，大阜曰陵。若要为下，就是掘深的意思。必须依着川泽。等到为政，若不依着先王的道，这可以算为有智慧吗？七节○所以只仁者应当在高位上。若是不仁的人在高位上，这样他就播散他的恶习于众人。八节○若在上位的人没有道以度量事理，本文揆字，是度量的意思。而且若在下位的人没有法度以自守，朝廷就不信道理，做官的人就不信法度，君子犯义，小人犯刑，若这样的国存而不亡这是侥幸。九节○故此人说，城郭不完固，兵甲不众多，这还不是国家的灾；田野不开辟，货财不集聚，这还不是国家的害。惟有若在上的人没有礼，并若在下的人没有学，那时贼民兴起来，那个国不久就要灭亡了。呜呼！今时在中国许多人不能念书，也不能读新闻纸。有人说四百兆的华人中间三百七十兆不认得字，在东洋并在英、美、德、法等国，一切的孩子必须上学。十节○《诗经》说：'《诗经·大雅·板》之篇。天之方蹶，蹶是顿覆。无然泄泄。'泄泄，是怠慢放心的意思。○《诗经》说："若昊天这样倾覆周朝，你们不该当怠惰放心。"十一节○泄泄意思是沓沓。沓沓是怠缓。十二节○若臣子事君没有尽他当尽的义，若他或进或退也不用礼，若说话常常毁谤先王的道理，这样的行为就是沓沓的样子。十三节○故此有话说：臣子责求难事于君王，这就称为恭；陈说善法，禁闭邪行，这称为敬。反此若臣子说我的君不能做这些事，这称为贼。"比较《公孙丑章句下》二章四节。

第二章 第一节孟子曰："规矩，方员之至也；圣人，人伦之至也。二节欲为君尽君道，欲为臣尽臣道：二者皆法尧、舜而已矣。不以舜之所以事尧事君，不敬其君者也；不以尧之所以治民治民，贼其民者也。三节孔子曰：'道二：仁与不仁而已矣。'四节暴其民甚，则身弑国亡；不甚，则身危国削。名之曰'幽厉'，虽孝子慈孙，百世不能改也。五节《诗》云'殷鉴不远，在夏后之世'，此之谓也。"

第二章 第一节孟子说："规矩，是为造方造员最完全的准则；圣人，是为人伦最完全的表率。二节○若一个人做国君并欲尽君道，或是若一个人做臣子并欲尽臣道，那两个人皆只要效法尧、舜而已。若一个臣子不以舜事尧的样子事其君，他就不敬他的君；若一个国君不以尧待百姓的样子治其民，他就贼害他的民。三节○孔夫子曾说：'道只有两端：仁并不仁就罢了。'四节○若一个国君，暴虐百姓到极处，他自己必要被弑，并他的国必要丧亡；若不到极处，他自己还招危险，并他的国必要被侵削，人要给他名字称为幽称为厉，给他名字，是他死了定他的谥法。按谥法，动静乱常曰幽，杀戮无辜曰厉。○幽王是周朝厉王的孙，宣王的儿子；厉王，是夷王的儿子。虽然他有孝子慈孙，乃他们一百世也不能改变祖宗的恶名。五节○《诗经》说'《诗经·大雅·荡》之篇。殷鉴不远，在夏后之世'，那诗篇警戒厉王，并引文王警戒纣王的话。文王说："纣王所该当看为鉴戒的是不远，就是在夏朝桀王的时候。"意思是纣王该当把桀王为鉴戒。那句话就有这个意思。"

第三章 第一节孟子曰："三代之得天下也以仁，其失天下也以不仁。二节国之所以废兴存亡者亦然。三节天子不仁，不保四海；诸侯不仁，不保社稷；卿大夫不仁，不保宗庙；士庶人不仁，不保四体。四节今恶死亡而乐不仁，是犹恶醉而强酒。"

第三章 第一节孟子说："夏、商、周三代得天下因为有仁，他们失天下因为不仁。那时周朝还存，乃孟子晓得他必要丧失，因为不仁。二节○诸侯的国或兴或废或存或亡，缘故也是因为这个。三节○若天子不仁，他就不能保全四海；四海是天下。若诸侯不仁，他就不能保全社稷；意思是他不能保全他的国。若卿或大夫不仁，他就不能保全宗庙；若士或庶人不仁，他就不能保全四体。四节○今时的人他们憎恶死亡而又乐不仁，这是好如恶醉而却勉强饮酒。"

第四章 第一节孟子曰："爱人不亲反其仁，治人不治反其智，礼人不答反其敬。二节行有不得者，皆反求诸己，其身正而天下归之。三节《诗》云：'永言配命，自求多福。'"

第四章 第一节孟子说："若一个人爱别人而别人不亲爱他，他该当反求查考自己的仁；若若他勉力治人而不得治理，他该当反求查考自己的智慧；若他按礼待人而人不回答，他该当反求查考自己或实在恭敬人否。二节○在我们所行的事，若不得着我们所欲的，我们都该当反求查考自己。若一个人的身子自己成为端正，身子，是自己的意思。〇比较《论语·子路第十三》第六章说的，“其身正，不令而行；其身不正，虽令不从”。天下就都归服他了。三节〇《诗经》说：‘《诗经·大雅·文王》之篇。永言配命，你该当常常思念配合天命。自求多福。’”这样你自己要招求多福。〇比较《公孙丑上》第四章六节。

第五章　孟子曰：“人有恒言，皆曰‘天下国家’。天下之本在国，国之本在家，家之本在身。”

第五章　孟子说：“人有恒言，恒是常讲的话。都说‘天下国家’。天下的根本在国，国的根本在家，家的根本在身。”身就是自己。〇《大学》说：“身修而后家齐，家齐而后国治，国治而后天下平。”

第六章　孟子曰：“为政不难，不得罪于巨室。巨室之所慕，一国慕之；一国之所慕，天下慕之，故沛然德教溢乎四海。”

第六章　孟子说：“人要为政是不难的，只要不得罪于大家。本文巨室是大家。因为那大家所爱慕的，一国的人也要爱慕他；一国的人所爱慕的，天下的人都要爱慕他，所以这样国君的德性并教化就要沛然流溢于四海了。”

第七章　第一节孟子曰：“天下有道，小德役大德，小贤役大贤；天下无道，小役大，弱役强。斯二者天也。顺天者存，逆天者亡。二节齐景公曰：‘既不能令，又不受命，是绝物也。’涕出而女于吴。三节今也小国师大国而耻受命焉，是犹弟子而耻受命于先师也。四节如耻之，莫若师文王。师文王，大国五年，小国七年，必为政于天下矣。五节《诗》云：‘商之孙子，其丽不亿。上帝既命，侯于周服。侯服于周，天命靡常。殷士肤敏，裸将于京。’孔子曰：‘仁不可为众也。夫国君好仁，天下无敌。’六节今也欲无敌于天下而不以仁，是犹执热而不以濯也。《诗》云：‘谁能执热，逝不以濯？’”

第七章　第一节孟子说：“天下有道的时候，小德的诸侯服役于大德的，并小贤的诸侯服役于大贤的；乃天下无道的时候，小国服役于大国，弱国服役于强国。这两样的光景是天命的，国或治理，或撩乱，是天命。人若顺天道，国就治理；人若逆天道，国就撩乱。看下文。顺天者存，逆天者亡。天是上帝。二节〇齐景公曾说：‘我国既然不能出令，若又不受人的命，这是绝物。’绝物，是与人断绝。他就流着涕泪嫁女儿与吴国。吴王阖闾，伐齐，大胜，娶齐君的女儿配太子终累。〇吴国那时候还是蛮夷的国，所以齐景公羞耻嫁女与吴国。乃因为要保护国，他受吴君的命。〇吴国是今时浙江北边，江苏南边，苏州那个地方。三节〇现今的小国效法大国，他们效法大国之骄傲游乐。而却羞耻受他们的命令，这是仿佛一个弟子羞耻受命于先师。四节〇假若一个诸侯以这个为羞耻，他就莫如效法文王。若他效法文王，若有大国只要五年，若有小国只要七年，就必能行政于天下。五节〇《诗经》

说:‘《诗经·大雅·文王》之篇。商之孙子,其丽不亿。丽是数,亿是十万。○他们的数目,不止于十万,就是比十万多。上帝既命,侯于周服。乃因为上帝发了命,他们都侯服于周朝。侯服于周,天命靡常。他们臣服于周的缘故,因为天命不常,归于有德。殷士肤敏,肤是大,敏是达。祼将于京。’祼是祭祀的时候祼献之礼,京是周朝的京师。○意思是殷朝的士之肤大而敏达的人,他们都执祼献的礼,帮助周王祭祀于京师。以前孔子念这章诗就说:‘对文王那样的仁君,他们许多人不可算为众。意思是文王因为仁德,比那十万人强。所以若国君喜好仁,在天下他就没有敌。’六节○今时他们欲没有敌于天下而不以仁,这好如一个人执著一件热东西而不先用冷水以洗濯。《诗经》说:‘《诗经·大雅·桑柔》之篇。谁能执热,逝不以濯?’”逝是虚字。○意思是比方有很热的东西,若不先以凉水浸冷,什么人能拿这个东西?○这是照雷格氏《诗经》英文注解。平常的注解说:“人该当先浸手于凉水而后能执热东西。”乃这个恐怕无用。○《诗经》那比方的意思,是国君若欲无敌于天下,他必要用合宜之法,就是仁政。

第八章　第一节孟子曰:“不仁者可与言哉?安其危而利其菑,乐其所以亡者。不仁而可与言,则何亡国败家之有?二节有孺子歌曰:‘沧浪之水清兮,可以濯我缨;沧浪之水浊兮,可以濯我足。’三节孔子曰:‘小子听之!清斯濯缨,浊斯濯足矣,自取之也。’四节夫人必自侮,然后人侮之;家必自毁,而后人毁之;国必自伐,而后人伐之。五节《太甲》曰:‘天作孽,犹可违;自作孽,不可活。’此之谓也。”

第八章　第一节孟子说:“与不仁的人怎么样可以说善言呢?他们看危险为安宁而看灾害为利益,他们喜乐他们所以丧亡的事。设若与不仁者可以说善言,那里可以有亡国败家的事这样多呢?二节○有小孩子他唱歌说:‘若沧浪之水是清的,可以洗濯我的缨;缨是冠系。若沧浪之水是浊的,可以洗濯我的足。’三节○孔夫子说:‘你们小子听见罢!若水清他就洗濯缨,若水浊他就洗浊足,这两样都是水自己取的。’四节○人必先侮慢自己,然后别人要侮慢他;家必先自己毁弃自己,而后别人要毁弃他;国必先自己斩伐自己,而后别人要斩伐他。五节○《书经·太甲》说:‘天作孽,犹可违;意思是若人悔罪改过,并恳求上帝,这样或可免灾难。自作孽,不可活。’自己所招取的孽,就不可以免而存活。○比较《公孙丑上》第四章六节。这就是那个意思。”

第九章　第一节孟子曰:“桀、纣之失天下也,失其民也;失其民者,失其心也。得天下有道:得其民,斯得天下矣;得其民有道:得其心,斯得民矣;得其心有道:所欲与之聚之,所恶勿施尔也。二节民之归仁也,犹水之就下、兽之走圹也。三节故为渊驱鱼者,獭也;为丛驱爵者,鹯也;为汤、武驱民者,桀与纣也。四节今天下之君有好仁者,则诸侯皆为之驱矣。虽欲无王,不可得已。五节今之欲王者，犹七年之病求三年之艾也。苟为不畜，终身不得。苟不志于仁，终身忧辱，以陷于死亡。六节《诗》云‘其何能淑，载胥及溺’，此之谓也。”

第九章 第一节孟子说：“桀王、纣王失了天下，是因为失了他们的百姓；失了百姓，是因为失了百姓的心。所以得天下有道，就是要得百姓，这样就得天下；而且得百姓也有道，就是要得百姓的心，这样就得百姓；并得百姓的心也有道，就是他们所欲的要为他们聚集起来，他们所恶的不要施给他们就是了。本文与之，是为他们。〇比较《大学》第十章：“民之所好好之，民之所恶恶之。”二节〇百姓归服仁政，如水往下头流，并如兽往旷野走。就是自然的样子。三节〇故此如獭帮助深渊驱鱼往深渊去，獭是吃鱼的动物，鱼怕獭而躲避到深渊里。〇本文敺字是驱，就是赶逐的意思。本文为字是替，意思是仿佛帮助深渊得鱼。并如鹯帮助丛林驱雀往丛林去，本文爵字是雀，就是鸟，鸟怕鹯躲避到深林里，所以那个鹯仿佛帮助那树林得鸟。这样桀王、纣王帮助汤王、武王驱民归向他们。四节〇今天下的国君中间，若有一个好仁者，一切的别的诸侯就都要替他驱百姓归向他。虽他欲不做王，然他不得免。五节〇今时若一个国君欲王天下，是好如一个人得了病已经有七年的工夫，而他寻求三年的艾做药。艾越陈久越灵，意思是他该当早先寻这个药，现在嫌迟，然还可以有希望。乃若现今不畜养，那个艾就终身不能得。这样若国君不立志于仁，他们就终身忧愁羞辱，以致他们陷落于死亡。六节〇《诗经》说：‘《诗经·大雅·桑柔》之篇。其何能淑，载胥及溺’，淑是善，载是则，胥是相同。〇意思是你怎能可以教天下为善呢？到底你和你的臣子要一同陷落到沉溺。这就是那个意思。”

第十章 第一节孟子曰：“自暴者，不可与有言也；自弃者，不可与有为也。言非礼义，谓之自暴也；吾身不能居仁由义，谓之自弃也。二节仁，人之安宅也；义，人之正路也。三节旷安宅而弗居，舍正路而不由，哀哉！”

第十章 第一节孟子说：“与自暴的人，不可以同他们说话；与自弃的人，不可以劝勉他们做什么事。在言语非毁礼义，非是毁谤。这就叫做自暴；暴是害自己。说我不能居仁由义，这就叫做自弃。二节〇仁，是人的平安的住宅；义，是人的正经的路。三节〇空旷着平安的宅而不住在那里，舍去正路而不行那条路，可哀怜他们！”

第十一章 孟子曰：“道在尔而求诸远，事在易而求之难。人人亲其亲、长其长而天下平。”

第十一章 孟子说：“道理本在近处，而人寻求他于远处；本分的事情是在容易的事情，而人寻求他于难的事情。若人人亲爱他的亲，尊敬他的长，天下就自然平定了。”比较《中庸》第十三章说的，“道不远人，人之为道而远人，不可以为道”。又看《中庸本义官话》注解。

第十二章 第一节孟子曰：“居下位而不获于上，民不可得而治也。获于上有道:不信于友,弗获于上矣;信于友有道:事亲弗悦,弗信于友矣;悦亲有道:反身不诚,不悦于亲矣;诚身有道:不明乎善,不诚其身矣。二节是故诚者,天之道也;思诚者,人之道也。三节至诚而不动者,未之有也;不诚,未有能动者也。”

第十二章 第一节孟子说:“在下位的人,倘若不能得上司的相信,他们就也不能得治理民人。得上司的相信有道:倘若人不见信于朋友们,他就不能得上司的相信;见信于朋友们也有道:倘若人奉事父母不能得他们的欢心,他就不能见信于朋友们;悦父母也有道:倘若人反观自己而不诚,他查考自己并觉得心内不诚。他就不能悦他的父母了;诚自己也有道:倘若人不明白善,他就不能诚他自己。二节〇所以诚者,是天的本然之道;诚是真实无妄。思想怎么样可以成为诚,是人的当然的道。三节〇至诚的人而不感动别人,未有这个事;乃不诚的人,万不能感动别人。”上文是与《中庸》二十一章十七、十八节相仿佛,有几个字不同。所以孟子恐怕不按照《中庸》,乃按照《家语》引的《中庸》;或是孔门遗传零碎的章句,《家语》采取的。在《中庸本义官话》二十二章,予说过:“天下至诚者是耶稣基督,所以他感动万国万民。”

第十三章 第一节孟子曰:“伯夷辟纣,居北海之滨,闻文王作,兴曰:‘盍归乎来!吾闻西伯善养老者。’太公辟纣,居东海之滨;闻文王作,兴曰:‘盍归乎来!吾闻西伯善养老者。’二节二老者,天下之大老也,而归之,是天下之父归之也。天下之父归之,其子焉往?三节诸侯有行文王之政者,七年之内,必为政于天下矣。”

第十三章 第一节孟子说:“以前伯夷欲躲避纣王,居在北海边上,他听见文王振作,他就兴起来说:‘我何不归到那里去呢!我听见西伯最善养老人。’姜太公欲躲避纣王,住在东海边上,他听见文王振作,他就兴起来说:‘我何不归到那里去呢!我听见西伯最善养老人。’二节〇那两个老人,是天下顶大的老人也,他们既然归了文王,是犹如天下人的父亲归了文王也。天下人的父亲既归了文王,他们的儿子可以往那里去呢?三节〇现在诸侯的中间若有一个能行文王的政事,他七年之内,必能行政于天下。”比较《论语·子路第十三》第十章,孔子说:“设若有君用我,过了一年我已经可以颇见功效;过了三年,我就可以成全国家的事。”

第十四章 第一节孟子曰:“求也为季氏宰,无能改于其德,而赋粟倍他日。孔子曰:‘求非我徒也,小子鸣鼓而攻之可也。’二节由此观之,君不行仁政而富之,皆弃于孔子者也。况于为之强战?争地以战,杀人盈野;争城以战,杀人盈城。此所谓率土地而食人肉,罪不容于死。三节故善战者服上刑,连诸侯者次之,辟草莱、任土地者次之。”

第十四章 第一节孟子说:“孔子的弟子冉求作鲁季氏的家臣,乃他不能改变季氏的坏德，本文德字，可以有好的，也可以有坏的意思。但求替他征取百姓的钱粮比以前加一倍多。孔子说：‘求不是我的门徒了，小子们鸣鼓而攻伐他可也。’二节〇由这样看起来，可见国君若不行仁政，而且若他的臣子又给他富，是皆孔子所弃绝的人。而况若臣子替国君用强争战？这是照朱注。雷格氏说：“强字的意思是国君本来不好战，乃臣子唆使而勉强国君打仗，这就是臣子的大罪。”孔子更厌弃他们，有时为争地交战，他们就杀人满野；死人的尸盈满于野。有时为争城交战，他们就杀人满城。这就叫率领土地而吃人肉，土地是杀人的缘故，所以土地仿佛吃人。这样臣子的罪，死刑还不足罚他。三节〇故此若臣子顶会打仗，他应当受头一等的刑罚；若臣子连结诸侯，他应当受次一等的刑罚；若臣子替国君开辟草莱，而勉强百姓任那个土地，意思是分开那新地，并勉强百姓不准他们自己得利益，只替国君耕种。他应当受又次一等的刑罚。”

第十五章　第一节孟子曰：“存乎人者，莫良于眸子。眸子不能掩其恶。胸中正，则眸子瞭焉；胸中不正，则眸子眊焉。二节听其言也，观其眸子，人焉廋哉？”

第十五章　第一节孟子说：“在人身上的最善良的就是眸子。眸子不能用以掩藏人的恶心。若他胸中是端正的，那眸子就是明亮的；本文瞭字是明亮。乃若他胸中不是端正的，那眸子就是昏花的。本文眊字是昏花。〇听人所说的话，观看他的眸子，那个人就怎么样能藏匿自己的心呢？”本文廋字是藏匿。〇比较《论语·为政第二》第十章，孔夫子说的话：“观看人的行为怎样，观看人的因由怎样，察看人的安乐怎样。”若察这三样，人怎么样可以藏匿自己的心呢？人怎么样可以藏匿自己的心呢？

第十六章　孟子曰：“恭者不侮人，俭者不夺人。侮夺人之君，惟恐不顺焉，恶得为恭俭？恭俭岂可以声音笑貌为哉？”

第十六章　孟子说：“恭敬的人不侮慢人，俭节的人不侵夺人。若一个国君侮慢人并侵夺人，他惟恐惧人不顺从他，怎么样能算他为恭敬并俭节呢？恭敬并俭节，岂可以把声音并笑貌作为那两样德性么？”恭俭的声音并笑貌是不足。

第十七章　第一节淳于髡曰：“男女授受不亲，礼与？”孟子曰：“礼也。”曰：“嫂溺则援之以手乎？”曰：“嫂溺不援，是豺狼也。男女授受不亲，礼也；嫂溺援之以手者，权也。”二节曰：“今天下溺矣，夫子之不援，何也？”三节曰：“天下溺，援之以道；嫂溺，援之以手。子欲手援天下乎？”

第十七章　第一节淳于髡姓淳于，名髡，齐国的辨士，看《史记·列传》。问孟子说：“男女不该当亲手或给东西或受东西，是礼么？”孟子说：“是礼。”淳于髡曰：“假若人的嫂子沉溺在水里，可用手救他出来么？”本文援字，是救他出水。孟子说：“若人不救沉溺的嫂子，他是仿佛豺狼一样。男女不亲手或给东西或受东西此是礼；乃沉溺的嫂子用手救他，此是从权。”从权，意思是因为意外紧急之事，违背外面的规条以致尽本分当然之大义。那个权字，看《论语·子罕第九》第二十九章，又看《微子第十八》第八章四节。〇有时因为本分当然之大义，可以违背外面之法度，乃万不能因为自己的益处，可以违背我显然之本分。二节〇淳于髡又说道：“现在天下沉溺，夫子不出来救他，是为什么呢？”三节〇孟子对他说：“天下沉溺必要用道救他；嫂子沉溺不过用手救他。难道你欲我用手救天下么？”朱注：“言天下溺，惟道可以救之，非若嫂溺可手援也。今子欲援天下，乃欲使我枉道求合，就是废正道顺从一个诸侯以希望进用，则先失其所以援之之具矣，是欲使我以手援天下乎？”

第十八章 第一节公孙丑曰：“君子之不教子，何也？”二节孟子曰：“势不行也。教者必以正；以正不行，继之以怒；继之以怒，则反夷矣。‘夫子教我以正，夫子未出于正也。’则是父子相夷也。父子相夷，则恶矣。三节古者易子而教之。四节父子之间不责善，责善则离，离则不祥莫大焉。”

第十八章 第一节公孙丑问孟子说：“君子不自己教儿子是为什么呢？”二节〇孟子对他说：“其势有所不行也。意思是因为那事情的光景，那事情就不可行。教者必要劝戒以端正之道；劝戒以端正之道若儿子不信从，就必要继之以发怒；若父亲继之以发怒，他就反伤儿子的心了。照法儒古危勒儿注解。儿子就说：‘我的夫子，他不说我的父亲，看父亲为夫子。教我以端正之道，乃夫子自己未出于端正之道。’这样父亲并儿子彼此伤心了。父亲并儿子彼此伤心，这真是不幸的恶事。三节〇古人交易儿子而教训他们。四节〇父亲并儿子中间不该当有责善之言，若有责善之言就容易叫他们分离，若父亲并儿子分离，这是最不吉祥的事。”

第十九章 第一节孟子曰：“事孰为大？事亲为大；守孰为大？守身为大。不失其身而能事其亲者，吾闻之矣；失其身而能事其亲者，吾未之闻也。二节孰不为事？事亲，事之本也；孰不为守？守身，守之本也。三节曾子养曾皙，必有酒肉。将彻，必请所与。问有余，必曰‘有’。曾皙死，曾元养曾子，必有酒肉。将彻，不请所与。问有余，曰‘亡矣’。将以复进也，此所谓养口体者也。若曾子，则可谓养志也。四节事亲若曾子者，可也。”

第十九章 第一节孟子说：“服事人什么算为顶大呢？服事亲是顶大的；论保守一个事什么算为顶大呢？保守自己是顶大的。人若不失掉自己，他们就能事奉他们的亲，这个事我听闻了；乃人若失掉自己，还能事奉他们的亲，这个事我还没有听闻了。二节〇什么不是服事人的机会？意思是服事人的样子很多。但服事亲是服事别人的根本；什么事情不要保守呢？意思是保守事情有许多样子，如保守房屋或家财等类。但保守自己是保守一切事情的根本。三节〇当初曾子奉养他的父亲曾皙，曾子，是孔夫子的弟子；曾皙，名点，是曾子的父亲。看《论语·先进第十一》第二十五章。每饭必有酒肉。并将撤下碗碟的时候，曾子必请问父亲余剩的能给什么人。若父亲问果有余剩的么？曾子必要说'有'。等到曾皙死过之后，曾子的儿子曾元奉养曾子，也照样每饭必有酒肉。乃将撤下碗碟的时候，曾元不请问父亲余剩的要给什么人。而且若父亲问果有余剩的么，曾元必要说'没有了'。因为他的意思要再把那所余的食物捧进来，这称为只养父亲的口体。乃如曾子那样，这可称为养父亲的志。四节〇事亲如曾子那样这是可以了。"

第二十章　孟子曰："人不足与适也，政不足间也。惟大人为能格君心之非。君仁莫不仁，君义莫不义，君正莫不正。一正君而国定矣。"

第二十章　孟子说："论国君所用的人，不足责备国君，本文人字，是国君所用的人；本文适字，是谪，意思是责备。论国君所行的政，不足非刺国君。本文间字，是非刺。〇意思是责备国君是不足的，必要改正国君的心，看下文。惟大人能格正国君心里头的过失。若国君心里有仁，他一切的行为就没有不仁；若国君心里有义，他一切的行为就没有不义；若国君心里端正各样的事，就没有不端正。只要一正君，国就定了。"

第二十一章　孟子曰："有不虞之誉，有求全之毁。"

第二十一章　孟子说："有时候人得度量不到的誉言，本文虞字，是度量。〇意思是他们不配得那个赞美。有时候人虽求完全自己，他们反受毁谤。"

第二十二章　孟子曰："人之易其言也，无责耳矣。"

第二十二章　孟子说："人轻易出言语是因为没有人责备他。"比较耶稣说的，"我实在告诉你们，凡人所说的虚妄的话，到审判的日子，必要句句究问他。因为凭你的话定你为义人，也凭你的话定你为罪人"。看《马太》十二章三十六并三十七节。

第二十三章　孟子曰："人之患在好为人师。"

第二十三章　孟子说："人的患害就是在好作别人的师傅。"比较使徒雅各说的，"我弟兄们，你们中间不可多有作师傅的。因为作师傅的，受审判必是更加严紧的。我们都屡次有错误，若有人在说话上没有过失，便是完全人，能约束全身"。看《雅各书》三章一、二节。

第二十四章　第一节乐正子从于子敖之齐。二节乐正子见孟子。孟子曰："子亦来见我乎？"曰："先生何为出此言也？"曰："子来几日矣？"曰："昔者。"曰："昔者，则我出此言也，不亦宜乎？"曰："舍馆未定。"曰："子闻之也，舍馆定，然後求见长者乎？"三节曰："克有罪。"

第二十四章　第一节孟子的门徒乐正子看《梁惠王章句下》十六章二节。跟从子敖到齐国来。子敖就是王驩。看《公孙丑章句下》六章，他是齐国的臣子。二节〇乐正子来见孟子。孟子那时在齐国。孟子对他说："你也来见我么？"孟子不喜欢他同子敖来。乐正子说："先生为什么说这个话呢？"孟子说："你已经来到这个地方几日呢？"乐正子说："昨天来。”孟子说:“既是昨天来了,我说这个话岂不是合宜的么?”乐正子又说:“是因为我的舍馆还没有定了。”孟子说:“你听闻了弟子要等到舍馆定了而后才来求见长者么?”长者是孟子。三节〇乐正子说:“这是克克是乐正子之名。的罪过。”

第二十五章　孟子谓乐正子曰:“子之从于子敖来,徒餔啜也。我不意子学古之道,而以餔啜也。”

第二十五章　孟子对乐正子说:“你跟从子敖来,只是因为饮食餔啜呵。餔是吃,啜是喝。我想不到你虽学了古人的道,反贪图餔啜那个事情。”

第二十六章　第一节孟子曰:“不孝有三,无后为大。二节舜不告而娶,为无后也,君子以为犹告也。”

第二十六章　第一节孟子说:“不孝有三件,而且没有后人要算是最大的。赵氏注:“于礼有不孝者三事,谓阿意曲从,陷亲不义,一也;家贫亲老,不为禄仕,二也;不娶无子,绝先祖祀,三也。三者之中,无后为大。”在《离娄章句下》第三十章二节,孟子提出五件不孝之事,乃上文三件不在内。〇孔夫子说:“己所不欲,勿施于人。”比方设若媳妇另外嫁别的男人,丈夫难道喜悦么?所以丈夫也不该当娶妾,乃该当以忠心爱他的媳妇终身到死。孔夫子自己也没有妾,而且《礼记》所传述的,孔子出妻那个事,也不可信的,因为他的妻去世的时候,伯鱼很哀哭。孔夫子的妻去世在西历前四百八十六年,就是在孔子去世七年以前,孔子娶妻在西历前五百三十二年,可明他的妻由出嫁以后过了四十六年去世,两人得到年寿。二节〇当初舜不告禀父母而娶妻,因为怕将来无后。君子看他如告了一样。”舜不告禀父母,因为父母恐怕不准许他娶妻。〇花之安说:“论这个事,我们不能看舜为标准,他必该当等到父母准许的时候,才可以娶妻。”看花之安《孟子》德文注解,第二百八十段。

第二十七章　第一节孟子曰:“仁之实,事亲是也;义之实,从兄是也。二节智之实,知斯二者弗去是也;礼之实,节文斯二者是也;乐之实,乐斯二者,乐则生矣,生则恶可已也,恶可已,则不知足之蹈之、手之舞之。”

第二十七章　第一节孟子说:“仁的最真实的结果,意思是最真实的功效。是奉事父母。义的最真实的结果,是顺从兄长。二节〇智的最真实的结果,是知道那两端而不丢去。两端,就是奉事父母,顺从兄长。礼的最真实的结果,是品节、文饰那两端。乐的最真实的结果,是喜乐那两端;那喜乐就发生出来,若发生出来就怎能禁止呢?若不能禁止,就是那喜乐不能禁止。这样就不知不觉足也蹈了,手也舞了。”

第二十八章　第一节孟子曰:“天下大悦而将归己。视天下悦而归己,犹草芥也,惟舜为然。不得乎亲,不可以为人;不顺乎亲,不可以为子。二节舜尽事亲之道而瞽瞍厎豫,瞽瞍厎豫而天下化,瞽瞍厎豫而天下之为父子者定,此之谓大孝。”

第二十八章　第一节孟子说:“天下大悦而已经将要归他,他指舜。乃看天下悦而归己好如草芥一般，惟舜能够这样。他想若一个人不得他的父母，就不可看他为人；而且若不能顺合于父母，就不可看他为子。二节〇舜竭尽事亲的道理，而以致瞽瞍喜悦，本文豫字是喜悦。瞽瞍既然致喜悦，天下就受感化；瞽瞍既然致喜悦，天下为父子的他们的本分被定了，这就称为大孝。”

孟子集注卷八

离娄章句下 凡三十三章。

第一章 [第一节]孟子曰："舜生于诸冯，迁于负夏，卒于鸣条，东夷之人也。[二节]文王生于岐周，卒于毕郢，西夷之人也。[三节]地之相去也，千有余里；世之相后也，千有余岁。得志行乎中国，若合符节。[四节]先圣后圣，其揆一也。"

第一章 [第一节]孟子说："舜生在诸冯那地方，照《史记》，舜生在冀州，就是在今时山西省。乃有人比方宋儒曾子固说，舜生在山东省，济南府不远。这个意思按照雷格氏与孟子相合，因为孟子说舜是东夷之人。后来迁到负夏，卒在鸣条，卒字是死。○鸣条，照《史记》舜卒在苍梧，就是一个南边的地方。○论尧、舜所留下的古传，学者不能都看为真史，看雷格氏《书经》英文注解序，第四十七至八十页，辨论《书经》不能信之证据；又看花之安以英文所著的《中国太古之史》，第一百五十五页。他是东夷地方的人。[二节]○文王生在岐周，岐周是岐山下之周。周朝的旧邑在岐山之下，岐山在陕西省，今时凤翔府不远。卒在毕郢，毕郢是西安府，咸宁县。他是西夷地方的人。[三节]○那两个地方相去有一千余里，那两个圣人的世代相离有一千余年。乃他们得志的时候行道于中国，如合符节的两半一样。古时国君给臣子以符节左边的一半，国君守留右边的一半。若有事，就把右边的一半合臣子那左边的一半以为凭据。[四节]○在先的圣人并后来的圣人，他们的揆度是一样的。"意思是圣人之道，离地方并时候不同，乃其道相合。

第二章 [第一节]子产听郑国之政，以其乘舆济人于溱、洧。[二节]孟子曰："惠而不知为政。[三节]岁十一月徒杠成，十二月舆梁成，民未病涉也。[四节]君子平其政，行辟人可也，焉得人人而济之？[五节]故为政者，每人而悦之，日亦不足矣。"

第二章 [第一节]子产作郑国的宰相，本文听政，意思是做宰相。子产，看《论语·公冶长第五》第十五章。他用自己所乘的车子济人渡溱水、洧水。溱水、洧水，是两个水名，在河南省。[二节]○孟子说："他有惠爱之心而不知道为政的道理。[三节]○古人到了十一月，就造成徒杠；徒杠，是人徒步能过的小桥。到了十二月，就造成舆梁，舆梁，是车子能过的大桥。这样百姓没有忧愁涉水。本文病字是忧愁。○周朝的十一月并十二月是今时的九月并十月。四节○为政的君子，只要公平办理他的政事，若他出来可以叫人回避他。本文辟字，是关，是叫人开路。乃怎么样他能济人人涉水呢？五节○故此为政的人，若要讨个个人的喜悦，他日日的工夫就不够用了。”

第三章 第一节孟子告齐宣王曰：“君之视臣如手足，则臣视君如腹心；君之视臣如犬马，则臣视君如国人；君之视臣如土芥，则臣视君如寇仇。”二节王曰：“礼，为旧君有服，何如斯可为服矣？”三节曰：“谏行言听，膏泽下于民；有故而去，则君使人导之出疆，又先于其所往；去三年不反，然后收其田里。此之谓三有礼焉。如此，则为之服矣。四节今也为臣，谏则不行，言则不听；膏泽不下于民；有故而去，则君搏执之，又极之于其所往；去之日，遂收其田里。此之谓寇仇。寇仇何服之有？”

第三章 第一节孟子告诉齐宣王说：“若国君看他的臣子如同自己的手足，意思是厚待保护他们。那个臣子就看国君如同他们的腹心；意思是重看爱戴他。若国君看臣子如同犬马，意思是只养他们不敬重他们。那个臣子就看国君如同国人；国人，是路人，意思是不尊敬他。若国君看臣子如同泥土或草芥一样，意思是轻看并害他们，如踏的泥土或割的草芥。那个臣子就看国君如同强盗或仇敌一样。”本文寇字是强盗，仇字是仇敌。二节○齐宣王说：“我看《礼经》上说的，臣子替旧君行三个月的服制，君要怎样待他才可以行这个服制呢？”旧君，是臣子以前事奉的君。○《仪礼》曰：“以道去君而未绝者，服齐衰三月。”三节○孟子说：“这个臣在未去的时候，若他劝谏国君就行，若他陈言国君就听，这样君的恩膏德泽也就能下及于民；而且若他因有缘故要到别的国去，国君就叫人引导他出本国的疆界，国君又叫人到他所往的国替他先容；臣子去了三年的功夫，若还不反国，然后国君才把他的田里收过来。里是房屋。这称为三件事都有礼。一件是引导他，二件是替他先容，三件是等待三年望他回来。旧君若做这样，臣子就替他行服制了。四节○乃今时若臣子劝谏国君就不行，若他陈言国君就不听，君的恩膏德泽也不能下及于民；而且若他因有缘故要到别的国去，国君就捕捉他，阻拦他，本文搏字是捕捉他，执字是阻拦他。又叫他在所往的国受困厄；而且他刚才去的那一天，就把他的田里收过来。这称为强盗并仇敌。若国君做强盗并仇敌那样，难道臣子还要替他行服制么？”

第四章 孟子曰：“无罪而杀士，则大夫可以去；无罪而戮民，则士可以徙。”

第四章 孟子说：“若士子没有罪而被杀，大夫就可以去；去就是离开本国；可以去，意思是该当去。若百姓没有罪而被戮，士子就可以迁徙。”迁徙，是到别的国。○《日讲》

说："可见为人君者，当尚德而缓刑，慎法以行仁，诚能体上帝好生之心，法古圣钦恤之意，则百官万民，戴之如天，自有久安长治之效也。"

第五章　孟子曰："君仁莫不仁，君义莫不义。"

第五章　孟子说："若国君一仁，人人就莫不仁；若国君一义，人人就莫不义。"比较《离娄章句上》第二十章。

第六章　孟子曰："非礼之礼，非义之义，大人弗为。"

第六章　孟子说："非礼之礼，非义之义，大人不做。"非礼之礼，是外面好如礼，乃实在不是礼，比如谄谀人等类。

第七章　孟子曰："中也养不中，才也养不才，故人乐有贤父兄也。如中也弃不中，才也弃不才，则贤不肖之相去，其间不能以寸。"

第七章　孟子说："执中的人培养不执中的人，有才的人培养不才的人，故此人乐有贤良的父兄。若执中的人弃绝那不执中的人，若有才的人弃绝那不才的人，这样那贤良的并不肖的中间相去连一寸也没有。"意思是他们那贤良的没用处。

第八章　孟子曰："人有不为也，而后可以有为。"

第八章　孟子说："人必定先有他所不肯为的事，而后他就能有为。"意思是他就能奋力做该当的事。〇比较《论语·子路第十三》第二十一章。

第九章　孟子曰："言人之不善，当如后患何？"

第九章　孟子说："讲别人的不善，这样的人后来该当受什么样大的祸患呢？"

第十章　孟子曰："仲尼不为已甚者。"

第十章　孟子说："孔子不做过甚的事。"比较《中庸》十一章说，"子曰：'素隐行怪，后世有述焉，吾弗为之矣。'"又看《论语·述而第七》第二十章。

第十一章　孟子曰："大人者，言不必信，行不必果，惟义所在。"

第十一章　孟子说："大人在言语上不先想必要得信，在行为上不先想必要果决，果决是决断。只看义所在就从之。"他只想合义，不计较人的赞美。〇比较《论语·里仁第四》第十章"义之与比"。

第十二章　孟子曰："大人者，不失其赤子之心者也。"

第十二章　孟子说："大人者，是不失掉他本来赤子的心者也。"赤子的心，照朱注，是"纯一无伪"。〇比较耶稣说的，"你们若不改变气质，不像小孩子，就不能进天国里去。所以凡自己谦卑像这小孩子的，他在天国就是最大的"。看《马太》十八章三、四节。耶稣把小孩子谦卑的样子指出为模样，这是不错，乃小孩子心里也已经有罪，如《圣经》说："人从小时心里就怀恶念。"看《创世记》八章二十一节。而且《论语·颜渊第十二》第一章《翼注》也说："有私欲之人心，与生俱生。"这就是表明人被生之时，已经有本原之罪在其心内。父母晓得小孩子已经有为我之心。虽然这样，乃小孩子心里所有的私念的种子，还没有发现，并他心里所有的善念之苗，可以希望长大。所以若比较孩子与年长的人，实在可以举孩子为榜样。可惜不失其赤子之心者，恐怕天下没有。人都放失其心，必要再求。如孟子说："学问之道无他，求其放心而已矣。"看《告子上》第十一章四节。他又说："放其心而不知求，哀哉。"

第十三章　孟子曰："养生者不足以当大事，惟送死可以当大事。"

第十三章　孟子说："父母在的时候奉养他们，还不足以算为大事，惟父母去世的时候送死，可以算为大事。"

第十四章　孟子曰："君子深造之以道，欲其自得之也。自得之，则居之安；居之安，则资之深；资之深，则取之左右逢其原，故君子欲其自得之也。"

第十四章　孟子说："君子热心前进向理而依着次序，本文深字是热心用力不止息，造是前进，之是理，道是次序。他欲自然悟得真理。若他自然悟得真理，他就安然居在真理里面；若安然居在真理里面，他就深倚赖真理；本文资字，是藉，是倚赖的意思。他深倚赖真理，而且他就左右就是各样的事情上。取用真理常常遇着他如同一个泉源，故此君子欲自然悟得真理。"比较耶稣说的，"所以凡读书人学问能通达天国道理的，就如一个家主从他库里拿出新旧的东西来"。看《马太》十三章五十二节。

第十五章　孟子曰："博学而详说之，将以反说约也。"

第十五章　孟子说："君子广博他的学问并详细辨论所学的意思，是要能反而说到至约之地步。"意思是他要能简约明说所学之精理。

第十六章　孟子曰："以善服人者，未有能服人者也；以善养人，然后能服天下。天下不心服而王者，未之有也。"

第十六章　孟子说："人君若用他的善要服人，他万不能服人。惟若用他的善要养人，然后他能服天下。服人养人，是相反的。若国君因胜人以善欲降服人，他们生厌而心里不归服他。乃若他有仁爱之心，实在仰慕以善良之德培养而教化他们的心，他们就认得他亲爱之志意，而乐意信服他。若天下不心服倒能王，天下没有这个事。"比较《孟子·公孙丑上》第三章二节说的，"以力服人者，非心服也，力不赡也；以德服人者，中心悦而诚服也，如七十子之服孔子也"。〇耶稣说："外邦人有君王管束他们，有大臣辖制他们，这是你们知道的，只是你们不可如此。你们中间谁要为大，就当服事你们；谁要居首位，就当作你们的仆人。正如人子来，不是要受人的服事，乃是要服事人，并且要舍掉性命替众人赎罪。"看《马太》二十章二十五至二十八节。

第十七章　孟子曰："言无实不祥。不祥之实，蔽贤者当之。"

第十七章　孟子说："若言语不真实，这就是不吉祥。乃不吉祥之实，是蔽贤人的话承当这个。"蔽，是隐蔽贤人的德。

第十八章　第一节 徐子曰："仲尼亟称于水，曰：'水哉，水哉！'何取于水也？"二节 孟子曰："原泉混混，不舍昼夜。盈科而后进，放乎四海，有本者如是，是之取尔。三节 苟为无本，七八月之间雨集，沟浍皆盈；其涸也，可立而待也。故声闻过情，君子耻之。”

第十八章 第一节徐子问孟子说：“当初孔夫子屡次称赞水说：‘水哉，水哉！’请问孔夫子有什么缘故取于水呢？”比较《论语·子罕第九》第十六章。二节〇孟子说：“比如有源的泉水混混涌出来，昼夜不息。盈满那些科坎而后又往前进，归到四海，有本原的水就是这样，因为这个缘故孔子取他。这样的水，好如人有实行，常常前进以至于极。三节〇乃设若水没有本原，七八月之间，大雨聚集的时候，沟浍就都盈满了；然而他们干涸最容易可立而待。意思是沟浍干涸很快。故此若声名闻望过了实情，君子羞耻这个事。”人若有名声而没有实德，他的名声就不能长久，如那无根源的水一样。〇《备旨》补说：“仲尼之称水，原不止有本无本之说，孟子特因徐子之病而教之。”

第十九章 第一节孟子曰：“人之所以异于禽兽者几希，庶民去之，君子存之。二节舜明于庶物，察于人伦。由仁义行，非行仁义也。”

第十九章 第一节孟子说：“人之所以不同于禽兽的分别，是一个几微之理，平常注解说：“几希是少。”雷格氏说：“那两个字恐怕要表明人禽分别的样子，不问那分别多不多，乃说那分别的缘故是一个几微之理。”就是《书经》所说的“道心惟微”。道心是是非之良心。人有仁义之心，禽兽没有仁义之心。雷格氏说：“分别实在很大。”但是庶民失掉那个理，君子存守那个理。比较耶稣说的：“你们不比鸟雀贵重得多么？”看《马太》六章二十六节。二节〇当初大舜明白许多事物，考察竭尽人伦。朱注：“察则有以尽其理之详也。”他自然由仁义行，不是特意行仁义。”朱注：“仁义已根于心，而所行皆从此出，非以仁义为美而后勉强行之。”

第二十章 第一节孟子曰：“禹恶旨酒而好善言。二节汤执中，立贤无方。三节文王视民如伤，望道而未之见。四节武王不泄迩，不忘远。五节周公思兼三王，以施四事；其有不合者，仰而思之，夜以继日；幸而得之，坐以待旦。”

第二十章 第一节孟子说：“大禹憎恶美酒而喜好善言。《战国策》云：“仪狄作酒，禹饮而甘之，曰‘后世必有以酒亡其国者’，遂疏仪狄而绝旨酒。”〇比较《书经》五子之歌说的“甘酒嗜音，峻宇雕墙，有一于此，未或不亡”。〇那歌述大禹之戒。〇俗语说的，“酒能乱性”。二节〇成汤执中，举用贤人不问他们本来是那一类的人。三节〇文王看百姓如同看一个受了伤的人，意思是怜恤百姓。仰望道好如未能看见。意思是好如不能前进及到道。〇论文王之德，看《书经·无逸》第十、第十一节，又看《诗经·大雅·思齐》之篇。〇本文而字读为如，古字通用。四节〇武王不狎泄近的，也不忘却远的。五节〇周公思想兼合那三王之德，三王，是禹、汤并文王、武王，文王、武王算为一个。以施行那四件事。就是上文四条中的事。倘若他看其中间有不合时的，朱注：“时异势殊，故其事或有所不合。”他就仰着面而思想这个事，而且若日里想不到用夜以继日；若夜里幸得着了，他就坐着等到天明。”他喜乐并欲急速施行。〇学者可明周公常想古人之行为中间有不合时的否，若果有不合时之事，他就按照圣人精神之本意推广为时务之作用，这样他有前进之善机。今时真爱国者该当从之，这样国家可以大兴旺。

第二十一章　第一节孟子曰："王者之迹熄而《诗》亡，《诗》亡然后《春秋》作。二节晋之《乘》，楚之《梼杌》，鲁之《春秋》，一也。三节其事则齐桓、晋文，其文则史。孔子曰：'其义则丘窃取之矣。'"

第二十一章　第一节孟子说："周朝王道之遗迹熄灭而雅诗就亡了，周平王从丰镐迁到洛之东都，就是西历前七百六十三年。从那时起，周天子有名无实。雅诗既亡了然后孔子作《春秋》。诗亡，意思是没有新诗篇加增。二节〇晋国的史叫做《乘》，楚国的史叫做《梼杌》，鲁国的史叫做《春秋》，他们都是一个样的。三节〇《春秋》里头的事，就是讲齐桓、晋文，是齐国的桓公，鲁国的文公。《春秋》的文字就是史书的笔法。孔子说：'里头的义，我自己敢裁定了。'"义，是褒善贬恶之义，比较《滕文公章句下》第九章八节。

第二十二章　第一节孟子曰："君子之泽五世而斩，小人之泽五世而斩。二节予未得为孔子徒也，予私淑诸人也。"

第二十二章　第一节孟子说："圣贤而有位的君子，他的余泽余泽，是他的模范并感化。不过五世就斩绝了；圣贤若无位的小人，他的余泽也不过五世就斩绝了。二节〇我虽不得作孔子的门徒，然我窃得孔子的道于人以善自己。"本文私字，是窃；本文淑字，是善；本文诸字，是于。〇于人意思是于孔门之人。〇赵岐说："孟子奉子思为师。"乃此不可信的。因为孔子去世在西历前四百七十九年，伯鱼去世在四百八十二年。孟子生于三百七十二年，子思是伯鱼的儿子，所以子思若孟子生的时候还在，年纪已经过一百一十岁，故此不能信那个话。乃《史记》说孟子受业子思之门人，这是可信的。

第二十三章　孟子曰："可以取，可以无取，取伤廉；可以与，可以无与，与伤惠；可以死，可以无死，死伤勇。"

第二十三章　孟子说："若初时想可以取一个物，乃以后想不可以取，取他是伤了廉了；若初时想可以给一件东西，乃以后想不可以给，给那件东西就是伤了惠了；若初时想可以死，乃以后想可以不死，死就伤了勇了。"人初时所想的未必合理，不可任气所使，必要从理。〇若有疑心做事，这个事不能算为善事。比较《罗马书》十四章二十三节说的，"凡事不因信而作，都是有罪的"。看花之安《孟子》德文并英文注解，九十五段。

第二十四章　第一节逄蒙学射于羿，尽羿之道，思天下惟羿为愈己，于是杀羿。孟子曰："是亦羿有罪焉。"公明仪曰："宜若无罪焉。"曰："薄乎云尔，恶得无罪？二节郑人使子濯孺子侵卫，卫使庾公之斯追之。子濯孺子曰：'今日我疾作，不可以执弓，吾死矣夫！'问其仆曰：'追我者谁也？'其仆曰：'庾公之斯也。'曰：'吾生矣！'其仆曰：'庾公之斯，卫之善射者也。夫子曰"吾生"，何谓也？'曰：'庾公之斯学射于尹公之他，尹公之他学射于我。夫尹公之他，端人也，其取友必端矣。'庾公之斯至，曰：'夫子何为不执弓？'曰：'今日我疾作，不可以执弓。'曰:'小人学射于尹公之他,尹公之他学射于夫子。我不忍以夫子之道反害夫子。虽然,今日之事,君事也,我不敢废。'抽矢扣轮,去其金,发乘矢而后反。"

第二十四章 第一节 夏朝的逢蒙学习射箭跟从羿为师,论羿,比较《论语·宪问第十四》第六章。他尽得了羿的射箭之道,以后他想现在天下只有羿一个人胜过自己,于是他就杀羿。孟子说:"论这个事羿自己也有罪。"公明仪说:"公明仪,是古时候的贤人。羿是好像无罪的。""乃他的意思,只羿的罪菲薄些就是了,他的罪比逢蒙小些。怎能说没有罪呢? 〇郑国人叫子濯孺子侵伐卫国,卫人叫庾公之斯追他。子濯孺子说:'今日我生了病,手里不能执弓,恐怕我必要死。'他就问他的仆夫说:'追我的是谁呢?'他的仆回说:'是庾公之斯。'子濯孺子说:'我可以生了。'仆说:'庾公之斯,是卫国最善射箭的人,夫子说"我可以生了",这是什么话呢?'子濯孺子说:'庾公之斯,学射法于尹公之他,尹公之他学射法于我。那个尹公之他,是一个端正的人,他所取的朋友也必是端正的。'等待庾公之斯来了,他对子濯孺子说:'夫子为什么不执弓呢?'子濯孺子说:'今日我生了病,我不能执弓。'庾公之斯说:'小人学了射法于尹公之他,尹公之他学了射法于夫子。我不忍用夫子的道反害夫子。虽然,今日的事是君的事,我也不敢废掉。'于是他抽出箭来,在车轮上扣去掉箭头上的镞,本文金字是镞。发了四枝,然后就回去了。"这一章的大意,是叫人拣择朋友必要小心。

第二十五章 第一节 孟子曰:"西子蒙不洁,则人皆掩鼻而过之。二节 虽有恶人,齐戒沐浴,则可以祀上帝。"

第二十五章 第一节 孟子说:"西子那至美的女人,若他冒了不洁净的物,人就皆掩着鼻子过去了。二节 〇虽有恶人,恶人,按朱注:"丑貌者也。"雷格氏并花之安注:"恶人是不善的人。"乃恐怕朱注不错。因为恶人与那美女相反。若他斋戒沐浴,本文齐字,是斋,斋戒,是守斋戒食以洁心;沐字是洗头,浴字是洗身,沐浴是洗澡以洁身。他就可以祭祀上帝。"意思是人看人的外貌,乃上帝看人的心,比较《撒母耳前书》十六章七节。〇孟子这一句话是很要紧的,人人可以明晓,照孟子的意思,平常的人若斋戒沐浴也就可以事上帝。〇列子述孔子之言,孔子对宋国人说,可以把白犊祭祀上帝,比较《中庸本义官话》十九章注解。这两句明证孔子并孟子的时候,平民虽自然不能行大祭,如郊社之礼,乃平民有时还可以祀上帝。〇在下文予要引四书五经论上帝之处,《孟子》共计三回提出上帝之名。〇一、《梁惠王下》三章七节云:"惟曰其助上帝。"〇二、《离娄上》七章五节:"上帝既命,侯于周服。"〇三、就是本章:"则可以祀上帝。"〇四至六、《论语》:"敢昭告于皇皇后帝";"有罪不敢赦,帝臣不蔽";"简在帝心",看《尧曰第二十》。〇七、《大学》十章五节:"殷之未丧师,克配上帝。"意思是殷朝的君王丧失百姓的心以前,他们能够对上帝面前来而为天下君。〇八、《中庸》十九章六节:"郊社之礼,所以事上帝也。"〇九、《书经》:"肆类于上帝。"看《舜典》六节。〇十、禹曰:"惟动丕应徯志以昭受上帝,天其申命用休。"看《益稷》

二节，丕是大大的样子；奚是希望；昭是明；申是重，就是再三的意思；用休是祝福，意思是你若有动作传扬政令，百姓就必要大大的相应。好如希望你的志意，以致你显然受上帝之命，天岂不申重其命而祝福你呢？〇十一、成汤曰："予畏上帝，不敢不正。"看《汤誓》二节。〇十二、仲虺说："帝用不臧，式商受命，用爽厥师。"看《仲虺之诰》三节。用，意思是所以；臧，善也；式，用也；又，使也；爽，明也，就是照亮；厥师是这个百姓。意思是所以上帝不看他为善，叫商朝受天命，用你以照亮这个百姓。〇十三、成汤曰："惟皇上帝，降衷于下民。若有恒性，克绥厥猷惟后。"看《汤诰》二节。衷，是良心，或指是非之心；若，顺也，意思是人假如顺从那良心，这样他就有恒性发现出来。雷格氏注："恒性，是孟子说的恒心一类。"看《梁惠王上》七章二十节。本文克是能，绥是安然由之，厥是其，猷是道，意思是乃能叫百姓安然由那良心所趋向的道。只是皇帝能够做这个。〇十四、成汤又曰："尔有善，朕弗敢蔽；罪当朕躬，弗敢自赦。惟简在上帝之心。"看《汤诰》八节，简字，是查考，意思是我要查考一切的事按上帝的心，看雷格氏《书经》注解。朱夫子《语类》说："问简在帝心，何谓简？曰：'如天检点数过一般，善与恶天皆知之。你之有善也在帝心，我之有罪也在帝心。'"比较《论语本义官话·尧曰第二十》第一章三节。〇十五、伊尹教训太甲说："惟上帝不常，作善降之百祥；作不善降之百殃。"看《伊训》第八节。惟上帝不常，意思是上帝待人的样子不常常是一样，乃按人的行为改变。〇十六、伊尹曰："先王惟时懋敬厥德，克配上帝。"看《太甲下》三节，意思是先王成汤时，时勉励恭恭敬敬的修德，以致他能够配合上帝。〇十七、盘庚曰："肆上帝将复我高祖之德。"看《盘庚下》第四节。肆是虚字，复字是复兴。〇十八、高宗说："恭默思道，梦帝赉予良弼，其代予言。"看《说命上》二节。意思是我恭恭敬敬的默想治道的时候，我就作梦看见上帝赐给我一个善良的宰相，他该当替我出言。〇十九、武王论纣王说："惟受罔有悛心，乃夷居，弗事上帝神祇。"看《泰誓上》六节。意思是殷王受没有悔改的心，乃他蹲踞以居，不事奉上帝并百神。〇二十、武王又说："天佑下民，作之君，作之师。惟其克相上帝，宠绥四方。"看《泰誓上》七节，比较《孟子·梁惠王下》三章七节。宠绥四方，意思是施恩于四方安宁他们。《孟子》作"宠之四方"。〇二十一、武王又说："予小子夙夜祗惧，受命文考，类于上帝。"看《泰誓上》十节，意思是武王说："我是好如小子日夜恭恭敬敬的畏惧，我受了命于我的父亲文王，我献了类祭于上帝。"〇二十二、武王说："上帝弗顺，祝降时丧。"看《泰誓下》三节，意思是上帝不能容忍纣王，而以咒诅降此丧亡的祸。〇二十三、武王说："予小子既获仁人，敢祗承上帝以遏乱略。"看《武成》六节，意思是："我小子既然得了仁人帮助我，我就敢恭恭敬敬的顺承上帝之意，以平治纣王作乱的计谋。"〇二十四、箕子说："帝乃震怒，不畀洪范九畴。"看《洪范》三节，意思是因为鲧壅塞洪水，上帝发怒，不给他九类的洪范。〇二十五、箕子说："皇极之敷言，是彝是顺，于帝其训。"看《洪范》十五节，本文彝字是常理，意思是上文表明皇帝的模范所陈说的话，是常理，也是大教训，这是从上帝来的教训。〇二十六、太史述曰："乃命于帝庭。"看《金縢》七章，意思是武王受命于上帝之庭。〇二十七、周公奉成王的命说："已，予惟小子，不敢替上帝命。"看《大诰》九节，替命，是废命。〇二十八、周公又说："爽邦由哲，亦惟十人，迪知上帝命。"看《大诰》十三节，意思是明亮邦国，是从有智慧的人来，就是那十人因为他们顺从并知道上帝的命令。〇二十九、成王曰："上帝是歆，下民祗协。"看《微子之命》，意思是上帝常常要享你的祭，下民恭恭敬敬的相和。〇三十、周公奉成王之命，论文王说："闻于上帝，帝休。"看《康诰》四节，雷格氏《书经》英文注解证是周公不是武王说这个话，那句话的意思是文王的名声上闻于上帝，并上帝祝福他。〇三十一、召公曰：“呜呼！皇天上帝，改厥元子，兹大国殷之命。”看《召诰》九节，厥是其；元子是天子，就是纣王；兹是这个，意思是上帝改变了纣王并殷朝之命。〇三十二、召公说：“王来绍上帝，自服于土中。”看《召诰》十四节，意思是成王该当来承继上帝之命，并自己行政事在土地之中。〇三十三、周公奉成王之命说：“我有周佑命，将天明威致王罚，敕殷命，终于帝。”看《多士》二节，意思是我周朝受眷佑之命，奉将天的明威，办理王所当行之罚，敕正殷之命，完全上帝之事。〇三十四至三十七、召公又说：“惟帝不畀，惟我下民秉为，惟天明畏。我闻曰：上帝引逸，有夏不适逸，则惟帝降格，向于时夏，弗克庸帝。”看《多士》四、五节，意思是乃上帝不赐恩于殷，这是我下民之所秉为，就是由下民之行为所发现出来的，天的明威就在这个里头。我听闻说，上帝引人至于安逸之地，乃夏朝之桀王不要适于逸，故此上帝降格灾异以表明意旨于这个夏桀王，乃他不能用上帝之戒。〇三十八、召公说：“殷王亦罔敢失帝，罔不配天其泽。”看《多士》八节，意思是殷朝的王，也不敢失掉上帝之恩，又常常叫自己的德泽及民，好如配天之广大那样。〇三十九、召公又说：“惟时上帝不保。”看《多士》十节，意思是因为这个缘故上帝不保护他。〇四十至四十一、召公又说：“今惟我周王丕灵承帝事，有命曰割殷，告敕于帝。”看《多士》十三并十四节，意思是现在我们周朝之王，因为大善奉承上帝之事，有天命说割殷朝，他们就告诉敕正之事于上帝。〇四十二、周公说：“我亦不敢宁于上帝命。”看《君奭》二节，意思是因为人容易失天命，所以我也不敢苟且安宁于今时之福。〇四十三、周公又说：“在太戊，时则有若伊陟、臣扈，格于上帝。”看《君奭》七节，意思是在殷王大戊的时候，有像伊陟并臣扈那两个臣子，他们能够感格于上帝。〇四十四、周公又说：“君奭，在昔上帝割，申劝宁王之德。”看《君奭》十一节，意思是在昔时上帝割殷朝之命，上帝又劝勉宁王之德，就是文王之德。〇四十五、周公又说：“乃惟时昭文王迪见冒闻于上帝。”看《君奭》十四节，意思是好臣子照亮文王发动他的德，使著现于上，并覆冒于下，以致他的声名闻于上帝。〇四十六至四十八、周公奉成王之命说：“惟帝降格于夏，有夏诞厥逸，不肯戚言于民，乃大淫昏。不克终日劝于帝之迪，乃尔攸闻，厥图帝之命，不克开于民之丽。”看《多方》四、五节，意思是上帝降天灾以警戒夏桀王，夏桀王还大贪安逸，不肯说爱怜的话于民，他乃大大的淫乱昏迷，不能一日受劝化于上帝之引导，这是你已经所听闻了。夏桀王图谋之中，妄托上帝之命，他不能扩开百姓为衣食所倚赖的根源，本文丽字，是倚赖的意思，就是百姓倚赖以养生的。〇四十九、周公说：“乃有室大竞吁俊尊上帝。”看《立政》二节，意思是夏朝的禹王，当王室大强之时，他寻求贤人以尊崇上帝，本文吁字是求，本文俊字是贤人。〇五十、周公说：“亦越成汤，陟丕厘上帝之耿命。”看《立政》四节，意思是后来有成汤，他即位并广大的样子办理上帝光耀之命。〇五十一、周公说：“帝钦罚之。”看《立政》五节，意思是上帝钦定罚纣王。〇五十二、周公说：“亦越文王、武王，克知三有宅心，灼见三有俊心，以敬事上帝。”看《立政》六节，意思是文王、武王，能晓得三个在位的臣子之心，确看见三个俊杰之心，用他们以敬事上帝。〇五十三、康王论文王说：“则亦有熊罴之士，不二心之臣，保乂王家，用端命于上帝。”看《康王之诰》五节，意思是文王、武王，有好像熊罴的武臣，并真不二心的臣子，保护治理国家，所以受端正之命于上帝。〇五十四、穆王：“上帝监民，罔有馨香德，刑发闻惟腥。”看《吕刑》四节，意思是上帝察看百姓而他们没有德性升发馨香，只他们的刑罚发出腥臭的气味。〇五十五、穆王曰：“上帝不蠲，降咎于苗。”看《吕刑》十二节，意思是上帝不能看他们为洁，所以降灾于苗民。〇五十六、平王说：“惟时上帝集厥命于文王。”看《文侯之命》一节，意思是故此上帝付给其命于文王。〇五十七、《诗经·小雅·正月》之篇四章说：“有皇上帝，伊谁云憎。”意思是有皇上帝，他憎恶谁人呢？〇五十八并五十九、《大雅·文王》之篇说：“帝命不时，文王陟降，在帝左右。”意思是上帝的命岂不合时么？文王之灵魂在天上，或升或降，在上帝之左右。朱注：“盖文王之神在天，一升一降，无时不在上帝之左右。”〇六十、前篇（《大雅·文王》）第四节说：“上帝既命，侯于周服。”意思是因为上帝发了命，他们都侯服于周朝。比较《孟子·离娄章句上》第七章五节。〇六十一、前篇（《大雅·文王》）五节说：“殷之未丧师，克配上帝。”比较上文第七段《大学》所引的。〇六十二、《（大雅·）大明》之篇三章说：“维此文王，小心翼翼，昭事上帝。”意思是文王恭敬谨慎以明哲事奉上帝，本文昭字是明。〇六十三、前篇（《大雅·大明》）七章说：“上帝临汝，无贰尔心。”文王的臣子太公对王说：“上帝与你相偕，不要疑惑在你心里。”本文临字是临到，并同在的意思，汝字是你，贰字是疑惑。〇六十四、《（大雅·）皇矣》之篇说：“皇矣上帝，临下有赫，监观四方，求民之莫。”意思是大哉上帝，上帝视看世界有赫赫的威势，上帝临观四方，寻求一个君王可以安定百姓。本文莫字是定。〇六十五、前篇（《大雅·皇矣》）又说：“维此二国，其政不获。维彼四国，爰究爰度。上帝耆之，憎其式廓。乃眷西顾，此维与宅。”意思是夏朝、殷朝那两国，他们的国政不得上帝的欢心。上帝就于四方之国，在各地方寻求并度量或有一个国君上帝可以致大命于他。盖上帝憎恶那强大之国，乃眷然顾看西方，把那个地方给与太王为居宅。看雷格氏英文注解。〇六十六、前篇（《大雅·皇矣》）二章说：“帝迁明德，串夷在路。”意思是上帝迁移明德之君，昆夷那个野人就满路逃避而去。明德之君是太王，他从豳迁移到岐周。〇六十七、前篇（《大雅·皇矣》）三章说：“帝省其山。”意思是上帝察看那个山。〇六十八、前篇（《大雅·皇矣》）三章又说：“帝作邦作对。”意思是上帝兴起邦国，又兴起能当那个国者为君。本文对字，是能当的意思。〇六十九、前篇（《大雅·皇矣》）四章又说：“维此王季，帝度其心。”意思是这个王季，上帝叫他心里能度量事理。王季，是文王的父。〇七十、前篇（《大雅·皇矣》）四章又说：“既受帝祉，施于孙子。”意思是文王受了上帝之祉福，传于子孙。〇七十一、前篇（《大雅·皇矣》）五章说：“帝谓文王，无然畔援，无然歆羡。”意思是上帝对文王说：“你不该当丢弃这个而亲附那个，不该当从内欲外慕。”本文畔字是离畔，援字是攀援，歆字是内欲，羡字是外慕。〇七十二并七十三、前篇（《大雅·皇矣》）七章说：“帝谓文王，予怀明德。不大声以色，不长夏以革，不识不知，顺帝之则。”意思是上帝对文王说：“我怀念喜欢你的明德，因为是谦卑的。不大发声名和外面的荣光，不存张大而变革的意思，你虚心不识不知，顺从上帝的法则。”本文夏字是张大，革字是改变。〇七十四、前篇（《大雅·皇矣》）七章又说：“帝谓文王，询尔仇方，同两兄弟。以尔钩援，与尔临冲，以伐崇墉。”意思是上帝对文王说：“你该当设计谋于你的仇国，同你兄弟之邻国。你们该当预备云梯，并你们的临并冲你的车子，以攻伐那崇国的城。”〇七十五、《（大雅·）生民》之篇二节说：“上帝不宁，不康禋祀。”意思是上帝岂不叫他安宁，岂不安享他的祭祀么？这是论后稷的母亲姜嫄说的。第一节论他说：“履帝武敏歆。”按毛传并孔颖达说：“帝字不是上帝，乃是帝喾。”而且若论上帝说，那个话不合理，所以予不算此处是论上帝说的。〇七十六、前篇（《大雅·生民》）八章又说：“其香始升，上帝居歆。”意思是那祭祀的馨香始升腾的时候，上帝安享其食气。〇七十七、《（大雅·）板》之篇说：“上帝板板，下民卒瘅。”意思是上帝反其常道，而下民都有患难。〇七十八并七十九、《（大雅·）荡》之篇说：“荡荡上帝，下民之辟；疾威上帝，其命多辟。”意思是广大哉上帝，是下民的君主，很可畏的上帝，他的命令很混闷。乃看下文。〇八十、前篇(《大雅·荡》)第七章说：“匪上帝不时，殷不用旧。”意思是实在不是上帝安排此不善之时，乃是因为殷朝不用旧道。〇八十一、《(大雅·)云汉》之篇二章说：“上帝不临。”意思是上帝不肯临顾我们。〇八十二、前篇(《大雅·云汉》)三章说：“昊天上帝，则不我遗。”意思是昊天上帝也不要留我在世界上。〇八十三、前篇(《大雅·云汉》)五章说：“昊天上帝，宁俾我遁。”意思是指望上帝宁可准许我逃避。〇八十四、前篇(《大雅·云汉》)六节说：“昊天上帝，则不我虞。”意思是上帝不理我。〇八十五、《周颂·执竞》之篇：“不显成康，上帝是皇。”意思是成王、康王岂不显耀么？上帝立他们做君。八十六、《(周颂·)思文》之篇，论后稷说：“贻我来牟，帝命率育。”意思是你给了我们小麦大麦，是上帝发命，用这个遍养下民。本文来字是小麦，牟字是大麦，率是遍，育是养。〇八十七、《(周颂·)臣工》之篇：“明昭上帝，迄用康年。”意思是明亮并荣光之上帝，要以那稼穑赐我们丰年。本文迄是至，意思是将来要做；用字指那来年，就是小麦大麦；康字，意思是要使今年丰收。〇八十八、《鲁颂·閟宫》之篇说：“赫赫姜嫄，其德不回，上帝是依。”意思是显赫的姜嫄，他的德性没有短处，上帝眷顾他。〇八十九、前篇(《鲁颂·閟宫》)二章说：“无贰无虞，上帝临汝。”意思是你不要疑惑，不要忧虑，因为上帝与你相偕。看上文第六十三段。〇九十、前篇(《鲁颂·閟宫》)第三章说：“皇皇后帝，皇祖后稷，享以骍牺。”意思是皇皇后帝，并皇祖后稷，僖公用红色之牺牛以奉祭祀于他们。〇九十一、《商颂·玄鸟》之篇：“古帝命武汤，正域彼四方。”意思是昔时上帝命令有武威之成汤，以正四方之疆域。〇九十二、《(商颂·)长发》之篇：“有娀方将，帝立子生商。”意思是那时有娀国始强大，上帝就立有娀君的女儿的子，开创商家的基业。〇九十三至九十五、前篇(《商颂·长发》)二章说：“帝命不违，至于汤齐。汤降不迟，圣敬日跻。昭假迟迟，上帝是祗，帝命式于九围。”意思是上帝之命，不离开商家，等待到了成汤，他的德性和天命会合，成汤降生不迟。他的圣敬之德日日前进上升，以致明亮感动昊天，长久不息。他恭敬上帝，故此上帝命令他做九州的模范。〇九十六、《易经·益卦》曰：“王用享于帝，吉。”意思是王该当用其德以献祭于上帝，这样就可以得福。〇九十七、《履卦·彖》曰：“刚中正，履帝位而不疚，光明也。”按雷格氏注，意思是九五爻象，是刚强并大中至正。他居上帝所安排之位而没有疚病，他的行为是光明的。比较以前《需卦·彖辞》所说的“天位”两个字，又看《诗经·大明》之篇一章“天位”两个字，又看《孟子·万章章句下》三章四节说的“弗与共天位也”。有人想《易经》“帝位”两个字，是皇帝的位，予不能决断。〇九十八、《鼎卦·彖》曰：“圣人亨以享上帝，而大亨以养圣贤。”意思是圣人烹饪祭物以献祭于上帝，并预备大筵席以奉养明睿并能干的臣子。〇九十九、《易经·豫卦·象》曰：“先王以作乐崇德，殷荐之上帝以配祖考。”意思是古时的君王照这样作乐尊崇德性，并很华美的样子献奉那个乐于上帝，以配其祖考于上帝。〇一百、《易经·涣卦·象》曰：“先王以享于帝立庙。”意思是先王照这样献祭于上帝，并设立祖庙。〇一百零一、《易经·说卦·传》第八说：“帝出乎震，齐乎巽，相见乎离，致役乎坤，说言乎兑，战乎乾，劳乎坎，成言乎艮”，云云。推衍为官话就说，上帝出以生物在春时的属雷之震卦，他整齐万物在属风之巽卦，他叫万物皆相见在属太阳之离卦，上帝最大之役使是在属地之坤卦。因为坤地长养万物，上帝叫万物得喜悦在属秋收之兑卦，他叫阳气阴气交战在刚健之乾卦。上帝慰劳万物，叫他们归于安息。在属水之坎卦，上帝成就万物，是在成终成始之艮卦。大概的意思是上帝是造化之主，万物都是从上帝来，上帝于万物之中成全自己的意思。不但那《易经》本文第一句论上帝说的，乃以下的话也都是论上帝说的。《御纂周易折中》引杨氏万里他论“致役乎坤”那句话说：“于帝言致役者，盖坤臣也，帝君也。君之于臣，役之而已。”意思是上帝是主宰，用坤为臣仆。〇一百零二并一百零三、《礼记·王制》曰：“天子将出类乎上帝。”意思是天子将要出来的时候，他特献类祭于上帝。又曰：“天子将出征，类乎上帝。”征是征伐。〇一百零四并一百零五、《月令·孟春之月》：“是月也，天子乃以元日祈谷于上帝。”意思是在这个月天子拣择第一个辛日，祈求上帝赐丰年。下文又说：“帅三公、九卿、诸侯、大夫，躬耕帝籍。”意思是天子领许多臣子自己耕种上帝的田。这个田所收的谷子为祭祀上帝用的，故此称为帝籍。〇一百零六、《月令·仲夏之月》：“命有司为民祈祀山川百源。大雩帝，用盛乐。”意思是皇帝命令臣子为百姓祷告并祭祀山川百源之神。以后皇帝自己行大雩之祭于上帝以求雨，那时用一切的乐器。〇一百零七、《月令·仲秋之月》：“五者备当，上帝其飨。”意思是各样祭祀的事情，齐备停当，上帝就享受那祭祀。〇一百零八并一百零九、《月令·季秋之月》曰：“藏帝籍之收于神仓。”意思是宰相要把上帝之田所收的谷，收在神仓里。又曰：“是月也，大飨帝，当牺牲告备于天子。”意思是在这个月里头，臣子告诉天子为献大祭于上帝所用的牲口，并为祖庙秋祭所用的牲口，都齐备了。〇一百十并一百十一、《月令·季冬之月》曰：“乃命太史，次诸侯之列，赋之牺牲，以供皇天上帝社稷之飨。”意思是天子命太史录写诸侯之班列，叫他们备办牲口，以供奉皇天上帝并社稷之祭。又曰：“凡在天下九州之民者，无不咸献其力，以共皇天上帝社稷寝庙山林名川之祀。”意思是一切的民人，都要尽力以供备皇天上帝并社稷并寝庙并山林名川的祭祀。〇一百十二、《礼记·文王世子》曰：“文王谓武王曰：‘汝何梦矣。’武王对曰：‘梦帝与我九龄。’”意思是文王向武王说，你作什么梦呢？武王说，我梦见上帝给我九龄。龄是年，一龄恐怕是十年。〇一百十三、《礼运》曰：“以养生送死，以事鬼神上帝，皆从其朔。”意思是他们能养活人，送死人，能事奉鬼神并上帝，现在我们跟从他们始初的模范。〇一百十四、《礼运》曰：“故先生患礼之不达于下也，故祭帝于郊，所以定天位也。”意思是古之先王忧虑想礼恐怕不得通达于下民，故此他们祭祀上帝于郊，并这样定天位，就是叫百姓知道畏敬天。〇一百十五至一百十七、《礼器》曰：“故鲁人将有事于上帝，必先有事于泮宫。”意思是所以在鲁国，若人将要祭祀上帝，他们必先去到泮宫祷告后稷。又曰：“因吉土以飨帝于郊。”意思是他们既然在吉土就是在京城，祭祀上帝于郊。又曰：“飨帝于郊而风雨节，寒暑时。”意思是他们既然祭祀上帝在郊，风雨就有节制，寒暑就合时。〇一百十八至一百十九、《礼器》又曰：“祀帝于郊，敬之至也。”意思是祭祀上帝于郊，是最恭敬的事。又曰：“大旅具矣，不足以飨帝。”意思是人虽能行大旅之祭，他还不能祭祀上帝。〇一百二十、《郊特牲》曰：“故天子牲孕弗食也，祭帝弗用也。”意思是若牲口有孕，天子就不准杀他，不要吃他的肉，也不用以祭祀上帝。〇一百二十一至一百二十三、《郊特牲》曰：“帝牛不吉，以为稷牛。稷牛必在涤三月，稷牛惟具，所以别事天神与人鬼也。万物本乎天，人本乎祖，此所以配上帝也。郊之祭也，大报本反始也。”意思是为祭祀上帝所预备的牛若不吉祥，就换他用以祭祀后稷；预备祭祀上帝的牛，必须在洁净的牛房等待三个月之久。乃为祭祀后稷所预备的牛，只要备具就罢了。这样是他们分别事奉天神和人鬼的。万物本乎天，人本乎祖宗，故此他们配后稷于上帝。〇一百二十四、《大传》曰：“牧之野，武王之大事也。既事而退，柴于上帝。”意思是在牧野打仗得胜，是武王最大的事。成事以后，他退回就烧柴木于上帝。〇一百二十五、《乐记》引《诗经·皇矣》之篇说：“俾于文王，其德靡悔。既受帝祉，施于孙子。”看上文七十段。〇一百二十六、《杂记》曰：“孟献子说：‘正月日至，可以有事于上帝。’”意思是鲁国的大夫孟献子说，正月冬至，可以祭祀上帝。〇一百二十七、《祭义》说：“惟圣人惟能飨帝。”意思是只圣人能够祭祀上帝。〇一百二十八至一百三十、《孔子闲居》引《诗经·长发》之篇曰：“帝命不违。”又曰：“上帝是祗。”又曰：“帝命式于九围。”比较上文九十三至九十五段。〇一百三十一、《礼记·中庸篇》说：“郊社之礼，所以事上帝也。”看上文第八段。〇一百三十二、《表记》曰：“天子亲耕，粢盛秬鬯以事上帝。”意思是天子自己耕田，要收谷子并预备酒以事奉上帝。〇一百三十三、《表记》又引《诗经·大明》之篇论文王说：“昭事上帝。”看上文第六十二段。〇一百三十四、《表记》又说：“不敢以其私亵事上帝。”意思是他们不敢用自己的私意，不恭敬的样子事奉上帝。亵字，是亵慢的意思。〇一百三十五、《缁衣》曰：“君奭曰：‘在昔，上帝周田观文王之德，其集大命于厥躬。’”比较上文四十四段。本文周田观三字，读割申劝。〇一百三十六至一百三十七、《左传·僖公十年》六章说：“夷吾无礼，余得请于帝矣。”意思是共太子的灵魂对狐突说，夷吾没有礼，我已经禀求了上帝，并得了所求的。又说：“帝许我罚有罪矣，敝于韩。”意思是上帝准许我罚有罪的人，他必受败于韩。〇一百三十八至一百三十九、《文公二年》六章引《鲁颂》曰：“春秋匪解，享祀不忒。皇皇后帝，皇祖后稷。君子曰礼，谓其后稷亲而先帝也。”比较上文九十段，意思是春天并秋天的时候他不敢懈怠，他祭祀没有差错于皇皇上帝并皇祖后稷。君子读这个诗篇，说这个是礼。后稷虽然是亲戚，乃要看上帝为先。〇一百四十、《成公十年》五章说：“晋侯梦大励，被发及地，搏膺而踊，曰：‘杀余孙不义，余得请于帝矣。’”意思是晋国的诸侯，梦见一个大鬼，他的头发散乱及到地，他捶胸而跳说，你杀了我的孙不合义，我已经禀告于上帝，已经得蒙上帝准许我所求的。〇一百四十一、《成公十三年》三章曰：“秦背令狐之盟，而来求盟于我。昭告昊天上帝。”意思是秦国之人，违背令狐那地方之盟约，他们又来请定盟于我。他们昭告昊天上帝。〇一百四十二、《襄公二十四年》一章引《诗经·大明》之篇说：“上帝临汝，无贰尔心。”比较上文六十三段。〇一百四十三、《襄公二十五年》二章：“晏子仰天叹曰：‘婴所不惟忠于君、利社稷者是与，有如上帝。’乃歃。”意思是晏子仰望天叹息说：“‘若我不跟从所忠心于君，并所求利于社稷者，若我做这样，我愿意上帝作证。’他就歃血订盟。”〇一百四十四、《襄公三十年》引《大雅·文王》之篇说：“文王陟降，在帝左右。”看上文五十八段。〇一百四十五、《襄公三十一年》引《诗经·皇矣》之篇说：“不识不知，顺帝之则。”看上文七十三段。〇一百四十六、《昭公元年》十章论武王之后，邑姜说，他梦见上帝，上帝对他说：“予命而子曰虞，将与之唐，属诸参而蕃育其子孙。”意思是上帝对他说：“我酌定你的儿子的名为虞，我将要把唐国给他。这个唐国属于天上参星之分野，而且我要加增他的子孙。”〇一百四十七、《昭公七年》五章，且追命襄公，曰：“叔父陟恪，在我先王之左右，以佐事上帝。”意思是周天子叫成简公到卫国吊丧，并唁去世的卫襄公，奉上唁文说：“我的叔父，就是襄公，升上恭恭敬敬的在我先王的左右，以帮助他们事奉上帝。”〇一百四十八、《昭公二十六年》一章引《大明》之篇说：“维此文王，小心翼翼，昭事上帝，聿怀多福。”比较上文六十二段。〇一百四十九并一百五十、《昭公二十八年》五章引《诗经·皇矣》之篇说：“维此文王，帝度其心。”又说：“其德靡悔，既受帝祉。”比较上文六十九并七十段。《诗经》本文第一句说“维此王季”，《左传》作“文王”。〇一百五十一并一百五十二、《昭公二十九年》四章说：“及有夏孔甲，扰于有帝，帝赐之乘龙。”意思是至于夏朝的孔甲，他能顺从上帝，所以上帝给他四条龙。〇一百五十三、

《哀公十三年》六章说："鲁将以十月上辛，有事于上帝先王。"意思是鲁国在十月之第一个辛日，将要祭祀上帝并先王。〇〇"四书五经"另外有许多话，以"天"一个字作上帝的名号。比方如，孔子说："知我者其天乎！"孔子的意思是上帝知道我。这样的话有很多。《书经·秦誓》说："天视自我民视，天听自我民听。"朱夫子说："天不但是理也。若但是理，焉能视听。"天在这里是主宰，看《雍正钦定书经传说汇纂》第十卷《秦誓中》。〇〇学者若细细查考上文所聚集的言语，可以明知古人实在认识上帝。他们论上帝所讲的大意，大概是十二条大纲之理：一、上帝是至高至尊审判世界的主；二、上帝是独一无二的上帝；三、上帝的位是在天；四、上帝是造化之主，是万物之根源；五、上帝的权柄是很大，管理天地；六、上帝定断立人做君王；七、上帝爱惜并保护万民；八、上帝是圣洁的神；九、上帝喜悦仁义；十、上帝赏善罚恶；十一、上帝赦免悔罪改过之人；十二、上帝是灵睿之神。〇这是四书五经所论的上帝之道。这个道理虽还不全备，并虽自然还不讲新约因救主所显明之深意，然与旧约论上帝之道有相似之处，比较花之安《孟子》德文注解第六十段。

第二十六章　第一节孟子曰："天下之言性也，则故而已矣。故者，以利为本。二节所恶于智者，为其凿也。如智者若禹之行水也，则无恶于智矣。禹之行水也，行其所无事也。如智者亦行其所无事，则智亦大矣。三节天之高也，星辰之远也，苟求其故，千岁之日至，可坐而致也。"

第二十六章　第一节孟子说："天下凡讲论人物之性者，他们只有那人物所发现之形迹可以辨论，本文故字，《备旨》注："故即性之发而为情者也。"〇故是人物之性所发现之形迹，人若欲查考人物之性，他只能查考人物所发现之形迹。查考人物所实在发现之形迹，这是格致学之要理也。雷格氏说："孟子所表明之意，与泰西名儒倍根《格致新机》所陈说之理相合。"雷格氏又说："无乃中国到如今还不能实践那个理。"那个形迹必以顺其自然为要。本文利字，是顺其自然；本字，意思是要紧。〇查考人物之性必要查考他们自然发现之形迹，不要勉强人物以殉我们固执之偏见。二节〇我所厌恶于今时有智之人，是因为他们穿凿。穿凿是勉强辨论，寻出证据，好如穿洞凿穴一样。假若那有智的人效法大禹行水那样，这样就于他们的智慧里头没有什么可厌恶的。大禹行水之法，是顺水的性如同无事一样。倘若那有智的人也行所无事那样，他们的智慧也可算为大了。三节〇天虽然是高，星辰虽然是远，但若我们考求他们所发现之形迹，就连千岁已经过去的日至，日至，是冬至日，天文家讲这个事。我们可以坐着而算得到。"

第二十七章　第一节公行子有子之丧，右师往吊，入门，有进而与右师言者，有就右师之位而与右师言者。二节孟子不与右师言，右师不悦，曰："诸君子皆与驩言，孟子独不与驩言，是简驩也。"三节孟子闻之，曰："礼，朝廷不历位而相与言，不逾阶而相揖也。我欲行礼，子敖[①]以我为简，不亦异乎？"

---

① 《正义》曰："王驩字子敖。"

第二十七章 第一节齐大夫公行子有他的儿子的丧事，他的儿子去世，所以父亲办理丧事，看《四书摭馀说》。右师王驩去吊他，论王驩比较《公孙丑章句下》第六章。〇孟子不喜欢他。他入了门，有人叫他进前来与他说话，本文进字，比较《论语·述而第七》第三十章二节。也有人往右师所坐的位那里去与他说话。二节〇孟子不与右师说话，右师就不喜欢，说："诸君子皆与驩说话，惟孟子独不与驩说话，这是简慢驩了。"三节〇孟子听闻了，说："按照礼，在朝廷大夫不可改换自己的位以同别人说话，也不可逾过阶与别人作揖，阶，是朝廷序列的班行。我欲行礼，而子敖想我简慢他，这不是奇怪的事么？"

第二十八章 第一节孟子曰："君子所以异于人者，以其存心也。君子以仁存心，以礼存心。二节仁者爱人，有礼者敬人。三节爱人者人恒爱之，敬人者人恒敬之。四节有人于此，其待我以横逆，则君子必自反也：我必不仁也，必无礼也，此物奚宜至哉？五节其自反而仁矣，自反而有礼矣，其横逆由是也，君子必自反也：我必不忠。六节自反而忠矣，其横逆由是也，君子曰：'此亦妄人也已矣。如此则与禽兽奚择哉？于禽兽又何难焉？'七节是故君子有终身之忧，无一朝之患也。乃若所忧则有之：舜人也，我亦人也。舜为法于天下，可传于后世，我由未免为乡人也，是则可忧也。忧之如何？如舜而已矣。若夫君子所患则亡矣。非仁无为也，非礼无行也。如有一朝之患，则君子不患矣。"

第二十八章 第一节孟子说："君子所以不同于别人的，是因为他存自己的心，君子以仁存心，以礼存心。二节〇仁者爱人，有礼者敬人。三节〇爱人者人也常常爱他，敬人者人也常常敬他。四节〇比方有一个人在这里，他待我横逆的样子，君子就必反求自己想一想，我恐怕必不按仁待了他，也必不按礼待了他，不然这个事情怎么样到我身上来呢？五节〇他反求自己而特意行仁，他反求自己而特意用礼，乃别人的横逆还是这样，本文由字是犹。君子就必再反求自己说我恐怕必还不尽了自己的力。本文忠字是尽己。六节〇他就反求自己而忠心尽自己的力，乃别人之横逆还是这样，君子就说：'这是一个狂妄的人就罢了。他既然如此，他与禽兽有什么分别呢？我于禽兽为什么该当吵闹呢？'本文难字，是校量，意思是辨驳。七节〇所以君子有终身之忧虑，而没有一朝的患难。论他所忧虑的，他有这样的事：他想舜是一个人，我也是一个人。舜自己作法于天下，他的行为可传于后世，而我还是不过作乡下人那样，这就是可忧虑之事。他怎样忧虑呢？他忧虑要同舜一样就是了。至于讲君子所看为患难的没有这个事，非仁他不为，非礼他不行。若有一朝的患难，君子就不看为患难。"

第二十九章 第一节禹、稷当平世，三过其门而不入，孔子贤之。二节颜子当乱世，居于陋巷，一箪食，一瓢饮，人不堪其忧，颜子不改其乐，孔子贤之。三节孟子曰："禹、稷、颜回同道。四节禹思天下有溺者，由己溺之也；稷思天下有饥者，由己饥之也,是以如是其急也。[五节]禹、稷、颜子易地则皆然。[六节]今有同室之人斗者,救之,虽被发缨冠而救之,可也。[七节]乡邻有斗者,被发缨冠而往救之,则惑也,虽闭户可也。"

第二十九章 [第一节]大禹并后稷在治平之世,三回过他们家里的门而不进去,孔子赞美他们。[二节]〇颜子在乱世,住在陋巷里头,只有一个竹箪的饭,一个瓢饮水,看《论语·雍也第六》第九章。别人不能忍受这个忧愁,乃颜子不改变自己的快乐,孔子赞美他。[三节]〇孟子说:"禹、稷、颜回他们都同着一样的道理。[四节]〇大禹思想天下若有一个溺水的人,是仿佛自己溺他;后稷思想天下若有一个饥饿的人,是仿佛自己叫他饥饿,所以他们是这样的紧急。[五节]〇禹、稷、颜子若对换所处的地位,他们都必做一样。若大禹、后稷处颜回的乱世,他们也必要隐居而乐道。若颜回处禹、稷之平世,他也必尽力办理公事。[六节]〇比方现在有同房子的人争斗,你就该当解释他们打架,虽然披发缨冠而去救他们,虽然没有工夫束发,而勉强把帽子结缨戴在头上以救他们。这是可以的。孟子的意思是大禹并后稷的光景是这样,他们看天下的人如同室之亲。[七节]〇乃比方在乡间邻舍有斗殴的事,你若披发缨冠去救他们,那就是迷惑了,迷惑是差谬。虽然你关闭门户,这是可以的。"颜渊的光景是仿佛这样。

第三十章 [第一节]公都子曰:"匡章,通国皆称不孝焉。夫子与之游,又从而礼貌之,敢问何也?"[二节]孟子曰:"世俗所谓不孝者五:惰其四支,不顾父母之养,一不孝也;博弈好饮酒,不顾父母之养,二不孝也;好货财,私妻子,不顾父母之养,三不孝也;从耳目之欲,以为父母戮,四不孝也;好勇斗很,以危父母,五不孝也。章子有一于是乎?[三节]夫章子,子父责善而不相遇也。[四节]责善,朋友之道也;父子责善,贼恩之大者。[五节]夫章子,岂不欲有夫妻子母之属哉?为得罪于父,不得近。出妻屏子,终身不养焉。其设心以为不若是,是则罪之大者,是则章子已矣。"

第三十章 [第一节]公都子问孟子说:"匡章这个人,匡章是齐国的人。通国都说他是不孝。而夫子与他交游,是孟子准许他游于门墙。又用礼貌待他,请问是什么缘故呢?"[二节]〇孟子说:"世俗所讲不孝的是有五样:懒惰用自己的四肢,不顾养父母,这是第一不孝的事;赌博奕棋,好饮酒,不顾养父母,看是第二不孝的事;贪好货物并钱财,私爱老婆孩子,不顾养父母,这是第三不孝的事;放纵耳目之所欲,以致父母羞辱,这是第四不孝的事;好勇斗很以叫父母危险,这是第五不孝的事。这五件事章子难道有一件么?[三节]〇论这个章子,是儿子责备父亲劝他为善,而所以他们不能相合。[四节]〇责备人劝他为善是朋友的道;乃若父亲和儿子彼此责善,这就是大害恩情了。[五节]〇况且这个章子,他岂不欲有夫妻子母的家属么?但因为得罪了父亲,而不得亲近他。所以他就出掉老婆，屏弃儿子，而且终身不受他们的奉养。他心里定意若不做这样，他的罪就更大了，这就是章子那个人。”雷格氏说：“西人读这个书，他们想章子待老婆孩子那样，他的罪比劝谏父亲更大。”

第三十一章　第一节曾子居武城，有越寇。或曰：“寇至，盍去诸？”曰：“无寓人于我室，毁伤其薪木。”寇退，则曰：“修我墙屋，我将反。”寇退，曾子反。左右曰：“待先生，如此其忠且敬也。寇至则先去以为民望，寇退则反，殆于不可。”沈犹行曰：“是非汝所知也。昔沈犹有负刍之祸，从先生者七十人，未有与焉。”二节子思居于卫，有齐寇。或曰：“寇至，盍去诸？”子思曰：“如伋去，君谁与守？”三节孟子曰：“曾子、子思同道。曾子，师也，父兄也；子思，臣也，微也。曾子、子思易地则皆然。”

第三十一章　第一节曾子住在武城，武城是鲁国的邑名，恐怕在今时兖州府嘉祥县，比较《论语·雍也第六》第十二章。忽然有越国的寇兵来。或人说：“寇到了，何不去呢？”曾子将去的时候，对看守房子的人说：“你不要准许人居在我室内，恐怕他们毁伤这里头的薪木。”等到寇兵退了，曾子就寄信说：“你要修补我的墙屋，我将要回来。”寇兵退了以后，曾子就回来。左右的门徒说：“人待先生这样的忠心并这样的恭敬。而寇兵来的时候，先生就先去叫百姓都看见他；寇兵退去以后，先生就回来，这是恐怕不可以的。”门徒里头有个沈犹行说：“这不是你们所晓得的。当日夫子住在沈犹家里，忽然有负刍的人作乱，那时跟从先生的有七十个人，也没有一个人同受其难。”意思是他们都同先生去了。二节〇反此子思住在卫国的时候，有齐国的寇兵来。或人说：“寇到了，何不去呢？”子思说：“假如我去了，本文伋字，是子思的名，意思是我。国君要同什么人守这个地方呢？”三节〇孟子说：“曾子、子思他们都同着一样的道理。曾子是做先生的，他居父兄之位；子思是做臣子的，居于微贱之位。曾子、子思若对换了所处的地位，他们都必做一样。”

第三十二章　储子曰：“王使人瞯夫子，果有以异于人乎？”孟子曰：“何以异于人哉？尧、舜与人同耳。”

第三十二章　齐国的大夫储子对孟子说：“王使人窥视夫子，窥视是偷看。要看夫子果是与平常的人不同么？”孟子说：“怎么样我与别人不同呢？连尧、舜也同平常的人是一样的。”

第三十三章　第一节齐人有一妻一妾而处室者，其良人出，则必餍酒肉而后反。其妻问所与饮食者，则尽富贵也。其妻告其妾曰：“良人出，则必餍酒肉而后反；问其与饮食者，尽富贵也，而未尝有显者来，吾将瞯良人之所之也。”蚤起，施从良人之所之，遍国中无与立谈者。卒之东郭墦间，之祭者，乞其余；

不足，又顾而之他，此其为餍足之道也。其妻归，告其妾曰："良人者，所仰望而终身也。今若此。"与其妾讪其良人，而相泣于中庭。而良人未之知也，施施从外来，骄其妻妾。二节由君子观之，则人之所以求富贵利达者，其妻妾不羞也，而不相泣者，几希矣。

第三十三章 第一节齐人有一个妻一个妾，同他们住在家里，他们的良人出去以后，他必吃饱了酒肉然后才回家。他的妻问他同什么人饮食，他说尽是富贵的人。他的妻告诉他的妾说："良人出去，必吃饱了酒肉才回家；我问同他饮食的是谁，他说尽是富贵的人，而却未尝有显者到这里来，我要窥视良人所到的地方。"于是他早晨起来，跟从着他的良人往一切他所到的地方，走遍街市没有一个人同他立着相谈。末了他到那东郭外，郭，是城外之墙。比较《公孙丑章句下》一章二节。有在坟墓中间祭祀的人，乞求他们所余剩下来的饮食；而后因为还不足，他又顾看而往别处去，这就是他得吃饱的方法。他的妻归家，告诉妾说："良人是我们所仰望并终身倚靠的人也。现在谁想这个样子。"于是他同妾讪谤他的良人，而共在中庭哭泣。那时良人还不知道，施施扬扬从外面来，施施，是快乐得意的样子。发现骄傲之貌炫耀于妻妾的面前。二节〇由君子看起来，论人所以求富贵利达的法术，他们的妻妾若看见这个法术而不羞耻并不相哭泣，这样的人也就少了。

孟子集注卷九

万章章句上　凡九章。

第一章　第一节万章问曰："舜往于田，号泣于旻天，何为其号泣也？"孟子曰："怨慕也。"二节万章曰："父母爱之，喜而不忘；父母恶之，劳而不怨。然则舜怨乎？"曰："长息问于公明高曰：'舜往于田，则吾既得闻命矣；号泣于旻天，于父母，则吾不知也。'公明高曰：'是非尔所知也。'夫公明高以孝子之心，为不若是恝，我竭力耕田，共为子职而已矣，父母之不我爱，于我何哉？三节帝使其子九男二女，百官牛羊仓廪备，以事舜于畎亩之中。天下之士多就之者，帝将胥天下而迁之焉。为不顺于于父母，如穷人无所归。四节天下之士悦之，人之所欲也，而不足以解忧；好色，人之所欲，妻帝之二女，而不足以解忧；富，人之所欲，富有天下，而不足以解忧；贵，人之所欲，贵为天子，而不足以解忧。人悦之、好色、富贵，无足以解忧者，惟顺于父母，可以解忧。五节人少，则慕父母；知好色，则慕少艾；有妻子，则慕妻子；仕则慕君，不得于君则热中。大孝终身慕父母。五十而慕者，予于大舜见之矣。"

第一章　第一节万章问孟子说："当初舜到田里去，哀号哭泣于旻天，旻意思是愍，就是怜悯，看《书经·大禹谟》二十一节。请问他为什么哀号哭泣呢？"孟子说："他怨恨并思慕。"朱注："怨慕，怨己之不得其亲而思慕也。"二节〇万章说："儿子若父母爱他，他喜欢而不忘记他们；若父母憎恶他，虽然父母叫他受劳苦，他也不怼怨。别的讲法，是儿子劳苦，就是勉力事奉父母而不怨。难道舜怼怨父母么？"孟子说："当初长息问公明高说：'公明高，是曾子的门徒；长息，是公明高的门徒。论舜往田里去那个事，我已经听见过夫子的教训；但论他哀号哭泣于旻天并于父母这个事，我还不懂得。'公明高说：'这个事不是你们所能知道的。'公明高以孝子的心为不能这样恝然无情，以致他说，我竭尽我的力量耕田,我就尽了我为子的职分就罢了,父母不爱我,与我有什么相干呢?看花之安《孟子注解》第二百八十四段。三节〇帝尧使他的儿子就是九个男儿两个女儿,并百官牛羊仓廪都要全备以事奉舜在畎田之中。比较《书经·尧典》十二节,乃《孟子》与《书经》不相合。在《书经》四岳举荐舜于尧说,舜已经感化了父母并弟郎,他能以孝道与他们和睦。乃按孟子论舜辅尧为政的时候,还没有感动爹娘并弟郎,舜很忧愁这个事。《书经》也只提出帝尧一个儿子丹朱,不说九个儿子,乃《史记》有这个事。天下的士子多亲就归附他,帝尧将要舜同自己监管天下,并随后迁移天下给他治理。但舜因为不能顺合于父母,他就心里好如穷人无所归。四节〇得天下士子的喜悦,是人所欲的,而这个还不足以解舜的忧;好色,是人所欲的,而舜得尧的二女为妻,乃这个还不足以解舜的忧;富,是人所欲的,而舜的富有了天下,乃这个还不足以解舜之忧;贵,是人所欲的,而舜的贵是他做了天子,乃这个还不足以解他的忧。得人之喜悦、好色、富贵,都不能解舜之忧,这个缘故是因为只顺合于父母,才可以解他的忧。五节〇人在年少的时候,就慕他的父母;知道好色的时候,他就慕少年美貌;本文艾字,是美貌。至于有了老婆孩子,他就慕老婆并孩子;出了仕做官的时候,他就慕国君。若不能得国君的欢心,他就心热如火烧一般。但大孝的儿子,终身慕父母,连五十岁的时候还慕父母,我看大舜做这样。”

第二章 第一节万章问曰:“《诗》云:‘娶妻如之何?必告父母。’信斯言也,宜莫如舜。舜之不告而娶,何也?”孟子曰:“告则不得娶。男女居室,人之大伦也。如告,则废人之大伦,以怼父母,是以不告也。”二节万章曰:“舜之不告而娶,则吾既得闻命矣;帝之妻舜而不告,何也?”曰:“帝亦知告焉则不得妻也。”三节万章曰:“父母使舜完廪,捐阶,瞽瞍焚廪。使浚井,出,从而掩之。象曰:‘谟盖都君咸我绩。牛羊父母,仓廪父母,干戈朕,琴朕,弤朕,二嫂使治朕栖。’象往入舜宫,舜在床琴。象曰:‘郁陶思君尔。’忸怩。舜曰:‘惟兹臣庶,汝其于予治。’不识舜不知象之将杀己与?”曰:“奚而不知也?象忧亦忧,象喜亦喜。”四节曰:“然则舜伪喜者与?”曰:“否。昔者有馈生鱼于郑子产,子产使校人畜之池。校人烹之,反命曰:‘始舍之圉圉焉,少则洋洋焉,攸然而逝。’子产曰:‘得其所哉!得其所哉!’校人出,曰:‘孰谓子产智?予既烹而食之,曰:得其所哉,得其所哉。’故君子可欺以其方,难罔以非其道。彼以爱兄之道来,故诚信而喜之,奚伪焉?”

第二章 第一节万章问孟子说:“《诗经》说:‘《诗经·国风·南山》之篇三章。娶妻如之何,必告父母。’这是《诗经》本文。若真有这个规矩,本文信字是真。行这个道该当没有人比舜好。因为舜是最尽孝道之人。乃舜不告诉父母而娶妻,这是为什么呢?”孟子说："倘若他告诉父母，他就不得娶了。男女同居于室中，是人之大伦。倘若舜告诉父母，他就废了人之大伦，以致后来仇怨于父母，本文怼字按朱注是仇怨，意思是惹他们的怒。所以他不告诉父母。"二节〇万章又说："论舜不告诉父母而娶妻，我已经听见了夫子的教训；乃帝尧以女儿嫁于舜为妻而不告诉他的父母，这是为什么呢？"帝尧不告诉，意思是他不使舜告诉父母。孟子说："帝也知道若告诉父母，就不得嫁女儿于舜了。"因为父母若不准许，舜不能违逆，帝尧也不好勉强舜。三节〇万章说："舜的父母使舜修理仓廪，等他上去特意撤去梯子，以后瞽瞍是舜的父亲。放火焚烧这个廪。舜拿两个笠保护身体，阻拦住火而下去。父母又叫他穿井，舜已经出来了，他在井内旁边穿一个洞而出去。而瞽瞍因为不晓得他出去，就用泥土覆在井里要掩盖他。象说：'象是舜的弟郎，他帮助父亲要杀舜。设计谋掩盖都君，都君就是舜，舜住的地方，天下的士子归附他，三年就成了都，所以称他都君。都是我的功绩。他的牛羊父母可拿去，仓廪父母可用，乃他的干戈是我的，琴也是我的，弤也是我的，两个嫂子我要叫他们料理我的床。'本文栖字是床。象说过了就到舜的宫里去，他就看见舜在床上弹琴哩。象对他说：'我心里郁闷很思想你。'他讲这话脸上发红现出羞耻的颜色来。本文忸怩，是面上惭愧发红。舜对他说：'一切的臣子你可以替我照管他们。'我不晓得舜不知道象要杀他么？"孟子说："他怎么不知道呢？乃若象忧愁，舜也忧愁；若象喜悦，舜也喜悦。"四节〇万章说："按照这样舜喜悦不是假意喜悦么？"孟子说："不是。昔时有一个人他送活鱼于郑国的子产，子产使校人把那个鱼养在池子里头。校人是管理池子的小吏。乃校人烹饪那鱼，以后他回来对子产说：'当我始放他的时候，他就圉圉焉的样子，圉圉焉，是困而未舒的样子。过了少刻他就洋洋焉的样子，洋洋是鱼游的渐快。又一刻他就悠然自得的去了。'本文逝字是去。子产说：'得其所哉！得其所哉！'校人出去说：'什么人说子产有智慧呢？我已经把那个鱼烹着吃了，而他说：得其所哉，得其所哉。'故此可见君子人可以欺骗他以其方，乃难网罗他以非其道。本文以其方，意思是以像合宜之事；本文以非其道，意思是以背逆道理之事。那个象以爱兄之道理来，所以舜真实相信他并喜欢他，有什么虚假呢？"

第三章　第一节万章问曰："象日以杀舜为事，立为天子，则放之，何也？"孟子曰："封之也，或曰放焉。"二节万章曰："舜流共工于幽州，放驩兜于崇山，杀三苗于三危，殛鲧于羽山，四罪而天下咸服，诛不仁也。象至不仁，封之有庳。有庳之人奚罪焉？仁人固如是乎？在他人则诛之，在弟则封之。"曰："仁人之于弟也，不藏怒焉，不宿怨焉，亲爱之而已矣。亲之欲其贵也，爱之欲其富也。封之有庳，富贵之也。身为天子，弟为匹夫，可谓亲爱之乎？"三节"敢问或曰放者，何谓也？"曰："象不得有为于其国，天子使吏治其国，而纳其贡税焉，故谓之放。岂得暴彼民哉？虽然，欲常常而见之，故源源而来，'不及贡，以政接于有庳'，此之谓也。"

第三章　第一节万章问说："象日日以杀舜为事，而舜做了天子以后，舜只放逐他，是为什么呢？"孟子说："舜封他做诸侯的，或人说是放逐他。"二节○万章说："舜流出共工于幽州，看《书经·舜典》十二节。○共工，是官名。放逐驩兜于崇山，驩兜是人名。杀三苗国之君于三危，三苗国，是今时湖南岳州府洞庭湖旁边。诛殛鲧于羽山，鲧，是大禹的父亲。这四个人的罪定过了，天下就都归服，本文咸字是都。因为舜诛戮不仁的人。乃象是顶不仁的人，舜封他到有庳那个地方。有庳是今时湖南省永州府的道州。有庳的人有什么罪呢？仁人果做这样么？在别人舜诛戮他们，在弟郎舜封他。"孟子说："仁人待他的弟郎，他不藏怒，不留怨，本文宿字是留。亲爱弟郎就罢了。既然亲他就欲他得贵显，既然爱他就欲他得丰富。舜封象到有庳，他的意思是要他得富贵。假若他自己做了天子，乃弟郎还是匹夫，这可以算为亲爱么？"三节○万章说："我敢问或人说是放逐他，是什么意思呢？"孟子说："象不得权柄做什么事于他的国，天子另外使官吏治理他的国，并纳他的国所赋之税，所以人说舜放逐他。怎么样他可以得权柄暴虐那地方的百姓么？虽然这样，舜欲常常见他，故此他源源不绝的来朝。如一句话说，'不及贡期，也不以政事而接见有庳之君'，这一句话是论这个事说的。"

第四章　第一节咸丘蒙问曰："语云：'盛德之士，君不得而臣，父不得而子。'舜南面而立，尧帅诸侯北面而朝之，瞽瞍亦北面而朝之。舜见瞽瞍，其容有蹙。孔子曰：'于斯时也，天下殆哉，岌岌乎！'不识此语诚然乎哉？"孟子曰："否。此非君子之言，齐东野人之语也。尧老而舜摄也。《尧典》曰：'二十有八载，放勋乃徂落，百姓如丧考妣，三年，四海遏密八音。'孔子曰：'天无二日，民无二王。'舜既为天子矣，又帅天下诸侯以为尧三年丧，是二天子矣。"二节咸丘蒙曰："舜之不臣尧，则吾既得闻命矣。《诗》云：'普天之下，莫非王土；率土之滨，莫非王臣。'而舜既为天子矣，敢问瞽瞍之非臣，如何？"曰："是诗也，非是之谓也；劳于王事，而不得养父母也。曰：'此莫非王事，我独贤劳也。'故说诗者，不以文害辞，不以辞害志。以意逆志，是为得之。如以辞而已矣，《云汉》之诗曰：'周余黎民，靡有孑遗。'信斯言也，是周无遗民也。三节孝子之至，莫大乎尊亲；尊亲之至，莫大乎以天下养。为天子父，尊之至也；以天下养，养之至也。《诗》曰：'永言孝思，孝思维则。'此之谓也。四节《书》曰：'祗载见瞽瞍，夔夔齐栗，瞽瞍亦允若。'是为父不得而子也。"

第四章　第一节咸丘蒙是孟子的门徒。问孟子说："古语说，盛德之士，君不得以他为臣，父不得以他为子。别的讲法说，盛德之士，不能待国君如臣子，也不能待父亲如儿子。

雷格氏不跟从这个讲法，因为孟子以后说，这非君子之言，所以孟子不准许乃责备那古语所说的意思。古语说："父亲就是瞽瞍，不得以舜为子。"孟子不准许这个话，说实在不是那个样，舜以天下养父亲是养之至也，看下文。舜向南面站立，意思是舜做了天子。尧帅领诸侯向北面朝见他，他的父亲瞽瞍也向北面朝见他。舜看见瞽瞍，他的容貌就蹙然不安。孔子说：'在那个时候天下有大危险，岌岌乎！'就是不安定的样子。〇以上是古语，以下是咸丘蒙问孟子果有这个事。不知道论这个话真有这个事么？"孟子说："不是。这不是君子的言语，是齐国东边野人所讲的话。尧年老的时候舜只摄行天子的事，不自己做天子。所以《尧典》上说：'下文现在在《舜典》十三节。舜摄位二十八年，放勋就是尧的名号，《书经》本文作帝字。乃徂落。徂是殂。朱注："徂是魂升，落是魄降。"百姓见尧死了如同丧父母一样，本文考妣是父母。行三年的丧礼，四海之内遏止秘密了八音。'孔子说：'天无二日，民无二王。'设若舜已经做了天子了，如那古语所说的，而且若他又帅领天下诸侯替尧行三年的丧服，这样就有两个天子了。"二节〇咸丘蒙又说："论舜不待尧为臣，我已经听闻了夫子的教训。但《诗经》说：'《诗经·小雅·北山》之篇。普天之下，莫非王土；率土之滨，直到土地之边界。莫非王臣。'而舜既然做了天子，我敢问瞽瞍不是他的臣子，这是什么样呢？"孟子说："那个诗篇没有这个意思。只说士子劳碌于王事而不得养父母。那诗篇说：'这都是王的事情，为什么国君的大夫只独看我为贤能而叫我劳苦呢？'故此讲解诗篇的人，不该当以一个字害一句话的本义，也不该当以一句话害设辞之志。必须以自己的意思迎取作者的志，这样就可以得著了。倘若我们只拘执一句话，比方如《云汉》之诗上说：'周余黎民，靡有孑遗。'意思是周家所留遗的百姓，现在没有半个人存留。本文孑字，是无右臂貌，所以意思是半个人。若真有这个意思，周朝就没有留下一个人了。三节〇孝子至极之德，莫大于尊亲；尊亲之至极，莫大于以天下奉养他们。瞽瞍是天子的父亲，这是尊之至极；舜以天下奉养他，这是奉养之至极。《诗经》说：'《诗经·大雅·下武》之篇。永言孝思，孝思维则。'意思是能够永远怀念孝道的意思，那孝道的意思就可以做天下的模范。这是与上文所说的相合。四节〇《书经》说：'《大禹谟》二十一节。祇载见瞽瞍，意思是舜恭恭敬敬的见瞽瞍。夔夔齐栗，是谨慎敬畏的样子。瞽瞍亦允若。'意思是瞽瞍也相信他并依顺他。这是那上文所说的盛德之士父不得以他为子。"意思是儿子在这个事里头以善感化父亲，不是父亲以不善感动儿子。

第五章　第一节万章曰："尧以天下与舜，有诸？"孟子曰："否。天子不能以天下与人。"二节"然则舜有天下也，孰与之？"曰："天与之。"三节"天与之者，谆谆然命之乎？"四节曰："否。天不言，以行与事示之而已矣。"五节曰："以行与事示之者如之何？"曰："天子能荐人于天，不能使天与之天下；诸侯能荐人于天子，不能使天子与之诸侯；大夫能荐人于诸侯，不能使诸侯与之大夫。昔者尧荐舜于天而天受之，暴之于民而民受之，故曰：天不言，以行与事示之而已矣。”六节曰：“敢问荐之于天而天受之，暴之于民而民受之，如何？”曰：“使之主祭而百神享之，是天受之；使之主事而事治，百姓安之，是民受之也。天与之，人与之，故曰：天子不能以天下与人。七节舜相尧二十有八载，非人之所能为也，天也。尧崩，三年之丧毕，舜避尧之子于南河之南。天下诸侯朝觐者，不之尧之子而之舜；讼狱者，不之尧之子而之舜；讴歌者，不讴歌尧之子而讴歌舜，故曰天也。夫然后之中国，践天子位焉。而居尧之宫，逼尧之子，是篡也，非天与也。八节《太誓》曰‘天视自我民视，天听自我民听’，此之谓也。”

第五章 第一节万章对孟子说：“尧把天下给了舜，有这个事么？”孟子说：“不是。天子不能把天下给人。”二节〇万章说：“是的。乃舜有了这个天下，到底是谁给他的呢？”孟子说：“天给他天下。”天是上帝。〇《四书诸儒辑要》论下文七节说：“蔡虚斋独以此一天字指数言，其余天字指理言，大谬。此章天字以上帝之主宰言，理与数皆在其中。”三节〇万章说：“既然夫子说是天给他天下，难道天谆谆然命令他么？”谆谆然是以详语逐一命令他。四节〇孟子说：“不是。天不出言，乃以他的行为并他办事的样子指示天意就是了。”五节〇万章说：“天以他的行为并办事的样子指示天意，是什么样呢？”孟子说：“天子能荐人于天，不能使天给他天下；诸侯能荐人于天子，不能使天子封那个人为诸侯；大夫能荐人于诸侯，不能使诸侯用那个人为大夫。昔时尧荐舜于天而天受他，尧又显明他的德于百姓而百姓受他，本文暴字，是显明。故此我说：天不出言，但以他的行为并办事的样子指示天意就是了。”六节〇万章又说：“我敢问尧荐舜于天而天受他，尧显明他的德于百姓而百姓受他，这是什么样呢？”孟子说：“尧使他主祭祀而百神享受那个祭祀，百神是天地山川之神。这样天受了他；尧使他拿管国事而国事得治理，百姓因为倚靠他得安宁，这样百姓受了他。天给他天下，人给他天下，故此我说天子不能把天下给人。”七节〇孟子又说：“舜辅相尧二十八年，这不是人力所能为的，是天也。等到尧崩，三年的丧服完毕了之后，舜就回避尧的儿子，住在南河的南边。舜从山西之冀州去到河南省。天下的诸侯来朝见，不去见尧的儿子而来见舜；结讼告状的人，不往尧的儿子那里去而往舜那里去；歌颂的人，不歌颂尧的儿子而歌颂舜，故此我说是天也。这样以后他才到中国去登了天子的大位。假若他以前居尧的宫，并若强逼尧的儿子，那就是篡位，不能说是天给他的了。八节〇《书经·泰誓》上说‘天视自我民视，天听自我民听’，这就是这个意思。”《钦定书经传说汇纂》朱注：“问天视天听，谓天即理也。曰：天固是理，然苍苍者亦是天，在上而有主宰者亦是天，各随他所说，今既曰视听即理，又如何会视听？”〇学者可明朱夫子说天是主宰，就是上帝。

第六章 第一节万章问曰：“人有言：‘至于禹而德衰，不传于贤而传于子。’

有诸?”孟子曰:“否,不然也。天与贤,则与贤;天与子,则与子。昔者舜荐禹于天,十有七年,舜崩。三年之丧毕,禹避舜之子于阳城。天下之民从之,若尧崩之后,不从尧之子而从舜也。禹荐益于天,七年,禹崩。三年之丧毕,益避禹之子于箕山之阴。朝觐讼狱者不之益而之启,曰:‘吾君之子也。’讴歌者不讴歌益而讴歌启,曰:‘吾君之子也。’二节丹朱之不肖,舜之子亦不肖。舜之相尧,禹之相舜也,历年多,施泽于民久。启贤,能敬承继禹之道。益之相禹也,历年少,施泽于民未久。舜、禹、益相去久远,其子之贤不肖,皆天也,非人之所能为也。莫之为而为者,天也;莫之致而至者,命也。三节匹夫而有天下者,德必若舜、禹,而又有天子荐之者,故仲尼不有天下。四节继世以有天下,天之所废,必若桀、纣者也,故益、伊尹、周公不有天下。五节伊尹相汤以王于天下。汤崩,太丁未立,外丙二年,仲壬四年。太甲颠覆汤之典刑,伊尹放之于桐。三年,太甲悔过,自怨自艾,于桐处仁迁义;三年,以听伊尹之训己也,复归于亳。六节周公之不有天下,犹益之于夏,伊尹之于殷也。七节孔子曰:‘唐、虞禅,夏后、殷、周继,其义一也。’”

第六章　第一节万章问孟子说:“人有言语说:‘传位的权柄到了大禹,他的德就衰坏了,亚于舜、尧。因为他不把天下传给贤人乃传给儿子,果是这样么?”孟子说:“否,不是的。若天给天下于贤人,就给于贤人;若天给天下于儿子,就给于儿子。昔时舜荐禹于天,过了十七年,舜崩了。三年的丧事完毕了之后,禹就回避舜的儿子住在阳城那地方。天下的百姓都从他,如同尧崩之后,人不从尧的儿子而从舜一样。后来禹荐益于天,益是禹的大臣。过了七年,禹崩了,三年的丧事完毕了之后,益回避禹的儿子在箕山之阴。本文阴字,意思是北边。〇阳城并箕山之阴,是嵩山下,在现今河南省登封县。诸侯朝见并结讼告状的人不去见益而去见启,启,是禹的儿子。他们说:‘他是我们君王的儿子。’歌颂的人不歌颂益而歌颂启,说:‘他是我们君王的儿子。’二节〇尧的儿子丹朱不肖,不肖,意思是不能同等,就是不相似。舜的儿子也是不肖。舜的儿子名商均。舜辅相尧,禹辅相舜,经历的年多,施恩泽于民长久。禹的儿子启是贤人,能敬慎承编禹的道理;而益辅相禹经历的年少,施恩泽于民不长久。舜、禹辅相君王比较益辅相君王那功夫之久远是很相去,相去是不一样。他们的儿子或贤或不肖,这都是天也,意思是天命的。不是人力所能为的。人不想做的而到底成就的事,是天也;人不使令的而自然到的事,是命也。三节〇若一个匹夫得了天下,他的德行必要像舜、禹一样,而且另外必须有天子举荐他于天,故此仲尼不能有天下。四节〇若父子相继以有天下,天所废的君必要像桀、纣那样无道的,故此益、伊尹、周公三个人不能有天下。因为他们是臣子,那时君主死了,太子如启及太甲及成王,他们虽没有大德性,然也不像桀、纣之无道，所以天准许他们即位。五节〇当初伊尹辅相汤以致汤得王了天下。汤是商朝的成汤。汤崩之后，因为太丁未立之前死了，外丙在位二年就死了，仲壬在位四年就死了。这是照赵岐的注解，雷格氏从之。程夫子注："汤崩的时候，外丙才两岁，仲壬才四岁。"〇按《史记》："汤崩，太子太丁未立而卒，于是乃立太丁之弟外丙，是为帝外丙。帝外丙即位三年崩，立外丙之弟仲壬，是为帝仲壬。帝仲壬即位四年崩，伊尹乃立太丁之子太甲。太甲，成汤适长孙也，是为帝太甲。"看《史记·殷本纪第三》。以后太甲颠倒覆乱成汤的法度，伊尹就放他到桐宫那地方。过了三年，太甲悔过，自己怨恨，自己修治，他在桐宫居于仁迁移于义；三年中间他听伊尹教训自己，然后复归到亳都。六节〇周公所以不得天下，就同益在夏朝，伊尹在殷朝一样。七节〇孔子说：'唐尧、虞舜是禅位传于贤，夏后、殷、周是继位传于子，但里头的义是一样。'"皆以奉天命而已。

第七章　第一节万章问曰："人有言'伊尹以割烹要汤'有诸？"二节孟子曰："否，不然。伊尹耕于有莘之野，而乐尧、舜之道焉。非其义也，非其道也，禄之以天下，弗顾也；系马千驷，弗视也。非其义也，非其道也，一介不以与人，一介不以取诸人。三节汤使人以币聘之，嚣嚣然曰：'我何以汤之聘币为哉？我岂若处畎亩之中，由是以乐尧、舜之道哉？'四节汤三使往聘之，既而幡然改曰：'与我处畎亩之中，由是以乐尧、舜之道，吾岂若使是君为尧、舜之君哉？吾岂若使是民为尧、舜之民哉？吾岂若于吾身亲见之哉？五节天之生此民也，使先知觉后知，使先觉觉后觉也。予，天民之先觉者也；予将以斯道觉斯民也。非予觉之，而谁也？'六节思天下之民匹夫匹妇有不被尧、舜之泽者，若己推而内之沟中。其自任以天下之重如此，故就汤而说之以伐夏救民。七节吾未闻枉己而正人者也，况辱己以正天下者乎？圣人之行不同也，或远或近，或去或不去，归洁其身而已矣。八节吾闻其以尧、舜之道要汤，未闻以割烹也。《伊训》曰：'天诛造攻自牧宫，朕载自亳。'"

第七章　第一节万章问说："人有言语说'伊尹以宰割烹调的事求汤用他'，有这个事么？"《史记》有这个遗传。二节〇孟子说："否，不是的。伊尹耕田于有莘氏的国，莘是今时河南陕州，本文有莘是有莘氏，就是莘国的君。他喜乐尧、舜的道理。除非合他们的义，除非合他们的道，连若要给他天下作俸禄，他不顾；虽然要系着一千驷马给他，他也不看。除非合他们的义，除非合他们的道，连一介他也不给人，连一介他也不取于人。三节〇汤使人用币帛聘请他，乃他嚣嚣然自得的样子说，'我用汤的聘币可以做什么，我岂不宁可住在畎亩中间而这样乐尧、舜之道呢？'四节〇汤三次使人聘请他，然后伊尹就改变自己的主意现出幡然的面色说：'《备旨》说："他改乐道之心，为行道之计。"〇比较《雅各书》一章二十二节说的，"你们应当行道，不要单单听道"。与我住在畎亩中间并这样乐尧、舜之道，我岂不宁叫这个君做尧、舜那样的君呢？我岂不宁叫这个民做尧、舜之民那样呢？我岂不宁自己亲见这样的功效呢？’五节〇伊尹又说：‘天生这个百姓有意思，要先知的人觉悟那后知的人，要先觉的人觉悟那后觉的人。我，是天民之先觉的人，所以我要用这个道理觉悟这个百姓。若非我觉悟他们谁去觉悟他们呢？’这样基督之徒，也该当为真理作见证。六节〇他想天下的人，连若一个匹夫匹妇没有受着尧、舜的恩泽，是就如同自己推他们到水沟里头。他自己肩天下的重任如此，故此他往汤面前去，劝勉他伐夏救民。七节〇我没有听见人枉屈自己而能正别人，比较《滕文公下》一章五节。况且污辱自己的人难道能正天下么？圣人的行为各有不同，或是离远朝廷或是近于朝廷，或是辞职而去或是不去，要归意思是他们所重的主意。都是洁净自己就是了。八节〇我听见伊尹以尧、舜的道理求汤用他，我没有听见他以宰割烹调的事求汤。〇《伊训篇》说：‘天诛夏桀始初攻他在牧宫，本文造字是始初。我始初在亳都起头。’”本文载字是起头。〇夏桀王在牧宫行暴虐之事，并这样惹天之怒。成汤修德开始于亳都，以致天命他伐夏桀。〇《书经·伊训篇》二节，本文是造攻自鸣条，孟子改为牧宫。

第八章　第一节万章问曰：“或谓孔子于卫主痈疽，于齐主侍人瘠环，有诸乎？”孟子曰：“否，不然也。好事者为之也。二节于卫主颜雠由。弥子之妻与子路之妻，兄弟也。弥子谓子路曰：‘孔子主我，卫卿可得也。’子路以告。孔子曰：‘有命。’孔子进以礼，退以义，得之不得曰‘有命’。而主痈疽与侍人瘠环，是无义无命也。三节孔子不悦于鲁、卫，遭宋桓司马将要而杀之，微服而过宋。是时孔子当厄，主司城贞子，为陈侯周臣。四节吾闻观近臣，以其所为主；观远臣，以其所主。若孔子主痈疽与侍人瘠环，何以为孔子？”

第八章　第一节万章问孟子说：“或人说，孔子在卫国居住在一个痈疽外科医生。家里，本文主字意思是以他为主人，就是舍于其家。在齐国的时候居住在侍人即奄人。瘠环家里，有这个事么？”孟子说：“否，不是的。这是好生事的人造出来的虚话。二节〇孔子在卫国的时候，他把颜雠由为主人。颜雠由是卫国的贤大夫。那个卫国嬖臣弥子的妻，同着门徒子路的妻是姊妹，弥子对子路说：‘若孔子要把我为主人，他就可以在卫国得卿相之位。’子路告诉孔子。孔子说：‘有命。’意思是论这个事，只能倚靠天命。可见孔子进以礼，进是上任做官。退以义，退是辞职。或得着或不得着，他都说‘有命’。乃设若他把那个痈疽并侍人瘠环为主人，这就是没有义，也没有命了。三节〇孔子有时不喜欢住在鲁国或卫国，就到别处去。那时他遭遇宋国的司马桓魋，他将拦截孔子在路上而要杀他，本文要字是拦截。〇比较《论语·述而第七》第二十二章。孔子就穿微贱的衣服而经过了宋国。那时候孔子虽然当困厄之际，居住在司城贞子家里，他是陈国诸侯周的臣子。周，是陈国诸侯之名；贞子，是周的臣。四节〇我听闻了，若要看近臣的品行，近臣，按朱注是在朝之臣，就是本国之臣。就要看他们于什么人被为主人；意思是看什么客人把他们为主人，或作他们做什么客人的主人。若要看远臣的品行，远臣，是远方来仕者。就要看他们把什么人为主人。意思是看他们居住在什么人的家里。设若孔子主痈疽并侍人瘠环，怎么样他可以为孔子呢？”

第九章 第一节万章问曰：“或曰：‘百里奚自鬻于秦养牲者五羊之皮，食牛，以要秦穆公。’信乎？”孟子曰：“否，不然。好事者为之也。二节百里奚，虞人也。晋人以垂棘之璧与屈产之乘，假道于虞以伐虢。宫之奇谏，百里奚不谏。三节知虞公之不可谏而去，之秦，年已七十矣，曾不知以食牛干秦穆公之为污也，可谓智乎？不可谏而不谏，可谓不智乎？知虞公之将亡而先去之，不可谓不智也。时举于秦，知穆公之可与有行也而相之，可谓不智乎？相秦而显其君于天下，可传于后世，不贤而能之乎？自鬻以成其君，乡党自好者不为，而谓贤者为之乎？”

第九章 第一节万章问孟子说：“或人说，百里奚卖了自己于秦国养牲口的家，只得他五个羊的皮，而且替他养牛，以求秦穆公用他。秦穆公在位自西历前六百五十九年至六百二十一年。有这个事么？”孟子说：“否，不是的。这也是好生事的人造出来的虚话。二节〇百里奚，是虞国的人。晋人用垂棘所生的美玉，并屈地所产的乘马，乘是四匹马。问虞国借路去伐虢国。虞国、虢国是小国，晋国若要伐虢国，必须经过虞国，所以借路于虞国。晋国实在不但要灭虢国，乃也要随后侵占虞国。宫之奇就劝谏虞公，宫之奇，是虞国的贤臣，他知道晋国之计谋有危险关系于虞国。而百里奚不谏。因为他晓得劝谏虞公是无用的，因为虞公受厚贿于晋，他必不听。三节〇他知道劝谏虞公是无用的，就去到秦国，那时候他已经七十岁了，倘若他不知道以养牛干求秦穆公是污辱之事，人还可以算他是有智慧的人么？乃因为劝谏国君是无用的就不劝谏他，这个可以称为没有智慧么？他知道虞公将要灭亡所以他先去了，人就不能算他为没有智慧。雷格氏说：“百里奚照这样可称为聪明，乃不是忠心爱国之人。”〇别的书说：“百里奚劝宫之奇离开虞国，乃百里奚自己同虞公留在一块儿，到了灭亡之时安慰虞公。”看雷格氏英文注解二百四十四页。〇《史记·秦本纪》说：“晋献公灭虞、虢，虏虞君与其大夫百里奚。既虏百里奚以为秦穆公夫人媵于秦，百里奚亡秦走宛，楚鄙人执之。穆公闻百里奚贤，欲重赎之，恐楚人不与，乃使人谓楚曰：‘吾媵臣百里奚在焉？请以五羖羊皮赎之。’楚人遂许与之。当是时，百里奚年已七十余，穆公释其囚，与语国事。穆公大悦，授之国政，号曰‘五羖大夫’。”那时候他得升举于秦国。而且因为知道与穆公可以成就大功效，他就辅相穆公，难道可以说他没有智慧么？他做秦穆公的宰相而叫国君的名声显明于天下，以致他可以传扬于后世，若不是贤人怎么样他能做这样呢？论那说的卖自己以成就国君的功业，连乡党里头自好的人也不做这样，而怎能可以说贤人做这样呢？”自好，是自重的人。〇自重那个事，虽本来是好的，然容易叫人自爱私己。予想忠心之臣，不该当爱自己，乃该当事君能致其身，看《论语·学而第一》第七章。百里奚不该当离开国君。孔子说："今之成人者何必然，见利思义，见危授命。"看《论语·宪问第十四》第十三章。〇按上文《史记》所说的，百里奚实在不离开国君，到晋灭虞国的时候，他还同国君在一块儿，晋人把他和国君一齐虏去。

孟子集注卷十

万章章句下 凡九章。

第一章 第一节孟子曰："伯夷，目不视恶色，耳不听恶声。非其君不事，非其民不使。治则进，乱则退。横政之所出，横民之所止，不忍居也。思与乡人处，如以朝衣朝冠坐于涂炭也。当纣之时，居北海之滨，以待天下之清也。故闻伯夷之风者，顽夫廉，懦夫有立志。二节伊尹曰：'何事非君？何使非民？'治亦进，乱亦进。曰：'天之生斯民也，使先知觉后知，使先觉觉后觉。予，天民之先觉者也；予将以此道觉此民也。'思天下之民匹夫匹妇有不与被尧、舜之泽者，若己推而内之沟中，其自任以天下之重也。三节柳下惠，不羞污君，不辞小官。进不隐贤，必以其道。遗佚而不怨，厄穷而不悯。与乡人处，由由然不忍去也。'尔为尔，我为我，虽袒裼裸裎于我侧，尔焉能浼我哉？'故闻柳下惠之风者，鄙夫宽，薄夫敦。四节孔子之去齐，接淅而行；去鲁，曰：'迟迟吾行也。'去父母国之道也！可以速而速，可以久而久，可以处而处，可以仕而仕，孔子也。"五节孟子曰："伯夷，圣之清者也；伊尹，圣之任者也；柳下惠，圣之和者也；孔子，圣之时者也。六节孔子之谓集大成。集大成也者，金声而玉振之也。金声也者，始条理也；玉振之也者，终条理也。始条理者，智之事也；终条理者，圣之事也。七节智，譬则巧也；圣，譬则力也。由射于百步之外也，其至，尔力也；其中，非尔力也。"

第一章 第一节孟子说："伯夷，他的眼睛不看不好的情形，他的耳朵不听不好的声音。若非看为自己可事的君他就不事奉他，若非看为自己可使的民他就不使用他。世治的时候他就进，世乱的时候他就退。比较《公孙丑章句上》二章二十二节，又看九章一节。横政所出的朝廷，横民所止的地方，他不忍居住。他思想若他与乡人处在一块儿，他看好如以朝衣朝冠坐于涂炭一般。当纣王的时候，他居在北海边上，等候天下清平。看《离娄上》十三章。故此人若听见伯夷的遗风，那愚顽的人就变为清廉，那懦弱的人就能立定志意。二节 〇伊尹说：'何事非君？何使非民？'有注解说："得君则事，何所事而非我君；得民则使，何所使而非我民。"〇雷格氏翻译说："什么君我不可事奉呢？我若事奉他，这就是做他为我君；什么民我不可使用呢？我若使用他们，这就是做他们为我民。"看《公孙丑上》二章二十二节。世治的时候也进，世乱的时候也进。他说：'天生这个百姓有意思，要先知的人觉悟那后知的人，要先觉的人觉悟那后觉的人。我，是天民之先觉的人，所以我要用这个道理觉悟这个百姓。'比较《万章上》七章五节。他想天下的人，连若一个匹夫匹妇没有受着尧、舜的恩泽，就是如同自己推他们到水沟里头，他就自己肩天下的重任。看《万章上》七章六节。〇国家该当保护百姓的生命。若百姓因为国家的慢易受害，是仿佛国家自己推百姓到水沟里头叫他们淹死。今时医学家知道许多利害的疾病只从堆积污秽起来。因为那臭气里头有许多微生物，容易入人之身体害他的血，故此一切城里的街道该当清洁，官场该当派几个人天天早晨扫除街道，并城里所空隙的地一点污秽不该当存留。另外该当引导干净的水到城里所有的水沟里头，并这样该当把各房屋所出来的肮脏的水天天引到城外，欧罗巴并美国一切的大城都有这个自来水的美法，中国现在也该当效法，若一个城里的官府绅士轻忽这个事，夏天的时候就自然有瘪螺痧症或热症等类。〇比较《公孙丑下》四章三节，又看《梁惠王上》四章三节："杀人以刃与政，有以异乎？"三节 〇柳下惠，事奉污君他不以为羞耻，小官职他不辞退。进用的时候他不隐藏自己的贤处，贤是道存于心，他进而做官的时候，他发现自己的贤德而不随波逐流。乃必要用其道。他必定守其正直之道，把贤处发现出来。被人遗佚的时候他不怨恨，处厄穷的境遇之时候他不忧悯。同乡人在一处的时候，他由由然是自得宁之貌。不忍绝去他们。按照这样，他说：'尔为尔，我为我，虽然尔袒裼裸裎在我旁边，尔怎能污秽我呢？'看《公孙丑上》八章二节。故此若人听见柳下惠的遗风，那卑鄙的人就变为宽容，那刻薄的人就变为敦厚。四节 〇孔子离开齐国的时候，他只拿一点淘过的米而快行；本文接字是拿，淅是淘过的米，米上带着水。离开鲁国的时候，他说：'我要迟迟的行。'可明离开父母的国该当这样。可以速去的时候孔子就速去，可以迟久的时候孔子就迟久，可以家居不做官的时候孔子就家居，可以出仕的时候孔子就出仕，这就是孔子。"五节 〇孟子说："伯夷，在圣人中间是清者；伊尹，在圣人中间是任者；任是情愿做官以帮助人。柳下惠，在圣人中间是和者；和是与同处的人和气。孔子，在圣人中间是时者。时是合时合宜。六节 〇至于孔子我们可以比较他于集八音之大成。乐有八种乐器，有八种声音，一种算一个小成，合用八种声音，称为大成。〇意思是孔子有各种圣人之美德合集在自己的身上。若要集大成之乐，有金声，有玉振。金是钟之类；玉是磬之类，是石头做的。〇声是发动，振是收止。金声在乐的起头，引起八音之条理；条理是乐的法度，本文始字是引起。玉振在乐的末尾，收止八音之条理。本文终字是收止。引起八音之条理，是智慧之事；收止八音之条理，是圣德之事。七节 〇智慧，可以譬如于人的巧妙；圣德，可以譬如于人的力量。好像你射箭到百步之外，本文由字是犹，是好像的意思。你的箭到了那个地方是你的力量，乃若你射中了那个靶子这不是你的力量。”乃靠人的巧妙。〇朱注：“此复以射之巧力，发明智、圣二字之义。见孔子巧力俱全，而圣智兼备，三子则力有余而巧不足，是以一节虽至于圣，而智不足以及乎时中也。”

第二章　第一节 北宫锜问曰：“周室班爵禄也，如之何？”二节 孟子曰：“其详不可得闻也。诸侯恶其害己也，而皆去其籍。然而轲也，尝闻其略也。三节 天子一位，公一位，侯一位，伯一位，子、男同一位，凡五等也。君一位，卿一位，大夫一位，上士一位，中士一位，下士一位，凡六等。四节 天子之制，地方千里，公侯皆方百里，伯七十里，子、男五十里，凡四等。不能五十里，不达于天子，附于诸侯，曰附庸。五节 天子之卿受地视侯，大夫受地视伯，元士受地视子、男。六节 大国地方百里，君十卿禄，卿禄四大夫，大夫倍上士，上士倍中士，中士倍下士，下士与庶人在官者同禄，禄足以代其耕也。七节 次国地方七十里，君十卿禄，卿禄三大夫，大夫倍上士，上士倍中士，中士倍下士，下士与庶人在官者同禄，禄足以代其耕也。八节 小国地方五十里，君十卿禄，卿禄二大夫，大夫倍上士，上士倍中士，中士倍下士，下士与庶人在官者同禄，禄足以代其耕也。九节 耕者之所获，一夫百亩。百亩之粪，上农夫食九人，上次食八人，中食七人，中次食六人，下食五人。庶人在官者，其禄以是为差。”

第二章　第一节 北宫锜问孟子说：“北宫锜是卫国的大夫，姓北宫，名锜。周朝怎么样排列了各等的爵禄呢？”二节 〇孟子说：“排列之详细今时不能知道。因为当时的诸侯恨恶这个制度看他害自己，所以他们都毁去这个制度的书籍。比较秦始皇后来做的事。然而我本文轲字是孟子的名。听见过那制度的大略。三节 〇天子一位，公一位，侯一位，伯一位，子并男同在一位，子爵和男爵是平等。凡是五等。君一位，卿一位，大夫一位，上士一位，中士一位，下士一位，凡是六等。四节 〇按天子的制度，他的地是方一千里，方一千里，按彭丝注解是：横千里，直千里，共一百万里也。公侯的地皆是方百里，伯的地是七十里，子、男的地是五十里，凡是四等。若地方不及五十里，他就不能达到天子面前，只得附在诸侯名下，这叫作附庸。比较《论语·季氏第十六》一章一节，颛臾那个小国是鲁国的附庸国。五节 〇天子的卿所受的地方同侯一样，本文视字，意思是按照。大夫的地同伯一样，元士的地同子男一样。元士是上士。六节 〇大国的地是方一百里，在那里国君的禄比卿的禄多十倍，卿的禄比大夫是四倍多，大夫比上士是加一倍，上士比中士是加一倍，中士比下士是加一倍，上士和在官府里头用的庶人得相同的禄，这个禄只足以抵他们耕田所得的钱。七节 〇次一等的国的地是方七十里，在那里国君的禄比卿的禄多十倍，卿的禄比大夫是三倍多，在上文说的是四倍多，有分别。大夫比上士是加一倍，上士比中士是加一倍，中士比下士是加一倍，下士和在官府里头用的庶人得相同的禄，这个禄只足以抵他们耕田所得的钱。八节〇小国的地是方五十里，在那里国君的禄比卿的禄多十倍，卿的禄比大夫是两倍多，与上文有分别。大夫比上士是加一倍，上士比中士是加一倍，中士比下士是加一倍，下士和在官府里头用的庶人得相同的禄，这个禄只足以抵他们耕田所得的钱。九节〇至于那耕田所得的，每一个农夫有百亩。若农夫用粪料致百亩之田肥润，以穷尽地力，今时农学家用化学粪田之新法。上等的农夫，就能养九个人；本文食字是去声，意思是养。次于上等的农夫，可以养八个人；中等的农夫，可以养七个人；次于中等的，可以养六个人；下等的可以养五个人。那在官府里头用的庶人他们的俸禄也按照这样有分别。”就是按他们的能干有分别，上等的得的工钱足以养九个人，云云。

第三章　第一节万章问曰：“敢问友。”孟子曰：“不挟长，不挟贵，不挟兄弟而友。友也者，友其德也，不可以有挟也。二节孟献子，百乘之家也，有友五人焉：乐正裘、牧仲，其三人，则予忘之矣。献子之与此五人者友也，无献子之家者也。此五人者，亦有献子之家，则不与之友矣。三节非惟百乘之家为然也。虽小国之君亦有之。费惠公曰：‘吾于子思，则师之矣；吾于颜般，则友之矣；王顺、长息则事我者也。’四节非惟小国之君为然也，虽大国之君亦有之。晋平公之于亥唐也，入云则入，坐云则坐，食云则食。虽疏食菜羹，未尝不饱，盖不敢不饱也。然终于此而已矣。弗与共天位也，弗与治天职也，弗与食天禄也，士之尊贤者也，非王公之尊贤也。五节舜尚见帝，帝馆甥于贰室，亦飨舜，迭为宾主，是天子而友匹夫也。六节用下敬上，谓之贵贵；用上敬下，谓之尊贤。贵贵、尊贤，其义一也。”

第三章　第一节万章问孟子说：“敢问交朋友之道是怎样？”孟子说：“人若交友不该当挟自己的年长，挟字，是恃，意思是不该当恃自己的年纪大，轻看年轻的朋友。不该当挟自己尊贵，不该当挟自己的兄弟而接交朋友。交友于人是友他的德行，不可以有自挟的意思。二节〇鲁国的大夫孟献子，看《大学》第十章二十一节。他是百乘之家的大夫，他有五个朋友：一个是乐正裘，一个是牧仲，别的三个人我忘记了。献子与那五个人交友，因为他们不留心看重献子之家的势位。假若那五个人也看重献子的家，他就不与他们交友了。三节〇不但是百乘之家的大夫做这样，连小国的君也做这样。费惠公说：‘费，音秘，看《论语·雍也第六》第七章。我尊敬子思，如我的师傅；子思是孔子的孙，伯鱼的儿子。我看颜般，如我的朋友；至于王顺、长息，他们是事奉我的人。’四节〇不但是小国的君做这样，连大国的君也做这样。比方那个晋平公同着亥唐作朋友，平公在位,自西历五百五十六至五百三十一年。亥唐若叫他入他就入,若叫他坐他就坐,若叫他吃他就吃。虽然是粗饭并菜汤,本文羹字是汤。没有不吃饱,因为他不敢不吃饱了。然而他不过这样就罢了。平公不叫他共得天位,天位,是天所设立的官位。不叫他治理天职,天职,是天所设立的职事。不叫他吃天禄,天禄,是天为大官所预备的俸禄。他尊敬他只如士子尊敬贤人那样,不是如王公尊敬贤人那样。这个是表明上文所说的人若交友,不该当挟自己尊重。五节〇当初舜上去见帝尧,帝尧按照甥即女婿。礼待他,叫他住在贰室,本文馆字,意思是叫他住;贰室,是旁边的副宫。帝尧也到舜宫而飧他的饮食,他轮流迭字是轮流。或作宾,他做舜的宾,舜作主人。或作主,舜做宾。这是天子与匹夫交友的道。六节〇在下的人尊敬在上的人,这叫作贵贵,在上的人尊敬在下的人,这叫作尊贤,贵贵并尊贤,都是一样的义。"义是合宜之理。

第四章 第一节万章问曰:"敢问交际何心也?"孟子曰:"恭也。"二节曰:"却之却之为不恭,何哉?"曰:"尊者赐之,曰'其所取之者,义乎,不义乎',而后受之,以是为不恭,故弗却也。"三节曰:"请无以辞却之,以心却之,曰'其取诸民之不义也',而以他辞无受,不可乎?"曰:"其交也以道,其接也以礼,斯孔子受之矣。"四节万章曰:"今有御人于国门之外者,其交也以道,其馈也以礼,斯可受御与?"曰:"不可。《康诰》曰:'杀越人于货,闵不畏死,凡民罔不譈。'是不待教而诛者也。殷受夏,周受殷,所不辞也。于今为烈,如之何其受之?"五节曰:"今之诸侯取之于民也,犹御也。苟善其礼际矣,斯君子受之,敢问何说也?"曰:"子以为有王者作,将比今之诸侯而诛之乎?其教之不改而后诛之乎?夫谓非其有而取之者盗也,充类至义之尽也。孔子之仕于鲁也,鲁人猎较,孔子亦猎较。猎较犹可,而况受其赐乎?"六节曰:"然则孔子之仕也,非事道与?"曰:"事道也。""事道奚猎较也?"曰:"孔子先簿正祭器,不以四方之食供簿正。"曰:"奚不去也?"曰:"为之兆也。兆足以行矣,而不行,而后去,是以未尝有所终三年淹也。七节孔子有见行可之仕,有际可之仕,有公养之仕。于季桓子,见行可之仕也;于卫灵公,际可之仕也;于卫孝公,公养之仕也。"

第四章 第一节万章问孟子说:"敢问人用礼物交接,本文际字,是接,意思与交字相同。心里有什么意思呢?"孟子说:"是恭敬的意思。"二节〇万章说:"一定辞却礼物,人以为不恭,这是为什么呢?"孟子说:"论尊贵的人所赐给的礼物,若我想'他取那个礼物是合宜不合宜的呢',我必要晓得而后可以接受,若我想这样,人就以为不恭,故此不该当辞却礼物。"三节〇万章又问说:"若士子请要不以直话辞却礼物,他心里拿定主意要辞却而不明说。乃以心里辞却,因为对自己默说'那尊贵的人取了财物于百姓是不义的',而且若他用别的说辞却不受,这不可以么?"孟子说:"若他交礼物以道,以字意思是接照。而且若他接送以礼，按照这样孔子就必受那个礼物。”四节〇万章说：“现今有一个人他截住人并抢夺他们的财物在城门之外，而后他交礼物也以道，他馈送也以礼，这样就可以受他所抢夺的东西么？”孟子说：“不可以。《书经·康诰》说：‘杀越人于货，越，是颠倒人的身体，意思是若人杀别人，并颠倒他们的尸，要得他们的财货。闵不畏死，《书经》本文闵字作暋，暋是强。〇闵是闵然，就是鲁莽，意思是若他们做这样闵然不怕死。凡民罔不譈。’《书经》本文没有凡民二字，譈字作憝，譈是恨恶，意思是一切的民人都恨恶他们。〇上文是《书经》，以下是孟子的话。君子不要等待教训这样的人乃立刻要诛斩他们。殷朝受这个律法于夏朝，周朝受他于殷朝，不能辨驳的。到如今是显然的律法，怎样可以受盗贼的礼物么？”五节〇万章说：“今时的诸侯取财物于民，如同抢夺他们一样。乃若他用好的礼貌送他们的礼物，本文际字，按雷格氏注：“不但是交接，乃也是礼物，就是东西。”看《雷格氏》后面的字典，在际字下。这样君子他说君子，暗指孟子那样的人。就受他，我敢问夫子论这个事说什么呢？”孟子说：“你想假若现在有王者出来，他必要把今时的诸侯合起来而都诛杀他们么？难道他不先要教训他们，并若他们不改变然后就要诛杀他们么？若人取非合宜所有的就称他为盗，这是推盗之类到那个意思的极处。孔子出仕在鲁国的时候，鲁人打猎以后相较逐，意思是他们争夺禽兽，要用为祭物。孔子也猎较。有人讲孔子准许他们猎较。既然猎较的事可以行，何况受诸侯所赐的礼物呢？”六节〇万章说：“这样看起来，难道孔子做官不以行道为事么？”孟子说：“孔子以行道为事。”万章说：“既然孔子以行道为事，为什么他猎较呢？”孟子说：“孔子先按照簿书簿书是录写祭祀章程的书。改正那个祭器，以致不要用鲁国四方之食物供备簿书所正的祭器。”孔子改正祭器，希望那个坏风俗后来就自然消散。万章说：“为什么孔子不离开鲁国而去呢？”孟子说：“孔子试一试行道的兆。他设立行道的机会发明于人。行道的兆若足以显明道实在可行，而国君还不行他的道，然后孔子去，所以孔子不淹留在一个地方完毕三年的工夫。本文终字是完毕。七节〇孔子有时因为看见他的道可以行就出仕，有时因为国君用合宜的礼貌交际他就出仕，有时因为国君公养他就出仕。这样论季桓子，孔子因为看见他的道可以行就出仕；孟子提出季桓子，不提出鲁定公，因为鲁定公那时候论一切的政事都听从季桓子。论卫灵公，孔子因为国君用合宜的礼貌交际他就出仕；论卫孝公，孔子因为国君公养他就出仕。”卫孝公，按朱注是卫出公辄。论那个出公辄，看《论语·述而第七》第十四章注。

第五章　第一节孟子曰：“仕非为贫也，而有时乎为贫；娶妻非为养也，而有时乎为养。二节为贫者，辞尊居卑，辞富居贫。三节辞尊居卑，辞富居贫，恶乎宜乎？抱关击柝。四节孔子尝为委吏矣，曰‘会计当而已矣’。尝为乘田矣，曰‘牛羊茁壮，长而已矣’。五节位卑而言高，罪也；立乎人之本朝，而道不行，耻也。”

第五章 第一节孟子说:"君子出仕不是因为他贫穷,做官的缘故,本来该当希望行道。但也有时是因为贫穷;娶妻不是因为要得他的奉养,但也有时是因为奉养的缘故。二节〇若是因为贫穷出仕,就应当辞却尊位而居卑位,辞却富厚的而居清贫的。清贫是俸禄菲薄。三节〇辞却尊位而居卑位,辞却富厚的而居清贫的,什么样的官职就与这个合宜呢?比方如抱关击柝,抱关,是看守关;击是打;柝,是夜里所打的木头,本文四个字指一个官职。四节〇孔夫子当初做委吏,委吏,是管理粮米的仓官。那时候孔夫子说'只要会计的当就罢了'。会,是一年的总账;计,是一月的账目;的当是不错误。有时候孔夫子做乘田之官,乘田,是管理牧地畜牧牲口的小官。那时候他说'只要牛羊茁然肥壮,长大就罢了'。五节〇居卑位的时候而辨论高大的政事,这是罪;若我站立在我国君的本朝之上而我的道不行,这是当羞耻的事。"

第六章 第一节万章曰:"士之不托诸侯,何也?"孟子曰:"不敢也。诸侯失国,而后托于诸侯,礼也;士之托于诸侯,非礼也。"二节万章曰:"君馈之粟,则受之乎?"曰:"受之。""受之何义也?"曰:"君之于氓也,固周之。"三节曰:"周之则受,赐之则不受,何也?"曰:"不敢也。"曰:"敢问其不敢何也?"曰:"抱关击柝者,皆有常职以食于上。无常职而赐于上者,以为不恭也。"四节曰:"君馈之,则受之,不识可常继乎?"曰:"缪公之于子思也,亟问,亟馈鼎肉。子思不悦。于卒也,摽使者出诸大门之外,北面稽首再拜而不受。曰:'今而后知君之犬马畜伋。'盖自是台无馈也。悦贤不能举,又不能养也,可谓悦贤乎?"五节曰:"敢问国君欲养君子,如何斯可谓养矣?"曰:"以君命将之,再拜稽首而受。其后廪人继粟,庖人继肉,不以君命将之。子思以为鼎肉,使己仆仆尔亟拜也,非养君子之道也。六节尧之于舜也,使其子九男事之,二女女焉,百官牛羊仓廪备,以养舜于畎亩之中,后举而加诸上位。故曰:王公之尊贤者也。"

第六章 第一节万章说:"士子未做官的读书人。不受一定的俸禄于诸侯,本文托字是受拿一定的俸禄。是为什么呢?"孟子说:"他不敢。诸侯若失了国而后受一定的俸禄于别的诸侯,这是礼;乃士子受一定的俸禄于诸侯,这不是礼。"二节〇万章说:"若国君馈送粟米给士子,他可以受么?"孟子说:"他受。"万章说:"他受是按照什么义呢?"孟子说:"国君待氓,氓,是从别国来的民,看《公孙丑上》第五章五节。未做官的士子,是如同氓一样。自然周济他们。"三节〇万章说:"国君周济他就受,国君要赐俸禄给他就不受,是为什么呢?"孟子说:"他不敢。"万章说:"我敢问,他不敢是为何呢?"孟子说:"连那抱关击柝的小官,也都有一定的官职,他们因为这个可以食俸禄于朝廷。乃若一个人没有一定的官职而蒙赐俸禄于朝廷,就必以他为不恭。"四节〇万章说:"国君馈送礼物士子就受,我不知道可以常常继续馈送东西么?"孟子说:"当初鲁缪公待子思，常常使人问候他，本文亟字是常常。而且常常馈送鼎肉。鼎肉，是熟肉。子思不喜悦。到了末尾，本文于卒意思是末尾。他把那使者指麾到大门之外，本文标字是指麾。自己面向北方稽首再作拜而不受那个礼物，说：'从今以后我知道国君养我本文伋字是子思的名。如同犬马那样。'故此从那时候没有仆人来馈送食物。本文台字，是仆人。若国君说自己喜悦贤人而不能举用他，又不能按合宜的样子养他，他实在可算为喜悦贤人么？"五节〇万章说："敢问国君若要养君子，他该当做怎样才可算是按合宜的样子养他呢？"孟子说："第一回必要以君命奉那礼物，本文将字是奉。士子该当再拜稽首而受。乃后来廪人是管理仓廪的官。要继续送粟米，庖人是照顾厨房的人。要继续送肉，不要以君命奉那个食物。子思以为因为那个鼎肉叫自己仆仆尔是烦扰之貌。时常下拜，这不是养君子的道。六节〇当初帝尧待大舜，使他的儿子就是九个男儿事奉他，把两个女儿嫁给他，本文女字是嫁。叫百官牛羊仓廪都要全备，养舜在畎亩之中，看《万章上》一章三节。后来又举他而升到最高的位。故此我们有话说：这是王公尊贤人的道。"看上文第三章四节末句。

第七章　第一节万章曰："敢问不见诸侯，何义也？"孟子曰："在国曰市井之臣，在野曰草莽之臣，皆谓庶人。庶人不传质为臣，不敢见于诸侯，礼也。"二节万章曰："庶人，召之役，则往役；君欲见之，召之，则不往见之，何也？"曰："往役，义也；往见，不义也。三节且君之欲见之也，何为也哉？"曰："为其多闻也，为其贤也。"曰："为其多闻也，则天子不召师，而况诸侯乎？为其贤也，则吾未闻欲见贤而召之也。四节缪公亟见于子思，曰：'古千乘之国以友士，何如？'子思不悦，曰：'古之人有言：曰事之云乎，岂曰友之云乎？'子思之不悦也，岂不曰：'以位，则子，君也；我，臣也。何敢与君友也？以德，则子事我者也，奚可以与我友？'千乘之君求与之友，而不可得也，而况可召与？五节齐景公田，招虞人以旌，不至，将杀之。志士不忘在沟壑，勇士不忘丧其元。孔子奚取焉？取非其招不往也。"六节曰："敢问招虞人何以？"曰："以皮冠。庶人以旃，士以旂，大夫以旌。七节以大夫之招招虞人，虞人死不敢往。以士之招招庶人，庶人岂敢往哉？况乎以不贤人之招招贤人乎？八节欲见贤人而不以其道，犹欲其入而闭之门也。夫义，路也；礼，门也。惟君子能由是路，出入是门也。《诗》云：'周道如底，其直如矢；君子所履，小人所视。'"九节万章曰："孔子，君命召，不俟驾而行。然则孔子非与？"曰："孔子当仕有官职，而以其官召之也。"

第七章　第一节万章说："敢问士子不见诸侯是什么义呢？"孟子说："在城里头的士子称为市井之臣，在郊野居住的士子称为草莽之臣，莽是草类。两种人都称为庶人。庶人若传送礼物之后不被国君叫他做臣子，本文传字是通，意思是送；质是贽，就是礼物。○比较《滕文公下》一章一节，并第三章一节。他不敢去见诸侯这是礼。”二节○万章说：“庶人，若国君召他做事，他就去做那个事；若国君要见士子并召他来，他就不去见国君，这是为什么呢？”孟子说：“去做那个事是义，去见国君是不义。”三节○孟子又说：“且国君欲见他是为什么呢？”万章说：“因为他是博学多闻的人，又因为他是贤人。”孟子说：“若因为他是博学多闻的人，他是好如师傅而连天子也不召师傅，而况诸侯怎么样可以召他呢？乃若因为他是贤人，我未听闻了一个国君要见贤人而召他。四节○鲁缪公屡次见子思，有一天他对子思说：‘古时候有千乘之国的君也与士子交友，这是什么样呢？’子思不喜悦，说：‘古之人有言语说：国君该当事士子，就是以师礼事奉他。怎么样可以只说该当与他交友呢？’子思所以不喜悦的缘故，岂不是他默想对自己说：‘若看我们两个人的位，你是国君，我是臣子，怎么样我敢与国君交友呢？乃若看德行，你就该当以师礼事奉我，怎么样你可以与我交友么？’这样千乘的国君求与他交友而不可得，而况难道可以召他么？五节○以前齐景公田猎的时候，招虞人用一个旌，看《滕文公下》一章二节。○虞人，是官名，他看守苑囿。虞人不肯来，景公将要杀他。孔子说，志士不忘在沟壑，志士不忘记要不改变自己的操守，将来恐怕穷苦，以致自己的尸在沟壑里，也不懊悔。勇士不忘丧其元。元字是头。○勇士不忘记将来恐怕必要丧失自己的头。孔子看那个虞人到底取什么缘故赞美他呢？取赞美的缘故是他因为不得合宜之招，就不往君那里去。”六节○万章说：“敢问招虞人该当用什么呢？”孟子说：“该当用皮冠。招庶人该当用旃，旃是素帛做的。招士子该当用旂，旂是彩旂，织龙在其中。招大夫该当用旌。旌也是彩旂，用羽毛插在旂竿上头。七节○若用招大夫的旌招虞人，虞人就宁情愿死而不敢去。若用招士子的旂招庶人，庶人怎么样敢去呢？况且若用不贤人之招那样招一个贤人，他岂不必定不去呢？八节○若国君欲见贤人而不按照合宜之道，是好如欲他入门而关闭门那样。义是路，礼是门。乃惟君子能由这个路，出入这个门。《诗经》说：‘《诗经·小雅·大东》之篇。周道如底，向周王京城去的那个路，是好如砺石一样。其直如矢，他是直的，如同箭一样。君子所履，做官的人，在那个路上行走。小人所视。’”平民看见他们。○周道是仿佛上文说的义路。孟子引那诗篇，因为诗篇说君子所履，意思是君子走那个路。○本来那个诗篇，比较古时周朝的仁政与后来的暴虐之政。九节○万章说：“孔子若国君的命令召他，就不俟待驾车而步行。看《论语·乡党第十》第十三章四节。难道孔子做不该当的事么？”孟子说：“孔子那时候正当出仕有官职，而且因为他的官职国君召他。”国君要同他商量属他官职的事。

第八章　第一节孟子谓万章曰：“一乡之善士，斯友一乡之善士；一国之善士，斯友一国之善士；天下之善士，斯友天下之善士。二节以友天下之善士为未足，又尚论古之人。颂其诗，读其书，不知其人，可乎？是以论其世也。是尚友也。”

第八章 第一节孟子向万章说:“一乡村内最善的士子,该当交友于那一乡村的一切的善士;一国内最善的士子,该当交友于那一国的一切的善士;天下最善的士子,该当交友于天下的一切的善士。二节〇若一个士子交友于天下一切的善士,并若他以为这个还不足,他又前进往上思想论古时的人。颂他们的诗篇,颂是诵。读他们的书,乃不知道他们为人怎么样,这是可以么?若诵他们的诗,读他们的书,就也必须知道他们为人怎么样。所以他也查考他们当世的事迹,这就是前进往上交友于古人。”

第九章 第一节齐宣王问卿。孟子曰:“王何卿之问也?”王曰:“卿不同乎?”曰:“不同。有贵戚之卿,有异姓之卿。”王曰:“请问贵戚之卿。”曰:“君有大过则谏,反覆之而不听,则易位。”二节王勃然变乎色。曰:“王勿异也。王问臣,臣不敢不以正对。”王色定,然后请问异姓之卿。曰:“君有过则谏,反覆之而不听,则去。”

第九章 第一节齐宣王问孟子论卿的职分。孟子说:“王问论什么卿呢?”王说:“卿有不同的么?”孟子说:“是不同的。有贵戚的卿,是国王的亲戚。有异姓的卿。”王说:“请问贵戚的卿是怎样?”孟子说:“若国君有大过他们就谏他,反覆劝谏以后若王还不听,他们就换易君之位。”废君改立亲戚中间一个贤的。二节〇王听见这话就勃然变了颜色。勃然是变色的样子。三节〇孟子说:“王不要以臣的话为怪异。王问臣,臣是孟子。臣不敢不以正言对答。”四节〇王的颜色安定了,然后他请问异性的卿怎么样。孟子说:“若国君有过他们就谏他,反覆劝谏以后若王还不听,他们就去。”离开国向别处去。

孟子集注卷十一

告子章句上　凡二十章。

第一章　第一节告子曰："性，犹杞柳也，义，犹桮棬也。以人性为仁义，犹以杞柳为桮棬。"二节孟子曰："子能顺杞柳之性而以为桮棬乎？将戕贼杞柳而后以为桮棬也？如将戕贼杞柳而以为桮棬，则亦将戕贼人以为仁义与？率天下之人而祸仁义者，必子之言夫！"

第一章　第一节告子说："人之性是如同杞柳一样，杞柳，是柳树中之一类。朱注说，是柜柳。义是如同桮或棬一样。朱注："桮棬，是卮匜之类。"《备旨》说："卮是饮酒的器，匜是洗手的器，两样是木头做的。"若用人之性造作仁义，是好如用杞柳造作桮棬。"告子，名不害，看《公孙丑上》二章二节又九节。他与孟子是同时的人。他说："人之性无分于善不善。"又说："义是在人性之外。"看下文。朱夫子说："告子的话，如荀子性恶之说也。"雷格氏说："告子不说人之性恶。"朱夫子议论他过分，看第六章告子说"性无善无不善也"那句话。二节〇孟子说："你能顺杞柳的性拿他造作桮棬么？不是，你必要勉强贼害那个杞柳，本文戕字音墙，意思是伤害，就是斫削，而后可以用他造作桮棬？杞柳不是按本来之性自然长成桮棬，如果子那样，乃人要斫削他勉强造成桮棬。若必要勉强贼害那个杞柳而用他造作桮棬，这样照你的道理你也必要勉强贼害人性以致造作仁义阿？本文与字是呼词，不是问的意思。若有一个道理能率领天下的人以仁义为祸，就是恨仁义。这必定是你的话。"你的道必有这个功效。

第二章　第一节告子曰："性犹湍水也，决诸东方则东流，决诸西方则西流。人性之无分于善不善也，犹水之无分于东西也。"二节孟子曰："水信无分于东西。无分于上下乎？人性之善也，犹水之就下也。人无有不善，水无有不下。三节今夫水，搏而跃之，可使过颡；激而行之，可使在山。是岂水之性哉？其势则然也。人之可使为不善，其性亦犹是也。”

第二章 第一节告子说：“性如同湍水一样，湍水，是波流潆洄之水，比如大河之漩水。若决放他向东方决是开通。那水就往东方流，决放他向西方那水就往西方流。人的性没有分辨的意向于善或不善，人性不问善不善。如同水没也有分辨的意向于或向东或向西。”告子的道理与后来扬雄的道理相合。扬雄说：“人之性也，善恶混。修其善则为善人，修其恶则为恶人。”二节〇孟子说：“水真没有分辨的意向于或向东或向西，乃难道也不分或向上或向下么？人性向善的意向，是如同水归向于下一样。人无有不善，雷格氏翻译云：“人都有那向善的意向。”如同水无有不向下流。三节〇这个水，若搏击他而叫他跳跃起来，就可以使他过你的颡；颡是额。而且若激水而引导他行，就可以使他向山上去。激字意思是用一个法子，勉强他向上行。乃这个难道是水的本性么？是因为那个势力就是那样。势力意思是勉强水逼勒他做这样。至于人，可以叫他做不善，乃这个是待他的本性也如那水那个样子。”就是勉强逆他的本性。〇朱注：“此章言性本善，故顺之而无不善；本无恶，故反之而后为恶，非本无定体，而可以无所不为也。”〇学者若要细细查考孟子的本意，必要晓得人之本性到底有什么意思？〇雷格氏在《孟子》英文注解序，自五十八到七十六页，很详细讲明孟子论性人之道，说：“孟子的道，与基督教论人性之道实在可以相合。”雷格氏有这个意思，因为他讲解孟子所说的人的本性不是今时世人实在所有的心地，就是气质之性。乃人本性，是昊天本来与人所禀赋的意向。这个本来的意向，孟子说是向善，如水常常要向下一般。〇我们都有天理在我们里头，这个天理彷佛劝勉我们向善，这就是我们的本性。按这样看起来，这个本性，就不论我们实在所发现的品行说的，乃表明我们按是非之心所该当从的标准。〇论孟子讲人本性之道，学者也请看花之安的《经学不厌精》第二卷第一章“论尽己性”。

第三章 第一节告子曰：“生之谓性。”二节孟子曰：“生之谓性也，犹白之谓白与？”曰：“然。”“白羽之白也，犹白雪之白；白雪之白，犹白玉之白与？”曰：“然。”三节“然则犬之性，犹牛之性；牛之性，犹人之性与？”

第三章 第一节告子说：“生是那所谓的性。”朱注：“生，指人物之所以知觉运动者而言。”朱夫子又说：“生之谓气，生之理谓性。”〇告子的意思是性不是别的，只是生，而且生活之力一切所发现的效验，都是性，不问善恶，并万物之里头，只有一个生活之理，所以万物也只有一个性，不分别善恶。二节〇孟子说：“生是那所谓的性，你说这个如同说凡白颜色的都是称为白么？”告子说：“是的。”孟子说：“白羽的白，是如同白雪的白么？白雪的白，是如同白玉的白么？”告子说：“是的。”孟子的意思，实在那个白有分别，白羽、白雪、白玉，他们的颜色都有一点不一样，乃告子不允许。三节〇孟子说：“按照这样，犬的性就是如牛的性，牛的性就是如人的性阿？”本文与字，不是问的意思，是呼辞的字号。孟子说这个话是讥笑告子。〇朱注：“孟子又言若果如此，则犬牛与人皆有知觉，皆能运动，其性皆无以异矣，于是告子自知其说之非而不能对也。〇愚按：性者，人之所得于天之理也；生者，人之所得于天之气也。性，形而上者也；气，形而下者也。人物之生，莫不有是性，亦莫不有是气，然以气言之，则知觉运动，人与物若不异也；以理言之，则仁义礼智之禀，岂物之所得而全哉？此人之性所以无不善，而为万物之灵也。告子不知性之为理，而以所谓气者当之，是以杞柳湍水之喻，食色无善无不善之说，纵横谬戾，纷纭舛错，而此章之误乃其本根。所以然者，盖徒知知觉运动之蠢然者，人与物同；而不知仁义礼智之粹然者，人与物异也。孟子以是折之，其义精矣。"

第四章 第一节告子曰："食色，性也。仁，内也，非外也；义，外也，非内也。"二节孟子曰："何以谓仁内义外也？"曰："彼长而我长之，非有长于我也；犹彼白而我白之，从其白于外也，故谓之外也。"三节曰："异于白马之白也，无以异于白人之白也；不识长马之长也，无以异于长人之长与？且谓长者义乎？长之者义乎？"四节曰："吾弟则爱之，秦人之弟则不爱也，是以我为悦者也，故谓之内。长楚人之长，亦长吾之长，是以长为悦者也，故谓之外也。"五节曰："耆秦人之炙，无以异于耆吾炙。夫物则亦有然者也，然则耆炙亦有外与？"

第四章 第一节告子说："喜欢好饮食并喜欢彩色的物，这是我们的性如此。本文食色二字，朱注说："甘食悦色。"论色字，雷格氏引熙周氏的注解，他说："比方连孩子也喜欢看一个火，这表明那悦色的心，所以色字在这里指各样彩色的物。"〇告子的意思是喜欢食色是我们的心，我们本来所有的，不是从外面加添的。仁是在内的，不是在外的；乃义是在外的，不是在内的。"义，朱注："事物之宜也。"〇义是定夺我们该当怎么样做事，并待人按合宜的理。二节〇孟子说："为什么你说仁是在内的，义是在外的呢？"告子说："比方有一个人比我年长的，我就尊敬他为长的，这不是因为我先有个尊他为长的心在我里头；本文非有长于我也，《备旨》注："非先有长之之心在我。"乃只是如同若一个人是白的我就看他为白，本文彼白，《备旨》注："以人色之白者也。"这是按照他在外面的白颜色，本文从字，是按照。故此意思是按照这样。我说义是在外。"三节〇孟子说："称白马为白，没有分别于称白人为白；但我不知道或按你的意思认老马为长，没有分别于认老人为长么？而且那所谓的义是在什么里头呢？是在他年纪长里头呢，或是在我尊他为长的意思里头呢？"朱注："白马白人不异，而长马长人不同，是乃所谓义也。义不在彼之长，而在我长之之心，则义之非外明矣。"四节〇告子说："比方我的弟郎我爱他，乃秦人的弟郎我不爱他，这是因为我的情被我自己感动了，本文的本义是，这是因为把我为悦之缘故，意思是以我为主。故此我说仁是在内的。乃反此我尊敬楚人的年长，我也尊敬我们国人的年长，这是因为我被他的年长感动了，故此我说义是在外的。"朱注："言爱主于我，故仁在内；敬主于长，故义在外。"〇这是告子的意思。五节〇孟子说："我们喜吃秦人的炙，本文耆字，是喜吃；炙，是熏过的肉。没有分别于我们喜吃我们自己所预备的炙。这样食物也是一样感动我，意思是，如同你说楚人之年长并我国人之年长感动我一样，这样秦人所预备的炙，并我所预备的炙，也感动我一样，不问是远国来的，或是我本国的。既然如此，难道按你的意思，喜欢吃炙也是在外么?”

第五章 第一节孟季子问公都子曰:“何以谓义内也?”二节曰:“行吾敬,故谓之内也。”三节“乡人长于伯兄一岁,则谁敬?”曰:“敬兄。”“酌则谁先?”曰:“先酌乡人。”“所敬在此,所长在彼,果在外,非由内也。”四节公都子不能答,以告孟子。孟子曰:“敬叔父乎?敬弟乎?彼将曰‘敬叔父’。曰:‘弟为尸,则谁敬?’彼将曰‘敬弟’。子曰:‘恶在其敬叔父也?’彼将曰‘在位故也’。子亦曰:‘在位故也。庸敬在兄,斯须之敬在乡人。’”五节季子闻之曰:“敬叔父则敬,敬弟则敬,果在外,非由内也。”公都子曰:“冬日则饮汤,夏日则饮水,然则饮食亦在外也?”

第五章 第一节孟季子是孟仲子的弟郎,看《公孙丑下》二章三节。问公都子说:“为什么夫子说义是在内呢?”二节〇公都子说:“我们用义以发现而行我心里头的恭敬的意思,知道应当尊敬的意思,本是从心内出来的。故此说义是在内。”三节〇孟季子问说:“比方设若一个乡人比你的伯兄长一岁,伯是长也。你就多尊敬谁呢?”公都子说:“我要多尊敬我的伯兄。”孟季子说:“乃若你设筵请他们坐席,你就要先酌酒于谁呢?”公都子说:“先酌酒于乡人。”因为他是客人。孟季子说:“所尊敬的缘故是在那伯兄,所待别人为年长的缘故是在那个乡人。缘故果然是在外,不是从内起来的。”四节〇公都子就不能对答,去告诉孟子。孟子说:“你该当去问他,你最尊敬叔父呢?叔父,是父亲的弟郎。还是最尊敬弟郎呢?他要说‘最尊敬叔父’。你再该当问他,‘若弟郎做尸,做尸,是在外祭祀的时候,假装祖宗的模样,坐在祖宗的位上。你就要最尊敬谁呢?’他要说‘最尊敬弟郎’。你就该当说:‘在那里是你说的最要尊敬叔父呢?’他必要说‘因为弟郎在位,故此我最尊敬他’。这样你也可以说:‘因为那个乡人在宾客之位,故此我最尊敬他。平常的时候我尊敬我的哥郎,本文庸字是平常的时候。乃暂时我尊敬那个乡人。’”本文斯须是暂时。五节〇孟季子听见这个话说:“当敬叔父的时候我就敬叔父,当敬弟郎的时候我就敬弟郎,那个缘故果然是在外,不是由内里起来的。”公都子说:“冬天的时候我们饮热汤,夏天的时候我们饮凉水,按照你的道理,我们拣选那饮食的主意也是在外头?”公都子回答他,按照《孟子》四章五节那个意思。

第六章 第一节公都子曰:“告子曰:‘性无善无不善也。’二节或曰:‘性可以为善,可以为不善;是故文、武兴,则民好善;幽、厉兴,则民好暴。’三节或曰:‘有性善,有性不善;是故以尧为君而有象;以瞽瞍为父而有舜;以纣为兄之子且以为君,而有微子启、王子比干。’四节今曰‘性善’,然则彼皆非与?”五节孟子曰:“乃若其情,则可以为善矣,乃所谓善也。六节若夫为不善,非才之罪也。七节恻隐之心,人皆有之;羞恶之心,人皆有之;恭敬之心,人皆有之;是非之心,人皆有之。恻隐之心,仁也;羞恶之心,义也;恭敬之心,礼也;是非之心,智也。仁义礼智,非由外铄我也,我固有之也,弗思耳矣。故曰:‘求则得之,舍则失之。’或相倍蓰而无算者,不能尽其才者也。八节《诗》曰:‘天生烝民,有物有则。民之秉夷,好是懿德。’孔子曰:‘为此诗者,其知道乎!故有物必有则,民之秉夷也,故好是懿德。’”

第六章 第一节公都子说:“告子说:‘性没有善也没有不善。’意思是善并不善实在没有分别,都是不得已从生活之力发出来。○看花之安《孟子》德文注解第五段。○朱夫子说,苏东坡并胡文定与这个有相似的道理。二节○或人说:‘性可以为善,也可以为不善;本文为字是习,“可以为”意思是可以使为,故此雷格氏翻译云:“人之性可以使他习善,也可以使他习不善。”○这第二样的道理与告子的道理不同。告子都不认得善恶之分别,乃这个第二段认得有善也有不善,只说人之性不一定,可以使他习善,也可以使他习恶。○看花之安第五段,又看雷格氏《孟子·序》第六十页。朱夫子说:“此即湍水之说也。”乃这湍水之比喻,实在是表明告子的本意,看第二章一节。湍水不分别东西,就是不分别善恶,所以朱夫子这一句注解恐怕不对,因为这二段不是论告子的本意说的。所以文王、武王兴起的时候,百姓就好善;乃幽王、厉王兴起的时候,百姓就好暴虐之事。’三节○或人说:‘有人他们的性是善,有人他们的性是不善;意思是他们的性不能改变,也不受感化。朱夫子说,韩文公的说法与这个相似。○韩文公说:性分上中下三品,上等是善的;中等可以引导他向上,也可以引道他向下;下等是恶的,上等下等不能改变。所以本章之第三段,只是真与韩文公所说的上等下等相类,与中等不相类。故此虽有尧为君,然还有象;象是舜的弟郎。虽有瞽瞍为父,然还有舜;虽有纣王为侄并且虽有他为国君,然还有微子启并王子比干。’按《书经》,微子启不是纣王的叔父,乃纣王的庶兄,比干乃纣王的叔父。○尧、舜是善人,象并瞽瞍是恶人,纣王是恶人,微子启并比干是善人,这第三段的意思是善人不能感化恶人,恶人不能引诱善人。四节○现今夫子说性是善的,按照这样他们都是错了阿?”五节○孟子说:“乃若其情,则可以为善矣,乃若,朱注,“发语辞”;赵岐注,“若字讲作顺字”。意思是差不多,本文其字指性。○意思是至于人性的本来合宜之情,就但可使他习善。雷格氏翻译云:“按照人性的本来合宜之情,那个性有意向习善。”○朱注:“情者,性之动也。人之情,本但可以为善而不可以为恶,则性之本善可知矣。”乃所谓善也。这是我所说的性是善的那个道理。○看雷格氏《孟子·序》第六十二页。六节○若人做不善的,这不是才的罪过。才是材质,人之能也。○朱注:“人之为不善,乃物欲陷溺而然,非其才之罪也。”七节○恻隐的心,恻隐,是怜悯。○看《公孙丑上》六章四节,乃在那里说辞让之心,与恭敬之心相类。人都有;羞恶的心,人都有;恭敬的心,人都有;是非的心,人都有。恻隐的心是仁,意思是仁的根本。羞恶的心是义,恭敬的心是礼,是非的心是智。仁义礼智四样,不是由外头灌入于我的,本文铄字,意思是以火销金,而后人把那个销熔过的铁灌入模子里。我本来有这个四端,只是人不思想而求那四端。故此有话说:‘你要求就可以得着,若你舍弃就必失掉。’舍弃，意思是轻忽。人论那四端有差等或相去一倍，或相去五倍，或到不能算的地步，本文蓰字是五倍。乃那个缘故就是他们不能竭尽他们的才能。孔子说：“性相近也，习相远也。”看《论语·阳货第十七》第二章。《三字经》说：“人之初，性本善；性相近，习相远。”八节〇《诗经》说：‘《大雅·烝民》之篇。天生烝民，有物有则。烝，众也；物，事也；则，法也。意思是天生众民的时候，立定有一个物，就也必定有一个法在里头。〇物是各样形体并人伦。朱注：“如有耳目，则有聪明之德；有父子，则有慈孝之心。”民之秉夷，好是懿德。’秉是禀受；夷，《诗经》本文作彝，意思是常性；懿，美也。意思是百姓禀受了这个常性，并这样他们喜好这个美德。孔夫子说：‘作此诗的人他晓得道理。就是人性之道。故此按照这样，若有物，就必也有法则，民都秉受那个常性，故此他们喜好这个美德。’”孟子的大意思是昊天上帝赋给常性于人，所以人本来喜好美德。

第七章　第一节孟子曰：“富岁，子弟多赖；凶岁，子弟多暴，非天之降才尔殊也，其所以陷溺其心者然也。二节今夫麰麦，播种而耰之，其地同，树之时又同，浡然而生，至于日至之时，皆熟矣。虽有不同，则地有肥硗，雨露之养，人事之不齐也。三节故凡同类者，举相似也，何独至于人而疑之？圣人与我同类者。四节故龙子曰：‘不知足而为屦，我知其不为蒉也。’屦之相似，天下之足同也。五节口之于味，有同耆也。易牙先得我口之所耆者也。如使口之于味也，其性与人殊，若犬马之与我不同类也，则天下何耆皆从易牙之于味也？至于味，天下期于易牙，是天下之口相似也。六节惟耳亦然。至于声，天下期于师旷，是天下之耳相似也。七节惟目亦然。至于子都，天下莫不知其姣也。不知子都之姣者，无目者也。八节故曰：口之于味也，有同耆焉；耳之于声也，有同听焉；目之于色也，有同美焉。至于心，独无所同然乎？心之所同然者何也？谓理也，义也。圣人先得我心之所同然耳。故理义之悦我心，犹刍豢之悦我口。”

第七章　第一节孟子说：“在丰年的时候，本文富岁是丰年。作子弟的人，就是年轻的人。他们大半都有倚赖而为善；凶年的时候，作子弟的人，他们大半都暴弃自己，但这不是因为天所降给他们的才能如此不同，本文尔字是如此，本文殊字是不同。乃他们因为外边的情形陷溺自己的心，这就是那个缘故。二节〇比方有那个大麦，本文麰麦是大麦。人播种并用土掩盖他，播种，是撒种于地，耰字，是用土掩盖。若那地是一样，并若栽种的时候也是一样，本文树字是栽种。那个种就浡然生发出来，浡然，是快快的样子。等候日期到了的时候，朱注：“日至之时，谓当成熟之期也。”〇按雷格氏云：“日至不是论太阳行到夏至说的。”那大麦就都成熟了。虽然谷粒有一点不同，这是因为地或有肥或有瘦，本文硗字是瘦。又因为雨露的培养或有多或有少，又因为人办农事有勤有惰而不齐等。三节〇这样一切同类的物都是相似的，为什么独到了人要疑惑这个事呢？那圣人与我是同类的。四节〇故此龙子说：‘龙子，是古之贤人，看《滕文公上》第三章七节。若一个人不知道别人之足的大小而作屦，屦是鞋子，看《滕文公上》四章一节。我却知道他不要做如蒉。’蒉，是草做的篮子。那样，他做屦到底要按足一类的样子。屦是相似的，因为天下人的足是相同的。五节〇这样论人的口之于食物的滋味，也有相同的嗜好，本文耆字是嗜，就是喜吃。就是易牙他是齐桓公的庖人，他很会烹调食物。只先于我得了我口所喜欢的滋味。假若论他的口所喜欢的滋味，有与别人不同的性，本文殊字是不同。好如与我不同类的犬马那样，这样为什么天下人所嗜好的都随从易牙所调的滋味呢？至于滋味天下都必要易牙那样，本文期字是期慕，意思是必要。这是因为天下人的口是相似了。六节〇惟论耳朵也是那样。讲到声音，天下人都必要师旷那样，师旷，晋国的乐师，他最知音，看《离娄上》一章一节。这是因为天下人的耳朵是相似了。七节〇惟论眼睛也是那样，讲到子都子都是郑国的大夫，生于西历前七百年，他的形状是很好看的。天下没有一个人不知道他是姣美的。若一个人不知道子都的姣美，他必定是没有眼睛的人。八节〇故此我说：论口之于滋味，人所嗜好的是相同；论耳朵于声音，人所喜好听的是相同；论眼睛于颜色，人所看为美的是相同。难道至于心，独没有人所同准许的呢？心里头人所同准许的是什么呢？我说是理，是义。理是心之体，义是心之用。〇理是天理，就是天所赋给的理。圣人只先于我得了我心所同准许的，故此礼义悦我的心，如同食草之畜的肉并食谷之畜的肉悦我的口一样。”本文刍字，是以草养的畜之肉，如牛羊；豢字，是以谷养的畜之肉，如犬豕，看朱注。〇西人不喜吃犬肉。

第八章 第一节孟子曰：“牛山之木尝美矣，以其郊于大国也，斧斤伐之，可以为美乎？是其日夜之所息，雨露之所润，非无萌蘖之生焉，牛羊又从而牧之，是以若彼濯濯也。人见其濯濯也，以为未尝有材焉，此岂山之性也哉？二节虽存乎人者，岂无仁义之心哉？其所以放其良心者，亦犹斧斤之于木也，旦旦而伐之，可以为美乎？其日夜之所息，平旦之气，其好恶与人相近也者几希，则其旦昼之所为，有梏亡之矣。梏之反覆，则其夜气不足以存；夜气不足以存，则其违禽兽不远矣。人见其禽兽也，而以为未尝有才焉者，是岂人之情也哉？故苟得其养，无物不长；苟失其养，无物不消。孔子曰：‘操则存，舍则亡；出入无时，莫知其乡。’惟心之谓与？”

第八章 第一节孟子说：“牛山是齐国东南边的山，在今时山东青州府临淄县。上的树木以前是美的，乃因为那个地方是大国的郊，人常用斧斤伐那树木，怎么样能保全前日之华美呢？惜哉，连今时中国也未设立了保护树林之律法。但因为日夜气化所生长的，本文息字，是滋息，就是生长。〇朱注：“日夜之所息，谓气化流行未尝间断，故日夜之间，凡物皆有所生长也。”并雨露所滋润的，常有几个萌芽生出来，本文蘖字，是芽之旁出者。乃牛羊又随后在那里牧养，牧养，是喂养小树枝，是害那个萌芽。所以那个山是像那光洁的样子。本文濯濯，按朱注是光洁的样子。人若看见那光洁的样子，就以为那个山未尝有材木，材，是大木头，可用为盖房子的材料。乃这个难道是那个山的本性么？二节〇虽然这样，论人所存的，难道他没有仁义之心么？虽字是承上文的意思说的，看花之安《孟子》德文注第十二段。不是。他所以放失他的良心的缘故，也是如同斧斤害那树木一样，若天天伐害那个心，还能保全其美么？但有日夜气化所生长的，并平旦清明之气，平旦，是早晨天将明之时。那时他所好恶的与人所该当有的良心是相近的，可惜这个好意思是希少的，这是按雷格氏翻译的。所以日间所做的事，捆绑并丧亡那个好意思。本文旦昼是日间，本文梏字是捆绑。若反覆捆绑那个好意思，夜里的清气就不足以保存那个好意思；若夜里的清气不足以保存那个好意思，这样那个人就离禽兽不远了。人若看见他像禽兽的样子，他们就以为他未尝有才，乃这个难道是人的本情么？朱注："良心者，本善之善心，即所谓仁义之心也。平旦之气，谓未与物接之时，清明之气也。好恶与人相近，言得人心之所同然也。几希，不多也。梏，械也。反覆，展转也。言人之良心虽已放失，然其日夜之间，亦必有所生长。故平旦未与物接，其气清明之际，良心犹必有发见者。但其发见至微，而旦昼所为之不善，又已随而梏亡之，如山木既伐，犹有萌蘖，而牛羊又牧之也。昼之所为，既有以害其夜之所息；夜之所息，又不能胜其昼之所为，是以展转相害。至于夜气之生，日以寖薄，而不足以存其仁义之良心，则平旦之气亦不能清，而所好恶遂与人远矣。"三节〇故此若得其养，没有一件物不生长；乃若失掉其养，没有一件物不消灭。四节〇孔夫子说：'操则存，舍则亡；意思是人若操守他的良心，他的良心就存在；乃若舍掉他的良心，他的良心就失亡。出入无时，莫知其乡。'意思是良心或失掉而出，或存在而入，没有一定的时候，没有人知道在什么地方。这是论心说的。"朱注："孔子言心，操之则在此，舍之则失去，其出入无定时，亦无定处如此。孟子引之，以明心之神明不测，得失之易，而保守之难，不可顷刻失其养。学者当无时而不用其力，使神清气定，常如平旦之时，则此心常存，无适而非仁义矣。程子曰：'心岂有出入，亦以操舍而言耳。操之之道，敬以直内而已。'〇愚闻之师曰：'人，理义之心未尝无，惟持守之即在尔。若于旦昼之间，不至梏亡，则夜气愈清。夜气清，则平旦未与物接之时，湛然虚明气象，自可见矣。'孟子发此夜气之说，于学者极有力，宜熟玩而深省之也。"

第九章　第一节孟子曰："无或乎王之不智也。二节虽有天下易生之物也，一日暴之，十日寒之，未有能生者也。吾见亦罕矣，吾退而寒之者至矣，吾如有萌焉何哉？三节今夫弈之为数，小数也；不专心致志，则不得也。弈秋，通国之善弈者也。使弈秋诲二人弈，其一人专心致志，惟弈秋之为听。一人虽听之，一心以为有鸿鹄将至，思援弓缴而射之，虽与之俱学，弗若之矣。为是其智弗若与？曰：非然也。"

第九章　第一节孟子说："不要奇怪王没有智慧。本文或字，是惑，意思是奇怪。〇王，是齐宣王。二节〇虽然天下有最容易生长的物，若一日温暖他，本文暴字，是曝，意思是温暖。十日寒冷他，这样他断不能生长。我见王的时候很少，但我退的时候，那时就有人来寒冷他，我虽然叫几个萌芽出来到底是什么用处呢？三节〇现今比方弈棋那个技艺，这是技艺中间很小的，六艺是礼、乐、射、御、书、数，本文数字是第六艺，弈棋算为小技艺。乃若人不专心致志他就不能得着。不能懂得弈棋。比如弈秋，弈秋，是最善弈棋的人，名叫秋。他是通国里头最善于弈棋的。倘若弈秋教训两个人弈棋，一个人专心致志，只听弈秋的话。乃那一个人也虽然听着他，他一心觉得有个鸿鹄来，鸿，是雁；鹄，也是禽。他思想欲引弓并用绳系在箭上而射他，本文援字是引，缴字是用绳系在箭上而射。虽然与别的人同学，他不能及他。难道因为他的智慧不及他么？论起来，不是这个缘故。”

第十章 第一节孟子曰：“鱼，我所欲也；熊掌，亦我所欲也，二者不可得兼，舍鱼而取熊掌者也。生，亦我所欲也；义，亦我所欲也，二者不可得兼，舍生而取义者也。二节生亦我所欲，所欲有甚于生者，故不为苟得也；死亦我所恶，所恶有甚于死者，故患有所不辟也。三节如使人之所欲莫甚于生，则凡可以得生者，何不用也？使人之所恶莫甚于死者，则凡可以辟患者，何不为也？四节由是则生而有不用也，由是则可以辟患而有不为也。五节是故所欲有甚于生者，所恶有甚于死者，非独贤者有是心也，人皆有之，贤者能勿丧耳。六节一箪食，一豆羹，得之则生，弗得则死。呼尔而与之，行道之人弗受；蹴尔而与之，乞人不屑也。七节万钟则不辨礼义而受之，万钟于我何加焉？为宫室之美、妻妾之奉、所识穷乏者得我与？八节乡为身死而不受，今为宫室之美为之；乡为身死而不受，今为妻妾之奉为之；乡为身死而不受，今为所识穷乏者得我而为之，是亦不可以已乎？此之谓失其本心。”

第十章 第一节孟子说：“鱼，是我所欲的；熊掌，也是我所欲的，但这两样若我不能兼得，我就舍掉鱼而取熊掌。生，是我所欲的；义，也是我所欲的，但这两样若我不能兼得，我就舍掉生而取义。二节〇生，真是我所欲的，乃我所欲的中间有我所欲胜过生命的，故此我不要做苟且的事以得生；死，真是我所恶的，乃我所恶的中间有我所恶胜过死的，故此患难中间有我所不躲避的患难。意思是有我所不躲避的危险。三节〇设若人所欲的中间没有什么胜过生命的，为什么他不用凡可以得生命的法子呢？设若人所恶的中间没有什么胜过死的，为什么他不做凡可以躲避患难的事呢？四节〇有时候有法子，人若用他就得生乃到底人不用；有时候有事情，人若做那个事就可以躲避患难，乃到底人不做那个事。五节〇所以人有他们所欲胜过生命的人，也有他们所恶胜过死的，不但只贤人有这个心，人都有这个心，乃贤人能够不丧失那个心。六节〇比如有一箪的饭，箪是竹器。一木豆的菜羹，豆是木头的器，羹是汤。若得着就可以生，若不得着就必要死。乃若人用咄嗟之貌，本文呼尔，是咄嗟之貌。给那食物于别人，连行路的人意思是贫穷的人。也不肯受；或若用脚推踢那个食物要给别人，本文蹴尔，意思是推踢。连乞丐的人也不屑吃。七节〇反此，万钟的俸禄，论万钟，看《公孙丑下》十章五节。人不辨别是礼义不是礼义而受拿，万钟的俸禄于我能加添什么呢？他受拿那个俸禄，这岂不是因为欲得宫室之华美、妻妾之事奉，或因为欲所认识的穷乏的人可以得他的周济么？八节〇向时连因为要救身体免死也不受那食物，本文乡字，是向，意思是以前。现今因为欲得宫室之华美就做那个事；受那个俸禄。向时连因为要救身体免死也不受那食物，现今因为欲得妻妾之事奉就做那个事；向时连因为要救身体免死也不受那食物，现今因为欲所认识的穷乏的人可以得他的周济就做那个事，为什么不可以也辞退这个俸禄呢？这就是那所说的失掉自己的本心。"比较耶稣说的，"人若得尽天下的财利，丧掉灵魂，有什么益处，人能拿什么换灵魂呢？"看《马太福音》十六章二十六节。

第十一章 第一节孟子曰："仁，人心也；义，人路也。二节舍其路而弗由，放其心而不知求，哀哉！三节人有鸡犬放，则知求之；有放心，而不知求。四节学问之道无他，求其放心而已矣。"

第十一章 第一节孟子说："仁，是人的心；仁是人心的最要的本质，无仁之心，实在不是人心。〇看古危勒儿法文并腊丁文注解。义，是人的路。朱注："仁者心之德，程子所谓心如谷种，仁则其生之性，是也。然但谓之仁，则人不知其切于己，故反而名之曰人心，则可以见其为此身酬酢万变之主，而不可须臾失矣。义者行事之宜，谓之人路，则可以见其为出入往来必由之道，而不可须臾舍矣。"二节〇舍去这个路而不由从他，放失这个心而不知求他，哀哉！三节〇人若放失了他的鸡或犬，他就知道寻求；乃人若放失了自己的心，他就不知道寻求。四节〇学问的切要本文道字意思是切要。不是别的，只要寻求自己放失了的心就是了。"在今时新学堂最切要的，也不但是广其格致之学，乃正心修身，勉励建德，立善品行，这是最要紧的。只晓得各样的格致学，而没有仁义清洁之心，这实在害自己的身，而且以后贻害国家。大学堂的监督，该当重这个道理。〇朱注："学问之事，固非一端，然其道则在于求其放心而已。盖能如是则志气清明，义理昭著，而可以上达；不然则昏昧放逸，虽日从事于学，而终不能有所发明矣。故程子曰：'圣贤千言万语，只是欲人将已放之心约之，反复入身来，自能寻向上去，下学而上达也。'此乃孟子开示切要之言，程子又发明之，曲尽其指，学者宜服膺而勿失也。"〇雷格氏论本章说："中国的圣人，只劝化人要寻求所放失的本来的心，就是旧心，乃得一个新心的道理，他们还没有听见。"

第十二章 第一节孟子曰："今有无名之指，屈而不信，非疾痛害事也，如有能信之者，则不远秦、楚之路，为指之不若人也。第二节指不若人，则知恶之；心不若人，则不知恶，此之谓不知类也。"

第十二章 第一节孟子说："比如有一个人他的第四个无名的指头屈曲了，不能伸直出来,本文信字是伸。那个指头没有什么疼痛也不害那个人的事,乃却若有一个人能叫他伸直,他就连或到秦或到楚那样的路也不以为远,因为他的指头不如别人的指头。二节 〇若一个人的指头不如别人的指头,他就知道恶嫌;乃若他的心不如别人的心,他就不知道恶嫌,这就是那所说的不知道轻重之等。”本文类字是等。

第十三章　孟子曰:“拱把之桐梓,人苟欲生之,皆知所以养之者。至于身,而不知所以养之者,岂爱身不若桐梓哉?弗思甚也。”

第十三章　孟子说:“两手所围或一手所握的桐树梓树,本文拱字,是两手所围的,就是大的树;把,是一手所握的,就是小的树。人若要生长这样的树,他们都知道培养那树的法子。乃至于自己的身,身是全人,不但是身体。他们就不知道培养的法子,难道他们爱自己不如爱桐树梓树么?这真是很不思想。”

第十四章　第一节 孟子曰:“人之于身也,兼所爱。兼所爱,则兼所养也。无尺寸之肤不爱焉,则无尺寸之肤不养也。所以考其善不善者,岂有他哉?于己取之而已矣。二节 体有贵贱,有小大。无以小害大,无以贱害贵。养其小者为小人,养其大者为大人。三节 今有场师,舍其梧槚,养其樲棘,则为贱场师焉。四节 养其一指而失其肩背,而不知也,则为狼疾人也。五节 饮食之人,则人贱之矣,为其养小以失大也。六节 饮食之人无有失也,则口腹岂适为尺寸之肤哉?”

第十四章　第一节 孟子说:“人看自己的身子,他都爱他。既然都爱他,所以也都养他。连一尺一寸的肌肤他无不爱,也就连一尺一寸的肌肤他无不养。所以若要查考他养的法子或是善或是不善,难道另外有别的方法呢?只要自己思想而定夺养什么是最要紧的。这一句是按照雷格氏翻译的。〇本文取字,是从自己度量取一个法子。二节 〇人之体上,体,也指全人,不但指外面的身体,人之良心包括在内。有贵的有贱的,有小的有大的。朱注:“贱而小者,口腹也;贵而大者,心智也。”不该当以小的害大的,不该当以贱的害贵的。人若养那个小的,他就是小人;人若养那个大的,他就是大人。三节 〇比如有一个场师,场师,是一个吏,他料理国家的花园。他轻忽他的梧树槚树,本文舍字,意思是轻忽。梧树是桐树,槚树是梓树。乃他养他的樲棘,是小枣,不是贵重的树。他算是一个下贱的场师。四节 〇人若保养自己的一个指头而遗忘自己的肩或背,而不知道,他是仿佛狼疾那样的人。朱注:“狼善顾,疾则不能。”〇《备旨》注:“如狼之疾走,但顾前而不顾后。”五节 〇人若只谋饮食,则人就轻贱他,因为他养小的而失掉大的。六节 〇谋饮食之人若不失掉大的,他的口并腹怎么可以算只为一尺一寸的肌肤么?”人自然必须养口腹,要紧的是他不该当以养小而害大的。若人专心先照顾自己的良心,就也不要轻看外面的身体。〇《备旨》补说:“口腹之论,原指求富贵利达者说,不止为餔啜人分疏。”〇孔子说:“饱食终日,无所用心,难矣哉!”看《论语·阳货第十七》第二十二章。

第十五章 第一节公都子问曰："钧是人也，或为大人，或为小人，何也？"孟子曰："从其大体为大人，从其小体为小人。"二节曰："钧是人也，或从其大体，或从其小体，何也？"曰："耳目之官不思，而蔽于物，物交物，则引之而已矣。心之官则思，思则得之，不思则不得也。此天之所与我者，先立乎其大者，则其小者弗能夺也。此为大人而已矣。"

第十五章 第一节公都子问孟子说："一切的人都是人，本文钧字是均，意思是同。有的是大人，有的是小人，这是为什么呢？"孟子说："人若从自己的大体就是大人，人若从自己的小体就是小人。"朱注："大体，心也。小体，耳目之类也。"二节〇公都子又问说："一切的人都是人，有人他们从自己的大体，有人他们从自己的小体，这是为什么呢？"孟子说："耳朵眼睛所管理的职分不是思想，人有五官，耳、目、口、鼻、眉，耳目能视听而不能思想。所以容易被外物蒙蔽，若外物交接于这一个物，耳目也是物。就自然容易引诱他。本文而已矣三个字，意思是自然容易。心所管理的职分是思想，若思想就能得其理，意思是可以明白外物之实理。若不思想就不能得其理。此是天赐给我们的。昊天上帝给我们耳目并心。若一个人先建立自己的大者，他的小的就不能夺去那个大的。这样就成为大人了。"朱注："官之为言司也。耳司听，目司视，各有所职而不能思，是以蔽于外物。既不能思而蔽于外物，则亦一物而已。又以外物交于此物，其引之而去不难矣。心则能思，而以思为职。凡事物之来，心得其职，则得其理，而物不能蔽；失其职，则不得其理，而物来蔽之。此三者，皆天之所以与我者，而心为大。若能自以立之，则事无不思，而耳目之欲不能夺之矣，此所以为大人也。"

第十六章 第一节孟子曰："有天爵者，有人爵者。仁义忠信，乐善不倦，此天爵也；公卿大夫，此人爵也。二节古之人修其天爵，而人爵从之。三节今之人修其天爵，以要人爵；既得人爵，而弃其天爵，则惑之甚者也，终亦必亡而已矣。"

第十六章 第一节孟子说："有天赐的爵位，也有人赐的爵位。仁、义、忠、信，并乐善不倦，乐善，是乐仁义忠信之善。这是天爵；公卿大夫，这是人爵。二节〇古时的人，他们修他们的天爵，而人爵自然从他们。三节〇乃今时的人，他们修他们的天爵，特意求人爵；本文要字是求。既然得了人爵，他们就丢弃他们的天爵，他们受迷惑很甚，等到终久也要失亡他们的人爵。"《备旨》引陈氏云："修天爵，亦有人爵不至者；弃天爵，亦有人爵不亡者，此只言其常理耳。"〇实在在世界上有不好的人，他们享富贵到临终，乃也有热心乐道之人，他们处贫穷也到临终。鉴史于这个事有很多的证据。

第十七章 第一节孟子曰："欲贵者，人之同心也。人人有贵于己者，弗思耳。二节人之所贵者，非良贵也。赵孟之所贵，赵孟能贱之。三节《诗》云：'既醉以酒，既饱以德。'言饱乎仁义也，所以不愿人之膏粱之味也；令闻广誉施于身，所以不愿人之文绣也。"

第十七章 第一节孟子说："思想欲得荣贵，是人的同心，但人人本来有实在荣贵的于自己里头，只是他们不思想。二节〇人所赐的荣贵，不是良贵，朱注："良者，本然之善也。"赵孟所举用以致贵显的，赵孟也能够废黜叫他们贱。赵孟是晋国的卿。三节〇《诗经》说：'《诗经·大雅·既醉》之篇。既醉以酒，既饱以德。'意思是你叫我们用你的酒饮醉，又叫我们用你的德，心里满足。那句话的意思是得饱于仁义，比较耶稣说的，"羡慕仁义如饥如渴的人，是有福的，因为他们必要得饱"。看《马太福音》五章六节。这样的人所以不羡慕别人的膏粱之味；膏是肥肉，粱是美谷。令善的声闻广远的名声，本文誉字，是名声。环绕他的身，如同光耀的衣服。所以他不羡慕别人的文绣的衣裳了。"

第十八章 第一节孟子曰："仁之胜不仁也，犹水胜火。今之为仁者，犹以一杯水，救一车薪之火也；不熄，则谓之水不胜火。此又与于不仁之甚者也。二节亦终必亡而已矣。"

第十八章 第一节孟子说："仁胜过那个不仁，犹如水胜过火一样。比较使徒保罗说的，"你不可为恶所胜，应当以善胜恶"。看《罗马书》十二章二十一节。但今时的为仁者，是学习仁的人。他们行仁如同用一杯水，要救一车之木柴焚烧的火；本文薪字，是木柴。火不得熄，他们就说水不能胜火。他们这样的行为又很帮助不仁的人。本文与字，意思是帮助。〇人若不用力以行仁，他就不能胜不仁。若不仁的人看他，就用他为推辞，而自己不勉力行仁。二节〇到了终久那个人也必要失亡他本来所学习了的仁。"

第十九章 孟子曰："五谷者，种之美者也；苟为不熟，不如荑稗。夫仁亦在乎熟之而已矣。"

第十九章 孟子说："五谷在一切种子中间是最美的；五谷，是稻、黍、稷、麦、菽；乃若那五谷不得成熟，就也不如那个荑稗。《备旨》："荑稗，二草名，皆似谷，而其实亦可食。"这样论仁最要紧的，也是在乎勉力以得成熟就是了。"尹氏云："日新而不已则熟。"

第二十章 第一节孟子曰："羿之教人射，必志于彀；学者亦必志于彀。二节大匠诲人，必以规矩；学者亦必以规矩。"

第二十章 第一节孟子说："当初羿教人射箭，羿是善射的人，看《离娄下》二十四章一节。他必有志意欲拉满弓；本文彀字，是拉弓满足了才发箭。那学射的人就必也有志意欲拉满弓。二节〇大匠教人作工，大匠是工师。他必用规矩，学生也必用规矩。"规，所以为圆之器也；矩，所以为方之器也。〇朱注："此章言事必有法，然后可成，师舍是则无以教，弟子舍是则无以学。曲艺且然，况圣人之道乎？"

孟子集注卷十二

告子章句下　凡十六章

第一章　第一节任人有问屋庐子曰："礼与食孰重？"曰："礼重。"二节"色与礼孰重？"曰："礼重。"三节曰："以礼食，则饥而死；不以礼食，则得食，必以礼乎？亲迎，则不得妻；不亲迎，则得妻，必亲迎乎！"四节屋庐子不能对，明日之邹以告孟子。孟子曰："于答是也何有？五节不揣其本而齐其末，方寸之木可使高于岑楼。六节金重于羽者，岂谓一钩金与一舆羽之谓哉？七节取食之重者，与礼之轻者而比之，奚翅食重？取色之重者，与礼之轻者而比之，奚翅色重？八节往应之曰：'紾兄之臂而夺之食，则得食；不紾，则不得食，则将紾之乎？逾东家墙而搂其处子，则得妻；不搂，则不得妻，则将搂之乎？"

第一章　第一节有个任国人，任国，是小国，在今时山东济宁州，离孟子所生的邹国大概三十里远。问孟子的门徒屋庐子说："礼或食那个为重？"礼字，指食中之礼，他问守饮食合宜之礼，或只那饮食之事，什么是要紧的。屋庐子说："屋庐子，名连，晋国的人，他著书论老子的道理。守礼是重的。"二节○任国人又问说："论婚姻之事，本文色字，是婚姻之事。那婚姻之事或守婚姻合宜之礼，什么是要紧的？"屋庐子说："守礼是要紧的。"三节○任国人又问说："若有时候欲按照礼食叫我不能得食，以致饥饿而死；乃若不按照礼食叫我能得食，那时候必定也按照礼么？并且若欲自己去迎接，叫我不能得妻；亲迎，是按照礼。乃若不自己去迎接，叫我能得妻，那时候必定也按照礼迎接么？"四节○屋庐子不能对答，明日他到邹国去告诉孟子。孟子说："答这个话有什么难呢？五节○比如方一寸的木头并高耸的岑楼，若你不揣度他们的底，本字是底，揣度，意思是度量并安排他们的底，使之相等。而齐平他们的顶并稍，末是楼房的顶，并一寸木的稍。你就可以叫那方一寸的木头升高过于岑楼。孟子的意思是，若要辨论一段道理，就不能以解释那道理的意思，把平常的本分和格外异常的光景相比较，乃必要比较平等相似的光景。六节〇金子是比羽毛重的，乃这个意思，难道是论一钩子大的金并一车子多的羽说的么？七节〇若你取一个食之重的并礼之轻的事用为比喻，食何但一点重过于礼么？本文奚翅是何但，意思是食不但一点重，乃少不得的。若你取一个色之重的并礼之轻的事用为比喻，色何但一点重过于礼么？八节〇请设一个比方你去答应他说：'若你紾戾你兄长的臂并夺他的食物，就可以得食；乃若你不紾戾，就不得食，处这样的光景你要紾戾他么？又再设一个比方，你若逾过东边邻家的墙并牵他家的处女，本文逾字是越过，搂字是牵，处子是闺中居的女儿。就可以得妻；乃若你不牵就不得妻，处这样的光景你要牵邻家的女儿么？'"孟子的意思是，自然不敢做这样的事，因为礼是重的。

第二章　第一节曹交问曰："人皆可以为尧、舜，有诸？"孟子曰："然。"二节"交闻文王十尺，汤九尺，今交九尺四寸以长，食粟而已，如何则可？"三节曰："奚有于是？亦为之而已矣。有人于此，力不能胜一匹雏，则为无力人矣；今曰举百钧，则为有力人矣。然则举乌获之任，是亦为乌获而已矣。夫人岂以不胜为患哉？弗为耳。四节徐行后长者谓之弟，疾行先长者谓之不弟。夫徐行者，岂人所不能哉？所不为也。尧、舜之道，孝弟而已矣。五节子服尧之服，诵尧之言，行尧之行，是尧而已矣；子服桀之服，诵桀之言，行桀之行，是桀而已矣。"六节曰："交得见于邹君，可以假馆，愿留而受业于门。"七节曰："夫道，若大路然，岂难知哉？人病不求耳。子归而求之，有余师。"

第二章　第一节曹交问孟子说："曹交是曹国国君的弟郎，曹国在今时山东曹州府定陶县。有言语说，人都可以做尧、舜，这是真的么？"孟子说："是的。"二节〇曹交说："我听见文王是十尺长，成汤是九尺长，现在我是九尺四寸长，古尺有七寸四分，所以文王照今尺是七尺四寸，成汤照今尺是六尺六寸六分，曹交照今尺是六尺九寸五分，比较《泰伯第八》第六章注。乃我不过知道吃饭，请问要怎样才可以及尧、舜呢？"三节〇孟子回答说："及尧、舜于身体长短有什么相干呢？只要效法尧、舜的行为就是了。本文为之，是做尧、舜，就是效法他们的行为。比方有一个人在这里，他的力量本来不能擎起一个小鸭，本文匹雏，朱注："匹字本作鴄，鸭也，从省作匹。《礼记》说'匹为鹜'，是也。"《备旨》说："匹雏嫩而未长成。"〇本文不能胜，意思是不能抓起。别人就看他为无力的人；乃今时他说我能够举起百钧的重，钧，是三十斤，百钧是三千斤。人就看他为有力的人。按照这样若一个人能举乌获所能举的重任，他就做乌获那样的人了。乌获，是秦武王的臣子，在西历前三百零九年，与孟子同时的人，有大力量，古书说，他能举移三万斤。人为什么看自己不能够而忧愁呢？本文不胜是不能够，患是忧愁。只是他们不做就是了。不做，意思是他们不肯做。四节〇慢慢行走跟从长者，本文徐字是慢慢，后字是跟从。这称为悌；疾速行走越过长者，这称为不悌。那样慢慢的行走，难道是人所不能的么？不是，只是他们不做这个。尧、舜之道，只是孝悌就罢了。五节〇你要穿尧的衣服，诵尧的言语，行尧的行为，这样你也是一个尧了；你要穿桀的衣服，诵桀的言语，行桀的行为，这样你也是一个桀了。”六节〇曹交说：“我将要得见着那邹君，我可以请他借我一馆，我情愿留在这里受业于夫子之门。”七节〇孟子说：“真理之道是如同大路一样，岂是难知道的么？人的毛病只是他们不寻求那个路。你归家而寻求罢，你就要有许多师傅。”在这一章孟子说人皆可以为尧、舜，人只要勉力效法尧、舜，这样他就可以和尧、舜一样。

第三章　第一节公孙丑问曰：“高子曰：‘《小弁》，小人之诗也。’”孟子曰：“何以言之？”曰：“怨。”二节曰：“固哉，高叟之为诗也！有人于此，越人关弓而射之，则己谈笑道之；无他，疏之也。其兄关弓而射之，则己垂涕泣而道之；无他，戚之也。《小弁》之怨，亲亲也。亲亲，仁也。固矣夫，高叟之为诗也！”三节曰：“《凯风》何以不怨？”四节曰：“《凯风》，亲之过小者也；《小弁》，亲之过大者也。亲之过大而不怨，是愈疏也；亲之过小而怨，是不可矶也。愈疏，不孝也；不可矶，亦不孝也。五节孔子曰：‘舜其至孝矣，五十而慕。’”

第三章　第一节公孙丑问孟子说：“高子说：‘高子，齐国的人，子夏的门徒，与孟子同时，不是《公孙丑下》十二章二节所记的那个高子。《小弁》，是小人做的一个诗篇。’”周幽王娶申后，他们的太子名叫宜白。后来幽王纳褒似做妃子，他的儿子名叫伯服。幽王就黜申后，废太子宜白，立伯服做太子。宜白的先生替代宜白做这个诗篇，以表明悲苦的意思。孟子说：“为什么他说这个呢？”公孙丑说：“因为这个诗有怨恨的意思。”二节〇孟子说：“高老翁讲解那个诗篇真是固执不通的样子！本文固字，朱注：“固谓执滞不通也。”为诗，是治诗，就是讲解诗；叟字是老人，看《梁惠王上》一章二节。比方有人在这里，并一个越国的人弯弓而要射他，本文关字，是弯。我自己就不过谈笑着劝导他；谈笑，意思是耍玩而不惹气以劝戒他。没有别的缘故，只是因为他与我是疏远的。意思是他不是我的亲戚。乃若是我自己的兄长弯弓而要射他，我自己就要垂涕泪哭泣而劝导他；没有别的缘故，只是因为他是我的亲戚。《小弁》所有的怨恨，是表明亲爱亲的心；亲爱亲，是仁也。高老翁讲解那个诗篇真是固执不通的样子！”孟子的意思是《小弁》诗篇，那个太子宜白忧愁父亲的无道，是表明儿子亲亲之心，这样的心不是不孝，实在是仁心。三节〇公孙丑说：“《凯风》之篇，为什么没有怨恨的话么？”《凯风》是《诗经・邶风篇》中间第七篇，卫国有七个儿子的母亲，他的丈夫死了，他情愿再嫁，七个儿子做这个诗篇以责备自己。四节〇孟子说：“《凯风》里头，那个母亲的过失是小的；《小弁》里头，那个父亲的过失是大的。亲犯大过失的时候而不怨，是叫父子之情更加疏远而冷淡了；意思是若儿子不忧愁父亲的过失，这是薄待父亲。亲犯小过失的时候而怨，是不能忍耐一点挠心之事。本文矶字，是石头在小河里头妨碍水，水就生波纹，或起泡。这是比喻儿子不能忍耐母亲的小过失，母亲的行为比如那石头，儿子比如水。叫父子之情更加疏远而冷淡，这是不孝；不能忍耐一点挠心之事，这也是不孝。五节〇孔夫子说：'舜真是顶孝的人了，乃连五十岁的时候他也怨慕父母。'”他忧愁父母的过失，可明忧愁父母的过失，不是不孝。〇看《万章上》第一章。

第四章 第一节宋牼将之楚，孟子遇于石丘。二节曰：“先生将何之？”三节曰：“吾闻秦、楚构兵，我将见楚王说而罢之。楚王不悦，我将见秦王说而罢之。二王我将有所遇焉。”四节曰：“轲也请无问其详，愿闻其指。说之将何如？”曰：“我将言其不利也。”曰：“先生之志则大矣，先生之号则不可。五节先生以利说秦、楚之王，秦、楚之王悦于利，以罢三军之师，是三军之士乐罢悦于利也。为人臣者怀利以事其君，为人子者怀利以事其父，为人弟者怀利以事其兄，是君臣、父子、兄弟终去仁义，怀利以相接，然而不亡者，未之有也。六节先生以仁义说秦、楚之王，秦、楚之王悦于仁义，而罢三军之师，是三军之士乐罢而悦于仁义也。为人臣者怀仁义以事其君，为人子者怀仁义以事其父，为人弟者怀仁义以事其兄，是君臣、父子、兄弟去利，怀仁义以相接也，然而不王者，未之有也。何必曰利？”

第四章 第一节宋牼姓宋，名牼，他周流列国，劝导国君。要到楚国去，孟子遇见他在石丘那个地方。石丘，在宋国。二节〇孟子问他说：“先生要往那里去？”三节〇宋牼说：“我听见秦国、楚国将要动兵，本文构字，意思是动兵。我就要去见楚王要劝他罢兵。本文说字，意思是劝。若楚王不喜悦我的话，我就要去见秦王劝他罢兵，这两个王中间我想必定有一个能遇合。”遇字，意思是相信我的话，行我的道，看《梁惠王下》十六章三节“吾之不遇鲁侯”那句话。四节〇孟子说：“轲是孟子的名。不敢问先生的意思的详细，只愿听闻先生的大旨，怎么样要劝化他们呢？”宋牼说：“我将要告诉他们用兵是不利。”孟子说：“先生的志是很大，乃先生所用的不利之名号是不可以的。五节〇先生若从利起见劝化秦国或楚国的王，而且若他们喜悦求利以致罢了三军的兵，看《论语·子罕第九》第二十五章。这样就三军的兵士本文士字，包括将帅并兵卒。都要乐于罢兵，他们喜乐因为打仗的事停息。而也喜悦求利。而后臣子要心里怀得利的志向以事奉国君，儿子要心里怀得利的志向以事奉父亲，弟郎要心里怀得利的志向以事奉兄长，这样君臣、父子、兄弟都要去掉仁义怀得利的志向以彼此接交，乃这样的光景而国家却不失亡，未有这个事。六节〇先生若从仁义起见劝化秦国或楚国的王，而且若他们喜悦求仁义以致罢了三军的兵，这样就三军的兵士都要乐于罢兵而也喜悦求仁义。而后臣子要心里怀仁义的志向以事奉国君，儿子要心里怀仁义的志向以事奉父亲，弟郎要心里怀仁义的志向以事奉兄长，这样君臣、父子、兄弟要去掉得利之志向怀仁义的志向以彼此交接，这样的光景而国家不得到王天下，未有这个事。为什么必要说利？”看《梁惠王上》第一章。

第五章 第一节孟子居邹，季任为任处守，以币交，受之而不报。处于平陆，储子为相，以币交，受之而不报。二节他日由邹之任，见季子；由平陆之齐，不见储子。屋庐子喜曰：“连得间矣。”三节问曰：“夫子之任见季子，之齐不见储子，为其为相与？”四节曰：“非也。《书》曰：‘享多仪，仪不及物曰不享，惟不役志于享。’五节为其不成享也。”六节屋庐子悦。或问之。屋庐子曰：“季子不得之邹，储子得之平陆。”

第五章 第一节孟子居在邹国的时候，任国君的弟郎季任季字的意思是弟，任字是任国。○比较《告子下》第一章。替他守国，送币帛来以交接孟子，币字，看《万章上》第五章三节。孟子受他的币帛而不去答报。他处于平陆的时候，储子做齐国的宰相，他也送币帛来以交接孟子，孟子受他的币帛而也不去答报他。二节○后来孟子从邹国到任国去的时候，就去见季子；乃从平陆到齐国去的时候，孟子不去见储子。屋庐子就喜欢说：“我得了可问的机会了。”本文连字，是屋庐子的名；得间，是得了间隙。三节○他就问孟子说：“夫子往任国去的时候，去见季子；乃往齐国去的时候，不去见储子，这是因为他只是一个宰相么？”四节○孟子说：“不是。《书经》说：‘《书经·洛诰》之篇十二节。享多仪，仪不及物曰不享，惟不役志于享。’享，是献奉；多字是厚，就是看为重；仪是礼意；物是币帛；役是用，意思是献奉于上最要紧的是礼意。若礼意不足而不及物，我们可以说真实没有献奉，因为他们不用心于献奉，这是按孟子的意思。在《书经》本文，那末句不承接上文，乃开首一句。五节○《书经》这样说，这是因为做那样是不成个享。”六节○屋庐子听见这话就喜悦。或人问他，他就说：“季子不能到邹国去。因为他摄守君位，不能离开国。乃储子能到平陆去。”因为储子是一个宰相，他能离开国，所以储子本来该当自己来见孟子，他不来是轻看孟子，故此孟子也不去见他。

第六章 第一节淳于髡曰：“先名实者，为人也；后名实者，自为也。夫子在三卿之中，名实未加于上下而去之，仁者固如此乎？”二节孟子曰：“居下位，不以贤事不肖者，伯夷也；五就汤，五就桀者，伊尹也；不恶污君，不辞小官者，柳下惠也。三子者不同道，其趋一也。一者何也？曰：仁也。君子亦仁而已矣。何必同？”三节曰：“鲁缪公之时，公仪子为政，子柳、子思为臣，鲁之削也滋甚。若是乎贤者之无益于国也！”四节曰：“虞不用百里奚而亡，秦穆公用之而霸。不用贤则亡，削何可得与？”五节曰：“昔者王豹处于淇，而河西善讴；绵驹处于高唐，而齐右善歌；华周、杞梁之妻善哭其夫，而变国俗。有诸内必形诸外。为其事而无其功者，髡未尝睹之也。是故无贤者也，有则髡必识之。”六节曰：

"孔子为鲁司寇，不用，从而祭，燔肉不至，不税冕而行。不知者以为为肉也，其知者以为为无礼也。乃孔子则欲以微罪行，不欲为苟去。君子之所为，众人固不识也。"

第六章 第一节淳于髡姓淳于，名髡，齐国的辨士，看《离娄上》十七章一节。问孟子说："人若以名声并勋劳为先，本文实字是勋劳。他因为人出力；他要济世救民，他的意思实在是好的，要帮助人。乃若人以名声并勋劳为后，他欲修自己。如《孟子·尽心下》九章六节说："穷则独善其身，达则兼善天下。"夫子的位在三卿中间，孟子在齐国做卿。乃夫子的名声并勋劳未及到上下之间，上是国君，下是民人。○按朱注："上未能正其君，下未能济其民也。"夫子离开职位而去了，仁人果然做这样么？"淳于髡讥笑孟子徒然做大官，没有功效。二节○孟子说："居在下位而不肯以自己之贤淑事奉不肖的君，这是伯夷的样子；看《万章下》一章一节。五次往成汤那里去，并五次往桀王那里去，这是伊尹的样子；伊尹往汤那里去，是因为汤三次聘请他。他五次往桀王那里去，因为汤差遣他去劝谏桀王，欲桀王悔过迁善，他们两个人本来不愿意伐桀王以取天下，只是因为桀王不悔改，然后他们不得已伐他。○伊尹这个事，孟子只在这个地方说的，《书经》没有提出。不厌恶污君，不辞退小官职，这是柳下惠的样子。看《万章下》一章三节。那三子的道不同，而他们的心向是一样。本文趋字是心向。什么是一样呢？我们必要说他们的心向是仁，君子也只羡慕仁就是了。为什么必从一样的路径呢？"三节○淳于髡又说："鲁缪公的时候，公仪子执国政，子柳并子思做臣子，子柳，是泄柳，看《公孙丑下》十一章三节。却鲁国的侵削那时候越发更甚。既然如此，所以贤人没有益处于国家！"淳于髡的意思是，孟子虽然不离开齐国，也不能有济世的功效。○实在淳于髡论鲁缪公之时所说的话，是不对的。那时候鲁国渐比以前的时候兴旺。四节○孟子说："虞国的君不用百里奚就失亡其国，不用，意思是不跟从他的善道，○看《万章上》九章。乃秦穆公用他而成霸业。可明若不用贤人国就必灭亡，国怎样只被侵削呢？"本文的意思是，若希望国只被侵削，一个国君怎样可以得这个呢？他的国必要灭亡。五节○淳于髡又说："当初王豹住在淇水旁边的时候，王豹，卫国的人。黄河西边的人都被化为善于讴；绵驹住在高唐的时候，齐右的人都被化为善于歌；讴声音是短的，歌声音是长的。华周的妻并杞梁的妻，他们哭泣自己的丈夫极好，并这样改变那国的风俗。华周并杞梁是齐国的臣子，他们和莒国打仗而丧命，他们的老婆哭泣他们。若有真实的才能在内，必定形于外。能做贤人的事而没有贤人的功效，我未曾看见这样的人。所以现在没有实在的贤人，若有，我必认识他们。"髡的意思是，孟子也不是贤人，若他是贤人，他也必定有贤人的功效。六节○孟子说："孔夫子在鲁国做司寇的时候，司寇，官名，管理刑罚的事。鲁公不用他的道，齐君送女乐于鲁君，鲁君后来就懈怠政事，看《论语·微子第十八》第四章。然后有郊祭，国君当送的燔肉不来，燔肉是祭祀的熟肉，国君本来该当送一分于大夫。孔子不脱祭祀行礼的帽子而去。本文税字是脱，冕是祭祀行礼的帽子。意思是孔子快去。那些不知道孔子的人，以为他去是因为不得肉的缘故；那个知道孔子的人，以为是因为无礼的缘故。因为国君轻忽他。乃实在孔子欲托国君的小罪而去，不欲像没有缘故而去。本文苟去，是没有缘故而去。○孔子已经决断必要去，乃他不要显明国君的大罪，而也不要像没有缘故去，所以他借一个小事推托而去。君子的行为，平常的人自然不能识透。”孟子引孔子的事，以明淳于髡也不能懂得孟子的事。

第七章 第一节孟子曰：“五霸者，三王之罪人也；今之诸侯，五霸之罪人也；今之大夫，今之诸侯之罪人也。二节天子适诸侯曰巡狩，诸侯朝于天子曰述职。春省耕而补不足，秋省敛而助不给。入其疆，土地辟，田野治，养老尊贤，俊杰在位，则有庆，庆以地。入其疆，土地荒芜，遗老失贤，掊克在位，则有让。一不朝，则贬其爵；再不朝，则削其地；三不朝，则六师移之。是故天子讨而不伐，诸侯伐而不讨。五霸者，搂诸侯以伐诸侯者也。故曰：五霸者，三王之罪人也。五霸，桓公为盛。葵丘之会诸侯，束牲、载书而不歃血。初命曰：‘诛不孝，无易树子，无以妾为妻。再命曰：‘尊贤育才，以彰有德。’三命曰：‘敬老慈幼，无忘宾旅。’四命曰：‘士无世官，官事无摄，取士必得，无专杀大夫。’五命曰：‘无曲防，无遏籴，无有封而不告。’曰：‘凡我同盟之人，既盟之后，言归于好。’今之诸侯，皆犯此五禁，故曰：今之诸侯，五霸之罪人也。长君之恶其罪小，逢君之恶其罪大。今之大夫，皆逢君之恶，故曰：今之大夫，今之诸侯之罪人也。”

第七章 第一节孟子说：“五霸者，是三王的罪人；他们得罪于三王的道理。三王，是夏禹王、商汤王、周武王；五霸，是齐桓公、晋文公、秦穆公、宋襄公、楚庄王。○齐桓公在位，自西历（公元前）六百八十五至六百四十二年，晋文公自（公元前）六百三十六至六百二十七年，秦穆公自（公元前）六百五十九至六百二十，宋襄公自（公元前）六百五十至六百三十六，楚庄王自（公元前）六百十三至五百九十年。今时的诸侯，是五霸的罪人；今时的大夫，是今时诸侯的罪人。二节○当初天子到诸侯那里去，这称为巡狩；诸侯朝于天子，这称为述职。春天的时候，他们省视百姓的耕种而弥补那不足的；秋天的时候，他们省视百姓的收敛而帮助那不给的。不给，也就是不足。○比较《梁惠王下》四章五节。天子入了诸侯的疆界，若百姓开辟了土地，若百姓开垦荒地做田。整治了田野，而且若他们养老人尊贤人，若俊杰都在位，俊杰，是有能干的人，看《公孙丑上》五章一节。那时这个诸侯就受赏，本文庆字是赏。所赏赐的是地。反此，若天子入了诸侯的疆界，并若看见百姓的土地都荒芜了，是土地没有开垦。若他们遗忘老人不尊贤人，若聚敛之臣在位上，掊克，是聚敛之臣，就是多取税敛的臣子。那时这个诸侯就受责罚。”①

---

① 后段及第八章第一节、第二节部分内容缺失。

第八章 第一节鲁欲使慎子为将军。二节孟子曰："不教民而用之，谓之殃民。殃民者，不容于尧、舜之世。三节一战胜齐，遂有南阳，然且不可。"四节慎子勃然不悦曰："此则滑厘所不识也。"五节曰："吾明告子。天子之地方千里；不千里，不足以待诸侯。诸侯之地方百里；不百里，不足以守宗庙之典籍。六节周公之封于鲁，为方百里也；地非不足，而俭于百里。太公之封于齐也，亦为方百里也；地非不足也，而俭于百里。七节今鲁方百里者五，子以为有王者作，则鲁在所损乎？在所益乎？八节徒取诸彼以与此，然且仁者不为，况于杀人以求之乎？九节君子之事君也，务引其君以当道，志于仁而已。"

第八章 第一节、二节学者可明若要保护本国，必须设立蒙学堂。德国的蒙学堂，盛于法国的；美国的蒙学堂，盛于日斯巴国的；日本的蒙学堂，盛于俄国的，故此可明他们打仗的功效。三节〇连设若鲁君以一战能胜齐国，而这样得南阳，然尚且也不该当做这样。"南阳，是泰山南边的地方。四节〇慎子就勃然变色不喜欢说："这个话是滑厘所不明白了。"滑厘是慎子的名字。五节〇孟子说："我要明明告诉子。当初天子的地是方一千里；若没有一千里，就不足以款待诸侯。诸侯的地是方一百里；若没有一百里，就不足以保守宗庙之典籍所载的章程。意思是不能行那典籍所定的规矩。六节〇周公封于鲁国那个地方，只是方一百里；地不是不足，而不过于一百里。本文俭字，是止而不过之意。太公封于齐国，太公，是齐国始封的祖。那个地方也只是方一百里；地不是不足，而不过于一百里。七节〇今时鲁国是方五倍一百里，子想若有王者作起，鲁国就在他所减损的，或是在他所加增的中间么？八节〇连若只取地方于那一国而给于这一国，本文徒字，是只，意思是没有打仗。然尚且仁者也不做，何况若以杀人求那个事么？九节〇君子事奉自己的国君，他必要引国君合乎当然之道，欲他的志意归向仁就是了。"

第九章 第一节孟子曰："今之事君者曰：'我能为君辟土地，充府库。'今之所谓良臣，古之所谓民贼也。君不乡道，不志于仁，而求富之，是富桀也。二节'我能为君约与国，战必克。'今之所谓良臣，古之所谓民贼也。君不乡道，不志于仁，而求为之强战，是辅桀也。三节由今之道，无变今之俗，虽与之天下，不能一朝居也。"

第九章 第一节孟子说："现在事君的人常常说：'我能替君开辟土地，比较《离娄上》十四章三节，意思是勉强百姓替国君开垦新地，不准百姓自己得那个利益。能充满府并库。'府，是收藏财宝的；库，是收藏兵器的。看《梁惠王下》十二章二节，并《滕文公上》四章三节注解。今时称为良臣，乃古时候称为民贼。意思是他们害百姓。若国君的心不向着道，本文乡字是向。不归于仁，还求富他，这是富一个桀了。二节〇那个臣子又说：'我能替君结约于和好相与之国，与国，朱注："和好相与之国也。"以致交战的时候我们必定能胜。’这样的人今时称为良臣，乃古时候称为民贼。若国君的心不向着道，不归于仁，还求替他逞强交战，这是辅助一个桀了。三节〇若一个国君由从今时的道，而不变化今时的风俗，虽然把天下给他，他连一朝也不能坐这个位。”

第十章 第一节白圭曰：“吾欲二十而取一，何如？”二节孟子曰：“子之道，貉道也。三节万室之国，一人陶，则可乎？”曰：“不可，器不足用也。”四节曰：“夫貉，五谷不生，惟黍生之。无城郭、宫室、宗庙、祭祀之礼，无诸侯币帛饔飧，无百官有司，故二十取一而足也。五节今居中国，去人伦，无君子，如之何其可也？六节陶以寡，且不可以为国，况无君子乎？七节欲轻之于尧、舜之道者，大貉小貉也；欲重之于尧、舜之道者，大桀小桀也。”

第十章 第一节白圭说：“《四书摭馀说》云：“这个白圭，与《史记》列传所说的白圭不同。”我欲二十分取一分税，怎么样呢？”二节〇孟子说：“你这个道是貊道。貊，是北方夷狄之国。三节〇比如在一万家的国，若只一个人做陶人，陶人，是烧窑的工。这是可以么？”白圭说：“不可以。因为器物不够用了。”四节〇孟子说：“在貊地，五谷不都生长，只有黍生在那里。他们也没有城郭，没有宫室，城郭，看《公孙丑下》一章二节。郭，是城外的围墙。没有宗庙，没有祭祀的礼，也没有诸侯来往所用的币帛、燕享的饮食，本文饔字是早饭，飧是晚饭，两个字合说的意思是筵席。没有百官并有司，故此二十分取一分税是够了。五节〇乃现在我们住在中国，若去掉人伦，若没有君子，那怎样可以呢？六节〇若陶人少，国还不能立，何况若没有君子呢？七节〇若欲减轻赋税比尧、舜的税法少，这就是大貉另外叫中国做一个小貉；若欲加重赋税比尧、舜的税法多，这就是大桀另外做一个小桀了。”这样的国君是仿佛小桀。

第十一章 第一节白圭曰：“丹之治水也愈于禹。”二节孟子曰：“子过矣。禹之治水，水之道也。三节是故禹以四海为壑，今吾子以邻国为壑。四节水逆行，谓之洚水。洚水者，洪水也，仁人之所恶也。吾子过矣。”

第十一章 第一节白圭说：“丹是白圭的名。治水的法子，比大禹还好些。”二节〇孟子说：“你这个话是错了。大禹治水，是顺着水的性。朱注：“水之道，是顺水之性也。”雷格氏翻译云：“顺水性之法。”〇予想大禹不以土壅水。三节〇故此大禹用四海为壑，壑，是受水的地方。看《滕文公上》第四章七节，《滕文公下》九章四节。现在你用邻国做壑。本文吾子二字，意思是你。四节〇若水逆行，这称为洚水。逆行，是因为下流壅塞，故此水逆流而漫溢。〇洚水，是很大无边的水，看《滕文公下》九章三节。洚水就是洪水，是仁人所最恨恶的。你的话是错了。”

第十二章 孟子曰：“君子不亮，恶乎执？”

第十二章 孟子说：“君子心里若没有谅，本文亮字，是谅，意思是信。比较《论语·季氏第十六》第四章，在那里谅字有好意思；乃《论语》有两句话用谅字作不好的意思，看《宪问第十四》第十八章三节，看《卫灵公第十五》第三十六章“君子贞而不谅”，〇君子是大概的名号。怎么样他能执持呢？”朱注：“恶乎执，言凡事苟且，无所执持也。”〇若学者要学习道理，必要相信那个道理的根本。若没有相信，怎能执持那个道理的意旨呢？

第十三章 第一节鲁欲使乐正子为政。孟子曰：“吾闻之，喜而不寐。”二节公孙丑曰：“乐正子强乎？”曰：“否。”“有知虑乎？”曰：“否。”“多闻识乎？”曰：“否。”三节“然则奚为喜而不寐？”四节曰：“其为人也好善。”五节“好善足乎？”六节曰：“好善优于天下，而况鲁国乎？七节夫苟好善，则四海之内，皆将轻千里而来告之以善。八节夫苟不好善，则人将曰：‘訑訑，予既已知之矣。’訑訑之声音颜色，距人于千里之外。士止于千里之外，则谗谄面谀之人至矣。与谗谄面谀之人居，国欲治，可得乎？”

第十三章 第一节鲁国的国君欲叫乐正子办理国政。孟子说：“我听见那个事，就很喜欢以致不能睡觉。”本文寐字，是睡觉。二节〇公孙丑问孟子说：“乐正子是个强干的人么？”孟子说：“不是。”公孙丑说：“他有智慧能谋虑么？”《备旨》说：“智虑是于政多图谋。”孟子说：“不是。”公孙丑说：“他是多闻识么？”孟子说：“不是。”三节〇公孙丑说：“既是这样，夫子为什么喜欢而不能睡觉呢？”四节〇孟子说：“他是一个好善的人。”五节〇公孙丑说：“好善是够了么？”六节〇孟子说：“好善这个才干于治天下尚有余，本文优字，意思是有余。而何况于治鲁国么？七节〇若臣子好善，四海之内的人，就都要轻看千里的路而来告诉他自己所有的善良的意思。八节〇反此，若他不好善，人就要说：‘他有訑訑自足的样子，他常想我已经知道了。’訑訑，朱注：“自足其智，不嗜善言之貌。”这个訑訑的声音并颜色，要拒绝人于千里之外。若善士止于千里之外，那些谗人并谄媚的并面谀的人要来。面谀，是口是心非的人。若一个臣子同谗人并谄媚的并面谀的人居在一处，虽他愿意善治国家，难道他能够么？”

第十四章 第一节陈子曰：“古之君子何如则仕？”孟子曰：“所就三，所去三。二节迎之致敬以有礼，言将行其言也，则就之；礼貌未衰，言弗行也，则去之。三节其次，虽未行其言也，迎之致敬以有礼，则就之；礼貌衰，则去之。四节其下，朝不食，夕不食，饥饿不能出门户。君闻之曰：‘吾大者不能行其道，又不能从其言也，使饥饿于我土地，吾耻之。’周之，亦可受也，免死而已矣。”

第十四章 第一节陈子陈子是孟子的门徒，看《公孙丑下》第三章。问孟子说：“古时的君子，怎样出仕呢？”孟子说：“他们所就的有三个缘故，所去的也有三个缘故。二节〇若国君接待他们最恭敬的样子按照礼，并若他们想国君将要行他们的道，这样他们便就之；意思是出仕做他的官。〇看《万章下》四章七节。后来礼貌虽然还没有欠缺，而若国君不按照他们的道而行，他们就去。[三节]〇次一等的，虽然未想国君能行他们的道，若国君接待他们最恭敬的样子按照礼，他们便就之；后来若礼貌有欠缺，他们就去。[四节]〇再下一等的，是比方君子早上没有饭吃，晚上没有饭吃，他因为饥饿不能出门户。国君听见了说：'论最大的事我不能行他的道，又不能从他的话，乃叫他受饥饿在我的土地，我羞耻。'国君若周济他就可以受，乃不过以免死就罢了。"

第十五章　[第一节]孟子曰："舜发于畎亩之中，傅说举于版筑之间，胶鬲举于鱼盐之中，管夷吾举于士，孙叔敖举于海，百里奚举于市。[二节]故天将降大任于是人也，必先苦其心志，劳其筋骨，饿其体肤，空乏其身，行拂乱其所为，所以动心忍性，曾益其所不能。[三节]人恒过，然后能改；困于心，衡于虑，而后作；征于色，发于声，而后喻。[四节]入则无法家拂士，出则无敌国外患者，国恒亡。[五节]然后知生于忧患而死于安乐也。"

第十五章　[第一节]孟子说："舜从畎田之中发起，傅说从版筑之间被举，论傅说，看《书经·说命上》第三节。殷王武丁梦见上帝赐与他一个良善的宰相，王表明他的容貌，画形叫人寻求他于天下，使者在傅岩之野，看见一个人在那里盖造房子，他的容貌与王所梦之人相似，他们就引他见王。〇版筑，是盖房子用的架，瓦匠用那个版筑做模子，放泥在里面，泥干了，把版筑撤去，就成了泥墙。胶鬲从鱼盐之中被举，胶鬲，看《公孙丑上》一章八节，文王看见他卖鱼并盐，就荐举他于殷纣王，他忠心事奉纣王到终。管夷吾从士官手里被举，管夷吾，是管仲，齐桓公的臣子。孙叔敖从海滨被举，孙叔敖，是楚庄王的宰相，他本来隐处海滨。百里奚从街市被举。[二节]〇这样天若要降大责任于一个人，必先苦他的心志，劳他的筋骨，饥饿他的体肤，穷绝他的身子，朱注："空，穷也。乏，绝也。"拂乱他所做的事，朱注："拂，戾也，言使之所为不遂，多背戾也。"这样天耸动他的心，坚忍他的性，加增他所不能的。比较《尽心上》十八章说的："人之有德慧术智者，恒存乎疢疾"，云云。〇孟子这一句话的意思是很深，也是很合理。天是昊天上帝。若孟子说的天只是一个不自觉的理，怎样可以特意替人安排他所当受的境遇呢？可明天是无所不知、无所不能的上帝。上帝有时安排苦难于我们，因为要耸动我们的心，坚忍我们的性，加增我们的缺憾，这个道理于基督教的道理很相合。[三节]〇人常常先犯过乃然后能悔改。他们先受困在心里，受阻碍于所挂虑的事，本文衡字是横，不顺也，就是阻碍的意思。乃而后振作；若他们行为的效验现出于别人的颜色，并发出于别人的声音，本文征字，朱注："验也。"意思是他们的行为惹别人的怒，别人就发现自己的怒于颜色，并发怒言。而后他们晓得。喻，晓也。[四节]〇国君在国里头没有守法的世家，也没有辅弼的贤士，朱注："拂，与弼同。"而且若在外头没有敌国并没有外患，他的国就大概要灭亡。[五节]〇若细想这个事我们然后知道生活从忧患中间来，死亡从安乐中间来。"朱注引尹氏云："言困穷拂郁，能坚人之志，而熟人之仁，以安乐失之者多矣。"

第十六章　孟子曰："教亦多术矣，予不屑之教诲也者，是亦教诲之而已矣。”

第十六章　孟子说：“教诲人的法子也是很多，若我不屑教诲一个人，这样我到底也教诲他了。”本文屑，洁也，不以其人为洁而拒绝之。朱注：“其人若能感此，退自修省，则是亦我教诲之也。”

孟子集注卷十三

尽心章句上　凡四十六章。

第一章　第一节孟子曰："尽其心者,知其性也。知其性,则知天矣。二节存其心,养其性,所以事天也。三节夭寿不贰,修身以俟之,所以立命也。"

第一章　第一节孟子说:"人若能尽他的心,就知道他的本性。按朱注,尽其心者是功效,知其性者是功夫。知其性,是《大学》经文五节说的物格两个字;尽其心,是《大学》所说的而后知至。所以《备旨》说:"尽者,充满其量,毫发无遗,非作功夫之谓。"又说:"功夫全在知性上。"而且朱夫子说:"心者,人之神明,所以具众理而应万事者也。性则心之所具之理,而天又理之所从以出者也。人有是心,莫非全体,然不穷理,则有所蔽而无以尽乎此心之量。故能极其心之全体而无不尽者,必其能穷夫理而无不知者也。既知其理,则其所从出,亦不外是矣。以《大学》之序言之,知性则物格之谓,尽心则知至之谓也。"〇所以按朱夫子的注解,尽其心是知其性之功效。〇雷格氏说:"按本文的说法,不能用这样的讲解。本文的说法,知其性是尽其心的功效,好如知天是知其性的功效那样。那两句说法是一样的,知天是功效,不是功夫。若人尽其心,他就能知其性。"尽字,雷格氏翻译查考到底,意思是若我们省察自己心里的念头,我们就能知道我们的本性怎么样,我们是非之心明证我们的本性是向善被造的,况且若我们知道我们的本性,我们就能知道天。若知道他的本性,就知道天。天,是上帝,上帝赋给于我们这个本性,所以若我们知道我们的本性,我们就也必定知道在上有昊天上帝,并上帝爱善恶恶,上帝发现自己在我们本性之里头。因为上帝照自己的形象创造我们,若我们默想论我们是非之心所决断的,我们就确然晓得上帝是圣洁的神,他是无所不善而厌恶一切的罪孽。〇到这个地步,孟子说的"知其性则知天"那句话,是不错的。二节〇存自己的心,养自己的性,这是所以事天之道。朱注:"存,谓操而不舍;养,谓顺而不害。事,则奉承而不违也。"〇保守自己的良心,培养本性向善之志向,这是顺从上帝的本意。三节〇或夭亡或长寿绝不疑惑,本文夭字是早死,贰字是疑惑,仿佛两边摆的心。只修身以俟死,这是所以立命之道。"命是天所命付的本性,立是建立,就是扩充。〇比较《孟子·尽心下》三十三章三节说的,"君子行法,以俟命而已矣"。又看《中庸》十四章说的,"故君子居易以俟命,小人行险以徼幸”。〇看花之安《孟子》第八十八并九十段。

第二章 第一节孟子曰:“莫非命也,顺受其正。二节是故知命者,不立乎岩墙之下。三节尽其道而死者,正命也。四节桎梏死者,非正命也。”

第二章 第一节孟子说:“一切的事莫非有天命在其中,本文命字,是天所命的,乃不是论人性说的,如上文所说的立命。人应当顺受正命。朱注:“惟莫之致而至者,乃为正命。”〇不是我自己招取者,称为正命。二节〇故此人若真懂得天命,他不要站立在将倒的岩险之墙底下。因为若那个墙伤害他,这不是正命,乃是他自己招取的祸。三节〇若人尽本分而死,这是正命。四节〇乃带手铐并脚镣而死,本文桎字是手铐,梏字是脚镣,意思是因为自己犯罪受刑罚而死。这不是正命。”天本来没有这个主意,人自己招取这个祸。

第三章 第一节孟子曰:“求则得之,舍则失之;是求有益于得也,求在我者也。二节求之有道,得之有命,是求无益于得也,求在外者也。”

第三章 第一节孟子说:“若我们因为求必能得着,并若因为忽略就必定失掉;在这样的事情里头,那求的工夫有益处于得着了,所求的是在我里头。这是论德性说的,若求德性必能得著。〇比较《告子上》第六章七节。二节〇反此,若那求的工夫必须按照一定的道,并若那得着的功效有天命为界限,论这样的事情那求的工夫没有益处于得着了,意思是不一定有功效。所求的在我外头。”这是论富贵利达等类之事说的。〇比较孔子说的,“富而可求也,虽执鞭之士,吾亦为之。如不可求,从吾所好”。意思是倘若财富以人力强求而必定可得的,连执鞭赶脚的人,我也愿意充当他;乃是因为财富不可以人力强求而必得的,所以我要跟从我所喜好的。看《述而第七》第十一章。〇又看《孟子·尽心下》二十四章说的,他的意思是求身体的安乐是肉身的性,乃有命为界限,故此君子不说是本性;但仁义礼智是天所命赋的,乃这个德性是我们本性所归向的,故此君子不说是命。

第四章 第一节孟子曰:“万物皆备于我矣。二节反身而诚,乐莫大焉。三节强恕而行,求仁莫近焉。”

第四章 第一节孟子说:“万物当然之理都具备在我本心之内。朱注:“此言理之本然也。大则君臣父子,小则事物细微,其当然之理,无一不具于性分之内。”〇人是万物之灵,人是小天地,仿佛小世界,而且论人伦当然之理,人在是非之心自己有法度可以晓得当然之道。二节〇若我自反查考自己而觉得果有诚实在内,快乐莫大于此。诚实,看《中庸》所说的诚,又看《大学》第六章。三节〇若一个人求仁勉力按照恕道行事,是最近于得仁。”恕,是推己及人,看《论语·里仁第四》第十五章,《卫灵公第十五》第二十三章;《大学》第九章四节;《中庸》第十三章三节;又看《论语·公冶长第五》第十一章,《颜渊第十二》第二章。

第五章 孟子曰:“行之而不著焉,习矣而不察焉,终身由之而不知其道者,众也。”

第五章 孟子说:“行事而不明白,习惯而未识透,本文著字是明白,本文察字是识透。○朱注："著者，知之明；察者，识之精。言方行之而不能明其所当然，既习矣而犹不识其所以然。"终身做这样而不知道其所以然之道，人多是这样。"

第六章　孟子曰："人不可以无耻。无耻之耻，无耻矣。"

第六章　孟子说："人不可以无耻。若人因为以前没有耻现在羞耻，他就后来不再做可耻之事。"

第七章　第一节孟子曰："耻之于人大矣。二节为机变之巧者，无所用耻焉。三节不耻不若人，何若人有？"

第七章　第一节孟子说："知耻之心于人大有关系。是于人很要紧。○知耻之心，不但问别人看什么为体面，乃先问上帝并自己的良心看什么为体面。虽然别人不知道，知耻之人万不做上帝所厌恶之事。这知耻之心，德文称为 Ehrgefühl，英文称为 Sense of honour. 要紧的是这个知耻之心，不但看别人，乃要仰不愧于天。比较下文二十章三节。学者该当执守这个心。二节○做机械变诈的巧计，这样的人都不用自己的耻心。他们不准许自己的耻心发现。三节○若一个人没有耻心以致不如别人，他还能有什么与别人相同么？"或可以翻译云："若一个人不羞耻，因为自己不如别人，怎样可以希望他将能如别人一样呢？"

第八章　孟子曰："古之贤王好善而忘势，古之贤士何独不然？乐其道而忘人之势。故王公不致敬尽礼，则不得亟见之。见且由不得亟，而况得而臣之乎？"

第八章　孟子说："古时候的贤王，他们好善而忘势，势，是权势。○善是贤士之道德，势是他们自己的爵位。古时候的贤士，难道独不是一样么？他们喜乐自己的道理而忘记别人的权势。别人，指那时候的国君。故此若当时的王公不待他们很恭敬并尽礼的样子，那个王公就不得时常屡次见他。本文亟是时常。既然连见他也不得常，而况怎能得他们做臣子么？"

第九章　第一节孟子谓宋句践曰："子好游乎？吾语子游。二节人知之，亦嚣嚣；人不知，亦嚣嚣。"三节曰："何如斯可以嚣嚣矣？"曰："尊德乐义，则可以嚣嚣矣。四节故士穷不失义，达不离道。五节穷不失义，故士得己焉；达不离道，故民不失望焉。六节古之人，得志，泽加于民；不得志，修身见于世。穷则独善其身，达则兼善天下。"

第九章　第一节孟子对宋勾践说："姓宋，名句践。有人说，宋字不是他的姓，乃是指他是宋国人。你喜好游说么？我要告诉你游说之道。二节○人若知道你，人是国君，知是相信而从之。就要嚣嚣知足的样子；朱注："嚣嚣，自得无欲之貌。"乃若人不知道你，也要嚣嚣知足的样子。"三节○勾践问说："要怎么样做，就可以得这个嚣嚣知足的样子了？"孟子说："要尊德乐义，就可以嚣嚣知足阿。四节○故此士子贫穷的时候不失掉义，发达的时候不离开道。五节〇贫穷的时候不失掉义，这样士子保守自己；发达的时候不离开道，这样百姓不失他们所希望的。百姓所希望的不被耽误。〇人素望其兴道致治，而今果如所望也。六节〇古时的人，若得了自己的志意，他们就施恩泽于民；若不得了自己的志意，他们就修自己的身并这样显现于世。贫穷的时候他们独善其身，发达的时候他们又感化天下为善。"本文兼字，意思是一块儿。

第十章　孟子曰："待文王而后兴者，凡民也。若夫豪杰之士，虽无文王犹兴。"

第十章　孟子说："等文王那样的人来才能奋兴，平常的人做这个。乃至于豪杰之士，智识胜过十人称为杰，胜过百人称为豪，胜过千人称为俊，胜过万人称为英，看《公孙丑上》第五章一节。虽无文王他们也自己奋兴。"

第十一章　孟子曰："附之以韩、魏之家，如其自视欿然，则过人远矣。"

第十一章　孟子说："把韩、魏两个大家那样的富贵附给一个人，若他还看自己欿然，欿然，是不自满足之意。他就胜过人很远阿。"

第十二章　孟子曰："以佚道使民，虽劳不怨；以生道杀民，虽死不怨杀者。"

第十二章　孟子说："若一个国君要引导百姓到安逸之境遇并这样用他们，本文佚字是逸。〇比较《书经・多士》五节说的"我闻曰上帝引逸，有夏不适逸"，意思是我听闻说，上帝引人至于安逸之地，乃夏朝之桀王，不要适于逸。虽然劳苦他们，他们也不怨恨。比较《论语・尧曰第二十》说的"择可劳而劳之，又谁怨"。若国君因为要保护百姓的生命叫几个人死，比如打仗的时候。他们虽然死也不怨恨那叫他们死的君。"

第十三章　第一节孟子曰："霸者之民，驩虞如也；王者之民，皞皞如也。二节杀之而不怨，利之而不庸，民日迁善而不知为之者。三节夫君子所过者化，所存者神，上下与天地同流，岂曰小补之哉？"

第十三章　第一节孟子说："霸者的百姓，有欢娱的容貌；本文驩字是欢，虞字是娱，意思是快活。〇乃他们的喜乐是暂时而不久的。乃王者的百姓，有宽大自得的容貌。本文皞皞如，朱注："广大自得之貌。"二节〇虽然王者叫他们死而他们不怨恨，并若他利益他们而他们不特意赞美他，本文庸字是功。〇意思是他们不特意赞美国君的功劳，因为王者的仁政自然有那个安宁的功效，他不特意作为。〇比方古诗篇论帝尧的农夫说："日出而作，日入而息，凿井而饮，耕田而食，帝力何有于我哉？"意思是他们享自由自主之喜乐，所以他们有广大自得之貌，而不特意赞美国君的功。他的百姓天天前进向善而不知道谁叫他们做这样。三节〇君子所过去的地方，意思是圣人不论经历什么地方。必有感化的功效，朱注："身所经历之处，即人无不化，如舜之耕历山而田者逊畔，陶河滨而器不苦窳也。"他成就心里所存的主意神妙的样子，朱注："心所存主处便神妙不测，如孔子之立斯立、导斯行、绥是来、动是和，莫知其所以然而然也。"〇比较《论语·子张第十九》第二十五章四节。〇又看《尽心下》二十五章八节。〇按雷格氏所存者三个字，是上文所过者三个字的反面，所以所存者不是论主意说的，乃意思是君子若常久存住在一个地方，他就神妙的样子感动那地方的人。他的感化是上下与天地之化同流，朱注："是其德业之盛，乃与天地之化同连并行，举一世而甄陶之，非如霸者但小小补塞其罅漏而已。"怎能可以说他只小补世界之缺憾呢？"比较《中庸》二十二章。〇这是霸者与王者的大分别。

第十四章　第一节孟子曰："仁言，不如仁声之入人深也。二节善政，不如善教之得民也。三节善政民畏之，善教民爱之；善政得民财，善教得民心。"

第十四章　第一节孟子说："仁厚的言语入人心，不如仁厚的名声入人心这样深。仁厚的言语，是暂时的出于一时；乃仁厚的名声，必是实在仁政的功效，以致民不能疑惑。二节〇善政得民不如善教之得民那样。三节〇善政百姓畏惧他，善教百姓喜爱他；善政可以得百姓的财，善教可以得百姓的心。"比较《论语·为政第二》第三章说的，"子曰：'导之以政，齐之以刑，民免而无耻；导之以德，齐之以礼，有耻且格。'"

第十五章　第一节孟子曰："人之所不学而能者，其良能也；所不虑而知者，其良知也。二节孩提之童，无不知爱其亲者；及其长也，无不知敬其兄也。三节亲亲，仁也；敬长，义也。无他，达之天下也。"

第十五章　第一节孟子说："人所不学而能做的，这是他们的良能；朱注："良者，本然之善也。"人所不思虑而知道的，这是他们的良知。程子说："良知良能，皆无所由；乃出于天，不系于人。"二节〇孩提之童，朱注："孩提，二三岁之间，知孩笑，可提抱者也。"无不知道爱他的亲；等到他长大了一点，他无不知道敬他的兄长。三节〇亲他的亲，这就是仁；敬他的兄长，这就是义。没有别的意思，普天下人都有这个两端。"仁义属我们的本性，因为人都本来有爱亲敬兄之心。〇赵氏注："我们不要用别的方法，只要推广孩子的这个两端于天下。"

第十六章　孟子曰："舜之居深山之中，与木石居，与鹿豕游，其所以异于深山之野人者几希。及其闻一善言，见一善行，若决江河，沛然莫之能御也。"

第十六章　孟子说："舜当初住在深山之中，同木石居在一处，并在鹿豕所住的地方游玩，那时候他的外貌与那深山的野人分别不多。乃等到他听闻一句善言，或看见一件善行，他就如同决开了江河沛然的样子，沛然，是如同大水决出的样子，看《梁惠王上》六章六节。本文江河，有人说指扬子江并黄河。没有什么能禁止他。"本文御字是禁止。

第十七章　孟子曰："无为其所不为，无欲其所不欲，如此而已矣。"

第十七章　孟子说："你不该当做你自己的心所说不该当做的，你不该当欲你自己的心所说不该当欲的，这样就罢了。"这是按雷格氏并古危勒儿的注解翻译的。

第十八章　第一节孟子曰："人之有德慧术知者，恒存乎疢疾。二节独孤臣孽子，其操心也危，其虑患也深，故达。”

第十八章 第一节 孟子说：“人若有德慧并术智，这个事情的缘故大概是存在灾患中间。本文疢疾，朱注：“灾患。”〇论本章的意思，比较《告子下》十五章二节。二节 〇惟那孤臣并孽子，本文独字，惟也；孤臣，是远臣，就是没有朋友的臣子。孽子，朱注：“是庶子。”雷格氏说：“孽子，不但有意思他的母亲是妾，乃母亲失了国君的恩，这个意思也在其中。”他们操守其心常常知危，又深挂虑预防患难，故此他们通达。”

第十九章 第一节 孟子曰：“有事君人者，事是君则为容悦者也。二节 有安社稷臣者，以安社稷为悦者也。三节 有天民者，达可行于天下而后行之者也。四节 有大人者，正己而物正者也。”

第十九章 第一节 孟子说：“有人他们事奉国君，他们事这个君专有主意，要使君容他们并使君悦他们。意思是他们专有为我之心。〇孟子说人，不说臣子，表明他轻看他们的品行。二节 〇有臣子他们欲安社稷，社是土地的神，稷是五谷的神。并他们以这个安社稷的事为悦。三节 〇有天民者，天民，是天所选的人，看《万章上》七章五节说的，“予，天民之先觉者也”。若他们想在官位里头，本文达字，意思是显达之时，就是在官位里头。能行其道于天下，他们就出仕做官并勉力行道于天下。四节 〇有大人者，孟子的意思是圣人。他们正己而君民都被正了。”本文物字指君民。〇朱注：“此章言人品不同，略有四等。容悦佞臣不足言。安社稷则忠矣，然犹一国之士也。天民则非一国之士矣，然犹有意也。无意无必，惟其所在而物无不化，惟圣者能之。”

第二十章 第一节 孟子曰：“君子有三乐，而王天下不与存焉。二节 父母俱存，兄弟无故，一乐也。三节 仰不愧于天，俯不怍于人，二乐也。四节 得天下英才而教育之，三乐也。君子有三乐，而王天下不与存焉。”

第二十章 第一节 孟子说：“君子所乐的有三件事，而得位王天下不在其中。二节 〇父母俱存在世上，兄弟没有忧愁的缘故，这是第一乐。三节 〇仰望而没有愧耻之事在天面前，看上文第七章注解。〇天是上帝。并在下没有羞惭的缘故在人面前，本文俯是在下，怍是羞惭。这是第二乐。四节 〇得天下最能干的英才而教育他们，这是第三乐。五节 〇君子所乐的有三件，而得位天下不在其中。”

第二十一章 第一节 孟子曰：“广土众民，君子欲之，所乐不存焉。二节 中天下而立，定四海之民，君子乐之，所性不存焉。三节 君子所性，虽大行不加焉，虽穷居不损焉，分定故也。四节 君子所性，仁义礼智根于心。其生色也，睟然见于面，盎于背，施于四体，四体不言而喻。”

第二十一章 第一节 孟子说：“得广大的地土并众多的百姓，这是君子所欲的，但所乐的不在这个里头。二节 〇站立在天下之中，并安定四海的百姓，这是君子所乐的，但他按本性所有的不是在这个里头。三节〇君子按本性所有的，虽得大行之权，荣不能加添一点于本性；虽处穷居于境况，也不能减损一点于本性，因为天给他的性分是一定的。人只能从里头推广其本性，不能从外头加添什么。四节〇君子按本性所有的，如仁义礼智植立了于心。这德性活泼并显明向外，就是清和润泽之貌发现在面上，本文生字，是活泼生长；色字是显明向外；睟然，是清和润泽之貌；见字是发现。流溢至背，本文盎字，是丰厚盈溢之意。显露于四体动作威仪之间，四体不等言语而自能晓得中礼。”意思是君子的德性是全人的容貌发现出来，并自然管理他一切所做的，而且也在他身体的模样上显出来。〇比较《大学》第六章四节说的，“德润身，心广体胖”。意思是德性润泽人身，因德性心就广大了，体就安舒了。

第二十二章　第一节孟子曰：“伯夷辟纣，居北海之滨，闻文王作兴，曰：‘盍归乎来！吾闻西伯善养老者。’太公辟纣，居东海之滨，闻文王作兴，曰：‘盍归乎来！吾闻西伯善养老者。’天下有善养老，则仁人以为己归矣。二节五亩之宅，树墙下以桑，匹妇蚕之，则老者足以衣帛矣。五母鸡，二母彘，无失其时，老者足以无失肉矣。百亩之田，匹夫耕之，八口之家足以无饥矣。三节所谓西伯善养老者，制其田里，教之树畜，导其妻子，使养其老。五十非帛不暖，七十非肉不饱。不暖不饱，谓之冻馁。文王之民，无冻馁之老者，此之谓也。”

第二十二章　第一节孟子说：“以前伯夷欲躲避纣王，居在北海边上，他听见文王振作，他就兴起来，说：‘我何不归到那里去呢？我听见西伯最善养老人。’姜太公欲躲避纣王，住在东海边上，他听见文王振作，他就兴起来，说：‘我何不归到那里去呢？我听见西伯最善养老人。’比较《离娄上》十三章一节。可见天下若有一个国君善于养老人，一切的仁人就要看他为自己所该当归向的。二节〇文王的那时候，百姓们有五亩的宅，他们在墙底下栽种了桑树，匹妇用那桑树以养蚕，匹妇，是那家里的老婆，是下文说的匹夫的妇人。这样那老人就能穿绸帛。本文衣字是穿。各家有五个母鸡，两个母彘，不失他孕子的时候，这样那老人就可以不失肥肉的奉养。至于百亩的田，匹夫耕种他，这样那八口的家就可以不受饥饿。比较《梁惠王上》三章四节，并第七章二十四节。三节〇所说的西伯善于养老者那句话有意思，他制定他们的田并里，里是他们所住的五亩。他教他们树桑并畜牲，劝导他们的老婆并儿子，叫他们奉养老人。因为人到五十岁的时候，除非绸帛不得暖；并到七十岁的时候，除非肉食不得饱。若不得暖不得饱，这称为冻并馁。乃文王的百姓中间，没有冻馁的老人，这就是上文所说的意思。”

第二十三章　第一节孟子曰：“易其田畴，薄其税敛，民可使富也。二节食之以时，用之以礼，财不可胜用也。三节民非水火不生活，昏暮叩人之门户，求水火，无弗与者，至足矣。圣人治天下，使有菽粟如水火。菽粟如水火，而民焉有不仁者乎?”

第二十三章 第一节孟子说:“该当治理百姓的田并畴,本文易字是治理,田种五谷,畴栽苧麻。轻薄他们的税并敛,这样就可以叫民得富足。比较孔子说的,“要富民,要教民”。看《论语·子路第十三》第九章三节,又看《梁惠王上》五章三节。二节〇该当叫民论食物按照时候,予想本文时字,不但指早饭晚饭按一定的时候,乃意思是比方若鱼不满尺,不该当吃;果子没有熟,不该当采取。比较《梁惠王上》三章三节四节,又看《论语·乡党》第十第八章二节。并该当叫他们用财以礼,意思是节用财,特意留有余,预备尽礼的时候,如冠婚丧祭之事。这样财就不可胜用了。意思是财就用不尽。三节〇比方百姓若没有水火就不能生活,但若一个人昏暮之时,就是天将晚之时。叩别人的门户,求他的水火,就没有人不给他,因为水火有很多。比较救主耶稣论祷告所设立的比喻,耶稣说:“你们中间若有人,有一个朋友半夜到他那里去说,朋友借给我三个饼,因为我有一个朋友从路上来到我家里,我没有东西供给他。他在里面回答说:‘不要烦扰我,门已经关了,孩子和我都已经躺在床上,不能起来给你。’我告诉你们,虽不因他是朋友起来给他,终必因他不住的恳求造来给他,应他所须用的。我又告诉你们,你们祈求就必给你们,寻找就必寻见,叩门就必与你们开门。因为凡祈求的就得着,寻找的就寻见,叩门的就与他开门。”看《路加》十一章五至十节。圣人治天下,叫人有菽粟如同水火一样多。菽是豆。若菽粟如水火一样多,百姓中间怎么样还有不仁的么?”

第二十四章 第一节孟子曰:“孔子登东山而小鲁,登太山而小天下。故观于海者难为水,游于圣人之门者难为言。二节观水有术,必观其澜。日月有明,容光必照焉。三节流水之为物也,不盈科不行;君子之志于道也,不成章不达。”

第二十四章 第一节孟子说:“孔子登东山的时候,就看鲁国仿佛小的;他登泰山的时候,就看天下仿佛小的。这样人若观看了大海,他若看别的水就难能算他们为水;难为水的说法,比较《离娄上》七章五节所说的,“仁不可为众也”。这样若一个人已经游过圣人之门,他就难能算别人的言语为道理。二节〇观看水有个法则,必须观看他的波澜。这样就可以知道水的根源是很深的。日月有光明,连若细小之隙容他们的光进来也必定照亮。这样就可以知道那射光之根源是在宏大的太阳或月亮里头。如此,圣人之道的根源,也是很深而不可测的。三节〇流水的样子,是他若不先盈满了水道里头所有的科坎,他就不向前行;这样有志于道的君子也有矩范,他若不成完一章就不前进学新的。”意思是他也如水那样,一步一步前进,由浅入深;若不学熟了第一课,就不敢攻第二课,这样可以慢慢成博学之士。〇朱注:“言学当以渐,乃能至也。成章,所积者厚,而文章外现也。达者,足于此而通于彼也。〇此章言圣人之道,大而有本,学之者必以其渐,乃能至也。”

第二十五章 第一节孟子曰:“鸡鸣而起,孳孳为善者,舜之徒也。二节鸡鸣而起,孳孳为利者,跖之徒也。三节欲知舜与跖之分,无他,利与善之间也。”

第二十五章 第一节孟子说:“鸡鸣的时候起来,勉力为善,这是做大舜的门徒。朱

注："孳孳，勉力之意。言虽未至于圣人，亦是圣人之徒也。"二节〇鸡鸣的时候起来，勉力专务利，这是做盗跖的门徒。三节〇若要知道舜与跖的分别，就没有别的，但是专务利并专务善那个分别。"

第二十六章　第一节孟子曰："杨子取为我，拔一毛而利天下，不为也。二节墨子兼爱，摩顶放踵利天下，为之。三节子莫执中，执中为近之，执中无权，犹执一也。四节所恶执一者，为其贼道也，举一而废百也。"

第二十六章　第一节孟子说："杨子所取的是都为我，连若拔一根毛能利天下，他也不肯做。论杨朱，看《滕文公下》第九章九并十并十四节，列子引杨朱论伯成子高说："这个伯成子高不要拔一毛以利别人。"后来有人问杨朱说："你到底要拔一毛以利世界么？"杨朱就不肯回答他。二节〇墨子主兼爱，若摩去全身的毛，从头顶到脚踵可以利天下，他也肯做这个。古传论大禹说，大禹治水的时候，多天脚浸在水内，以致他的小腿没有毛，都是因为要利天下。现在孟子设比喻说，若很劳苦胜过大禹，以致全身没有一根毛可以利天下，墨子也必要做。〇论墨子看《滕文公上》第五章，又看《滕文公下》第九章九并十并十四节。三节〇还有子莫这个人，子莫，是鲁国人。他执着中，这不是中道，乃是杨、墨中间的意思。执着中是近道，乃执中而不知从权，这也是如同执一也。权，朱注："称锤也，所以称物之轻重而取中也。执中而无权，则胶于一定之中而不知变，是亦执一而已矣。"〇比较《离娄上》十七章一节，《论语·子罕第九》第二十九章，《微子第十八》第八章四节。四节〇我所恨恶那执一之道的缘故，是因为那个执一的志意，贼害道理，只举一端而废弃百端。"《备旨》讲说："然则君子所恶杨、墨、子莫之执一者，为其为我害仁，兼爱害义，执中害于时中，是皆贼害其道也。盖仁义时中之道，其端有百，徒执其一而不能会其全，是举一而废百也，此执一所以为可恶也。"〇学者请再看《离娄上》十七章一节注解所说的："有时因为本分当然之大义，可以违背外面之法度，乃万不能因为自己的益处，可以违背我显然之本分。"

第二十七章　第一节孟子曰："饥者甘食，渴者甘饮，是未得饮食之正也，饥渴害之也。岂惟口腹有饥渴之害？人心亦皆有害。二节人能无以饥渴之害为心害，则不及人不为忧矣。"

第二十七章　第一节孟子说："饥饿的人想各样的食物为甘，论甘食，比较《公孙丑上》第一章十一节说的，"饥者易为食，渴者易为饮"。口渴的人想各样的汤水为甘，所以他们未得着饮食之正味，因为饥渴害他们的口腹。而且难道但口腹因为饥渴受害呢？人心也都因为这个受害。指贫穷之光景。二节〇若一个人能不以饥渴之害为心害，意思是若一个人能免因为饥渴之害心里受害。他就不要忧愁自己不及别人了。"意思是他胜过别人已经很远。

第二十八章　孟子曰："柳下惠不以三公易其介。"

第二十八章　孟子说："柳下惠不因为三公之位愿意改变自己的耿介。"三公是太师、太傅、太保，在朝廷最尊贵的官。本文介字是耿介、自持，不徇流俗之意。○论柳下惠，看《公孙丑上》九章二节，《万章下》一章三节，《告子下》六章二节。

第二十九章　孟子曰："有为者辟若掘井，掘井九轫而不及泉，犹为弃井也。"

第二十九章　孟子说："有为的人，意思是人若有主意勉力成就一件事，比较《滕文公上》一章四节说的，"有为者亦若是"。可以比较他于一个掘井的人，若他已经掘了那个井到九轫，轫字是仞，八尺曰仞；乃在《论语·子张第十九》第二十三章三节，朱注说："七尺曰仞。"而不前进及到泉，若他未及泉水以前就停止。此到底好如废弃那个井了。"这个比喻，论基督之道，也很合宜可用的。○比较《路加》十三章二十四节。

第三十章　第一节孟子曰："尧、舜，性之也；汤、武，身之也；五霸，假之也。二节久假而不归，恶知其非有也。"

第三十章　第一节孟子说："尧、舜因本性自然有仁义，成汤并武王用力体仁义之道在自己的身上，五霸假借仁义的样子。二节○他们假借仁义既长久而不归还，朱注："归，还也。"古危勒儿翻译云："而不实在归向仁义。"○《备旨》说："不归是不归于正。"怎么样人可以知道他们不是实在有仁义呢？"意思是因为他们长久假冒做仁义，所以有人相信他们。○今时也有这样假冒为善的人。

第三十一章　第一节公孙丑曰："伊尹曰：'予不狎于不顺。'放太甲于桐，民大悦。太甲贤，又反之，民大悦。'二节贤者之为人臣也，其君不贤，则固可放与？"三节孟子曰："有伊尹之志，则可；无伊尹之志，则篡也。"

第三十一章　第一节公孙丑问说："伊尹论太甲说：'我不能亲狎于这样不顺从道理的人。'看《书经·太甲上》九节。本文狎字是亲狎，意思是亲近，同他在一个地方。○论伊尹，看《万章上》第五章第五节。于是他就放太甲到桐宫，百姓大喜悦。太甲就改变贤良，所以伊尹又叫他回来，百姓也大喜悦。二节○若贤人做人臣，而且若他们的国君不是贤良的，他们果然可以放他到别的地方么？"三节○孟子说："若他们有伊尹那样的志意他们就可以，乃若没有伊尹的志意做这个样就是篡逆了。"

第三十二章　第一节公孙丑曰："《诗》曰'不素餐兮'，君子之不耕而食，何也？"孟子曰："君子居是国也，其君用之，则安富尊荣；其子弟从之，则孝弟忠信。'不素餐兮'，孰大于是？"

第三十二章　第一节公孙丑问说："《诗经》说'《诗经·魏国风·伐檀》之篇。不素餐兮'，素，空也，意思是他若不做工，也不是食禄。但今时我们看君子不耕田而食禄，这是什么样呢？"比较《滕文公上》第四章六节，《滕文公下》第四章。○比较使徒保罗说的，"若有人不肯作工，就不应当吃饭"。看《帖撒罗尼加后书》三章十节。孟子说："君子居在一个国里头的时候，若那一国的国君用他，这个国君就得安宁、富厚、尊贵、荣耀；若那一国的子弟们顺从他的教训，他们就成为孝顺的尽悌道的忠厚的信实的人。若要表明那《诗经》所说的‘不素餐兮’，什么别的证据是比这一个还明亮的么？”意思是若贤人叫国君从道，并叫年幼的人修身，这贤人虽不做官，他的功劳很大，人万不能说他不做工。比较《歌林多前书》九章十三、十四节；又看耶稣论传福音的人说的，“作工的堪得其工钱”。看《路加》十章七节。

第三十三章　第一节王子垫问曰：“士何事？”二节孟子曰：“尚志。”三节曰：“何谓尚志？”曰：“仁义而已矣。杀一无罪，非仁也；非其有而取之，非义也。居恶在？仁是也；路恶在？义是也。居仁由义，大人之事备矣。”

第三十三章　第一节王子垫是齐王的儿子。问孟子说：“士子该当做什么事呢？”二节〇孟子说：“高尚自己的志向。”朱注：“志者，心之所之也。”《备旨》讲说：“孟子曰：‘夫士者不肯为农工商贾之业，而欲行公卿大夫之道者也，但未得行其道，则高尚其志而已。’”三节〇王子垫问说：“什么称为高尚自己的志向？”孟子说：“他有志在仁义就罢了。他想杀一个无罪的人，不是仁也；非合宜可有的而取，不是义也。他居在那里呢？他所居的是仁；他的路是在那里呢？他的路是义。居在仁里头并跟从义，这样大人的事就全备了。”

第三十四章　孟子曰：“仲子，不义与之齐国而弗受，人皆信之，是舍箪食豆羹之义也。人莫大焉亡亲戚、君臣、上下。以其小者信其大者，奚可哉？”

第三十四章　孟子说：“陈仲子，看《滕文公下》十章。设若不按照义要把齐国给他，他不肯受，所以人都相信他，乃这个只是舍一箪食一豆羹的义。箪是竹器，食是饭，豆是木头做的器，羹是汤，看《告子上》十章六节。〇意思是这个只是一点小德行，然他离开母亲，渺视哥郎，隐居在于陵，不尽人伦，所以不能赞美他。人之罪莫大乎亡亲戚、君臣、上下。亡字意思是轻忽。因为一个人有那个小德行，就相信他没有缺憾于大伦，就是亲戚、君臣、上下之伦。怎能可以想这样做呢？”

第三十五章　第一节桃应问曰：“舜为天子，皋陶为士，瞽瞍杀人，则如之何？”二节孟子曰：“执之而已矣。”三节“然则舜不禁与？”四节曰：“夫舜恶得而禁之？夫有所受之也。”五节“然则舜如之何？”六节曰：“舜视弃天下，犹弃敝蹝也。窃负而逃，遵海滨而处，终身䜣然，乐而忘天下。”

第三十五章　第一节桃应是孟子的门徒。问孟子说：“舜做天子，并皋陶做士的时候，士，就是管理刑罚的官。假若瞽瞍杀了人，他们就必要做什么呢？”二节〇孟子说：“皋陶必勉力执瞽瞍就是了。”本文之字，按雷格氏指瞽瞍。按《备旨》：执之，意思是执守律法。三节〇桃应说：“然难道舜不禁止他么？”四节〇孟子说：“舜怎么样能禁止他呢？皋陶接受了从最尊贵的根源所遗传下来的律法。”就是从太古之祖宗传下来的，故此连皇帝也不能轻视他。五节〇桃应问说：“按照这样，舜就要做什么呢？”六节〇孟子说：“舜必要看弃掉天下如弃一个坏鞋子一样。本文敝字是坏,本文屣字是鞋子。他就必要私自背负着父亲而逃走,住在海边,在那里终身欣欣然快乐而忘记天下。”本文䜣字是欣,是快乐的样子。

第三十六章　第一节孟子自范之齐,望见齐王之子。喟然叹曰:“居移气,养移体,大哉居乎!夫非尽人之子与?”二节孟子曰:“王子宫室、车马、衣服多与人同,而王子若彼者,其居使之然也;况居天下之广居者乎?三节鲁君之宋,呼于垤泽之门。守者曰:‘此非吾君也,何其声之似我君也?’此无他,居相似也。”

第三十六章　第一节孟子从范到齐国之都城来的时候,范是齐国的邑。远远看见齐王的儿子,就喟然叹息说:“喟然,是叹息的声音。人所居的位改变他的气象,如同人所奉养的改变他的体态,大哉居位的感化阿!难道凡人与王子不都是人的儿子么?”这是照赵氏的注解。二节(孟子曰:)“王子的宫室、车马、衣服,多半和人一样,而王子的气象如那样,这是因为他居的位所致使的缘故;何况居天下之广居者该当有高位之气象阿?居天下之广居者,就是仁人。○比较《滕文公下》三章三节。三节○鲁君到宋国去的时候,他呼叫在垤泽的门面前,垤泽,是宋国的城门的名号。守门的人说:‘这不是我们的君,怎么样他的口音这样像我们的君呢?’他的口音,好似一个国君的口音有威严的样子。这没有别的缘故,是因为他们所居的位是相似的。”孟子的意思是,一切的仁人,也该当有一点相似的气象。

第三十七章　第一节孟子曰:“食而弗爱,豕交之也;爱而不敬,兽畜之也。二节恭敬者,币之未将者也。三节恭敬而无实,君子不可虚拘。”

第三十七章　第一节孟子说:“只把食给士子而不爱他,这是待他如同豕一样;爱他而不恭敬他,这是待他如同畜兽一样。兽是马牛等。二节○恭敬他的心,该当在币帛未奉的时候已经感发起来。本文将字意思是奉。三节○乃若恭敬他没有真实的意思,君子就不可以因虚文被拘留。”

第三十八章　孟子曰:“形色,天性也;惟圣人,然后可以践形。”

第三十八章　孟子说:“人的形体并身体之助用,形是耳目手足之类,色是视听言动之类。○论色字,看上文二十一章四节说的,“其生色也”。这都属天所禀赋的本性;《备旨》引别人的注解云:“形色天性,言形色皆天性所在,非指形色为天性也。”乃人必要做圣人然后可以实践他的形体之本性。”意思是实践他形体所禀受的天命的定准。○天论我们的形体,并身体之切用,本来有意思要我们常常从善,乃因为世俗并私欲坏了身体,所以平常的人不能实践形体所该当得的天命的定准。孟子说圣人能到这个完全的地步。可惜古时圣人之事我们不能一定可以晓得,后人颂赞了他们过分。

第三十九章　第一节齐宣王欲短丧。公孙丑曰:“为期之丧,犹愈于已乎?”二节孟子曰:“是犹或紾其兄之臂,子谓之姑徐徐云尔,亦教之孝弟而已矣。”三节王子有其母死者,其傅为之请数月之丧。公孙丑曰:“若此者,何如也?”四节曰:“是欲终之而不可得也。虽加一日愈于已,谓夫莫之禁而弗为者也。”

第三十九章 第一节齐宣王欲短丧服的日期。公孙丑说:“行一年的丧服,本文期字是一年。看《论语·阳货第十七》第二十一章。比如一齐废丧服好得多阿?”二节〇孟子说:“这是好如设若有一个人紾戾他兄长的臂,比较《告子下》一章八节。而你只对他说现在暂时请慢慢一点,本文姑字,是现在暂时。看《梁惠王下》九章一节,《公孙丑上》第二章二十一节。本文徐徐是慢慢;本文云尔两个字,意思是只说这个不说别的。你只该当教他孝弟的道理就是了。”三节〇那时王子的一个母亲死了,他的师傅替他请王准许他行数月的丧服。他的母亲是王的妾。父亲还在的时候,若母亲死,儿子本来不能行三年之丧服,故此雷格氏说:“朱夫子所说的王后不准许行三年的丧服,这个讲法恐怕不对。”公孙丑问说:“论这个事,夫子想什么样?”四节〇孟子说:“他实在欲完毕三年之丧服而不能够。所以虽然加一天,这比一齐废丧服好得多了。我所讲的,是论一个人说的,他虽没有什么事禁止他,自己不肯行丧服。”

第四十章 第一节孟子曰:“君子之所以教者五:二节有如时雨化之者,三节有成德者,有达财者,四节有答问者,五节有私淑艾者。六节此五者,君子之所以教也。”

第四十章 第一节孟子说:“君子所以教导人的方法是五样:二节〇有人他如时雨感化他们,意思是他不特意用许多话,乃只用自己的榜样教化他们,如同合宜之时雨滋化草木那样。三节〇有人他成全他们的德行,有人他辅助他们的材能,本文财字是材。朱注:“此各因其所长而教之者也。成德,如孔子之于冉、闵;达材,如孔子之于由、赐。”四节〇有人他回答他们所问的,如孔子之于樊迟,孟子之于万章。五节〇有人他们自己修善并改正自己。本文私是窃,意思是他们虽不看见先生,然自己用他的道以改正自己的心,如孟子学孔子的道那样。〇本文淑字是善,艾字本来是除莠,意思是去恶改正自己。五节〇这五样是君子所以教导人的方法。”

第四十一章 第一节公孙丑曰:“道则高矣,美矣,宜若登天然,似不可及也。何不使彼为可几及而日孳孳也?”二节孟子曰:“大匠不为拙工改废绳墨,羿不为拙射变其彀率。三节君子引而不发,跃如也。中道而立,能者从之。”

第四十一章 第一节公孙丑说:“夫子的道是高并美的,但学这个道可以比较如登天那样,好像不能及。夫子为什么不把道放低些叫那学道的人以为他可以几及,并天天勉力前进呢?”本文孳孳是勉力。二节〇孟子说:“大匠不因为愚拙的工人改变或废弃绳墨;绳墨是木匠用的。羿是善射的人,比较《告子上》二十章。不因为愚拙的学射的人改变拉满弓的法度。彀,是拉满弓;率,是弯弓的界限。○朱注:“言教人者,皆有不可易之法,不容自贬以徇学者之不能也。”三节○君子引弓而不发箭,如同射者为学生拉满弓而不自己发矢,这样君子教训别人的时候,只教他必要出力勉励而不能替他得功效。乃给自己的榜样与学生看跳跃在他眼前。本文跃如也,朱注:“然其所不告者,已如踊跃而见于前矣。”他站立在正道之中,意思是他执守中庸之道,不偏不易。○朱注:“中者,无过不及之谓。中道而立,言其非难非易。”有能干的人就跟从他。”意思是跟从他的榜样。○孟子在这里自己承认他只能劝化人,而不能给力量于软弱的人。

第四十二章 第一节孟子曰:“天下有道,以道殉身;天下无道,以身殉道。二节未闻以道殉乎人者也。”

第四十二章 第一节孟子说:“天下有道的时候,人该当以道殉身;意思是我的道该当常常跟从我的身,我在那里,我的道也该当发现在那里。○朱注:“殉,如殉葬之殉,以死随物之名也。身出则道在必行。”天下无道的时候,人该当以身殉道。意思是我该当用我的身常常跟从道,直到临终,有时候也必要为道舍命。二节○我未闻人该当以道殉乎人。”殉乎人,是跟从人,意思是改变自己的道随别人。

第四十三章 第一节公都子曰:“滕更之在门也,若在所礼。而不答,何也?”二节孟子曰:“挟贵而问,挟贤而问,挟长而问,挟有勋劳而问,挟故而问,皆所不答也。滕更有二焉。”

第四十三章 第一节公都子说:“滕更是滕君的弟郎。在夫子的门下,那时候照我看似乎应当用礼貌待他。而夫子不回答他,是为什么呢?”二节○孟子说:“若一个人挟自己的贵问我,或挟自己的贤能问我,或挟自己的年长问我,或挟自己有功劳问我,或挟他与我旧相识问我,这样的人我都不回答。而滕更于上文所说的中间有两件。”两件,是挟自己的贵,挟自己的贤能。○比较《告子下》二章六节。

第四十四章 第一节孟子曰:“于不可已而已者,无所不已;于所厚者薄,无所不薄也。二节其进锐者,其退速。”

第四十四章 第一节孟子说:“若一个人在不该当已止的地方已止,他就要无所不已止;他在各样的事都要已止。若一个人于所当厚待的事薄待,他就要无所不薄待。朱注:“此言不及者之弊。”下文是太过之弊。○比较《大学》经文一章七节。二节○若一个人前进太急,他就要速速退回。”本文锐字是太急。朱注:“进锐者,用心太过,其气易衰,故退速。”

第四十五章 孟子曰:“君子之于物也,爱之而弗仁;于民也,仁之而弗亲。亲亲而仁民,仁民而爱物。”

第四十五章 孟子说:“君子待那个生物,如马牛等。只爱惜他而不施仁于他;君子于百姓，他施仁于他们而不亲密待他们。他亲密待自己的家人，本文第二个亲字，不但是父母，是一切的家人。比较《中庸》二十章十二节。而施仁于百姓，他施仁于百姓而爱惜生物。”孟子在这一章要辨驳墨子兼爱之道，他要表明爱必有差等，这是不错的。乃爱心不但及生物，施仁于民，并亲密待亲，也包括爱在内。如孟子在四十六章说：“仁者无不爱也。”并《大学》本文的原文特意说“该当亲民”。〇我爱惜禽兽，我疼爱儿子，而且我泛爱众。爱是万物最大之事，因为上帝是爱。上帝爱我们，我们也该当爱上帝。

第四十六章 第一节孟子曰：“知者无不知也，当务之为急；仁者无不爱也，急亲贤之为务。尧、舜之知而不遍物，急先务也；尧、舜之仁不遍爱人，急亲贤也。二节不能三年之丧，而缌小功之察；放饭流歠，而问无齿决，是之谓不知务。”

第四十六章 第一节孟子说：“智者没有什么事他不欲知道，乃他看当务之事为急；仁者没有人他不爱，他惟急于亲贤之当务。连尧、舜的智慧，也不周遍到万物，但他们以先务为急；而且尧、舜的仁，也不周遍爱人，但他们以亲贤为急。二节〇若一个人说他不能行三年的丧服，而详细查察那三月并五月的服制；本文缌字，是三月的丧服，为远亲行这个礼。小功，是五月的丧服。他吃饭放肆无节的样子，大喝羹汤，本文歠字是喝，流歠是狂饮。而反询问论不可用牙齿嚼干肉那个礼，这就是我说的不知道当务之事。”《曲礼》曰：“无放饭，无流歠。”又曰：“濡肉齿决，乾肉不齿决。濡湿也，宜啮断之；干肉坚，宜用手。”〇这两个比方表明人该当先务要紧的事。

孟子集注卷十四

尽心章句下 凡三十八章。

第一章 第一节孟子曰："不仁哉，梁惠王也！仁者以其所爱及其所不爱，不仁者以其所不爱及其所爱。"二节公孙丑曰："何谓也？""梁惠王以土地之故，糜烂其民而战之，大败，将复之，恐不能胜，故驱其所爱子弟以殉之，是之谓以其所不爱及其所爱也。"

第一章 第一节孟子说："实在不仁的人，是那梁惠王！仁者自他所爱的及到他所不爱的，不仁者自他所不爱的及到他所爱的。"二节〇公孙丑问说："这个话有什么意思呢？"孟子说："梁惠王因为土地的缘故，粉碎他的百姓叫他们交战，本文糜烂，意思是叫他的打仗以致粉骨碎身。受了大败，以后他又想复战，而且因为恐怕不能胜，所以他强迫他所爱的儿子从军殉难，看《梁惠王上》第五章一节。这就是我所说的自他所不爱的及到他所爱的。"朱注："以土地之故及其民，以民之故及其子，皆以其所不爱及其所爱也。"

第二章 第一节孟子曰："《春秋》无义战。彼善于此，则有之矣。二节征者上伐下也，敌国不相征也。"

第二章 第一节孟子说："《春秋》所载的战事，没有一个合乎义的。有几个战事是比别的善些。《春秋》有二十三回战，二百十三回伐。朱夫子讲，战字作战伐之事，所以包括伐在内。〇《春秋》称战事用侵字，或围字，或迁字，或灭字，或败字，或取字，或袭字，或追字，或戍字，孟子说："那个事都是不合义，因为本来只天子可以征伐诸侯的国。"二节〇征讨那个意思是在上者伐在下者，意思是天子伐诸侯。敌国不能彼此征讨。"比较《告子下》七章二节。

第三章 第一节孟子曰："尽信《书》，则不如无《书》。二节吾于《武成》，取二三策而已矣。三节仁人无敌于天下。以至仁伐至不仁，而何其血之流杵也？"

第三章 第一节孟子说："尽信《书经》不如没有《书经》。二节〇在《书经·武成篇》

里头，我只取两三策可信的就罢了。策是竹简，孟子取二三策，别的他不尽信。三节〇仁人没有敌于天下。若至仁的君就是武王。伐那至不仁的君，就是纣王。怎么样那兵丁之血可以流下以致连杵都漂起来呢？”看《书经·武成》第九节说的，“甲子昧爽，受率其旅若林，会于牧野。罔有敌于我师，前徒倒戈，攻于后以北，血流漂杵。一戎衣，天下大定”。〇《孟子》朱注：“杵，舂杵也。或作卤，楯也。《武成》言武王伐纣，纣之‘前徒倒戈，攻于后以北，血流漂杵’。孟子言此则其不可信者。然《书》本意乃谓商人自相杀，非谓武王杀之也。”

第四章 第一节孟子曰：“有人曰：‘我善为陈，我善为战。’大罪也。二节国君好仁，天下无敌焉。三节南面而征北狄怨；东面而征西夷怨。曰：‘奚为后我？’四节武王之伐殷也，革车三百两，虎贲三千人。五节王曰：‘无畏！宁尔也，非敌百姓也。’若崩厥角稽首。六节征之为言正也，各欲正己也，焉用战？”

第四章 第一节孟子说：“有人讲，‘我善于摆兵子的阵队，阵，是兵丁行伍之队。〇比较《离娄上》十四章三节。我善于交战’。这是大罪的人。二节〇若一个国君好仁，他在天下就没有敌了。三节〇成汤向南方征伐的时候，北方的狄人就怨恨他不来；他向东方征伐的时候，那西方的夷就怨恨他不来。说：‘汤为什么把我们放在后边呢？’看《梁惠王下》十一章二节。四节〇武王伐殷朝的时候，他只有革车三百两，虎贲的兵三千人。革车，按《备旨》：“以皮革裹车，装载兵器并粮米。”按雷格氏还有别的讲法：“革车是兵车，一车有甲士三人，步兵七十二人从之，所以三百两，有二万一千六百个步兵。”〇本文两字，是辆，是车之数目，因为车有两个轮。〇虎贲，是侍卫兵，他们有胆子如老虎那样，所以称为虎贲。按《书·序》三十三节，武王只有三百虎贲。五节〇武王说：‘不要畏惧！我要安宁你们，我不是与百姓为敌的。’于是他们就稽首到地如同兽角崩解那样。鹿角有时候崩解。〇《书经·泰誓中》九节说：“勖哉夫子，罔或无畏，宁执非敌。百姓懔懔若崩厥角。”意思是你们兵丁必要勉励，不可想不要畏惧纣王，宁要想我们不能敌他。纣王的百姓都震惧他如同兽角崩解那样。〇学者可明《书经》的本意，与孟子所讲的不相合。六节〇征那个字的意思是正，若各人欲那仁君来正自己的国，为什么还要用交战呢？”

第五章 孟子曰：“梓匠轮舆能与人规矩，不能使人巧。”

第五章 孟子说：“梓人、匠人、轮人、舆人，论梓、匠、轮、舆，看《滕文公下》四章四节。他们能给人规并矩，规所以为圆的东西，矩所以为方的东西。而不能使人巧。”不能把灵巧给人。

第六章 孟子曰：“舜之饭糗茹草也，若将终身焉；及其为天子也，被袗衣，鼓琴，二女果，若固有之。”

第六章 孟子说：“舜以前吃干粮并吃菜的时候，他的容貌是好如他一生要这样过日子；本文饭是吃，糗是干粮，茹是食，草是菜，意思是他知足不贪富贵。等到他做天子的时候，他穿着绣衣，本文被是穿，袗是绣。弹着琴，看《万章上》二章三节。有尧的二女服事他，本文果字是婐，意思是服事。他都有好如自然之事。”本文固字意思是自然。

第七章 孟子曰：“吾今而后知杀人亲之重也：杀人之父，人亦杀其父；杀人之兄，人亦杀其兄。然则非自杀之也，一间耳。”

第七章 孟子说：“从今以后我知道杀一个人的亲有甚重的关系：若一个人杀别人的父亲，那个人也要杀他的父亲；若一个人杀别人的哥郎，那个人也要杀他的哥郎。这样虽然他不自己杀自己的父兄，到底只是一点间处在中间。”意思是差不多可以说他杀自己的父兄。○《礼记·曲礼上》说：“父之仇弗与共戴天，兄弟之仇不反兵，交游之仇不同国。”○这个报仇之道，是许多争斗并杀戮之根源，有时牵累一切的同族。○按西人之见识，这私报之事，实在轻忽国家之权柄。因为国家有本分该当罚杀人之罪，国家不是空有生杀之权，他作上帝的用人，分当刑罚作恶的人。看《罗马书》十三章四节。平民不该当僭权，急速报复，乃该当等国家的决断。

第八章 第一节 孟子曰：“古之为关也，将以御暴。二节 今之为关也，将以为暴。”

第八章 第一节 孟子说：“古时候设关，有意思要防御凶暴。二节 ○乃今时他们设关，有意思要行凶暴。”比较《梁惠王下》五章三节，《公孙丑上》五章三节。

第九章 孟子曰：“身不行道，不行于妻子；使人不以道，不能行于妻子。”

第九章 孟子说：“若一个人自己不行道，那个道也不得行于老婆并儿子；而且若他出令不当理，他的命令也不能得顺从于老婆并儿子。”

第十章 孟子曰：“周于利者，凶年不能杀；周于德者，邪世不能乱。”

第十章 孟子说：“若一个人全备了财利，凶年就不能害他；若一个人全备了德性，邪世就不能乱他。”朱注：“言积之厚则用有余。”

第十一章 孟子曰：“好名之人，能让千乘之国；苟非其人，箪食豆羹见于色。”

第十一章 孟子说：“好名之人，虽然能辞让千乘的大国；乃若他不真实是那样的人，连吃一箪食一豆羹的时候，他的真心可以发现于面色。”朱注：“观人不于其所勉，而于其所忽，然后可以见其所安之实也。”

第十二章 第一节 孟子曰：“不信仁贤，则国空虚。二节 无礼义，则上下乱。三节 无政事，则财用不足。”

第十二章 第一节 孟子说：“国君若不相信仁人贤人，那国就要成空虚如同无人然。二节 ○若没有礼并义，上下就要混乱。三节 ○若没有国政并典章之条目，财用就要不足。”本文政事是两样，《备旨》注：“政是大纲，事是大纲中条目。”

第十三章 孟子曰：“不仁而得国者，有之矣；不仁而得天下，未之有也。”

第十三章 孟子说：“不仁的人得一个国度，有这个事；乃不仁的人得天下，未有这个事。”朱注引邹氏曰：“自秦以来，不仁而得天下者有矣；然皆一再传而失之，犹不得也。所谓得天下者，必如三代而后可。”

第十四章 第一节孟子曰：“民为贵，社稷次之，君为轻。二节是故得乎丘民而为天子，得乎天子为诸侯，得乎诸侯为大夫。三节诸侯危社稷，则变置。四节牺牲既成，粢盛既洁，祭祀以时，然而旱干水溢，则变置社稷。”

第十四章 第一节孟子说：“民是顶贵重的，其次是社稷，国君算为最轻的。朱注：“社，土神；稷，谷神；建国则立坛壝以祀之。盖国以民为本，社稷亦为民而立，而君之尊，又系于二者之存亡，故其轻重如此。”○若西人看孟子这一句，他们想这是设立议院之根基。二节○故此得了那个田野之民的心就可以做天子，本文丘民，是田野之民。○雷格氏云：“按《周礼》，农夫九家做一井，四井做一邑，四邑做一丘，所以一丘有一百四十四家。”得了天子的心可以做诸侯，得了诸侯的心可以做大夫。三节○若一个诸侯叫社稷危险就该当变革他重立贤君。四节○若祭神的牺牲都全备，若黍稷在器都是洁净，《备旨》云：“黍、稷曰粢，在器曰盛。”若祭祀都是合时，然若还有旱干并水溢的灾，那时就该当改变那个社稷并设立别的。”看《四书摭馀说》论这个事。

第十五章 孟子曰：“圣人，百世之师也，伯夷、柳下惠是也。故闻伯夷之风者，顽夫廉，懦夫有立志；闻柳下惠之风者，薄夫敦，鄙夫宽。奋乎百世之上。百世之下，闻者莫不兴起也。非圣人而能若是乎，而况于亲炙之者乎？”

第十五章 孟子说：“圣人是百世的师表，比如伯夷并柳下惠是这样。故此人若听见伯夷的遗风，那愚顽的人就变为清廉，那懦弱的人就能立定志意；看《万章下》一章一节。若人听见柳下惠的遗风，那刻薄的人就变为敦厚，那卑鄙的人就变为宽宏。看《万章下》一章三节。这两个人奋起在百世以前。而百世以后若人听见他们的品行就莫不兴起。若不是圣人，怎么样能够有这样感化的功效呢？而且何况他们必感化那同时亲近熏炙的人阿？”意思是他们更感化同时的人。○本文亲炙，朱注：“亲近而熏炙之也。”

第十六章 孟子曰：“仁也者，人也。合而言之，道也。”

第十六章 孟子说：“仁这个字，是人所以为人的理。比较《中庸》第二十章五节。若合仁于人之身而言，这就是称为道。”就是《中庸》所说的率性之道，是人所当从的真道路。○按朱注：高丽之本，人也之下，有“义也者宜也，礼也者履也，智也者知也，信也者实也”，凡二十字。若读这样，末句的意思就是这五种德性合起来而言之，就是道。

第十七章 孟子曰：“孔子之去鲁，曰：‘迟迟吾行也。’去父母国之道也。去齐，接淅而行，去他国之道也。”

第十七章 孟子说：“（孔子）离开鲁国的时候，他说：‘我要迟迟的行。’可明离开父母的国该当这样。孔子离开齐国的时候，他只拿一点淘过的米而快行，可明离开别的国就可以做这样。”看《万章下》一章四节。

第十八章　孟子曰：“君子之厄于陈、蔡之间，无上下之交也。”

第十八章　孟子说：“孔子当初受厄于陈国、蔡国之间，因为那时候的国君并臣子不与孔子交接。”本文君子是孔子，戹字，意思是受厄；上字是国君；下字是臣子。〇比较《论语·先进第十一》第二章。

第十九章　第一节貉稽曰：“稽大不理于口。”二节孟子曰：“无伤也。士憎兹多口。三节《诗》云：‘忧心悄悄，愠于群小。’孔子也。‘肆不殄厥愠，亦不陨厥问。’文王也。”

第十九章　第一节貉稽姓貉，名稽。对孟子说：“稽意思是我。很不得倚赖于众人的口。”因为众人毁谤我。〇本文理字是倚赖。二节〇孟子说：“这是没有害，为士的人比凡民更容易招此众口的毁谤。本文憎字，按赵注：“该当写作增，意思是加添。”本文兹字是此，多口是众口。三节〇《诗经》上说：‘《诗经·邶风·柏舟》之篇第四章。忧心悄悄，愠于群小。’悄悄是忧愁，愠是恨，群小是小人，意思是我心里很忧愁，因为我被怨恨于那许多小人。〇那诗篇的本意，按《毛传》有意思卫国的好臣子，忧愁因为许多小人怨恨他，以致他失了国君的恩。朱夫子在《诗经》注解并小序说，那诗篇论卫君的夫人庄姜说的。乃十二年以后，朱夫子做《孟子》注解，那时候他到底跟从《毛传》说，本言卫之仁人，见怒于群小。这样的话也可以论孔子说。朱注：“孟子以为孔子之事可以当之。”《诗经》又说：‘《诗经·大雅·绵》之篇八章。肆不殄厥愠，亦不陨厥问。’肆是故，殄是绝，愠是怒，陨是坠，问是闻，就是名声，意思是虽然他不能绝他们的怒，他不丧失自己的大名声。〇那诗篇本来论太王说的，孟子以为文王之事可以当之。这样的话也可以论文王说。”本章的意思是善人常被人毁谤招怨恨。

第二十章　孟子曰：“贤者以其昭昭，使人昭昭；今以其昏昏，使人昭昭。”

第二十章　孟子说：“古时候的贤人，用自己的昭昭叫别人得昭昭；今时的人，他们想要用自己的昏昏叫别人得昭昭。”昏昏是黑暗。〇比较耶稣说的，“他们是瞎子领瞎子。若是瞎子领瞎子，两个人必都要掉在坑里”。看《马太》十五章十四节。

第二十一章　孟子谓高子曰：“山径之蹊间，介然用之而成路。为间不用，则茅塞之矣。今茅塞子之心矣。”

第二十一章　孟子对高子说：“这个高子是孟子的门徒，乃与《告子下》三章一节所说的高子不同。〇《公孙丑下》十二章二节，也是一个高子，恐怕就是本章的高子。赵氏说：“高子离开孟子从别的先生，所以孟子劝戒他。”那山上的小路所有一步的去处，本文径字是小路，蹊间是一步的去处。若人暂时用他就成了一条路。本文介然，意思是用一点功夫。乃少顷不用他，本文为间，朱注：“少顷。”那个茅草就塞满这个路。现在茅草塞满了你的心。”

第二十二章　第一节高子曰：“禹之声，尚文王之声。”二节孟子曰：“何以言之？”曰：“以追蠡。”三节曰：“是奚足哉？城门之轨，两马之力与？”

第二十二章 第一节高子说："禹的乐调，是比文王的乐调还好。"二节〇孟子说："为什么你说这个？"高子说："因为大禹之钟纽已经朽坏了。"本文追字是钟纽，蠡字本来是医木虫，在这里有比方的意思说，那个钟纽因为用的人多，已经坏了。好如虫咬那样，人用禹的钟比文王的钟多，表明他们喜好禹的乐，胜过文王的乐。三节〇孟子说："这个何足为凭据呢？比如那城门里头的车迹，难道一车两马之力能使他这样么？"本文轨字是车辙迹。两马之力，意思是不但一个被两马拉的车成那个很深的车辙迹，只是因为天天许多车在城门里，必须从那一个轨经过，所以他是这样深的。〇孟子的意思是不因为人用那个钟多，并因为时候长久，就能说禹的乐善过文王的乐，这还不足为凭据。〇论道理是一样。若一个道理是最古的道理，并许多人从之，学者还不能因为这个缘，故可以想是最善的道。〇朱注引丰氏云："奚足，言此何足以知之也。轨，车辙迹也。两马，一车所驾也。城中之途容九轨，车可散行，故其辙迹浅；城门惟容一车，车皆由之，故其辙迹深。盖日久车多所致，非一车两马之力，能使之然也。言禹在文王前千余年，故钟久而纽绝；文王之钟，则未久而纽全，不可以此而议优劣也。"

第二十三章 第一节齐饥。陈臻曰："国人皆以夫子将复为发棠，殆不可复。"二节孟子曰："是为冯妇也。晋人有冯妇者，善搏虎，卒为善士。则之野，有众逐虎，虎负嵎，莫之敢撄。望见冯妇，趋而迎之。冯妇攘臂下车。众皆悦之，其为士者笑之。"

第二十三章 第一节齐国有饥荒的时候，陈臻对孟子说："国人都以为夫子再要请王发棠邑的谷仓，棠邑，是在今时山东莱州府，即墨县。乃我疑惑夫子不再要做这个。"本文殆字，意思是疑惑。二节〇孟子说："再做这个是仿佛做冯妇那样。晋国人有一个冯妇，他很善于搏执老虎，后来他做一个善士。本文卒字，意思是后来。他有时候往郊野去，本文之字意思是往。有许多人逐一个老虎，老虎逃避在山曲之嵎，本文负字是倚赖为藏身之所。没有人敢触他。本文撄字是触。乃他们既然看见冯妇，就一齐跑来迎接他。本文趋字，是快跑来。冯妇也就袒裼露臂并下车来。众人都喜悦他，乃那为士的人嘲笑他。"士子笑他，因为想他还做本来的生涯，又想和老虎相斗是与士子的高位分不合宜。比较《论语·述而第七》第二十章云："子不语，怪力乱神。"〇孟子因为齐王不用他，已决断离开齐国，所以他不再请王发谷仓，孟子那时候在齐国不做官。

第二十四章 第一节孟子曰："口之于味也，目之于色也，耳之于声也，鼻之于臭也，四肢之于安佚也，性也，有命焉，君子不谓性也。二节仁之于父子也，义之于君臣也，礼之于宾主也，智之于贤者也，圣人之于天道也，命也，有性焉，君子不谓命也。"

第二十四章 第一节孟子说："口恋慕好滋味，眼睛恋慕好颜色，耳朵恋慕好声音，鼻恋慕好臭味，四肢恋慕安逸，这是我们肉身的性，乃有天命为界限，故此君子不说是本性。比较《尽心上》三章二节注解。〇我们外面的境遇并我们当然的本分，限制那肉身的情欲。而且这个肉身之性,禽兽也有。乃人胜过禽兽所以然的缘故,是人有仁义之性。故此君子算那仁义之性为自己的本性。二节〇仁在父亲并儿子中间,义在国君并臣子中间,礼在宾客并主人中间,智于认识贤人,圣人之体天道,这都是天所命赋的,乃也是我们的本性所归向的,故此君子不说是命。"若人要尽仁义礼智之道,他必要勉力用自己所有的自主自由之权柄,天虽然把恋慕仁义之意向赐给于人,乃天不勉强人从仁义。故此君子不说那个德性是天命。看花之安《孟子》注解第九十段;又看《论语·子罕第九》第二十五章说的,"三军可夺帅也,匹夫不可夺志也"。

第二十五章 第一节浩生不害问曰:"乐正子,何人也?"孟子曰:"善人也,信人也。"二节"何谓善?何谓信?"三节曰:"可欲之谓善,四节有诸己之谓信。五节充实之谓美,六节充实而有光辉之谓大,七节大而化之之谓圣,八节圣而不可知之之谓神。九节乐正子,二之中,四之下也。"

第二十五章 第一节浩生不害姓浩生,名不害,齐国的人。问孟子说:"乐正子是什么样的人呢?"孟子说:"他是一个善人,是信人。"信意思是实。二节〇浩生不害又说:"什么叫做善?什么叫做信呢?"三节〇孟子说:"若人都看一个人算他是可欲的,这个人就称为善。四节〇真有善在自己里头,这称为信。五节〇若一个人叫他所有的善充满并积实,这称为美。六节〇若充满并积实的善德有光辉发现于外,这称为大。七节〇大而能化,就称为圣。八节〇圣而不能测其妙,这称为神。比较《中庸》二十四章说的,故至诚如神。九节〇乐正子,他是在先说的两等人中间,两等人,就是善人、信人,他胜过善人,不及信人。乃他是在后说的四等人之下。"

第二十六章 第一节孟子曰:"逃墨必归于杨,逃杨必归于儒。归,斯受之而已矣。二节今之与杨、墨辩者,如追放豚,既入其苙,又从而招之。"

第二十六章 第一节孟子说:"人若逃避了墨子的道,他必要归于杨子的道;人若逃避了杨子的道,他必然归于儒教的道。他既然归附了,我们就该当受纳他就是了。论墨子并杨朱,看《滕文公上》五章,《滕文公下》九章九节,《尽心上》二十六章。二节〇乃今时的士子与那以前信徒杨氏、墨氏的人辨驳,他们如同追赶一个逃走的猪一样,那个猪虽已经回来入了他们的栅栏,他们又另外系住他的足。"本文豚是猪;苙是猪栏;招,朱注"羁其足也",就是系住脚。〇那比喻的意思是,虽然邪教之门徒归附了儒教,那个士子不厚待他们,乃常常责备他们,因为以前的迷惑。

第二十七章 孟子曰:"有布缕之征,粟米之征,力役之征。君子用其一,缓其二。用其二而民有殍,用其三而父子离。"

第二十七章 孟子说:"有布缕的征赋,《备旨》说:"织麻曰布,析丝曰缕。"有粟米的征赋,带谷曰粟,去壳曰米。有力役的征赋。力役是国家借百姓的力做工。〇朱注:"布缕取之于夏,粟米取之于秋,力役取之于冬,当各以其时;若并取之,则民力有所不堪矣。"君子在一个时候只用一个税法，而缓那两个。设若一块儿用两个，百姓中间就有饿死的人，本文殍字，是饿死。设若一块儿用三个，许多父亲并儿子们就要彼此离散。”

第二十八章　孟子曰：“诸侯之宝三：土地，人民，政事。宝珠玉者，殃必及身。”

第二十八章　孟子说：“诸侯所该当看为宝贵的是三样，就是土地、人民、政事。若一个诸侯看珠玉为宝贵的，灾殃就必要及他的身。”

第二十九章　盆成括仕于齐。孟子曰：“死矣盆成括！”盆成括见杀。门人问曰：“夫子何以知其将见杀？”曰：“其为人也小有才，未闻君子之大道也，则足以杀其躯而已矣。”

第二十九章　盆成括姓盆成，名括。出仕在齐国。孟子说：“他必要死阿！那个盆成括阿！”不久盆成括实在被杀。门人就说：“夫子怎么样知道他必要被杀呢？”孟子说：“他为人只有一点小才，但他还未听过君子的大道，这就是足以杀害他的身体阿！”躯字是身体。〇比较《论语·先进》第十二章，孔子说：“若由也，不得其死然。”

第三十章　第一节孟子之滕，馆于上宫。有业屦于牖上，馆人求之弗得。二节或问之曰：“若是乎从者之廋也？”曰：“子以是为窃屦来与？”曰：“殆非也。夫子之设科也，往者不追，来者不距。苟以是心至，斯受之而已矣。”

第三十章　第一节孟子往滕国来的时候，住在上宫里头。朱注：“上宫，别宫名。”意思是为宾客所用的。在那里有织而未成的屦在窗上，本文业字，表明那个屦已经被做而未成就了。以后馆人来求那个屦而寻不着。二节〇故此或人问孟子说：“这样阿，夫子跟从的人偷东西么？”本文廋字，音叟，《康熙字典》说“隐匿也”，意思是偷。孟子说：“你想他们专为偷这个屦来的么？”或人说：“恐怕不是因为这个来。但夫子设教，本文设科，意思是设教，就是开馆。不追咎往日之不善，不拒绝来从学的人。若一个人有向道之心并来学，夫子收纳他就罢了。”

第三十一章　第一节孟子曰：“人皆有所不忍，达之于其所忍，仁也；人皆有所不为，达之于其所为，义也。二节人能充无欲害人之心，而仁不可胜用也；人能充无穿逾之心，而义不可胜用也。三节人能充无受尔汝之实，无所往而不为义也。四节士未可以言而言，是以言餂之也；可以言而不言，是以不言餂之也，是皆穿逾之类也。”

第三十一章　第一节孟子说：“人都有他们所不忍之事，《备旨》说：“人遇可哀之事，皆有所不忍。”但要推广这个不忍之情到他们所忍的事，就有仁；意思是不忍之心，是仁之端。〇比较《梁惠王上》七章四节，《公孙丑上》第六章。人都有他们所不为的事，但要推广这个情到他们所为的事，就有义。不能做可耻之事，是义之端。二节〇若一个人能扩充不欲害人之心，他的仁就用之不尽了；若一个人能扩充无穿穴逾墙之心，本文穿是穿穴，逾是逾墙。〇比较《阳货第十七》第十二章，又看《孟子·滕文公下》第三章六节。〇意思是穿穴逾墙，人都羞耻做这个事。而且若他扩充这个羞恶之心到别的事，他们就有义。他的义就用之不尽了。三节〇人都不喜欢受别人用你你那个称呼，若一个人能扩充这个实情到别的事，他就在各地方各时候要跟从义了。四节〇若一个士子不该当说的时候却说，他欲用自己的话探取别人之情；本文餂字，是探取；之字，《备旨》讲："别人之情。"若他可以说的时候却不说，他就用隐默探取别人之情。不言是隐默。这都是穿穴逾墙一类。"

第三十二章　第一节孟子曰："言近而指远者，善言也；守约而施博者，善道也。君子之言也，不下带而道存焉。二节君子之守，修其身而天下平。三节人病舍其田而芸人之田，所求于人者重，而所以自任者轻。"

第三十二章　第一节孟子说："言语若是浅近的而若意旨是深远的，浅近，是显然容易明白的。这是善言；孟子赞美显然容易明白的话。故此予想国家该当命令十八省所有的学堂，都要用一定的官话，儒林都要用这个话，与凡民作模子。若一个道理论守自己是简约的，简约，意思是约略而省文。比如恕字那一个字，话少意思深。而且若那个道理的施用是广博的，意思是若可以用那个道在各样的事里头以致包括天下。这就是善道。所以君子的言语，不下带意思是他的话是近的。〇古人视看人不下于带，所以带之上是在眼前最近之处。而大道存在里头。君子用最近的话，乃大道存在其中。二节〇论君子自己所守的道，就是修自己的身，乃天下因此得到太平之光景。朱注："此所谓守约而施博也。"〇比较《大学》。三节〇世人的毛病是他们遗忘自己的田而芸别人的田，而且他们所求于别人的是重的，乃他们自己所担任的是轻的。"比较耶稣说的，"为什么看见你兄弟眼中有刺，倒不觉自己眼中有梁木呢？你眼中有梁木，怎能对兄弟说，容我替你拔出眼中的刺来呢？假冒为善的人，你先将自己眼中的梁木除去，才能看得清楚，将你兄弟眼中的刺拔出来呢"。看《马太》七章三至五节。耶稣又说："你们教法师有祸了！因为你们将难担的担子叫人担着，自己一个指头也不肯动。"看《路加》十一章四十六节。

第三十三章　第一节孟子曰："尧、舜，性者也；汤、武，反之也。二节动容周旋中礼者，盛德之至也；哭死而哀，非为生者也；经德不回，非以干禄也；言语必信，非以正行也。三节君子行法，以俟命而已矣。"

第三十三章　第一节孟子说："尧、舜，不失其本性而做圣人；汤王、武王复其本性而做圣人。二节〇若举动容止一切的态度都中着礼，本文动容是容貌；本文周旋，按《备旨》："周旋，即动容中之细微曲折处。"就是一切的态度。这是盛德之极处；哭死人而哀惨，不因为活人的缘故；意思是哀死人必要出诚心悲哀，不是因为活人，或是死人的家人，或是旁人。〇比较花之安《自西徂东》第三十一章，论凶礼贵中。〇按朱注：这都是只论圣人说的，如尧、舜那样。乃雷格氏翻译用该当两个字，意思是人人都该当诚心悲哀死人，难道只圣人做那样么？从经德而不回曲，朱注："经常也。"《备旨》说："经德，如天常人纪，一一尽其常。"回字，朱注："曲也。"〇雷格氏也翻译："不该当回曲。"不是因为干求俸禄；言语必定信实，雷格氏翻译："该当自然信实。"不是因为有意思要正自己的行为。不要特意立主意勉力说实话，乃该当自然常常说实话。三节〇君子行当然的法以致俟待天命就是了。"比较《尽心上》一章三节。〇朱注："法者，天理之当然者也。君子行之，而吉凶祸福有所不计，盖虽未至于自然，而已非有所为而为矣。此反之之事，董子所谓'正其义不谋其利，明其道不计其功'，正此意也。〇程子曰：'动容周旋中礼者，盛德之至。行法以俟命者，"朝闻道夕死可矣"之意也。'吕氏曰：'法由此立，命由此出，圣人也；行法以俟命，君子也。圣人性[1]之，君子所以复其性也。'"

第三十四章　第一节孟子曰："说大人，则藐之，勿视其巍巍然。二节堂高数仞，榱题数尺，我得志弗为也；食前方丈，侍妾数百人，我得志弗为也；般乐饮酒，驱骋田猎，后车千乘，我得志弗为也。在彼者，皆我所不为也；在我者，皆古之制也，吾何畏彼哉？"

第三十四章　第一节孟子说："若一个士子游说大人，他必该当藐视他们，不该当看他们巍巍然的外貌。巍巍然，是富贵高显之貌。二节〇他们有数仞高的堂，八尺曰仞，看《尽心上》二十九章。那堂的檐头凸出有数尺，本文榱字，是檐；题字，是檐头。我若得了志不要这个；得了志，意思是做大官。饮食的时候，面前排列一丈方的肴馔，有数百侍奉的姬妾，我若得了志也不要这个；盘乐、意思是盘桓快乐，看《公孙丑上》四章四节。饮酒、驰马打猎，本文驱骋，意思是跑马。有千乘车在后头，我若得了志也不要这个。他们所看重的都是我所不要的；我所看重的都是古人的制度。我为什么该当怕他们呢？"

第三十五章　孟子曰："养心莫善于寡欲。其为人也寡欲，虽有不存焉者，寡矣；其为人也多欲，虽有存焉者，寡矣。"

第三十五章　孟子说："若要养心，最好的法子是寡自己的情欲。比较《尽心上》一章二节说的，"存其心，养其性，所以事天也"。比方有一个人他的情欲是寡少的，虽然论几件事他不能存其心，乃是寡少的了。反此，比方有一个人他的情欲是许多，虽然论几件事他能存其心，乃是寡少的了。"

第三十六章　第一节曾皙嗜羊枣，而曾子不忍食羊枣。二节公孙丑问曰："脍炙与羊枣孰美？"孟子曰："脍炙哉！"公孙丑曰："然则曾子何为食脍炙而不食羊枣？"曰："脍炙所同也，羊枣所独也。讳名不讳姓，姓所同也，名所独也。"

第三十六章　第一节曾子的父亲曾皙嗜好吃羊枣，他的儿子曾子就不忍吃羊枣。朱注："羊枣，实小黑而圆，又谓之羊矢枣。曾子以父嗜之，父没之后，食必思亲，故不忍食也。"二节〇公孙丑问孟子说："脍炙脍是切碎的肉，炙是熏肉。与羊枣什么是最美的？"孟子说：

---

① 原文作"信"，今按《四书章句集注》改。

"脍炙阿!"公孙丑说:"既是这样,曾子为什么吃脍炙而不吃羊枣呢?"孟子说:"脍炙人人都喜欢,格外嗜好羊枣独曾皙做这个。比如我们避讳父母的名而不避讳他们的姓,因为姓是同的,名是独的。"孟子的意思是若曾子看见羊枣,他必记念父亲并悲哀父亲去世,因为父亲很喜好羊枣。故此曾子不吃那个果子。这个事是好如人避讳父母的名,而只用他们与儿子相同的姓。

第三十七章 第一节万章问曰:"孔子在陈曰:'盍归来乎!吾党之士狂简,进取,不忘其初。'孔子在陈,何思鲁之狂士?"二节孟子曰:"孔子'不得中道而与之,必也狂狷乎!狂者进取,狷者有所不为也'。孔子岂不欲中道哉?不可必得,故思其次也。"三节"敢问何如斯可谓狂矣?"四节曰:"如琴张、曾皙、牧皮者,孔子之所谓狂矣。"五节"何以谓之狂也?"六节曰:"其志嘐嘐然,曰'古之人,古之人'。夷考其行而不掩焉者也。七节狂者又不可得,欲得不屑不洁之士而与之,是狷也,是又其次也。八节孔子曰:'过我门而不入我室,我不憾焉者,其惟乡原乎!乡原,德之贼也。'"曰:"何如斯可谓之乡原矣?"九节曰:"'何以是嘐嘐也?言不顾行,行不顾言,则曰:古之人,古之人。行何为踽踽凉凉?生斯世也,为斯世也,善斯可矣。'阉然媚于世也者,是乡原也。"十节万子曰:"一乡皆称原人焉,无所往而不为原人,孔子以为德之贼,何哉?"十一节曰:"非之无举也,刺之无刺也;同乎流俗,合乎污世;居之似忠信,行之似廉洁;众皆悦之,自以为是,而不可与入尧、舜之道,故曰德之贼也。十二节孔子曰:'恶似而非者:恶莠,恐其乱苗也;恶佞,恐其乱义也;恶利口,恐其乱信也;恶郑声,恐其乱乐也;恶紫,恐其乱朱也;恶乡原,恐其乱德也。'十三节君子反经而已矣。经正,则庶民兴;庶民兴,斯无邪慝矣。"

第三十七章 第一节万章问孟子说:"孔子在陈国的时候说:'我何不归去呢!朱注:"盍,何不也。"我党的士子是高狂而简略的,比较《论语·公冶长第五》第二十一章云:"子在陈曰:'归与归与,吾党之小子狂简。斐然成章,不知所以裁之。'"〇朱注:"狂简,谓志大而略于事。"他们喜好前进,并必要取他们所求的,《论语·子路第十三》第二十一章云:"子曰:'不得中行而与之,必也狂狷乎。狂者进取,狷者有所不为也。'"〇学者可明万章说的进取两个字,是从这个章里引出来的。但他们不能忘他们本来的旧习。'请问孔子在陈国的时候,为什么思念鲁国的狂士呢?"万章的意思是,孔子为什么回想并羡慕那有许多缺憾的门徒呢?二节〇孟子说:"孔子'既不得中道之人以传道与他们,中道之人是合乎中庸之人。他必要用那狂者并狷者。狂者他们奋勇前进而执取道,他们有热心努力前进而执着道。狷者他们有所不为'。是无所不为的对面。〇狷者是持守很严。他们虽然是有一点掘强的样子,然到底他们也断然不做不好的事。比较《论语·子路第十三》第二十一章。孔子难道不欲得那中道之人么？但既然他不能必得这样的人，故此他思想得那次一等的人。”三节〇公孙丑说：“我敢问什么样的人就可以称为狂者呢？”四节〇孟子说：“比如琴张、琴张，名牢，字子张，看《子罕第九》第六章四节。曾皙、论曾皙，看前篇。牧皮论牧皮，不晓得是什么人。那样的人，是孔子所称为狂者。”五节〇万章又问说：“为什么称他们为狂者呢？”六节〇孟子说：“他们的志向常爱说大话，本文嘐嘐然，朱注：“志大言大也。”他们常说‘古之人，古之人’。乃若平心考察他们的行为，本文夷字是平。就不掩盖他们的言语。意思是他们的行为不及他们的言语。七节〇而且因为孔子有时也不能得那个狂者，他就欲得那个不屑不洁之士以传道与他们，不屑不洁之士，意思是他们不屑做不洁净的事。这样的人是狷者，就是又次一等的。”朱注：“狂，有志者也；狷，有守者也。有志者能进于道，有守者不失其身。”八节〇万章又问说：“孔夫子说：‘只是乡原那样的人，原与愿同，是谨厚的意思，就是小心并忠厚。乡愿是一乡的人皆称赞他是谨厚人。我不憾恨他们经过我的门而不入我的房子。乡原那样的人，是德之贼也。’比较《论语·阳货第十七》第十三章。请问什么样的人可以称为乡原呢？”朱注：“孔子以其似德而非德，故以为德之贼。过门不入而不恨之，以其不见亲就为幸，深恶而痛绝之也。”九节〇孟子回答说：“乡原讥诮那个狂者说：‘他们为什么这样说大话？本文嘐嘐然，看上文第六节，意思是说大话。他们的言语不顾他们的行为，他们的行为不顾他们的言语，看上文说的“夷考其行而不掩焉者也”。乃他们常说：古之人古之人。’乡原又讥诮那个狷者说：‘他们的行为为什么这样踽踽凉凉？’踽踽，是自己独一个人走路不前进的样子；凉凉，是待人冷淡的样子，人也不亲厚他。那乡原心里想，我既然生于这个世，我也应当做这世之人，世字论时代说的，意思是应当和同时的人一样行事。若当时之人以我为善这就够了。上文是乡原默想的意思，下文是孟子责备他的话。他们如奄人那样谄媚于当世，朱注：“阉，如奄人之奄，闭藏之意也。”这样就是那乡原。”十节〇万章说：“一乡的人都称赞他们为谨愿的人，而且不论在什么地方他们都谨愿的人，而孔子以他们为德之贼，是为什么呢？”十一节〇孟子说：“你若要非他们，非，意思是议论。你就举不着什么缘故；你若要刺他们，你就没有什么事可以刺他们；他们同乎下流的风俗，合乎污浊的世界；他们所居之于心的是好似忠信，他们所行的是好似廉洁；廉字，看《滕文公下》第十章一节。众人都喜悦他们，并他们自己以自己为是，而且君子不能同他们前进入尧、舜之道，故此说他们是德之贼。十二节〇孔夫子说：‘我恨恶那似是而非是的；我恨恶那莠草，莠，是似苗之草。因为恐怕他叫人乱他于真苗；我恨恶那佞口的能干，恐怕他叫人乱他于义；我恨恶那利口的能干，利口，意思是他的言语，如刀一样利。恐怕他叫人乱他于真信；我恨恶那郑声，是淫乐，看《论语·卫灵公第十五》第十章。恐怕他叫人乱他于正乐；我恨恶那紫色，紫色是间色；正色是青、黄、赤、白、黑，看《论语·乡党第十》第六章二节。恐怕他叫人乱他于朱；我恨恶那乡原，恐怕他叫人乱他于真德。’朱注：“乡原不狂不狷，人皆以为善，有似乎中道而实非也，故恐其乱德。”十三节〇君子只要复兴常道就是了。朱注:"反,复也。经,常也,万世不易之常道也。"常道既正了,庶民就兴起于善;若庶民兴起于善,那时就没有邪慝。"邪慝,是邪恶的风俗,不单论异端说的。

第三十八章 第一节孟子曰:"由尧、舜至于汤,五百有余岁,若禹、皋陶,则见而知之;若汤,则闻而知之。二节由汤至于文王,五百有余岁,若伊尹、莱朱则见而知之;若文王,则闻而知之。三节由文王至于孔子,五百有余岁,若太公望、散宜生,则见而知之;若孔子,则闻而知之。四节由孔子而来至于今,百有余岁,去圣人之世,若此其未远也;近圣人之居,若此其甚也,然而无有乎尔,则亦无有乎尔。"

第三十八章 第一节孟子说:"从尧、舜到成汤的时候,是五百多年,孟子论这个五百年,是大概说的。按古传,舜即位在西历前二千二百五十六年,去世在二千二百零八年;成汤即位在一千七百六十六年,去世在一千七百五十三年,所以从舜即位到汤即位的时候,是四百八十九年。论大禹并皋陶说,他们看见了圣人就是帝舜。并这样知道圣人的道;乃论成汤说,他只传闻并这样知道圣人的道。二节〇从成汤到文王的时候,是五百多年,成汤去世在(西历前)一千七百五十三年,文王降生在一千二百三十一年,所以有五百二十二年在他们中间。论伊尹并莱朱说,他们看见了圣人;就是成汤,伊尹是成汤的宰相,莱朱或人说,就是仲虺,就是成汤的左相。并这样知道圣人的道;论文王说,他只传闻并这样知道圣人的道。三节〇从文王到孔子的时候,是五百多年,文王去世在(西历前)一千一百三十五年,孔子降生在五百五十一年,所以有五百八十四年在他们中间。论太公望并散宜生说,他们看见了圣人,就是文王。〇太公望是吕尚,文王的臣子,看《离娄上》第十三章一节。散宜生也是文王的臣子。并这样知道圣人的道;论孔子说,他只传闻并这样知道圣人的道。四节〇由孔子以来,到了现在是一百多年,孔子去世在(西历前)四百七十九年,孟子降生在(西历前)三百七十二年,所以有一百零七年在他们中间。我们去圣人的时候既这样不远;离圣人的住居既这样的近,邹国和鲁国是邻国。然而难道没有一个人能传述圣人的道,连一个也没有呢?"这是按雷格氏并花之安翻译的,意思是孟子谦卑的样子,表明他看传圣人之道为自己的责任。〇按朱注,那末两句中间,第一个无有乎尔,那句话有意思说:既然我们中间没有人看见了孔子并这样知道他的道;第二句有意思说:所以恐怕后来就是直到五百年之后也没有人要传闻他的道。乃本文无有乎尔四个字,不分别看见并传闻两个意思,而且两个乎字都是有问的意思,尔是虚字。第二句重说第一句说的话,表明孟子热心仰慕圣人之道必要传于后世。

孟子本义官话终

学庸本义官话

中文序

中国十八省的孩子们，大概都愿意念《大学》之书。乃许多孩子们还不能懂得这书上的意思，所以我现在翻译了大学之本文为官话，以致要帮助孩子们快一点可以明白意思。论这个讲“四书”之新法，请看《论语本义官话·序》，并《中庸本义官话·序》，予已经所著的。〇《大学》之本文，原来不是为小孩子传述的，如朱夫子说：“大学者，大人之学也。”并照汉儒之讲法，大学是大学（大学读泰学），如郑康成说：“大学以其记博学，可以为政。”意思是这个“大学”在国政里必用的，乃小孩子还不能懂得国政的事。这既然如此，怎么样朱夫子在序文里可以说学者必由是而学呢？而且传文之第十章注，他说，在初学者很要紧，该当看第五、第六章为急务。乃照西国博学士之意思，这样的书为小孩子实在是太难的。小孩子们就是六岁七岁的，他们该当先读很容易的书，如南洋公学，或商务印书馆，或美华书馆的王亨统先生所著的。若先读这样的书，孩子的灵心可以渐开，而且孩子实在喜欢学习，因为懂得意思。后来学过了五年或六年以后，先生也可以把“四书五经”讲与孩子们听，乃不要使他们先背“四书五经”。先生首先该当同孩子们读本文，并翻译这个本文一句一句话为官话，叫孩子实在懂得意思，而后可以表明很要紧的话叫孩子记得。倘若十八省的蒙学堂用这个新法，这样可以希望中国八十兆的孩子们，将来可以启发聪明，可以感动悟心，可以自己得灵颖之才干。这样中国的国家，并百姓的光景，都可以前进兴盛，此是予心所愿也！

光绪三十年九月十二日上海威海卫路三十四号　安保罗序

大学本义官话

大学章句 **大,旧音泰,今读如字。**

子程子曰:"《大学》,孔氏之遗书,而初学入德之门也。"于今可见古人为学次第者,独赖此篇之存,而《论》《孟》次之。学者必由是而学焉,则庶乎其不差矣。

我的夫子程子说:"这是朱夫子引程夫子的话,看《中庸本义官话》。《大学》这一部书,是孔门遗传之书,而初学者所入德之门也。"若我们今时可以认识古人为学所遵从的次第,这都是倚赖此一篇书之存在。而《论语》《孟子》次于这个,学者必由这个书起头习学,这样就庶几是希望。他可以不差错了。

第一节大学之道,在明明德,在亲民,在止于至善。二节知止而后有定,定而后能静,静而后能安,安而后能虑,虑而后能得。三节物有本末,事有终始,知所先后,则近道矣。四节古之欲明明德于天下者,先治其国;欲治其国者,先齐其家;欲齐其家者,先修其身;欲修其身者,先正其心;欲正其心者,先诚其意;欲诚其意者,先致其知;致知在格物。五节物格而后知至,知至而后意诚,意诚而后心正,心正而后身修,身修而后家齐,家齐而后国治,国治而后天下平。六节自天子以至于庶人,壹是皆以修身为本。七节其本乱而末治者否矣,其所厚者薄,而其所薄者厚,未之有也!

第一节大学之道,大学,朱注是"大人之学"。古时设立的大学堂里所讲的,道是修为大学之方法。○汉朝的注解读"大学"为"大(太)学"。郑康成说:"大学以其记博学,可以为政。"意思是这个大学在国政里必用的。雷格氏英文注解从郑康成。雷格氏说:"国君该当学习《大学》这一部书。"此书与平常的庶民有什么相干呢?他又怜恤中国万万小孩子念这样难懂的书。看雷格氏注解序,第二十八并二十九页。虽然,予想若孩子懂得意思,尚可以有益处。是在于章明本性之明德,天本来所禀赋于人的性是善的,乃因为罪恶,是败坏了。所以人须要仰慕本性之清洁,勉力复本性之纯善、本性之美。现在仿佛在黑暗里，所以人必要章明本性之明德。这个道理，诚是很好的。况且基督教另外明说人靠自己的力量不能成这个大事，必须救主耶稣的恩典，并圣神的感动，这样就可以得这个大功效。在于亲民，原文是亲民，意思是亲爱于民。朱注："亲，当作新。"意思是叫民改变做新的。程夫子的主见，设立这个讲法，因为在传之第二章说的五个"新"字，朱夫子从他。乃雷格氏英文注解说："本来一定是'亲'字，不是'新'字，此是不可疑惑的。"那传之第二章，第一并第三节，不是论"新民"说的。第一节论"自新"说的，第三节说文王"新"受了天命。又传之第二章第二节作"新民"那句话，在《书经·康诰》第七节，本文有意思说，你要激动新来归服的民人，所以本文也不论"振新"百姓说。朱夫子说："旧本的简，颇有错乱。"这样传之第二章，本来恐怕都不是在那个地方，故此雷格氏说："我们该当读亲民。"〇亲，是亲爱。国君并官府的本分，就是亲爱百姓。如孔夫子告樊迟说："仁，是爱人。"又说："泛爱众。"而且"亲民"比"新民"更要紧。因为若国君，或官府，或在学堂里的先生，不亲爱人家，他也不能振新人家。亲爱是本，振新是末。在止于至善。止是止息，意思是必定要前进到那至善的地步，就是善德之极。〇这三款是《大学》之纲领。二节 〇知道止意思是若是知道我们在那里该当止息。而后有定意，有定意而后能够平静，平静而后能够安舒，安舒而后能够思虑，思虑而后能够得着。就是得至善之标准，意思是因为大学之道很高很深，所以人必须定意、笃志、安心、深虑以得之。三节 〇凡物都有本有末，凡事都有终有始，论国政，国君的心并身是本，家国天下的光景是末，这就是物；诚意、正心、修身是始，齐家、治国、平天下是终，这就是事。知道所先的所后的，此就近于道了。近是离道不远。四节 〇古人若欲章明自己的明德于天下，他们先治理他们自己的国；欲治理他们的国，他们先整齐自己的家；欲整齐自己的家，他们先修自己的身；欲修自己的身，他们先正自己的心；欲正自己的心，他们先诚实自己的意念；欲诚实自己的意念，他们先推致自己的知识；推致是成全。推致知识是在于格物。格至也，就是用以穷究至到事物之理。〇这八款是《大学》之条目。五节 〇既然物被穷究了，而后知识至到全备；知识既然至到了全备，而后意念就诚实；意念既然诚实，而后心就端正；心既然端正，而后身子就修了；身子既然修了，而后家就整齐；家既然整齐，而后国就均治；国既然均治，而后天下就太平。六节 〇自天子以至于庶人，天子是天所命的，故此称他为天子。一切皆以修身为本。以修身为本，此一定是真实的道。乃论修身之法，有许多博士疑惑此《大学》所说的方法，果能有这样的功效否？比方格物是关乎才，不关乎德。有许多很聪明的人，他们还没有德，有德而无才者也有。故此格物虽是好的，然不以格物并致知就可以诚意正心，若不受上帝之神感化，人心就不能改正。〇而且论"欲正其心者先诚其意"那句话，朱夫子说："心是身之所主，意是心之所发。"所以学者可明心是仿佛水之源，意是仿佛水之流，若欲清其流，必须先清其源。意思是心若正，意自诚，乃不能以水之流就是意，可以清水之源就是心。七节 〇那本被乱了而那末倒平治，没有这个理。本是修身，乱是身不修；末是家，并国，并天下。把所厚的待淡薄的样子，而把所薄的待笃厚的样子，未有这个事。按朱注，所厚是家，所薄是国并天下。乃是雷格氏不依从，说所厚是与那本一样的意思，就是修身。孟子说："于所厚者薄，无所不薄也。”看《孟子·尽心章句上》四十四章。〇比较耶稣说的：“在小事上忠信，在大事上也忠信；在小事上不义，在大事上也不义。你们若在虚浮的钱财上没有忠信，谁肯将真财托付你们呢？”看《路加》十六章十并十一节。〇《礼记》所述的《大学》之文，在“未之有也”那句话以后说：“此谓知本，此谓知之至也。”朱夫子调换这两句作传之第五章。

右经一章，盖孔子之言，而曾子述之。凡二百五字。其传十章，则曾子之意而门人记之也。旧本颇有错简，今因程子所定，而更考经文，别为序次如左。凡千五百四十六字。〇凡传文，杂引经传，若无统纪，然文理接续，血脉贯通，深浅始终，至为精密。熟读详味，久当见之，近不尽释也。

朱夫子说：“右边经一章，本来是孔夫子的话，而曾子传述的。曾子，姓曾，名参，鲁国的人，是孔夫子的学生。那传十章，是曾子的意思而门人记录的。旧本颇有错乱的简，今因程夫子所定的，我再查考了经文，并别为排列序次如左边。”雷格氏详细查考了《大学》各样的注解说，朱夫子这样分别右经一章，并后来的传十章，这样分别，实在没有凭据。传第四章，有“子曰”两个字，那就是孔夫子的话。所以设若《大学》之第一章实在是从孔子自己来的，为什么没有那样的一句话表明这个事呢？〇《大学》之传，按朱夫子的意思，是被曾子的门人记写的，乃是传之第六章第三节，有“曾子曰”那句话，设若曾子的门徒写了这个，他们必要称他们的夫子说子曾子，所以这一句是凭据，《大学》之传不是被曾子的门徒写了，故此雷格氏不能依从朱夫子的意思。雷格氏想恐怕孔伋，就是孔夫子的孙，又写了《中庸》，又写了《大学》，因为那两本书的大意是相合的，而且有古时候的证据，唐氏奏疏有曰：“虞松校刻石经于魏表，引汉贾逵之言曰：‘孔伋穷居于宋，惧先圣之学不明，而帝王之道坠，故作《大学》以经之，《中庸》以纬之。’”看《大学证文》一卷第五页，又看雷格氏《大学》序，第二十六并二十七页。

第一节《康诰》曰：“克明德。”二节《大甲》曰：“顾諟天之明命。”三节《帝典》曰：“克明峻德。”四节皆自明也。

第一章　一节《书经·康诰》说：“《康诰》是《书经》的篇名。这是武王告诉康叔的话。〇康叔名叫封，他是文王的儿子，武王的弟郎，武王命康叔做卫国的诸侯，说。克明德。”克，能他。〇武王告诉康叔说，我们的父亲文王，能够章明本性之德。〇从传文第一至六章，学者该当比较《礼记》所述的《大学》之文，他就可以明白，什么样朱夫子迁移古本的次序。二节〇《书经·太甲》说：“《太甲》是《书经》的篇名。太甲是成汤之孙，他不顺从伊尹之意，伊尹就劝戒他。顾諟天之明命。”顾是视看，諟按朱注，是此或是审；雷格氏翻译审。天之明命，是昊天的显明之命令。〇伊尹训戒太甲说，先王就是成汤，常常顾视审察昊天之显明的命令。〇雷格氏在《书经》英文注解第二百页，表明成汤实在有敬畏昊天之心，以虔心事奉上帝，一切的事都体会简在帝心。三节〇《书经·帝典》说：“《帝典》是《书经》的篇名，这是臣子赞美尧的。克明峻德。”史臣说，尧能够章明竣大的德。四节〇皆自明也。《书经》三处所说的意思，皆是论国君明亮自己。

右传之首章。释明明德。此通下三章“止于信”，旧本误在“没世不忘”之下。

朱夫子说：“右边传文之第一章，解释明明德的意思。”因为四个“明”字，朱夫子把这四节作为在明明德那句话的传。乃是第二节实在不是论人之德性说。在《礼记》，这四节本来是在朱夫子所定的传之第三章以后。○雷格氏在《大学》英文序第三十二页说："我越发热心查考《大学》之书，越发确知自传之第一至第六章，实在只是几句零碎之文，不是贯串的，而且勉力在中间试查一个联络的意思，是无用的。"

第一节汤之《盘铭》曰："苟日新，日日新，又日新。"二节《康诰》曰："作新民。"三节《诗》曰："周虽旧邦，其命维新。"四节是故君子无所不用其极。

第二章　第一节成汤的《盘铭》说："盘是沐浴的盘，铭是箴言之类。成汤刻那个铭辞在盘上，因为若看见了可以警戒。苟日新，这是比方的话，意思是若你真能一日洗去你心里旧时的污秽，而重换新的。日日新，你就该当日日新。而且又日新。"而且你该当常常继续，天天自新。○这一句话真是最善的。基督教也有那个意思，比如使徒保罗说："将你们的志气改换一新，都应当有新人的样式，这新人是照着上帝造的，仁义、圣洁、真实俱备。"看《以弗所》四章二十三节。二节○《书经·康诰》说："作新民。"看经文一节"亲民"两个字的注解。《书经》本文的意思是你要激动新来归服的民人。三节○《诗》曰："《诗经·大雅·文王》之篇。周虽旧邦，其命维新。"意思是周家立邦虽是很古的，就是文王以前一千年开基，然文王新受了天命。○学者可明这一句话也不论振新民人说。四节○故此君子没有一件事不用其极。意思是竭力到至极。○雷格氏英文注解说："这第四节与上文不相接续。"

右传之二章。释新民。

朱夫子说："右边传之第二章，解释新民的意思。"看经文"亲民"二字的注解。

一节《诗》云："邦畿千里，惟民所止。"二节《诗》云："缗蛮黄鸟，止于丘隅。"子曰："于止，知其所止，可以人而不如鸟乎！"三节《诗》云："穆穆文王，於缉熙敬止！"为人君，止于仁；为人臣，止于敬；为人子，止于孝；为人父，止于慈；与国人交，止于信。四节《诗》云："瞻彼淇澳，菉竹猗猗。有斐君子，如切如磋，如琢如磨。瑟兮僩兮，赫兮喧兮。有斐君子，终不可喧兮！"如切如磋者，道学也；如琢如磨者，自修也；瑟兮僩兮者，恂栗也；赫兮喧兮者，威仪也；有斐君子，终不可喧兮者，道盛德至善，民之不能忘也。五节《诗》云："於戏前王不忘！"君子贤其贤而亲其亲，小人乐其乐而利其利，此以没世不忘也。

第三章　一节《诗》云："《诗经·商颂·玄鸟》之篇。邦畿千里，邦畿是天子的京城。惟民所止。"实在是四方的百姓所趋向的地方，百姓们要安居在那里。○这第一至第三节有十个"止"字，而且在第四节有"至善"两个字，故此朱夫子把这几节联合做一章，说是"止于至善"那句话的注解。二节○《诗》云："《诗经·小雅·缗蛮》之篇。缗蛮黄鸟，缗蛮是黄鸟鸣叫的声音，黄鸟是仓庚或作鸧鹒。○在《诗经》本文缗作绵，意思是一样。止于丘隅。"止是栖止，丘隅是崖之角。孔夫子说："黄鸟于栖止的时候，他知道所当止的地方，可以人而反不如鸟么？"意思是人当止于至善。○本文"子曰"两个字，表明这是孔夫子的话。雷格氏说："若《大学》的经一章,也真是孔夫子的话,那个章也该当有'子曰'两个字,现在我们没有凭据证那个章是从孔夫子来的。"三节〇《诗》云:"《诗经·大雅·文王》之篇。穆穆文王,穆穆是深奥的意思。於缉熙敬止。"於音乌,是叹美的辞,意思是哎呀;缉是继续,熙是光明。〇意思是哎呀,文王怎样常常不息的并光明的样子,敬重他所止息的善处。做人君,他止于仁;做人臣,他止于敬;做人子,他止于孝;做人父,他止于慈;他和国人交接,他止于信。这样文王是止于至善。国君该当有仁,臣子该当有敬,儿子该当有孝,父亲该当有慈,人和人交接该当有信。仁、敬、孝、慈、信,是五个美德。四节〇《诗》云:"《诗经·卫风·淇澳》之篇,这是赞美卫武公的诗。瞻彼淇澳,瞻是看,淇是卫国的水名,澳是岸弯曲抱水。菉竹猗猗。菉是青色,竹是植物,猗因为叶韵在这里音阿,猗猗是美盛的样子。〇翻译那《诗篇》首两句意谓:你看那淇水的曲澳,那长的菉竹怎么这样茂盛?意思是《诗篇》所赞美的武公是一样美盛的。有斐君子,斐是文明的样子。如切如磋,切磋是治骨角。〇君子修身的进步,好像治骨角一样,如切而复如磋。如琢如磨。琢磨是治玉石。〇君子修身的进步,好像治玉石一样,如琢而复如磨。〇比较《论语·学而第一》第十五章二节。瑟兮僩兮,瑟是严密,僩是武毅,兮是虚字,这是论内心说的。赫兮喧兮。赫是威严的样子,喧是显耀的样子,这是论外貌说的。〇翻译那《诗篇》第五、六句意谓:我们的君子,论心德怎么这样严密并武毅,论外貌怎么这样威严并显耀。有斐君子,终不可喧兮!"喧是忘记,意思是我们文明的君子,终不能忘记他。如切如磋那句话论学说;本文道字,意思是论说,那句话表明学习的功夫。如琢如磨那句话论自修说;瑟兮僩兮那句话说君子是恂栗的;恂栗是心内战栗惧怕。赫兮喧兮那句话说君子有威仪;威仪是外貌。有斐君子,终不可喧兮,那句话说君子的盛德造到至善,使百姓不能忘记。雷格氏说:"这第四节表明修身的事,移到这个地方,恐怕是错了。"五节〇《诗》云:"《诗经·周颂·烈文》之篇。於戏前王不忘!"於戏是叹息的声音,前王是文王、武王。君子君子是后世的贤人,并后世的王。贤那前王所以为贤的,而亲爱那前王所亲爱的;意思是他们在各样的事,效法仰慕前王的榜样。小人后世的百姓。乐那前王所以为乐的,而受利于那前王所遗的利,这样所以前王去世以后,人不忘记他们。

右传之三章。释止于至善。此章内自引《淇澳》诗以下,旧本误在诚意章下。

朱夫子说:"右边传文的第三章,解释止于至善的那句话。"

子曰:"听讼,吾犹人也,必也使无讼乎!"无情者不得尽其辞。大畏民志,此谓知本。

第四章　孔夫子说:"审听讼狱我和人一样,必要的是使人没有讼狱!"意思是必要感化人心以道,看《论语·颜渊第十二》第十三章,下文不是孔夫子的话。这样那无情的人就不敢尽他们的话。他们虽然说许多虚诞的话,他们却不敢实成他们的计谋。并百姓的心志可有大敬畏,孔夫子的本意,万不是以暴虐之刑罚令百姓惊慌,乃以善道感化他们,以致他们自己有敬畏之心,并自由甘心守律法。比较《圣谕广训直解》第一条第十一节说的,"但刑罚只能处治你的身，不能改换你的心，你心里不惭愧，便处你也是枉然"，云云。以残忍的刑罚恐吓人，以致他们怕入衙门控告，这是误会孔子的本意。故此乐善之汉人该当减轻残忍之刑罚，并勉励修正犯人之心，叫他们在牢里听真道，并做有益之工。此叫知本。

右传之四章。释本末。此章旧本误在"止于信"下。

朱夫子说："右边传文的第四章，解释本末的意思。"按照古时候的注解，这第四章完结论诚意一章，并诚其意这就是本雷格氏依从古注，看《礼记·大学篇》。

一节此谓知本。二节此谓知之至也。

第五章　一节此谓知本。程子说这是衍文。二节〇此谓知之至也。这两句在《礼记》是完结经文，朱夫子想第二句之上有阙文，所以他自己补于下。

右传之五章，盖释格物、致知之义，而今亡矣。此章旧本通下章，误在经文之下。闲尝窃取程子之意以补之曰："所谓致知在格物者，言欲致吾之知，在即物而穷其理也。盖人心之灵莫不有知，而天下之物莫不有理，惟于理有未穷，故其知有不尽也。是以《大学》始教，必使学者即凡天下之物，莫不因其已知之理而益穷之，以求至乎其极。至于用力之久，而一旦豁然贯通焉，则众物之表里精粗无不到，而吾心之全体大用无不明矣。此谓物格，此谓知之至也。"

朱夫子说："右边传文的第五章，本来是解释格物、致知的意思，而今失亡了。近时我尝窃取程夫子的意思以补传文的空缺于下：'经文所说的致知在格物那句话的意思是，若我们欲推致我们的知识，我们必要把所遇着的物穷究其理，因为人心的灵慧，莫不有知识，而天下的物莫不有理，惟于物理若还有一处未及穷了，人的知识就也有不竭尽之处。所以《大学》在始初的功课里，必叫学者把凡天下之物，莫不因他已经所知道的理而要加倍益穷究那物，以致追求至到其极至。至于用力已经长久了，他就忽然一旦豁然豁然就是开郎的样子。贯通了，这样一切众物的或表或里或精或粗无不到，而我心的全体并大用无不明白了。此叫物格，此叫知之至。'"经文说，欲诚其意者，先致其知，致知在格物。所以按朱注，若人要诚意，他必先要穷究万物之理。雷格氏在《大学》英文序说："人虽享寿如《旧约》所记玛土撒拉那样的年纪，恐怕还不能穷究万物之理到极至。那个玛土撒拉他享寿九百六十九岁。"格物是属才的，诚意是属德的。看经文第四节的注解。可惜学问不一定使人有德行，如使徒保罗说："我们都有知识，但知识是叫人自大，惟有爱心是建立德行。"看《哥林多前书》八章一节。

第一节所谓诚其意者：毋自欺也，如恶恶臭，如好好色，此之谓自谦，故君子必慎其独也！二节小人闲居为不善，无所不至，见君子而后厌然，掩其不善，而著其善。人之视己，如见其肺肝然，则何益矣。此谓诚于中，形于外，故君子必慎其独也。三节曾子曰："十目所视，十手所指，其严乎！"四节富润屋，德润身，心宽体胖，故君子必诚其意。

第六章　第一节经文所说的诚其意那句话的意思是：禁绝不要自欺，乃要如恨恶恶臭一般,或如好爱好色一般,这就叫做自慊,慊是快足的意思。本文写谦字,意思一样。○人都自然恶恶臭,并自然好好色,不要勉强,这样人若其意念自然而不勉强的样子,仰慕发动向善,这样就可以说他的意念得了诚实;若他还不自然仰慕行善,他的意念就还不诚实,他还是自欺;若意念自然向善,人心里就享真快乐。故此君子必谨慎于自己独处的时候。比较《中庸》第一章三节,又看《中庸》三十三章二并三节。二节○那小人闲居的时候,各样不善的事他无所不为;乃是若他看见一个君子,他就忽尔有厌然的相貌,厌然是闭藏的样子。他愿掩藏他的不善,而表着他的善。别人视看他,好如看见他的肺肝一样,按古人的性理之学,肺是义之所在,肝是仁之所在。这样他藏匿是什么益处呢?论这样的事可以说:诚于里面的,必形于外面,故此君子必谨慎于自己独处的时候。三节○曾子说:"按雷格氏注,这句话是一个凭据,证这一章并且全传不是被曾子的门人记录的。因为门人必要说子曾子曰,或说曾夫子曰,看上文经文以后我们论朱夫子的意思所说过的。十双眼睛所视看的,十双手所指点的,那个必该当看为严重的!"十目所视,十手所指,恐怕是论人不能见之神明,就是论天使说的。四节○丰富润泽房屋,润泽就是装饰。德性润泽人身,身不但是外面的身体,乃意思包括全人。因德性心就广大了,体就安舒了,本文胖字,按朱注是安舒。○意思是比如财主的丰富,在房屋的华美上现出来;这样君子的德性,也在那全人的模样自然发现出来,故此假貌为善是无用的。比较《孟子》说的,"君子所性,仁义礼智根于心,其生色也,粹然见于面,盎于背,施于四体,四体不言而喻"。看《尽心章句上》第二十一章四节;又看《孟子·离娄章句上》十五章说的,"存乎人者,莫良于眸子,眸子不能掩其恶,胸中正,则眸子瞭焉。胸中不正,则眸子眊焉。听其言也,观其眸子,人焉廋哉?"故此君子必要诚其意。

右传之六章。释诚意。经曰:"欲诚其意,先致其知。"又曰:"知至而后意诚。"盖心体之明有所未尽,则其所发必有不能实用其力,而苟焉以自欺者。然或已明而不谨乎此,则其所明又非已有,而无以为进德之基。故此章之指,必承上章而通考之,然后有以见其用力之始终,其序不可乱而功不可阙如此云。

朱夫子说:"右边传文的第六章,解释诚意的意思。"朱注在本文另有几句话附尾,雷格氏说:"朱夫子自己觉得他论经文'知至而后意诚'那句话所陈说的讲法,还有难处,因为虽然知到了至,还要毋自欺以致得诚意。所以不但以知至并格物就能得诚意,倚靠知至是不足。"

第一节所谓修身在正其心者,身有所忿懥,则不得其正;有所恐惧,则不得其正;有所好乐,则不得其正;有所忧患,则不得其正。二节心不在焉,视而不见,听而不闻,食而不知其味,此谓修身在正其心。

第七章 第一节经文所说的"修身在正其心"那句话可以解明说:人身身不是身体,乃是指着全人自己说。倘若有所忿懥,忿懥是动气发怒。就不得其正;若他有所恐惧,就也不得其正;若他有所好乐,就也不得其正;若他有所忧患,就也不得其正。二节○我们的心若不在,我们视看而不见什么,我们听而不闻什么,我们吃而不知道什么滋味，此就是“修身在正其心”那句话的意思。

右传之七章。释正心修身。此亦承上章以起下章。盖意诚则真无恶而实有善矣，所以能存是心以检其身。然或但知诚意，而不能密察此心之存否，则又无以直内而修身也。○自此以下，并以旧文为正。

朱夫子说：“右边传文的第七章，解释正心修身的意思。”

第一节所谓齐其家在修其身者：人之其所亲爱而辟焉，之其所贱恶而辟焉，之其所畏敬而辟焉，之其所哀矜而辟焉，之其所敖惰而辟焉。故好而知其恶，恶而知其美者，天下鲜矣！二节故谚有之曰：“人莫知其子之恶，莫知其苗之硕。”三节此谓身不修，不可以齐其家。

第八章　第一节经文所说的“齐其家在修其身”那句话的意思可解明说：人于他们所亲爱的他们就偏僻了，于他们所贱恶的就偏僻了，于他们所畏敬的就偏僻了，于他们所哀矜的就偏僻了，于他们所傲惰的就偏僻了。上文共总的意思，是若人欲齐他的家，他必不该当偏僻了，所以他先该当修其身。故此好一个人而能够知道那一个人的恶处，并恶一个人而能够知道那一个人的美处者，这样的人天下是鲜少的。二节○故此俗语有话说：“本文谚字是俗语。人不知道自己的儿子的恶处，不知道自己的苗之硕大。”苗是谷之才生的，苗已经长得硕大了，农夫还是怨恨。三节○这样所以说身不修不可以齐其家。用情偏僻，就不能齐家。

右传之八章。释修身齐家。

朱夫子说：“右边传文的第八章，解释修身齐家的意思。”

第一节所谓治国必先齐其家者，其家不可教而能教人者，无之。故君子不出家而成教于国：孝者，所以事君也；弟者，所以事长也；慈者，所以使众也。二节《康诰》曰“如保赤子”，心诚求之，虽不中不远矣。未有学养子而后嫁者也！三节一家仁，一国兴仁；一家让，一国兴让；一人贪戾，一国作乱；其机如此。此谓一言偾事，一人定国。四节尧舜帅天下以仁，而民从之；桀纣帅天下以暴，而民从之；其所令反其所好，而民不从。是故君子有诸己而后求诸人，无诸己而后非诸人。所藏乎身不恕，而能喻诸人者，未之有也。五节故治国在齐其家。六节《诗》云：“桃之夭夭，其叶蓁蓁；之子于归，宜其家人。”宜其家人，而后可以教国人。七节《诗》云：“宜兄宜弟。”宜兄宜弟，而后可以教国人。八节《诗》云：“其仪不忒，正是四国。”其为父子兄弟足法，而后民法之也。九节此谓治国在齐其家。

第九章　第一节经文所说的治国必先齐其家那句话可解明说：若他自己的家不可受教，而说他能教训别人，没有这个事。故此君子不出家庭而成教训的效验于国：比如他有孝道，这就是他所以事君的理；他有悌道，这就是他所以事长的理；他有慈爱,这就是他所以使众的理。使是用。二节 ○《书经·康诰》说:"引《书经》证慈爱之理。如保赤子。"国君该当保护百姓好像母亲保护孩子一样。○赤子是娃子。若一个母亲诚心求娃子所要的,虽然他不都猜中,也不很远了。未有女人预先习学养子而后出嫁。小娃子还不能说话,不能明说他所啼哭的缘故,乃母亲自然容易猜度娃子所须的,就给他称心。这样国君并官府,也该当有如母亲待孩子那样的心,自然乐意照顾百姓所要的,这就是经文所说的亲民。三节 ○自一家有仁,一国就可以兴起于仁;自一家有让,一国就可以兴起于让;自一人有贪心并戾气,一国就作乱;这个机关既然如此。此就是所以说一句话可以偾事,一人可以定国。一家、一人、一言,都指国君说的。○"一人"两个字,比较《论语·尧曰第二十》第一章第五节:"在予一人";"一言"两个字,比较《子路第十三》第十五章第五节:"不几乎一言而丧邦乎?"四节 ○唐尧氏并虞舜氏他们帅天下以仁,而百姓跟从他们;夏桀并商纣帅天下以暴,而百姓也跟从他们;这两个暴君所命令的反背他们所喜好的,而百姓所以不跟从他们的话。故此君子必须自己有善,本文诸字是于,意思是他们必须有善于自己身上。而后能责求于别人;他必须自己没有恶,而后能非刺于别人。所藏于自己的心里不推己及人,本文恕字,是推己及人。○比较《公冶长第五》第十一章、《卫灵公第十五》二十三章、《里仁第四》第十五章、《中庸》十三章三节。而能晓喻于人,没有这个事。比较耶稣说的,"为什么看见兄弟眼中有刺,倒不觉自己眼中有梁木呢?你眼中有梁木,怎能对兄弟说,容我替你拨出眼中的刺来呢?假冒为善的人,你先将自己眼中的梁木除去,才能看得清楚,将你兄弟眼中的刺拨出来呢?"看《马太》七章三至五节。五节 ○故此可明治国是在齐其家。六节 ○《诗》云:"《诗经·周南·桃夭》之篇。桃之夭夭,桃是树木,夭夭是少好的样子。其叶蓁蓁;蓁蓁是美盛的样子。之子于归,之子是这个女子,归是女子嫁到男家去。宜其家人。"宜其家人,《诗经》注:"宜者,和顺之意。"意思是他与家人有合宜之德,这是按儒教的注解。雷格氏说:"《诗经》本来的意思,是那个女子照宜然的样子整齐一家的事体,并感动家人叫他们都合宜。"○《诗经》本文家人和家室意思相同。如此国君必须宜其家人,而后可以教训国人。七节 ○《诗》云:"《诗经·小雅·蓼萧》之篇。宜兄宜弟。"此诗篇赞美诸侯之美德,他们与家里的哥郎合宜,与家里的弟郎合宜。如此国君必须宜其哥郎,宜其弟郎,而后可以教训国人。八节 ○《诗》云:"《诗经·曹风·鸣鸠》之篇。其仪不忒,仪是容貌的样子,忒是差失。正是四国。"意思是他表正四方的人民,做他们的模范。如此国君若当做父子兄弟足为法则,而后民人效法他。为父该当慈,为子该当孝,为兄该当友,为弟该当恭。九节 ○这样所以说治国在齐其家。

右传之九章。释齐家治国。

朱夫子说:"右边传文的第九章,解释齐家治国的意思。"

第一节 所谓平天下在治其国者:上老老而民兴孝,上长长而民兴弟,上恤孤而民不倍,是以君子有絜矩之道也。二节 所恶于上,毋以使下;所恶于下,毋以事上;所恶于前,毋以先后;所恶于后,毋以从前;所恶于右,毋以交于左;所恶于左，毋以交于右；此之谓絜矩之道。三节《诗》云："乐只君子，民之父母。"民之所好好之，民之所恶恶之，此之谓民之父母。四节《诗》云："节彼南山，维石岩岩，赫赫师尹，民具尔瞻。"有国者不可以不慎，辟则为天下僇矣。五节《诗》云："殷之未丧师，克配上帝；仪监于殷，峻命不易。"道得众则得国，失众则失国。六节是故君子先慎乎德。有德此有人，有人此有土，有土此有财，有财此有用。七节德者本也，财者末也，八节外本内末，争民施夺。九节是故财聚则民散，财散则民聚。十节是故言悖而出者，亦悖而入；货悖而入者，亦悖而出。十一节《康诰》曰："惟命不于常！"道善则得之，不善则失之矣。十二节《楚书》曰："楚国无以为宝，惟善以为宝。"十三节舅犯曰："亡人无以为宝，仁亲以为宝。"十四节《秦誓》曰："若有一个臣，断断兮无他技，其心休休焉，其如有容焉。人之有技，若己有之，人之彦圣，其心好之，不啻若自其口出，寔能容之，以能保我子孙黎民，尚亦有利哉。人之有技，媢疾以恶之，人之彦圣，而违之俾不通，寔不能容，以不能保我子孙黎民，亦曰殆哉。"十五节唯仁人放流之，迸诸四夷，不与同中国。此谓唯仁人为能爱人，能恶人。十六节见贤而不能举，举而不能先，命也；见不善而不能退，退而不能远，过也。十七节好人之所恶，恶人之所好，是谓拂人之性，菑必逮夫身。十八节是故君子有大道，必忠信以得之，骄泰以失之。十九节生财有大道，生之者众，食之者寡，为之者疾，用之者舒，则财恒足矣。二十节仁者以财发身，不仁者以身发财。二十一节未有上好仁而下不好义者也，未有好义其事不终者也，未有府库财非其财者也。二十二节孟献子曰："畜马乘不察于鸡豚，伐冰之家不畜牛羊，百乘之家不畜聚敛之臣，与其有聚敛之臣，宁有盗臣。"此谓国不以利为利，以义为利也。二十三节长国家而务财用者，必自小人矣。彼为善之，小人之使为国家，菑害并至。虽有善者，亦无如之何矣！此谓国不以利为利，以义为利也。

第十章　一节经文所说的平天下在治其国那句话可解明说：在上者若老老，老老是孝养老者。而百姓们就兴起孝心；在上者若长长，长长是恭敬长者。而百姓们就兴起悌道；在上者若体恤孤幼，而百姓们就不倍上；倍是不一样的意思，所以不倍是效法他。这样所以君子有絜矩之道。矩是所以为方的东西，絜是度量的意思，国君可以把自己心里的愿意度量别人的愿意，这就是恕道。看上章第四节那"恕"字，国君可以用恕道之理以絜矩，又看下文。二节〇人所恶于上者，他不该待下者那样；人所恶于下者，他不该当事奉上者那样；人所恶于前者，他不该当那样超先于后者；人所恶于后者，他不该当那样从前者；人所恶于右边，他不该当那样交于左边；人所恶于左边，他不该当那样交于右边：这就是叫絜矩之道。三节〇《诗》云："《诗经·小雅·南山有台》之篇。乐只君子，只是虚字，君子是平天下的王。民之父母。"可明若国君好百姓所好的，恶百姓所恶的，这样可以称他为民之父母。若泰西明国政学者读这句话，他必要想此一句话实在发明设立议院之理，因为若没有议院，怎样国君可以晓得百姓所好百姓所恶的真意思呢？不但欧洲之大国，乃日本国也自立议院之后始兴旺起来。四节〇《诗》云："《诗经·小雅·节南山》之篇。节彼南山，节音截，节是高大的样子。维石岩岩，岩岩是石头堆积的样子，因为石头多。赫赫师尹，赫赫是兴盛的样子。师尹是周朝的一个臣子，他姓尹，他做太师的官。民具尔瞻。"尔是你，瞻是视看，百姓们都视看师尹。那诗篇的意思，不是赞美尹氏，乃责备他如一个顶高的山有峭壁；人看他而不能上，这样那个太师虽有威势，然平民不能亲近他，不能倚赖他。官是民之父母，什么父母不准儿子亲近自己呢？可明有国者，就是平天下的王。不可以不谨慎，倘若他偏僻，意思是离开絜矩的正路。他就系天下之羞辱。本文僇字是羞辱，按《康熙字典》：僇，辱也；《荀子·非相》篇：为天下大僇。按朱注，僇字是杀戮的意思，是无道的国君，要遭天下的杀戮。孟子也讲那个道理，若国君不仁不义，他实在不是国君，谓之一夫，百姓可以杀他。这样的道理，有大危险。因为什么人要决断国君是好人是不好的人，国君虽然有好意思，却恐怕常有人怨恨他，那个道理，真是中国历代许多生乱的缘故，这也是儒教并基督教一个大分别。五节〇《诗》云："《诗经·大雅·文王》之篇。殷之未丧师，殷是殷朝，丧是丧失，师是众百姓，意思是殷朝的君王丧失众百姓的心以前。克配上帝；克是能，配是对。〇意思是殷朝的先王，没有丧失人心的时候，他们能够对上帝面前来而为天下君；到了纣王，他丧失人心，天命就改变了。仪监于殷，仪是宜，监是警戒，殷是殷朝。〇那诗篇是向成王说的，劝他该当以殷朝的国君为鉴。峻命不易。"峻是大，天的大命不容易可以常保。这诗篇表明得众人就可以得国，失众人就必失国。六节〇故此君子必先谨慎于德，有了德这样就有人，有了人这样就有土，有了土这样就有财，有了财这样就有用。中国地土之富，超乎别的国，学者可明若不善用本地之丰财，就没有用，就是不能胜过国民之贫乏。七节〇德性是本，财是末。八节〇倘若国君外其本而内其末，外是轻看，内是重看。他要和百姓争斗，并使他们劫夺。看《孟子》第一章，"上下交征利"那句话。九节〇故此平天下的王聚财这就是散百姓，散财这就是聚百姓。十节〇故此平天下的王之言语若悖理而出的，那个言语从百姓也悖理向他回应；本文入字，对着出字，是回应的意思。而且货财若悖理进入了，也必要悖理出掉。比较孔夫子说的，"不义而富且贵，于我如浮云"。看《述而第七》第十五章。十一节〇《书经·康诰》说："惟命不于常！"意思是天命不常在一家。这是说道善则得之，不善就失之。本文之字，指天命。十二节〇《楚书》说："《楚书》是《国语》，晋国大夫赵简子，问楚国的大夫王孙围论楚国所有的宝贝之白珩，王孙围对他说。楚国无以为宝，楚国不以金玉为宝。惟善以为宝。"善是善人。十三节〇舅犯说："舅犯姓狐，字子犯，他是晋国文公的舅。舅犯跟从文公在狄，秦国的穆公，差遣使者劝晋文公图谋得国，是因为文公的父亲献公死了，有好机会，可以回国。舅犯就劝教侄子文公对使者说。亡人无以为宝，因为文公离开本国，出亡在外边，所以称亡人，意思是我亡人不以得国为宝。仁亲以为宝。"意思是只是仁爱自己的亲以为宝。〇亲是他的父亲。他的父亲晋献公听信骊姬的谗言，欲杀文公，文公就逃出去了；现在父亲死了，文公为他哀伤，还不欲回国。十四节〇《书经·泰誓》说："秦穆公欲用兵袭郑国，大臣劝阻他，他不信，后来全军俱败，秦穆公懊悔，作誓以告诉人。倘若有一个臣，断断兮，断断是诚一的样子，兮是虚字，意思是断断然。无他技能，是他没有别的能干。只他的心休休焉，休休意思是纯一并诚实的样子。他如有容焉。意思是他的度量广大宽容。他看别人有技能，如自己有的；而且若他看别人之彦圣，彦是俊美，圣是通明。他心里就好爱他们，过于他口所能赞美的，本文不啻若，意思是不但如。而且他实在能够容纳他们，这样的臣子，本文以字是以故，就是因为这样的品行，他能够，云云。能够保护我的子孙并黎民，庶几有利益于国。乃是看别人有技能的时候，若他因嫉妒就恨恶他们，并看别人之彦圣的时候，若他阻违他们以致他们不得通达，并若他实在不能够容纳他们，这样的臣子，不能够保护我的子孙并黎民，而且实在可以说他是危殆国家。"十五节〇惟独那仁人能放流他，本文之字，指那不好的臣子，放流是逐出国外，仁人是用絜矩之道的国君。迸逐他到四夷的地方，四夷是东夷、北狄、西戎、南蛮。不与他同居于中国。古时候周朝的文明的国，是在未受教化的夷、狄之中间，所以称为中国。这样所以说惟独仁人能够爱人，能够恶人。比较《论语·里仁第四》第三章。十六节〇见了贤人而不能够举，或是举了而不能够先，先是快的意思。这是慢；慢是怠慢不着紧；本文命字，郑康成说，当作慢。见了不善的人而不能够退，退是斥去，或是退了而不能够远，意思是不驱逐他到远方去。这是过失。十七节〇好人之所恶的，恶人之所好的，这样是叫拂逆人的情性，比较上文第三节说的"民之所好好之，民之所恶恶之"，又比较孔夫子说的"乡人之善者所好的，不善者所恶的"，那样的人是最好的，意思是若恶人恨一个人，不因为这个缘故可以责备他。看《子路第十三》第二十四章。灾祸必要逮及到他身上。十八节〇故此可明君子有大道，君子是平天下者，大道是絜矩的大道。他必有忠心并信实以得之，就是得那个大道。若他是骄傲并侈泰，他就要失之。侈泰是放肆。十九节〇生财有大道，上文说德是本，财是末，然而财也不可不理，所以这里表明生财的大道。生财的人该当众多，食之者，食之者，是用财的人，他们不做什么有益之工，不能生财只能分利。孟子说，人或劳心，或劳力。予想劳心者真能为百姓生财，所以为国家他们是很要紧的。无乃其中常有几个只虚糜者，他们是无用的。该当寡少，为之者该当疾，为之者，包括各样的工作，不但是农夫，疾是勤力。用之者该当舒缓，舒缓是省俭。这样财就必要恒久充足了。富国之学或理财学，另外教训人想想许多别的意思，不能以此两句穷尽生财之理。若学者不熟读了那样论富国之书，就不能算他懂得生财之理，比较孔夫子《论语·先进第十一》第二十四章答子路说的话，"是故恶夫佞者"，因为子路想不要学习。二十节〇那仁者舍财以发身，仁者散财而民归服他，是以财发身，发是发现的意思，身是自己。那不仁者以身发财。不仁者贪利聚财，乃百姓怨恨他，这样他到底亏损自己，所以说以身发财。〇比较耶稣说的，"人若得尽天下的财利，丧掉生命（或作灵魂，）有甚么益处？"看《马太》十六章二十六节。二十一节〇在上者好仁，而在下者不好义，未有这个事；在下者好义，而国事不得成就，本文终字是成就。未有这个事；在这样的国内，府库里的财非常据在君王手里，未有这个事。雷格氏在《大学·序》说："国君的榜样，虽是要紧的，然实在没有这样一定的效验。中国历代的史鉴为这个事证据，若要成就国事，另外必须学习许多的事情，那国政学所论的。"二十二节〇鲁国的大夫孟献子说："孟献子，名仲孙蔑，他在鲁成公并襄公的时候，在孔子以前。畜养马并用乘车的大夫，不该当照顾鸡并豚；本文察字，是照顾料理，因为贪利。〇若国君初招士做大夫，国君赐他四匹马，并一车；若大夫得了这样的位，不该当和小民争利。伐冰的卿大夫之家，比较《诗经·豳风·七月》之篇第八章。〇卿大夫的家里，丧事用冰，祭礼也用冰。不该当畜养那牛并羊；不该当谋利于畜牛畜羊。那百乘的家，有采地的卿大夫。不该当畜聚敛之臣；聚敛，是多取百姓的财，看《论语·先进第十一》第十六章孔夫子的话。与其有聚敛的臣，宁可有盗臣。"盗臣是盗府库之财的盗。〇有盗臣窃取君王的财，胜过聚敛之臣害百姓。此就是照那说的国家不该当以利为利，该当以义为利。二十三节〇若长国家者，只务财用，他必是被一个小人引导的。那君王虽以他为善，乃若使用这个小人为国家，这样天灾人害就必一块儿同到。并且虽然有善者要挽回，也无如之何了！虽然贤臣接任，并欲挽回他的错误，他也不能够。此就是再表明那说的国家不该当以利为利，该当以义为利。看《孟子》第一章。

右传之十章。释治国平天下。此章之义，务在与民同好恶而不专其利，皆推广絜矩之意也。能如是，则亲贤乐利各得其所，而天下平矣。

凡传十章：前四章统论纲领指趣，后六章细论条目功夫。其第五章乃明善之要，第六章乃诚身之本，在初学尤为当务之急，读者不可以其近而忽之也。

朱夫子说："右边传文之第十章，解释治国平天下的意思。"

"凡传文十章：前面四章统共统共是大概。论说纲领旨趣，四个纲领是明明德、亲民、止于至善、知本；旨趣是意思。后面六章详细论说条目的工夫。那第五章就讲明善之要务，第六章就讲诚身之本务，在初学者尤该当以这两章为当务之急，读者不可因为是浅近的就轻忽那两章。"

大学本义官话终

中文序

中庸之道，是很要紧而且很奥妙的。乃《中庸》之本文虽然是最华美的，学堂的学生不容易可以明白，所以予特意做了这一本书，为基督教所设立的学堂，愿帮助学生快一点要懂得《中庸》之本意。若他们本文并平常的注解另外习学这一本书，予希望他们可以速速前进。论讲“四书”的讲法，所念者请看予以前所著的《论语本义官话序》；中国注解另外予用了雷格氏的《中庸》英文注解，并特哦拉克的德文注解，并古危勒儿的法文注解；中华茂材杨味西先生襄助录写。

光绪三十年四月十七日上海威海卫路三十四号　安保罗序

中庸本义官话

子程子曰："不偏之谓中，不易之谓庸。中者，天下之正道；庸者，天下之定理。"此篇乃孔门传授心法，子思恐其久而差也，故笔之于书，以授孟子。其书始言一理，中散为万事，末复合为一理，"放之则弥六合，卷之则退藏于密"。其味无穷，皆实学也。善读者玩索而有得焉，则终身用之，有不能尽者矣。

子程子说："姓程，名叫颐，宋朝的人，生于河南省洛阳，他在基督后自一千零三十三年到一千一百零七年。朱夫子在此序上说子程子，意思是我的夫子程子，朱熹称他为自己的夫子，因为私淑他的道理。朱夫子是在基督后自一千一百三十到一千二百年。程颐的哥郎，是程颢，号明道先生。二程的父亲是程珦，二程的先生是周敦颐。一点不偏不倚这叫中，一点不变易这叫庸。中是不偏不倚无过无不及之正心，庸是和平而合理之行为。中阿，是天下的端正之道；庸阿，是天下的一定之理。"看《论语·雍也第六》第二十七章。这一篇就是孔夫子门中与学生所传授的心法，孔夫子的孙郎子思，名叫伋，他是伯鱼的儿子。恐惧这个道理，因为时候久远了就容易有差失，故此他把这个道理录写在一本书，后来就传授于孟子。名叫轲，邹国的人，他跟从子思的门徒习学。孟子在基督前自三百七十二到二百八十九年。这书的始初发明一个理，到了中间就散开透彻万事，到了结末复合为一理，"人若放开这个理，这个理就弥满六合；六合，是东、西、南、北、上、下。人若卷收这个理，这个理就退藏于宥密"。他的滋味是无穷的，皆是实学阿！善于读书的人若玩索而得着其意旨，他就终身可以施用其理，而还有所不能穷尽的。

第一节天命之谓性，率性之谓道，修道之谓教。二节道也者，不可须臾离也，可离非道也。是故君子戒慎乎其所不睹，恐惧乎其所不闻。三节莫见乎隐，莫显乎微，故君子慎其独也。四节喜怒哀乐之未发，谓之中；发而皆中节，谓之和。中也者，天下之大本也；和也者，天下之达道也。五节致中和，天地位焉，万物育焉。

第一章　第一节子思说："天命所禀赋的这称为性，率循那性这称为道，就是真道路。

修明那道这称为教。修明是发明的意思，圣人发明按天命之本性所当从之道而教训人。二节〇道阿，人顷刻不可以离开他，本文须臾二字，就是顷刻的意思。本来二十四点钟，有三十个须臾。若可以离开，那不是道。故此君子也论他还不看见的事已经戒慎，论他还不听见的事已经恐惧。意思是君子也论将来的事，小心并畏惧，不要离开真道路。比较使徒保罗说的："自己以为站得住的，应当谨慎，免得跌倒。"看《哥林多前书》十章十二节。三节〇人心里的隐密是最著现的，没有比这个著现的。人心里的几微是最显明的，没有比这个显明的。故此君子谨慎自己独处的时候。意思是倘若他一个人住在一个地方，并别人不晓得他，他尚且谨慎自己，防备坏念头起来。〇比较下文三十三章第二节，又《大学》第六章。又看《马太福音》第十章二十六节说的，"没有掩藏的事不露出来的，没有隐瞒的事不被人知道的"。四节〇喜怒哀乐在心里未曾发出来的时候，喜，是欢喜；怒，是动气；哀，是悲哀；乐，是快乐。这称为中；中是不偏不倚，这指人之本性。情意由心里发出来的时候，若都中着准的，本文节字，是准的之意，也是限制之意。这称为和。和是平和而合理，是与那个庸字有一样的意思。中阿，是天下的大根本；和阿，是天下的达道。达道，是该当通行的真道，比较下文二十章第八节。五节〇推致这个中并和到极处，连天地也就安其位，并万物也就长育。"比较下文二十二章。

右第一章。子思述所传之意以立言：首明道之本原出于天而不可易，其实体备于己而不可离，次言存养省察之要，终言圣神功化之极。盖欲学者于此反求诸身而自得之，以去夫外诱之私，而充其本然之善，杨氏所谓一篇之体要是也。其下十章，盖子思引夫子之言，以终此章之义。

在右边第一章，子思述叙蒙孔子的门徒所传之意以立下文所言之纲领：第一他表明道之本原是由天发出的而不可以变易，而且道理之实体全备于我们自己之天性而不可以离开，其次他辨论存养这个天性并省察自己之要，末终他表明圣德并神灵功化之极。他欲学者于此心内返观并考求自己而在心内自己得着此道，以除去其因外面的诱惑所发动之私欲，而扩充他本然的善，杨氏所说的《中庸》全书的体要，此就是这个一章。体要是纲领。在底下十章书内，子思引证孔夫子的话，以终完这一章书的意思。

第一节 仲尼曰："君子中庸。小人反中庸。二节 君子之中庸也，君子而时中；小人之中庸也，小人而无忌惮也。"

第二章 第一节 仲尼说："孔夫子，名叫丘，字叫仲尼，这是子思引证孔夫子的话。君子体中庸，小人反中庸。二节〇君子之所以体中庸阿，是因为他是君子，又时时执中；小人之所以反中庸阿，是因为他是小人，又无所忌惮。"小人不戒慎恐惧，所以无所忌惮。

右第二章。此下十章，皆论中庸以释首章之义。文虽不属，而意实相承也。变和言庸者，游氏曰："以性情言之，则曰中和，以德行言之，则曰中庸是也。"然中庸之中，实兼中和之义。

子曰："中庸其至矣乎！民鲜能久矣！"

第三章　孔夫子说："中庸是德之至阿，民人中间鲜少人能行这个德已经长久了。"看《论语·雍也第六》第二十七章。

右第三章。

第一节子曰："道之不行也，我知之矣，知者过之，愚者不及也；道之不明也，我知之矣，贤者过之，不肖者不及也。二节人莫不饮食也，鲜能知味也。"

第四章　第一节孔夫子说："道之不行的缘故，我知道了，智慧的人他们过于中庸，愚笨的人他们不及中庸；道之不明的缘故，我知道了，贤人他们过于中庸，不肖的人不肖，是不像那个贤人，是下等的人。他们不及中庸。二节〇一切的人没有不喝没有不吃的，乃是知道滋味之人是少的。"此比喻的意思说人不知滋味之缘故，是因为他们不思想，乃是若他们果欲知道，他们在平常吃饭的中间，就能够明白滋味之分别。这样人在平常之本分之中间，也可以发明而体行中庸之道，不要仰慕奇异之事。

右第四章。

子曰："道其不行矣夫！"

第五章　孔夫子说："可惜道是不行了！"

右第五章。此章承上章而举其不行之端，以起下章之意。

子曰："舜其大知也与！舜好问而好察迩言，隐恶而扬善，执其两端，用其中于民，其斯以为舜乎！"

第六章　孔夫子说："虞舜氏他岂不是有大智慧吗？虞舜氏他喜好问人，并且他喜好考察浅近的话，本文迩字，是浅近的意思。他隐藏恶事，而且他传扬善事，他执持两端之极处，择取其中，其中，是中道，就是人言所中着中庸之道的。而施用于民人，这样所以他就是虞舜氏阿！"比较《孟子·尽心章句上》第十六章。

右第六章。

子曰："人皆曰予知，驱而纳诸罟擭陷阱之中，而莫之知辟也。人皆曰予知，择乎中庸而不能期月守也。"

第七章　孔夫子说："世人皆夸赞自己说'予智'，予智，是说我伶俐。乃是他们驱赶而入于纲罟机槛陷坑之中而不知道躲避。本文擭字，是机槛，是引诱禽兽的东西，禽兽触动机关，就入网罗之中；陷阱，是地的坑，禽兽不晓得，容易坠落于坑内。世人皆夸赞自己说'予智'，乃是若他们选择了中庸之道，他们不能够一个月守住这个道。"本文期月，是周一个月。

右第七章。承上章大知而言，又举不明之端，以起下章也。

子曰："回之为人也，择乎中庸，得一善，则拳拳服膺而弗失之矣。"

第八章　孔夫子说："回之为人阿，回是孔夫子的学生，他姓颜，字叫子渊。他选择了中庸之道，并且若他得着了一个善，他就把这个善拳拳捧持而依着于膺而不失掉。"本文服字，是依着的意思；本文膺字，是胸；本文拳拳，是捧持的模样。颜回捧持这个善而依着于心胸之中间，而记在心里。

右第八章。

子曰："天下国家可均也，爵禄可辞也，白刃可蹈也，中庸不可能也。"

第九章　孔夫子说："天下国家可以均治，爵位俸禄可以辞却，白刃可以蹈赴，刃有五样，就是刀、剑、矛、戟、矢。乃中庸不可能行的。"

右第九章。亦承上章以起下章。

第一节子路问强。二节子曰："南方之强与？北方之强与？抑而强与？三节宽柔以教，不报无道，南方之强也，君子居之。四节衽金革，死而不厌，北方之强也，而强者居之。五节故君子和而不流，强哉矫！中立而不倚，强哉矫！国有道，不变塞焉，强哉矫！国无道，至死不变，强哉矫！"

第十章　第一节子路向孔夫子问说："强是怎样？"子路是孔夫子的学生，姓仲，名叫由，他好勇，恐怕听见孔子八章九章所说的话。二节〇孔夫子说："你问南方的强么？或是问北方的强么？或是问你自己所当学习之强么？三节〇宽容温柔以教人，不报无道，这是南方的强，君子居之。居是存于心的意思，也有执守的意思，比较《论语·颜渊第十二》第十四章"居之无倦"那句话。〇学者可明孔子不渺视南方的强，乃是特意劝戒人谨守不报无道之理，此事是要紧的。因为有浅见的人轻看儒教，因为说儒教没有不报冤之道，乃此是误会孔子之本意。另外请看《圣谕广训直解》九条、十二条、十六条，都发明不报无道之准则。四节〇衽卧着那个金革，金是兵器，革是甲胄之类，衽卧是用那个物做睡卧之席。并且死而不厌，这是北方的强，而强者居之。在这里孔子不说君子只说强者，学者可明孔子不很喜欢子路所喜好的那样的强。五节〇故此君子是和顺而不随波逐流的，意思是君子的强，不是不和顺的，不是勇而无礼的，也不是骄傲的，乃是他也不是随风摆渡的。这是矫矫之强阿！矫矫二字，看《诗经·鲁颂·泮水篇》第五章。他中立而不倚着，这是矫矫之强阿！国有道的时候，他不改变抑塞时之志向，抑塞是未得官之前。这是矫矫之强阿！国无道的时候，他至死不变，这是矫矫之强阿！"这真强之极诣，可以见在耶稣品行之表易上，他也至死不变。

右第十章。

第一节子曰："素隐行怪，后世有述焉，吾弗为之矣。二节君子遵道而行，半途而废，吾弗能已矣。三节君子依乎中庸，遁世不见知而不悔，唯圣者能之。"

第十一章　第一节孔夫子说："探索隐僻的，朱注这样讲。本文素字《汉书》作索，朱注从之；郑康成注，素作傃，意思是归向，孔颖达意同；雷格氏英文注解，翻译居在隐密之处，君子之道也是隐秘的，所以探索隐秘之理，实在不是不好的，故此予想郑康成并孔颖达的注解可信。下文十四章素字，也是傃的意思。施行怪异的，以致被后世有称述，我不做这样。二节〇君子遵从道而行，只到了半途而废，我弗能阿！看《论语·雍也第六》第十章，孔子对一个门徒说，“力不足者，中道而废，今女画”，意思是力量不足的人，他们实在前行到半途，而半途之中废弃了，乃是你现在一点不走而画限了你自己；又《礼记·表记》，孔子说：“诗之好仁如此，乡道而行，中道而废，忘身之老也”，云云。陈注云：“中道而废，言力竭而止，若非力竭，则不止也”，意思是他们必前行到中道，乃当中道之前他们不止，都是赞美的话。这样看来，予想此中庸之半途而废必也要注解按照那两句一样，所以遵道而行，半途而废不是不好的事，君子是好人。孔子说君子两个字，都是表扬做人的榜样，而且孔子在这里用谦卑的话，如有时他说躬行君子，则吾未之有得。〇本文已矣，是虚字。三节〇君子依从中庸之道，他虽隐遁于世并不见知于人，然他没有一点懊悔，隐遁于世，不是特意隐遁，乃是因为他有中庸之德，而世人轻看并不用他，比较《论语·学而第一》第一章三节。惟独圣者能够这样。”按照雷格氏注解孔子承认自己未能这样，比较《阳货第十七》第七章，孔子说：“吾岂匏瓜也哉，焉能系而不食？”

右第十一章。子思所引夫子之言，以明首章之义者止此。盖此篇大旨，以知仁勇三达德为入道之门。故于篇首，即以大舜、颜渊、子路之事明之。舜，知也；颜渊，仁也；子路，勇也：三者废其一，则无以造道而成德矣。余见第二十章。

第一节君子之道费而隐。二节夫妇之愚，可以与知焉，及其至也，虽圣人亦有所不知焉；夫妇之不肖，可以能行焉，及其至也，虽圣人亦有所不能焉。天地之大也，人犹有所憾。故君子语大，天下莫能载焉；语小，天下莫能破焉。三节《诗》云：“鸢飞戾天，鱼跃于渊。”言其上下察也。四节君子之道，造端乎夫妇；及其至也，察乎天地。

第十二章　第一节君子的道，是繁费的，而且也是隐秘的。繁费是用处甚广，无所不用；隐秘是隐暗，人难明他所以然之缘故。〇此章是《中庸》书第三支的开首，第四支的起头，是第二十一章。二节〇匹夫匹妇他们虽然是愚蠢的，他们也可以能够知道，乃是及到道之至极，连圣人也有所不知道的；泰西国论《圣经》有相仿的话，说《圣经》仿佛一条河，近岸浅处，孩子可以戏耍，然河中一个大象可以泅，意思是鸿博之士，也不能透彻道之深奥。匹夫匹妇他们虽然是不肖的，不肖二字，看上文第四章。他们也可以能行这个道，乃是及到道之至极，至极，是最难行之事。连圣人也有所不能够。看《论语·雍也第六》第二十八章一节。天地之大也，世人还有所缺憾。缺憾，是歉欠不足之意。故此君子若说论道之广大，天下就不能装载；装载是包括的意思，道之繁费，广于天下。并且若他说论道之细小，在天下就没有一物能够分破其纤微。道之广大是另无外，道之细小是另无内。三节〇《诗》云：“《诗经·大雅·旱麓》之篇。鸢飞戾天，鸢，是一个飞鸟，他飞上向天。鱼跃于渊。”鱼是水里的动物，渊是有水的池方，鱼跃于渊是鱼在水里跳跃。这两句表明道在上下都是明察而昭著的。《诗经》这两句的本意是比喻文王之德行自然而不特意感化人，子思借来发明道理。四节〇君子的道，肇造端倪于匹夫匹妇之中间，乃是及到道之至极，明察昭著于天地。

右第十二章。子思之言，盖以申明首章道不可离之意也。其下八章。杂引孔子之言以明之。

右边第十二章是子思的话，要申明第一章道不可离的意思。下文之八章，杂引证孔子的言语以发明之。

第一节子曰："道不远人。人之为道而远人，不可以为道。二节《诗》云：'伐柯伐柯，其则不远。'执柯以伐柯，睨而视之，犹以为远。故君子以人治人，改而止。三节忠恕违道不远，施诸己而不愿，亦勿施于人。四节君子之道四，丘未能一焉：所求乎子，以事父未能也；所求乎臣，以事君未能也；所求乎弟，以事兄未能也；所求乎朋友，先施之未能也。庸德之行，庸言之谨，有所不足，不敢不勉，有余不敢尽；言顾行，行顾言，君子胡不慥慥尔！"

第十三章　第一节孔夫子说："道不远于人。人之行道，倘若他们离远人，这不可以称为道。人该当在世人中间做本分，不要离开世界，如和尚道士那样，而且也不要仰慕异常高远之事。这个道与基督教所教训的相合，看《约翰福音》十七章十五节，又《哥罗西书》二章十八节。路德复原教者，特意传了这个道理，正罗马教之差谬。二节〇《诗》云：'《诗经·豳风·伐柯》之篇。伐柯伐柯，柯是斧头的柄，伐柯是拿斧头斩伐树木，取那木头以制造柯。其则不远。'则是模范或是准则，欲制造斧头的柄，就要按照手执的斧头的柄做，不要另外寻求，所以说其则不远。〇《周礼》：柯，长二尺，宽三寸。我们执着一个柯以伐别的柯，乃是若我们睨目而视看，我们还可以以为两个木头的样子是相远的。睨目是斜看。故此君子照人之道治人，而且若人能改变，他就止了。三节〇尽己之忠并推己之恕离道不远，本文远字是离开的意思。看《论语·里仁第四》第十五章。施于自己而不愿受的，此也不要施于人。看《论语·颜渊第十二》第二章，又《卫灵公第十五》第二十三章。〇此句话只表明我们所不该当做的，耶稣在《马太福音》第七章十二节，教训我们欲别人怎样待我们，我们就该当先去待他们那个样。那两句有分别，一个只说论我们所不愿受的，一个说论我们一切所愿受的，乃是实在孔夫子也有那个先施于人的意思。看下文第四节；又看《论语·雍也第六》说的，"己欲立而立人，己欲达而达人"。而且那个恕字也有这先施于人照欲人施我之意。四节〇君子的道有四件，我未能做一件：我所求于儿子，这样事奉父我未能够；我所求于臣子，这样事奉君我未能够；我所求于弟，这样事奉兄我未能够；我所求于朋友，这样先施于他们我未能够。学者可明孔子也认先施之本分，而且他认自己还有所未足。寻常日用的德，君子自己体行；寻常日用的言，君子自己谨慎；倘若德有所不足，他不敢不勉励；倘若言有余，他不敢尽说到底；这样他的言语照顾他的行为，并他的行为照顾他的言语，君子岂不慥慥而笃实吗？"慥慥，是笃实的模样。〇本文尔字是虚字。

右第十三章。道不远人者，夫妇所能；丘未能一者，圣人所不能，皆费也。而其所以然者，则至隐存焉。下章放此。

第一节君子素其位而行，不愿乎其外。二节素富贵，行乎富贵；素贫贱，行乎贫贱；素夷狄，行乎夷狄；素患难，行乎患难，君子无入而不自得焉。三节在上位不陵下，在下位不援上，正己而不求于人则无怨。上不怨天，下不尤人。四节故君子居易以俟命，小人行险以徼幸。五节子曰："射有似乎君子；失诸正鹄，反求诸其身。"

第十四章　第一节君子安居他的位而行，原文素字，是居住的意思，看上文第十一章。雷格氏的注，在这里就是安居的意思；郑康成注，素即傃字。不愿欲那外边的。愿欲，是思慕的意思，看《论语·宪问第十四》第二十八①章："曾子曰：'君子思不出其位。'"二节〇倘若居住富贵之境遇，他就行处富贵所当行的；倘若居住贫贱之境遇，他就行处贫贱所当行的；倘若居住夷狄之界，他就行处夷狄之中所当行的；倘若居住患难之境遇，他就行处患难所当行的，君子不论人什么景况，他无不自得。自得，是保守君子的德性。三节〇倘若他在上位，他不陵虐在下位的人；倘若他在下位，他不攀援在上位的人；他正自己而不求于别人，这样他就没有怨恨；上面他不怨天，下面他不尤人。看《论语·宪问第十四》第三十七章二节。四节〇故此君子居守着平易以俟待天命，天命，是上帝的志意；平易是平安的意思，君子心内有平安，因为倚靠上帝的志意。小人行危险之事以徼求幸得。徼求，是寻求；幸得，是偶然之好机会。五节〇孔夫子说："射箭有似乎君子之道；射箭若不中的而失了鳿，或是失了鹄，原文正字，就是鳿，是鸟，他飞最快，人难射中。画鳿鸟在布侯之上，做射之的；鹄也是鸟，设鹄于皮侯之中，做射之的。君子就反求诸自己。"原文身字是自己，反求诸自己，是求所以不中的之缘故于自己。〇《礼记·射义篇》说，射箭的人，进退周旋，必须中礼。心内志意是正的，外面身体是直的，然后手执弓矢便审固了。

右第十四章。子思之言也。凡章首无"子曰"字者放此。

第一节君子之道，辟如行远必自迩，辟如登高必自卑。二节《诗》曰："妻子好合，如鼓瑟琴；兄弟既翕，和乐且耽；宜尔室家，乐尔妻帑。"三节子曰："父母其顺矣乎！"

第十五章　第一节君子的道，譬如人要行到远处去，他必先自迩处起；譬如人要登上高处去，他必先自卑处起。二节〇《诗》云："《诗经·小雅·常棣》之篇。妻子好合，如鼓瑟琴；若人与妻并儿子情意好合，这就是像鼓瑟弹琴，声音相和。兄弟既翕，和乐且耽；妻子好合之另外，必须也有兄弟之翕合，这样那个和就有乐，而且是长久的。宜尔室家，乐尔妻孥。"这样可以整齐你的室，你的家，并得着乐于你的妻并儿子。三节〇孔夫子说："孔夫子诵这一章诗，

① 实为第二十六章。

就说。这样的光景父母不是顺适吗?”顺适是心内安乐。〇此章表明君子的道自卑登高,高指父母。

右第十五章。

第一节子曰:“鬼神之为德,其盛矣乎!二节视之而弗见,听之而弗闻,体物而不可遗。三节使天下之人齐明盛服,以承祭祀。洋洋乎!如在其上,如在其左右。四节《诗》曰:‘神之格思,不可度思!矧可射思!’五节夫微之显,诚之不可掩如此夫。”

第十六章　第一节孔夫子说:“鬼神之为德,德是鬼神的功效。不是盛大吗?二节〇我们视看而不能看见他们,我们静听而不能听见他们,他们体于物中间而物不能离远他们。原文遗字,是离远的意思,鬼神入万物之内,所以各物无不有鬼神在内。三节〇这个鬼神叫天下的人斋戒明洁,并装束盛服,以奉承祭祀。他们洋洋乎好像在其上,好像在其左右。四节〇《诗》曰:‘《诗经·大雅·抑篇》,这是卫武公做的。神之格思,不可度思,格是来也,思是虚字,度是度量,思是虚字,意思说神之来格阿,人不能度量。矧可射思。’矧是况且,射是厌怠,思是虚字,意思说况且何能厌怠他们吗?五节〇那隐微之显著,那诚之不可被掩盖,就是如此。”看第一章第三节“莫显乎微”那一句话。〇按雷格氏注解,孔子在这里不特意论鬼神讲道,乃是子思引孔子论鬼神所说的话,只以表明那第一章说的那一句话,就说鬼神虽是隐微的,然他们的功效是发见的。如此人心内之几微,也必发见,并他真实之心地,不可掩盖。这样看来,这第十六章只解明那第一章莫显乎微之意。〇古人论鬼神之事,有许多混杂之言,说“阴阳”二气,用鬼神以造化万物;阳用神,阴用鬼;阳是好的,阴是不好的;阳是男的,阴是女的,云云,这都是虚空的,没有凭据而不可信的话。

右第十六章。不见不闻,隐也。体物如在,则亦费矣。此前三章,以其费之小者而言。此后三章,以其费之大者而言。此一章,兼费隐、包大小而言。

第一节子曰:“舜其大孝也与!德为圣人,尊为天子,富有四海之内。宗庙飨之,子孙保之。二节故大德必得其位,必得其禄,必得其名,必得其寿。三节故天之生物,必因其材而笃焉。故栽者培之,倾者覆之,四节《诗》曰:‘嘉乐君子,宪宪令德!宜民宜人,受禄于天;保佑命之,自天申之!’五节故大德者必受命。”

第十七章　第一节孔夫子说:“虞舜氏他不是大孝吗?论德性,他做了圣人;论尊贵,他做了天子;论富足,他有四海之内所有的。宗庙的祖宗飨之,飨是享受,意思是祖宗享他的祭祀。子孙保守宗祀。二节〇故因为他有这样大德,他就必得其位,必得其禄,必得其名,必得其寿。三节〇故此天之生物,必随物的材质而笃厚之。原文因字,是随字的意思;材质是体质;笃厚,是加厚。天按照物之材质广施于他们。故此栽殖的树木,天就滋培他;栽殖是兴旺。倾败的树木,天就是颠覆他。比较耶稣说的,“凡有的,还要加给他叫他有余;没有的,连他所有的要夺过来”。看《马太》十三章十二节。四节〇《诗》曰:‘《诗经·大雅·

假乐》之篇。○《诗》序说，这篇赞美成王，雷格氏想是文王。嘉乐君子，意思是可以赞美可以喜乐的君子。○本文嘉是赞美。宪宪令德！有这个显明的善德。○宪宪是显明，令德是善德。宜民宜人，他整齐百姓并整齐百官。○宜是整齐，人是官。受禄于天；他接受天所赐的福禄。保佑命之，天保护他，佑助他，赐命于他。自天申之！'申字是重复，这赏赐自天重复降下。故此可明大德的人必定受天命。"这第五节恐怕不是孔子的，是子思的话。○大德的人，实在不皆得天命做王，比如孔子、孟子。

右第十七章。此由庸行之常，推之以极其至，见道之用广也。而其所以然者，则为体微矣。后二章亦此意。

第一节子曰："无忧者其惟文王乎！以王季为父，以武王为子，父作之，子述之。二节武王缵大王、王季、文王之绪。壹戎衣而有天下，身不失天下之显名。尊为天子，富有四海之内。宗庙飨之，子孙保之。三节武王末受命，周公成文、武之德，追王大王、王季，上祀先公以天子之礼。斯礼也，达乎诸侯大夫，及士庶人。父为大夫，子为士，葬以大夫，祭以士。父为士，子为大夫，葬以士，祭以大夫。期之丧达乎大夫，三年之丧达乎天子。父母之丧无贵贱一也。"

第十八章　第一节孔夫子说："无须忧愁者，只是文王阿！文王姓姬名叫昌。他有王季为父，王季名叫季历。他有武王为儿子，武王名叫发，是周朝开国的王。父亲创作国基，儿子继述于后。二节○武王缵继太王、王季、文王的基绪。太王名叫亶父，是王季的父亲。○基绪是基业的意思，绪本来是蔽之头绪。他只一次穿戎衣而就有了天下，戎衣，是甲胄，打仗的时候所穿的。自己不丧失他天下所有的显名。显名是名声，虽然他伐纣王，人不责备他。论尊贵，他做了天子；论富足，他有四海之内所有的。宗庙的祖宗飨之，子孙保守宗祀。三节○武王受天命的时候已经老了，原文末字，是老。周公成就文王、武王的德，追王太王，并追王王季，追王是用王号称呼，如亶父本是公，改称他为太王；季历，改称他为王季。并且上祀历代先公以天子之礼。先公，是祖宗，自组绀起到后稷皆是的。这个礼周公制定自天子下达于诸侯并大夫，以及士并庶人。倘若父亲做大夫，儿子做士，埋葬他就要用大夫的礼，祭祀他就要用士的礼。倘若父亲做士，儿子做大夫，埋葬他就要用士的礼，祭祀他就要用大夫的礼。期之丧，期是周一年之丧服，就是伯父母、叔父母，并弟兄，并儿子，并侄的丧服。自百姓上达只到大夫。推行到大夫为界限，诸侯天子便不行。三年之丧，自百姓上达于天子皆通行，因为父母之丧不分别贵贱都是一样。"

右第十八章。

第一节子曰："武王、周公其达孝矣乎！二节夫孝者：善继人之志，善述人之事者也。三节春秋修其祖庙，陈其宗器，设其裳衣，荐其时食。四节宗庙之礼，所以序昭穆也。序爵，所以辨贵贱也；序事，所以辨贤也。旅酬下为上，所以逮贱也；

燕毛，所以序齿也。[五节]践其位，行其礼，奏其乐，敬其所尊，爱其所亲，事死如事生，事亡如事存，孝之至也。[六节]郊社之礼，所以事上帝也，宗庙之礼，所以祀乎其先也。明乎郊社之礼、禘尝之义，治国其如示诸掌乎。”

第十九章　[第一节]孔夫子说：“武王并周公他们不是达孝么？达孝，是人通称他们为孝。[二节]○孝之道，是人做善于继续前人之志意，善于传述前人之事情。[三节]○春秋祭祀的时候，春时祭祀称为祠；夏时祭祀称为礿，或称为禴；秋时祭祀称为尝；冬时祭祀称为烝。单说春秋，也包括夏时冬时在内。修饬祖宗的祖庙，修饬，是洒扫整饬，必要洁净而庄严。○祖庙，天子有七座，诸侯有五座，大夫有三座，士有一座。陈列祖宗的宗器，宗器，是祖宗的宝贝东西，祭的时候，就拿出来布列。摆设祖宗的裳衣，祖宗生前所穿的裳衣，祭祀的时候，就拿出来付于尸穿。戏荐其四时之食品。按照时候所当用的食品，就献荐于祖宗。[四节]○用宗庙之礼，他们以次序班列子孙分别昭穆。天子七庙，太祖的庙向南方，左边是三座昭庙，右边是三座穆庙，看这个图：

始祖庙	高高祖	曾祖	父	南边	昭
	太高高祖	高祖	祖		穆

盖父亲初儿子的庙，不在一边，乃是对面。昭考的儿子去世以后，就称为穆考。天子若去世，就放他的木主到他祖父的木主所居的庙里去；祖父的木主，就移放到高祖的庙里；高祖的木主，就移放到太高高祖的庙里；太高高祖的木主，就移放到始祖庙里的夹室之内，这个叫做祧。祭祀的时候子孙遵依次序，站立在祖庙的左边的皆分两行，一边是昭，一边是穆，就是一边站立儿子，一边站立孙。此《中庸》十九章四节所说的祭，不是群庙之祭，乃是始祖庙内之祭。○昭、穆两个字的名号，因为禘祭、祫祭设立的，五年所行的禘祭，并三年所行的祫祭。行那两大祭的时候，始祖的木主，放了东向，所以昭的木主看南向，穆的木主看北向。南方是明亮的地方，所以称为昭；北边是黑暗的地方，所以称为穆。此昭、穆两个名号，是因为从这个大祭设立的。排序助祭的人按照爵位，所以辨别贵贱之分；异姓的人入祖庙帮助祭祀，贵者班次在前面，贱者班次在后面。排序各人祭祀所当做的事，所以辨别人之贤也。祭祀的事，如执豆笾、祝嘏各样的事，同姓的人，异姓的人，都按照人的才能而命令司理。○本文贤字，是能干的意思。众人献酬之时候，下者就献酬上者，所以逮及卑贱的人叫他们伸其恭敬。本文旅字，是众人；本文下字，是少年的弟子们；本文上字，指宾，并众兄弟；为字，是去声。下者替上者劝酒。本文贱字，是少年的弟子；酒杯的名叫斛；宾只一人，是异姓陪祭的人；宾的党，是众宾，不止一人；宾的位在庙里西阶，长兄弟的位在庙里东阶。○献酬，是举杯子劝人饮酒。祭祀将完毕的时候，长兄弟举酒杯以献奉于宾，长兄弟是众兄弟中间最尊的一位，他就是主人。宾还不饮，乃是他①举酒杯以献奉于长兄弟；长兄弟就饮酒，后他再举酒杯，以献酬于宾；于是宾就饮，宾的众弟子们也饮酒，然后他们举酒杯以献酬于宾；众兄弟们的儿子也饮酒，然后他们举杯子以献酬于众兄弟，这样是少年的弟子们，各人皆得其职

① 指宾。

事，并这样他们也得伸其恭敬。燕会之时，他们辨毛发之色，所以序年齿。祭祀完毕了，异姓之宾皆退出，独留同姓的人，就燕会饮酒于私室，他们就按照毛发之色，分别坐位之次序，意思是他们只序年龄老少，不问爵之贵贱。五节〇他们践履先王的位，行先王的礼仪，奏先王的乐章，敬先王所尊崇的，爱先王所亲的，这样他们事奉死的如同事奉生的一样，事奉亡的如同事奉存的一样，此是孝之至也。践其位那句话，按朱夫子的意思，指祭祀的时候，他们站立在先王以前所站立的位。郑康成注，是即位的意思，都是说平时做事的光景。看本章第二节所说的"善述人之事"那句话，他们不但在庙里事奉效法祖宗。六节〇郊社之礼，所以事上帝也。郊是祭天，社是祭地。冬至，祀天于南郊之圜丘；夏至，祭地于北郊之方泽。宗庙的祭礼，所以奉祀先人。人若能够洞明乎郊社之礼，人若能够洞明乎禘祭、尝祭之本义，禘，是天子最尊之大祭，五年行一次，是祭始祖以上最远之祖，在始祖庙内设立一个虚位，而以始祖陪之。尝，是四时之祭，春祭称为礿；夏祭称为礿；秋祭称为尝；冬祭称为烝。单说尝祭，也包括祠祭、礿祭在内。他就容易治理国家如同视着手掌阿！"本文示字，是视的意思。〇比较《论语·八佾第三》第十一章。

右第十九章。

第一节哀公问政。二节子曰："文武之政，布在方策。其人存，则其政举；其人亡，则其政息。三节人道敏政，地道敏树。夫政也者，蒲卢也。四节故为政在人，取人以身，修身以道，修道以仁。五节仁者人也，亲亲为大；义者宜也，尊贤为大。亲亲之杀，尊贤之等，礼所生也。六节在下位不获乎上，民不可得而治矣！七节故君子不可以不修身；思修身，不可以不事亲；思事亲，不可以不知人；思知人，不可以不知天。"八节天下之达道五，所以行之者三：曰君臣也，父子也，夫妇也，昆弟也，朋友之交也：五者天下之达道也。知、仁、勇三者，天下之达德也，所以行之者一也。九节或生而知之，或学而知之，或困而知之，及其知之一也。或安而行之，或利而行之，或勉强而行之，及其成功一也。十节子曰："好学近乎知，力行近乎仁，知耻近乎勇。十一节知斯三者，则知所以修身；知所以修身，则知所以治人；知所以治人，则知所以治天下国家矣。"十二节凡为天下国家有九经，曰：修身也，尊贤也，亲亲也，敬大臣也，体群臣也，子庶民也，来百工也，柔远人也，怀诸侯也。十三节修身则道立，尊贤则不惑，亲亲则诸父昆弟不怨，敬大臣则不眩，体群臣则士之报礼重，子庶民则百姓劝，来百工则财用足，柔远人则四方归之，怀诸侯则天下畏之。十四节齐明盛服，非礼不动，所以修身也；去谗远色，贱货而贵德，所以劝贤也；尊其位，重其禄，同其好恶，所以劝亲亲也；官盛任使，所以劝大臣也；忠信重禄，所以劝士也；时使薄敛，所以劝百姓也；日省月试，既禀称事，所以劝百工也；送往迎来，嘉善而矜不能，所以柔远人也；继绝世，举废国，治乱持危，朝聘以时，厚往而薄来，所以怀诸侯也。[十五节]凡为天下国家有九经，所以行之者一也。[十六节]凡事豫则立，不豫则废。言前定则不跲，事前定则不困，行前定则不疚，道前定则不穷。[十七节]在下位不获乎上，民不可得而治矣。获乎上有道：不信乎朋友，不获乎上矣。信乎朋友有道：不顺乎亲，不信乎朋友矣。顺乎亲有道：反诸身不诚，不顺乎亲矣。诚身有道：不明乎善，不诚乎身矣。[十八节]诚者，天之道也；诚之者，人之道也。诚者不勉而中，不思而得，从容中道，圣人也。诚之者，择善而固执之者也。[十九节]博学之，审问之，慎思之，明辨之，笃行之。[二十节]有弗学，学之弗能弗措也；有弗问，问之弗知弗措也；有弗思，思之弗得弗措也；有弗辨，辨之弗明弗措也；有弗行，行之弗笃弗措也。人一能之己百之，人十能之己千之。[二十一节]果能此道矣，虽愚必明，虽柔必强。

第二十章　[第一节]鲁哀公向孔夫子问政是怎样？鲁哀公是鲁国的国君，名叫蒋，他从基督前四百九十四年至四百六十八年在位。哀公十六年，孔子卒。[二节]〇孔夫子说：“文王、武王的政事，都布列在方策中间。方，是木版；策，是竹简；方是大的，策是小的。倘若文、武那样的人存在，则文、武那样的政事就可以举行；若文、武那样的人丧亡，则文、武那样的政事就息灭。[三节]〇人道人若有善德的光景。敏速政事，政事可以急速成功兴旺。好像地道地若有好光景。敏速生长所栽的树林。这样的政阿，是仿佛蒲卢一样。蒲卢，就是蒲苇，生在水边，他最容易生长。[四节]〇故此办理国政是在得好人，取好人是在自己之身，修自己之身是要用道，修道是要用仁。[五节]〇仁阿，是人所以为人，仁包括一切人所该当有的善德。仁德最大的用法是亲亲；义阿，是合宜，德最大的用法是尊贤人。亲亲中间之隆杀，亲亲中间也有分别，如有二年之服，有期年之服，有功服，有缌服，这就是隆杀。尊贤人中间之等级，尊贤人也有分别，有做师的，有做友的。礼在这个中间生出来。[六节]〇在下位的人，倘若不获得上司的信任，他们就不能得民心而治理百姓！这是下文错误在这里，该当在十七节。[七节]〇故此君子不可以不修身；思想修身，不可以不事奉亲；思想事奉亲，不可以不知人；思想知人，不可以不知天。”知天是最要紧的，天是上帝，认识上帝，是一切德行的根本。看《约翰》第十七章三节。[八节]〇天下的达道是五件，达是通达的意思，达道是天下通行的伦常。所以行这个达道的德性是三件。说明那五伦：一件，君臣也；二件，父子也；三件，夫妇也；四件，昆弟也；五件，朋友之交也，这个五伦阿，是天下之达道。那三件德性：一件，是智；二件，是仁；三件，是勇。这个三件就是天下的达德，人所以行这三件的是一也。一就是诚。[九节]〇人或生而知之，知是知道达道之理。或学习而知之，或困苦力学而知之，乃是若他们及到了知之的境界，功效是一样。生而知之的，是圣人，他本来知道的，看第十八节；又比较《季氏第十六》第九章。人，或安而行之，安，是自然不用力；

行是行达道的事。或贪仁而行之，利，照朱注是贪，就是贪仁。看《论语·里仁第四》第二章说的，“仁者安仁，智者利仁”。或勉强而行之，乃是若他们及到了成功的境界，功效是一样。鲁哀公听了上文的话，就说：“子之言美矣，至矣。寡人实固不足以成之也。”○看《家语第四》。十节 ○孔夫子说：“好学就近乎智，离智不远。勉力体行就近乎仁，知道羞耻就近乎勇。孔子要激动鲁哀公。十一节 ○人若知道这三件，三件，是近乎智、近乎仁、近乎勇。他就知道所以修身；若知道所以修身，他就知道所以治人；若知道所以治人，他就知道所以治天下国家。”十二节 ○凡治理天下国家的君有九经要紧，说明：一、修身也；二、尊崇贤人也；贤人，是太师、太傅、太保之类。看《书经·周官》第五节。三、亲亲也；四、敬大臣也；五、体群臣也；体，是国君要设身处臣子所处的境遇而想他心里有什么愿意。六、爱庶民如子也；七、招来百工也；八、绥柔远人也；从外国来的宾旅。九、怀诸侯也。这是九经的目录。十三节 ○九经的功效：一、君主若自己修身，道就树立了；君主做百姓的榜样。二、君主若尊崇贤人，他的命令就可以免迷惑；三、君主若亲亲，诸父昆弟他们就不怼怨；四、君主若敬大臣，办理国事他就可以不昏眩；五、若体群臣，上士、中士、下士他们就都要热心服礼于君主；本文重字是热心。六、爱庶民如子，百姓就彼此激劝向善；七、君主若招来百工们，货财并器用就充足；招来百工，则工艺就振兴。农夫和工艺之末，可以交易，由此货财并器用可以丰足。八、若绥柔远人，四方宾旅就归向而来；归向，是他们喜欢来，希望得佑助。九、若怀诸侯，天下就畏服君主。这是说的九经的功效。十四节 ○九经的事：一、斋戒明洁，装束盛服，非礼不举动，按照这样，是所以修身之道；二、除去谗人，远开女色，轻贱货物而贵重德，按照这样，是所以激劝贤人之道；三、尊崇他们的职位，加重他们的俸禄，他们所喜好的，并所憎恶的，与他们有同心，按照这样，是国君所以激劝亲之亲他；四、设小官要多，足以供任大臣的差使，本文盛字，是多。照按这样，是所以激劝大臣之道；五、君主以忠心信实待他们，加重他们的俸禄，按照这样，是所以激劝庶士之道；六、按照时候使用他们，减薄他们的税敛，按照这样，是所以激劝百姓之道；七、每日省察，每月试验，每日省察他们的工程，每月试验他们所做的事。牲肉廪米，都要称当他们所做的事体，本文既字是牲肉；本文廪字是廪米，也就是稍食。稍，是慢慢付给的意思。牲肉廪米，按照他们所做的事体送给于他们，功多的人，牲肉廪米就加多；功少的人牲肉廪米就减少。按照这样，是所以激劝百工之道；八、护送往的宾客，迎接来的宾客，回国的人，付给文凭以护送他们；并迎接来的人，预备客馆饭食。嘉奖善人，而矜恤没有能干的人，游历的人，若居住在国内，那没有能干的人，不要弃绝他。按照这样，是所以绥柔远人之道；九、继续没有后人的绝世，继续是替他立一个人做他的后嗣。举起那灭亡的废国，灭亡的国复封之。平治他们撩乱，扶持他们倾危，来朝来聘，要按照时候，朝是诸侯自己来朝见天子，聘是诸侯差遣大夫贡献东西于天子。每年诸侯差遣大夫行小聘之礼于天子；到了三年，诸侯差遣卿就是一个大官行大聘之礼于天子；到了五年诸侯自己朝见天子。他们回国的时候，要厚送礼物于他们，而且他们来的时候，要少讨取礼物，本文薄字，是少的意思。按照这样，是所以怀诸侯之道。十五节〇凡治理天下国家的君有这个九经，所以行这九经的是一也。一，就是诚。〇郑康成注："一，谓当豫也。"十六节〇大凡一切的事情，要豫备而后就可以成立，若不豫备事情必定就废坏。言语若豫前想定了就不跲踬，跲踬是跌倒，就是说不出来。做事若豫前想定了就不受困，行为若豫前想定了就不引疚而抱歉，引疚，是心内惭愧。行道若豫前谋定了就不穷尽。十七节〇在下位的人，倘若不获得上司的信任，他们就不能得民心而治理百姓。获得上司的信任有道：倘若人不见信于朋友们，他就不能够获得上司的信任。见信于朋友们也有道：倘若人不顺从父母，他就不能见信于朋友们。顺从父母也有道：倘若人反观自己而不诚，他查考自己，并认识心内不诚。就不能够顺从父母。诚自己也有道：倘若人不明白善，他就不能够诚他自己。十八节〇诚者，是天的本然之道；诚是真实无妄。诚之者，是人的当然之道。诚之者，是人不能够诚而要学习以至于诚。诚者，不勉强而自然中着善，不思想而自然得着善，从容安闲而中着道，这是圣人也。诚之者，选择善并坚固执持。十九节〇广博以学之，详审以问之，谨慎以思之，精明以辨之，笃实以行之。二十节〇君子设若有他所不学了的，或若他所学了的中间，还有他所不能够的，他就不休歇；本文措字，是休歇。设若有他所不问了的，或若他所问了的中间，还有他所不知道的，他就不休歇；设若有他所不思想的，或若他所思想的中间，还有他所不得了的，他就不休歇；设若有他所不辨论的，或若他所辨论的中间还有他所不明白的，他就不休歇；设若有他所不行的，或若他所行的中间还有他所不笃实行的，他就不休歇。别的人若用一分的工夫而能够的，他自己就要用百倍的工夫，别的人若用十倍的工夫而能够的，他自己就要用千倍的工夫。二十一节〇若一个人果然能行这个道，他虽然是愚蠢的，他必要明白；他虽然是柔弱的，他必要自强。孔夫子在这一章里，表明前进之理。外国人若念此一章，他们奇怪为什么中国最有文明的人，这样迟延各样前进之事。若真儒者果然要跟从孔夫子，他们必须上进，效法万国所有的最善最美之法。此章是《中庸》第三支的末章，第一支是第一章，第二支是第二至十一章，第三支是第十二至二十章，第四支是二十一至三十二章。另外有第三十三章，是《中庸》之总结。子思拿二十章十八节所说的诚者那句话做第四支的题目。

右第二十章。此引孔子之言，以继大舜、文、武、周公之绪，明其所传之一致，举而措之，亦犹是耳。盖包费隐、兼小大，以终十二章之意。章内语诚始详，而所谓诚者，实此篇之枢纽也。又按：《孔子家语》亦载此章，而其文尤详。"成功一也"之下，有"公曰：子之言美矣！至矣！寡人实固，不足以成之也"。故其下复以"子曰"起答辞。今无此问辞，而犹有"子曰"二字，盖子思删其繁文以附于篇，而所删有不尽者，今当为衍文也。"博学之"以下，《家语》无之，意彼有阙文，抑此或子思所补也欤？

自诚明，谓之性；自明诚，谓之教。诚则明矣，明则诚矣。

第二十一章　由本来诚而自然能够明，这称为性；是天性。由明得诚，这称为教。由教而来。本来诚者他必有明，乃若有明，可以得诚。朱注：“诚则无不明矣，明则可以至诚矣。”

右第二十一章。子思承上章夫子天道、人道之意而立言也。自此以下十二章，皆子思之言，以反复推明此章之意。

右边二十一章，子思承接上章孔夫子所说的天道人道的意思而立言。由这里以下之十二章，皆是子思的话，他就反复详细推明这一章的意思。

唯天下至诚，为能尽其性；能尽其性，则能尽人之性；能尽人之性，则能尽物之性；能尽物之性，则可以赞天地之化育；可以赞天地之化育，则可以与天地参矣。

第二十二章　唯独天下至诚者，他能够竭尽他的性；《大学》传文六章说：“所谓诚其意者，毋自欺也。”诚那个字，有真实无妄的意思。天下至诚，朱注：“圣人之德之实，天下莫能加。”意思说至诚者的德性，是最真实的，也是完全而不能加的。〇尽性，意思是按照天之秉赋施行，而发现天性所有的良能到底，并这样完全那个天性。他因为能够竭尽自己的性，他就也能够竭尽人的性；尽别人的性，是正人心，而且引导他们到天所预定的完备的境界，并这样成全人性。他因为能够竭尽人的性，他就也能够竭尽万物的性；意思是成全万物。他因为能够竭尽万物的性，他就可以赞助天地的化育；赞助，是佑助；化，是变化；育是生长。〇意思说，他可以帮助天地的大功用。他因为可以赞助天地的化育，他就可以与天地参。参是并立为三。〇谁是天下至诚者，下文在第三十一章，子思论天下至圣者；并在第三十二章，他又论天下至诚者，至圣者并至诚者是一样。汉朝郑康成论第三十一章说：“至圣者是孔子。”予说若在那里是孔子，必在这里第二十二章里头也是孔子，乃是子思实在不说是孔子。朱夫子虽然晓得郑氏的意思，也不说是孔子。子思不一定说至诚者是谁，乃是他只大概表明至诚者的样子，就是他的德性，并他的才能。若是孔子实在是那个至圣者，他到底什么样并什么时候竭尽就是成全了万物之性呢？并什么样孔子赞助天地之化育呢？孔子临终的时候叹息说：“泰山其颓乎！梁木其坏乎！哲人其萎乎！”又说：“夫明王不兴，而天下其熟能宗予？予殆将死也。”说完了，他就寝疾七日而殁。看《礼记·檀弓》。呜呼！孔子实在是一个可尊可爱的师表，我们也该当心内尊敬他，并热心学他的道。乃是我们不敢称他为与天地参，此也不是子思的意思，子思也不违背祖父的话。孔子特意说了，“我非生而知之者，好古敏以求之者也”，看《论语·述而第七》；又说：“闻义不能徙，不善不能改，是吾尤也”；又说：“文莫吾犹人也，躬行君子，则吾未之有得”；又说：“若圣与仁，则吾岂敢，抑为之为厌，诲人不倦，则可谓云尔已矣”；又说：“吾十有五而志于学，三十而立，四十而不惑，五十而知天命”，云云。学者可明孔子不是生而知之的，乃他也必要学。孔子又说：“加我数年，五十以学《易》，可以无大过矣”，所以他认识有过；孔子又说：“圣人吾不得而见之矣，得见君子者斯可矣；善人吾不得而见之矣，得见有恒者斯可矣。”若我们细想查考孔子这样的话，我们就可以确信不疑。若我们说他不是天下至圣至诚者，我们就只体贴孔子自己的本意。孔子设若今时复降于中国，他自己也必定不喜欢人这样谄谀虚浮之话。难道子思说："我的祖父与天地参矣？"并在第三十一章难道他说："我的祖父配天？"难道子思这样过分的夸张自己的祖父么？想此是误会子思的意思。子思不说天下至诚者是孔子，乃他把孔子自己论至诚的意思，传述于后世，表明至诚大概的样子。〇如第三十二章末节，朱注："此篇言圣人天道之极致，至此而无以加矣。"

右第二十二章。言天道也。

其次致曲，曲能有诚，诚则形，形则著，著则明，明则动，动则变，变则化，唯天下至诚为能化。

第二十三章　至诚次一等的，他推致他所有的德性的小端，推致，是推广扩充的意思。〇曲本来是弯曲，朱注："曲一偏也。"郑康成注："曲，犹小小之事也。"雷格氏引《柏卢讲义》的话，柏卢氏说："曲譬如竹之萌出，上被石头压住，他就斜向石头旁边透出。"〇致曲两个字的意思，就是人修他心里所有的德性的小端，并推广到极致。从德性的小端起头可以能够有诚，若有诚就形于外面，形是露出。若形于外面就表著，表著是大发见。若表著就光明，若光明就感动人，若感动人就能够改变人，若能够改变人就能够化，惟独天下至诚能够化。比较《孟子》说的："大而化之之谓圣。"看《尽心章句下》二十五章。

右第二十三章。言人道也。

至诚之道，可以前知。国家将兴，必有祯祥；国家将亡，必有妖孽；见乎蓍龟，动乎四体。祸福将至：善，必先知之；不善，必先知之。故至诚如神。

第二十四章　至诚的道，道在这里是才能。可以豫前知道将来的事。若国家将要兴盛，必定有祯祥的好兆；孔颖达注："祯，是国家本来有的东西，忽然改变了形象，如国家本来有雀，今忽然有红色的雀来了，这就是祯；祥，是国家本来没有的，东西忽然有了，如本来没有凤凰，忽然凤凰来了，这就是祥。"若国家将要亡，必定有妖孽的坏兆。妖并孽，是祸之兆。这样的预兆发见于蓍，并发见于龟，蓍，是蓍草，古人用为占卦的，就是筮。占卦的法子，用蓍草五十枝，卦共计有六十四个。一卦有六个爻，爻的象，有吉的，有凶的；龟是动物，古人用为卜的东西。卜龟的法子，用龟腹下的壳，以火熏他，观看墨色的形象，有吉的，有凶的。发动于龟之四体。四体，是龟的四足，卜龟的法子，是春天用火熏龟壳后面左边，夏天用火熏龟壳前面左边，秋天用火熏龟壳前面右边，冬天用火熏龟壳后面右边。若祸福将到：有了妖孽是祸将到，有了祯祥是福将到。善的，至诚者必定预先知道；善的就是福。不善的，他也必定预先知道。不善的就是祸。故此至诚者如同神一样。他预知将来的事，好像神之灵妙。〇古人用蓍为筮，用龟为卜。看《书经·大禹谟》十八节，又看《洪范》二十节。孔夫子在《易经》赞美之，系辞上传说："探赜索隐，钩深致远，以定天下之吉凶。成天下之亹亹者，莫大乎蓍龟！"〇今时人少信之。《古文》明朝刘基引汉朝最善卜的司马季主说："呜呼！天道何亲，惟德之亲。鬼神何灵，因人而灵。夫蓍，枯草也；龟，枯骨也，物也。人灵于物者也，何不自听而听于物乎?”

右第二十四章。言天道也。

第一节诚者自成也,而道自道也。二节诚者物之终始,不诚无物。是故君子诚之为贵。三节诚者非自成己而已也,所以成物也。成己,仁也;成物,知也。性之德也,合外内之道也,故时措之宜也。

第二十五章 第一节诚者之理,是人所以成全自己,而道是人所以该当引导自己。二节○诚者,是万物的终始,真实之理,贯彻万物的末终,贯彻万物的起头。设若没有诚就没有物。故此君子以诚之为贵。三节○诚者不但成全自己就罢了,乃他用这个理以成全物。成全自己,这是仁;成就物,这是智。这仁智两个德是体天性之德也,此就是合外内之道也,故此常常不论什么时候那诚者施用这个性德,他是合宜。

右第二十五章。言人道也。

第一节故至诚无息,二节不息则久,久则征。三节征则悠远,悠远则博厚,博厚则高明。四节博厚,所以载物也;高明,所以覆物也;悠久,所以成物也。五节博厚配地,高明配天,悠久无疆。六节如此者,不见而章,不动而变,无为而成。七节天地之道,可一言而尽也:其为物不贰,则其生物不测。八节天地之道:博也,厚也,高也,明也,悠也,久也。九节今夫天,斯昭昭之多,及其无穷也,日月星辰系焉,万物覆焉。今夫地,一撮土之多,及其广厚,载华岳而不重,振河海而不泄,万物载焉。今夫山,一卷石之多,及其广大,草木生之,禽兽居之,宝藏兴焉。今夫水,一勺之多,及其不测,鼋鼍、蛟龙、鱼鳖生焉,货财殖焉。十节《诗》云:“维天之命,於穆不已!”盖曰天之所以为天也。“於乎不显! 文王之德之纯!”盖曰文王之所以为文也,纯亦不已。

第二十六章 第一节故此至诚是无止息的。至诚,是至诚之理。二节○因为无止息就是长久的,因为长久的就征验于外。三节○因为征验于外,就悠长而遥远;因为悠长而遥远,就广博而深厚;因为广博而深厚,就高大而光明。四节○广博而深厚,所以负载万物;高大而光明,所以覆盖万物;悠长而永久,所以成就万物。悠长而永久,就是悠长而遥远。五节○广博而深厚他配偶于地,这里按雷格氏注是论至诚的人说的。高大而光明他配偶于天,悠长而永久他是无疆的。无疆,是无穷无尽。六节○如此者,不表示而自然章明,不动而自然变化,无为而自然成功。无为而成,也是道教的道理,看老子《道德经》那个意思。不是懒怠的样子,不做什么,乃是以虚心俟待天命,倚靠天的作为,自己不敢自主。○无为而成最大的功效,可以见是基督受难之中,他在十字架上受苦之时,就说“成了”,意思是他成了救世之功。七节○天地之道,可以一句话包括穷尽:他们是纯一不贰的物，天地之理，是纯一不贰的。所以他们生育万物妙不可测的样子。天地是被造之物，全能之上帝给了与天地这个妙不可测之力。八节〇天地之道：一、广博也；二、深厚也；三、高大也；四、光明也；五、悠长也；六、永久也。九节〇今夫这个天，若看他一处他只是昭昭之多，昭昭是小明；多是余，就是少许，如人在窗牖内看天，只看一点明亮。乃若看及到他无穷的全体，就是日并月并星并辰都被系挂了在天上，并万物天都覆盖。今夫这个地，若看他一处他只是一撮土之多，手指拈取东西叫做一撮，土是泥。乃若看及到了地之广博而深厚，地就负载华山、岳山而不觉得重，《周礼》豫州的山镇，称为华山；雍州的山镇，称为岳山。《尔雅》河南曰华山，河西曰岳山。地又振收黄河沧海而不泄漏，万物地都负载。今时之天文家，表明地是小星也。今夫这个山，若看他一处他只是一卷石之多，一卷，是一块。乃若看及到了他的广大，草木就生长在上面，禽兽居住在上面，并且宝贝兴盛。今夫这个水，若看他一处他只是一勺之多，勺，是盛水的东西。乃若看及到了水不能测之深，鼋并鼍并蛟并龙并鱼并鳖，鼋是大龟，他是介虫之元；鼍的皮有甲如鱼，他有足如龙；蛟似龙，头上没有角，《礼记·六月》命令渔师伐蛟；龙是三百六十鳞虫之长；鱼是鳞虫；鳖是介虫。他们都生长在水里，而且货并财都繁殖在水里。货，是珍珠、文贝等类；财，是鱼盐等类，繁殖是多。十节〇《诗》云："《诗经·周颂·维天之命篇》，这是祭文王的诗。维天之命，於穆不已！"於是叹息；穆是深远。〇意思说昊天的命，很深远阿，他不止息。此诗篇的意思说，不止息是天之所以为天。又曰："於乎不显，於乎是叹息；不显，就是岂不显。文王之德之纯！"意思是文王的德性之纯，岂不显著么？纯，是纯一不二。那诗篇的意思说，纯一不二是文王之所以为文王，纯一不二也是不止息的。《书经》论尧舜论文王武王有最善最美之传言，乃泰西国有好些个博学士，他们疑惑这个传言恐怕不都是可信的实史。西历前八百年，周太史籀造大篆，而后孔子作《春秋》，就是孔子实在做鲁国春秋的《左传》，看《论语本义官话·公冶长第五》第十七章。中国实在可信的史开端在春秋的第一年，就是西历前七百二十二年，此是西国博学士都同声说的。太史籀以前，古文的字是很少的，所以论尧舜论文王武王所有的传言，本来大概都是以人口传下来的，人口所传下来的传言，容易改变而不可以尽信的。孟子说："尽信书，则不如无书。吾于《武成》，取二三策而已矣。"孟子取二三策，别的他也不信。《诗经》不一回提尧、舜之名，《诗经》不晓得尧、舜，这奇怪的事，可以叫人疑惑而且查考。虽果有尧舜，有文王武王，乃什么人可以晓得或他们实在是生而知之的圣人吗？这个事情，中国有博学问的翰林，要细细的查考，而后可明。论《书经》不能尽信的缘故，可以查考雷格氏《书经》英文注解，在序文自四十七到八十页；又请看花之安用英文所著的《中国太古之史》。

右第二十六章。言天道也。

第一节大哉圣人之道！二节洋洋乎！发育万物，峻极于天。三节优优大哉！礼仪三百，威仪三千。四节待其人而后行。五节故曰苟不至德，至道不凝焉。六节故君子尊德性而道问学，致广大而尽精微，极高明而道中庸。温故而知新，敦厚以崇礼。七节是故居上不骄，为下不倍，国有道其言足以兴，国无道其默足以容。《诗》曰："既明且哲，以保其身。"其此之谓与！

第二十七章　第一节大哉圣人之道！二节〇洋洋乎！如流动充满的水。他发生并养育万物，他峻大极至于天。三节〇优优大哉！优优，是充满完全。他包括礼仪三百之大纲，礼仪，是经礼，大纲有三百款。并包括威仪三千之细目。威仪是曲礼，就是进退揖让之类，曲礼的细目有三千条。四节〇这个圣人之道，俟待合宜的人而后行，比较第二十章二节说的："其人存则其政举，其人亡则政息。"五节〇故此说，若非至德，至道不凝。凝，是得成就。〇至德，是尽天伦，又尽人伦。谁能够这样，只是耶稣基督。六节〇故此君子君子，是圣人次等的。一节至第五节，是论圣人说的，此以下是论君子说的。尊崇德性，并由从问学的工夫，原文道字是由从的意思，他常常询问并习学，如孔子《述而第七》三十三章论自己说，"抑为之不厌"；又十八章说，"发愤忘食"；又十九章说，"我非生而知之者，好古敏以求之者也"。他致广大，他勉励仰慕推致心里德性之小端到广大的境界。并竭尽精微之理，而且他勉励推极他的德性到高明的境界，并由从中庸之道。他温习旧的，而知道新的，看《论语·为政第二》第十一章，新的是新学。〇学者可明，只知旧学而不知道新学，是无足的。今时之新学，是各样的格致学。他以敦笃并厚重之意崇礼。七节〇故此君子设若居在上位他不骄傲，并若他居在下地不背畔，原文为下，是居在下，是做臣子，或是做百姓。〇原文倍字与背字相同。邦国有道的时候，他的言论足以兴起得官；邦国无道的时候，他缄默足以见容于世。《诗》曰："《诗经·大雅·烝民》之篇。既明且哲，以保其身。"意思是他是聪明的，并且有察事之哲，以致保护自己的身。此不是论这个事说的么？《语类》①说，明哲保身只是处平常，若到那舍生取义，又不如此说。〇比较《论语·公冶长第五》第一章二节，《泰伯第八》第十三章。国无道的时候，有时也必以身殉道，看《孟子·尽心章句上》第四十二章。耶稣说："我实在告诉你们，一粒麦子不落在地里烂了，仍旧是一粒。若是烂了，就结出许多的子粒来。"意思是人若因为道舍命，他必有功效多。

右第二十七章。言人道也。

第一节子曰："愚而好自用，贱而好自专，生乎今之世，反古之道。如此者，灾及其身者也。"二节非天子，不议礼，不制度，不考文。三节今天下车同轨，书同文，行同伦。四节虽有其位，苟无其德，不敢作礼乐焉；虽有其德，苟无其位，亦不敢作礼乐焉。五节子曰："吾说夏礼，杞不足征也；吾学殷礼，有宋存焉；吾学周礼，今用之，吾从周。"

第二十八章　第一节孔夫子说："人倘若愚昧而喜好自用，倘若卑贱而喜好自专，倘若他生乎现今的世界而反复古时的道。如此者，灾害必定逮及他的身。"原文烖字

---

① 指《朱子语类》。

就是灾字。〇生乎今之世反古之道，雷格氏注说：“这一句话该当鼓动华人勉励前进，论各样的事要选择最善之新法，而不要常常固执旧法。”呜呼！谁人跟从孔子的善言？二节〇人倘若非天子，按朱注此以下是子思的话。就不该当议礼，议礼是改变旧礼，创作新礼。就不该当制度，度是宫室车舆的等级，制是改变旧的，创作新的。就不该当考察字的文。文是字的点画，并字的声音。〇《语类》：“古时人不甚识字，所以年年朝廷使令大行人之属，巡行天下，考察字之点画，并字之声音，查检错误的文。”三节〇今天下，车子的轨道相同，轨道，是车之辙迹。今天下，指子思的时候。《孟子·公孙丑章句下》第十一章证鲁缪公敬礼子思。鲁缪公即位在西历前四百零九年，就是孔子逝后七十年，子思的父亲伯鱼在孔子逝世之前四年死了，所以子思的寿过了七十四岁。书的文相同，书是字，文是字的点画，并字的声音。予想今时之国家，也该当为十八省的学生以罗马字立定一个通行的官话，叫有学问的人，声音归于一样。路德用德文翻译圣经，在德国得了这样的功效。行的伦次相同。伦，是次序之体，如君臣父子贵贱亲疏，相按之礼都是的。四节〇人虽然有了天子的位，设若没有那样的德，不该当敢创作礼乐；人虽然有了那样的德，设若没有天子的位，也不该当敢创作礼乐。孔子有其德，乃不得其位，所以他不作礼乐。〇这一章按朱夫子的意思，表明上文为下不倍之义。五节〇孔夫子说：“我能够言说夏朝的礼，乃杞国不足以作证；原文征字是证，杞国是夏朝之后。我学了殷朝的礼，只有存于宋国；宋国是殷朝之后。我学了周朝的礼，这是今日所用，我遵从周朝的礼。”看《论语·八佾第三》第九章又第十四章。

右第二十八章。承上章为下不倍而言，亦人道也。

第一节王天下有三重焉，其寡过矣乎！二节上焉者虽善无征，无征不信，不信民弗从；下焉者虽善不尊，不尊不信，不信民弗从。三节故君子之道：本诸身，征诸庶民，考诸三王而不缪，建诸天地而不悖，四节质诸鬼神而无疑，百世以俟圣人而不惑。质诸鬼神而无疑，知天也；百世以俟圣人而不惑，知人也。五节是故君子动而世为天下道，行而世为天下法，言而世为天下则。远之则有望，近之则不厌。六节《诗》曰：“在彼无恶，在此无射；庶几夙夜，以永终誉！”君子未有不如此而蚤有誉于天下者也。

第二十九章　第一节王天下者若有三件重典，按朱注，三件重典就是议礼、制度、考文。陆德明《释文》说：“三重，是德、位、时。”雷格氏从之。〇孟子说：“诸侯之宝三：土地、人民、政事。”他就能寡少人的过失！二节〇古时上焉者，治法虽然是善的，但没有证据，没有证据就不能取信于人，而且因为不信的缘故，民就弗从；下焉者，朱注：“下焉者，谓圣人在下，如孔子虽善于礼，而不在尊位也。”虽然他提醒的礼法是善的，但是他自己不尊贵，不尊贵就不能取信于人，而且因为不信的缘故，民就弗从。下焉者，按朱注指如孔子有德而无位者。子思论他们所提醒的礼法说，因为他们自己不尊贵，所以民不信而弗从。若子思在此一章论孔子说他是下焉者，难道子思在第三十一章论孔子说“民莫不敬、民莫不信、民莫不悦”？此是一个凭据。子思在第三十一章实在不论孔子一个人，乃论大概圣人的样子说。看第二十二章注解。三节〇故此君子之道：君子在这里，是王天下的天子；道，是他所设立的礼法。本于自己之德，他得征验于庶民之信从，民信从他的礼法，并这样明征他的礼法是合时的。他考察比较礼法于三王而没有背谬，三王是夏禹、商汤、周文武。君子比较自己的礼法于三王之本意，而他的礼法没有背谬。他建立自己的礼法在天地面前，而这个礼法没有一点与天地之道悖逆的，他质问于鬼神而无疑，意思鬼神享受他的祭祀，并这样准许他的计谋。他情愿百世俟待圣人起来而心里不惑。他心里确信若百世以后一个圣人起来，他必不责备他的礼法。比较孟子说的："圣人复起，必从吾言矣。"看《公孙丑章句上》第二章十七节。他质问于鬼神而无疑，可晓得他知天；他情愿百世俟待圣人起来而心里不惑，可晓得他知人。五节 〇故此这样的君主，他举动而世世与天下做模范，道是模范的意思。他施行而世世与天下做法度，他言论而世世与天下做准则。远处的人他们就仰望他，近处的人他们就不厌他。六节 〇《诗》曰："《诗经·周颂·振鹭》之篇。在彼无恶，在此无射；诗篇本意论两个诸侯说，他们在那里，就是在他们自己的国，无有恶之者；他们在这里，就是在周之朝廷，无有厌之者。庶几夙夜，以永终誉！"庶几，是希望；夙夜，是早间夜间；永终誉，是永存好名声。〇意思是可希望，早间夜间人要永远赞美他们。君子若不如此，而他早本文蚤字是早。有名誉于天下者，这个事未之有也。

右第二十九章。承上章居上不骄而言，亦人道也。

第一节 仲尼祖述尧舜，宪章文武；上律天时，下袭水土。二节 辟如天地之无不持载，无不覆帱，辟如四时之错行，如日月之代明。三节 万物并育而不相害，道并行而不相悖，小德川流，大德敦化，此天地之所以为大也。

第三十一章　第一节 仲尼孔夫子字仲尼。祖述尧、舜之道，祖，是奉为祖，意思是孔夫子仰望他们如同祖。〇述，是传述。宪章文王、武王之法；宪是奉为宪，宪是模样；章是发明。上面他效法天时之行，本文律字是效法的意思。〇天时，春、夏、秋、冬，转换运行，天时有自然的节候，人事也有当然之标准。孔夫子效法天时之转换运行，该当这样，他就这样；该当那样，他就那样。孟子说："孔子，圣之时者也。"看《万章章句下》第一章五节。下面他因依水土之理。本文袭字是因依的意思，水土是地，地有一定不移之理，人事也有一定不移之标准，孔夫子依从之。二节 〇仲尼的功效可以譬如天地之无不持载，无不覆帱，持载是地，覆帱是天。可以譬如四时之交错而运行，交错，是转换的意思；四时运行，寒天过了，热天就来，热天过了，寒天就来。可以譬如日并月之替代而明。日出，则月就沉下去；月出，则日就沉下去。〇子思说孔子传述尧、舜、文王、武王之道。比较孔子自己说的"述而不作，信而好古"。看《述而第七》第一章。三节 〇万物一并被生育而不相害，道就是四时并日月所运之道。一并运行而不相悖逆，子思因为在上文比较孔子的功劳于天地日月之功效，他在这第三节内表明天地奥妙之理，好像作一赞。小德仿佛川流，大德敦化，天地之小德分开，而且遍达各物之奥理，仿佛小沟之水，从根源分散流为支派；天地之大德，在洪大之变化发现出来。这就是天地之所以为大也。

右第三十章。言天道也。

第一节唯天下至圣，为能聪明睿知，足以有临也；宽裕温柔，足以有容也；发强刚毅，足以有执也；齐庄中正，足以有敬也；文理密察，足以有别也。二节溥博渊泉，而时出之。三节溥博如天，渊泉如渊。见而民莫不敬，言而民莫不信，行而民莫不说。四节是以声名洋溢乎中国，施及蛮貊；舟车所至，人力所通；天之所覆，地之所载，日月所照，霜露所队；凡有血气者，莫不尊亲，故曰配天。

第三十一章　第一节惟独天下至圣者，至圣者和至诚者一样，看第二十二章注解。子思在上文第三十章论他的祖父说完了，就说孔子的大功劳，是传述古人之道。孔子所传述的道，有最要之题目，就是论圣人，而且因为孔子传述解明这个论圣人之道，所以他的道照子思的意思比如天地。并因为这个道，孔子所以为孔子。〇现在子思把这个论圣人之道推开，并在第三十一、第三十二章，发明天下至圣至诚者大概的模样。为能够聪、明、睿、智，足以有临也；聪、明、睿、智，是生而知之者。睿是他的思想贯彻到事物之奥妙，智是心体之明处。〇足以有临，意思是因为他能够聪、明、睿、智，所以他堪以有临。临是临御，就是治理天下，以尊适卑曰临。他是宽、裕、温、柔，足以有容也；宽是宽广，裕是裕泰，温是温和，柔是柔顺，这是他的仁德，所以他足以宽容人。他是发、强、刚、毅，足以有执也；发是奋发，强是强立，刚是刚健，毅是宏毅，所以他足以执持。他是斋、庄、中、正，足以有敬也；斋是斋肃，庄是端庄，中是中和，正是严正；意思是他常从中庸之道，一点非礼没有，所以足以有敬。他是文、理、密、察，足以有别也。文是文明，理是条理，密是细密，察是察著，所以他足以有辨别。二节〇至圣者的德性，是溥遍并博大的，是渊深并渟泉的，他是好像一个活泼的泉。而时出之。时是时时而且也是合时。溥遍并博大，他是好像天；渊深并渟泉，他是好像渊。他著现而民莫不恭敬，他出言而民莫不信从，他施行而民莫不喜悦。在第二十九章子思说，孔子不得了位，所以他也不能设立法度于天下，因为下焉者虽善不尊，不尊不信，不信民勿从。若比较那个话与这个三十一章的第二节，学者可昭然晓得这第三节不是论孔子，乃大概论至圣者说的，因为民莫不敬，莫不信，莫不悦，是与那二十九章的话，真是相反的。而且这个话，设若论孔子说的，也是不对的，因为孔子在世界上的时候，人多不敬他，不信他，也不喜悦他的道，这都是一个大凭据。子思在这第三十一章，不是论孔子一个人说，乃大概表明至圣者的模样。四节〇所以他的声明洋溢乎中国，洋溢，是流动充满之意。并且传扬施及到南蛮、北貊；子思说中国并蛮、貊，他就要包括天下一切的地方，一切的人。因为那时候，华人还不晓得中国另外有别的文明之国，所以学者不要因为这“中国”两个字误会子思，仿佛他在这里特意论孔子说的，子思还是大概论至圣者的样子说。〇至圣者的道，不分别中国外国，天下至圣者，不属一国，乃属天下万国；如太阳不但是外国的太阳，也不但是中国人的太阳，乃天下万国万民被太阳光照的；这样天下至圣者，不是中国人，也不是外国人，乃是天下万国之人也，就是人类之至圣者也。中国是万国之内，所以至圣者的道，也在中国必要兴旺，而且他的道也必要传遍到普天下。看下文。舟船并车子所至的，人力所通达的；天之所覆盖的，地之所负载的，日并月所照临的，霜并露所坠落的境界；凡有血气的人，没有一个不尊敬他不亲爱他，故此称赞他配天。

右第三十一章。承上章而言小德之川流，亦天道也。

第一节唯天下至诚，为能经纶天下之大经，立天下之大本，知天地之化育。夫焉有所倚？二节肫肫其仁！渊渊其渊！浩浩其天！三节苟不固聪明圣知达天德者，其孰能知之？

第三十二章　第一节惟独天下至诚者，为能够经纶经，是治理茧丝，把头绪一一分开；纶，是治理茧丝，把丝合拼，经纶意思就是整理。天下之大经，并能够设立天下之大本，天下之大经，是人行为之常法。儒教有五伦之善道，乃五伦之根本，是在天伦，就是人与上帝有伦，儒教少辩论之。天伦是本，人伦是末，崇末忘本不可以。而且五伦另外也有别的伦，比方主与仆一伦，我家与邻一伦，我与乡人或同邑者一伦，我与国人一伦，我与敌人一伦，本国与万国一伦，儒教还不提及这些伦。况且儒教五伦，也有所无足之短处，比方孔子还不禁止娶妾之弊，此是许多坏风俗之根源。并能够知天地之化育。化是造化，育是生育。○看《约翰》一章三并四节，《歌罗西书》一章十五至十七节，《希伯来》一章二并三节。他怎么样必须倚靠别人么？意思是他自己有各样的能干，不要倚靠别人。二节○若称他为仁者，他是肫肫的！若称他为渊，他是渊渊的！若称他为天，他是浩浩的！肫肫，是热心的样子；渊渊，是静深的样子；浩浩，是广大的样子。至诚者有天性，有神性。三节○若一个人，非实有聪明圣智并达天德，聪、明、圣、智，是四样。圣，是灵明；达天德是体天德。怎么样他能知道至诚者呢？

右第三十二章。承上章而言大德之敦化，亦天道也。前章言至圣之德，此章言至诚之道。然至诚之道，非至圣不能知；至圣之德，非至诚不能为，则亦非二物矣。此篇言圣人天道之极致，至此而无以加矣。

第一节《诗》曰“衣锦尚絅”，恶其文之著也。故君子之道，暗然而日章；小人之道，的然而日亡。君子之道：淡而不厌，简而文，温而理，知远之近，知风之自，知微之显，可与入德矣。二节《诗》云：“潜虽伏矣，亦孔之昭！”故君子内省不疚，无恶于志。君子之所不可及者，其唯人之所不见乎。三节《诗》云：“相在尔室，尚不愧于屋漏。”故君子不动而敬，不言而信。四节《诗》曰：“奏假无言，时靡有争。”是故君子不赏而民劝，不怒而民威于𫓧钺。五节《诗》曰：“不显惟德！百辟其刑之。”是故君子笃恭而天下平。六节《诗》云：“予怀明德，不大声以色。”子曰：“声色之于以化民，末也。”《诗》曰“德輶如毛”，毛犹有伦。“上天之载，无声无臭”，至矣！

第三十三章　第一节《诗》曰：“《诗经·国风·硕人篇》曰：“衣锦褧衣。”《丰篇》曰：“衣锦褧衣。”○第三十二章，是《中庸》第四支的末章，看第二十章注解，第四支是从二十一章到三十二章。这个第三十三章，是《中庸》全书之总结。衣锦尚絅”，衣是穿，锦是锦绣，尚是加上，絅是禅衣,就是衫。里头他穿锦绣之美衣,并外头加上一个禅衣。意思是他憎恶文采之外著。锦绣的文采,他不要表著于外,要藏于内。故此君子之道,道是行为的样子。是暗然而日章明;暗然是隐然,君子不求人知。〇章明是他心内之美意自然发现。小人之道,是的然而日亡。的然是特意贪名而炫耀。亡,是败亡。〇小人专要人知,他虽的然暴露于外,而内里没有实,所以他渐渐散亡。君子之道,是好似淡薄的而却他不叫人厌弃,淡薄是无厚味,虽他有那个样子,人却爱慕他。是简易的而却文明,简易是不华美,是朴素的样子。是温柔的而却有条理,他知道远之近,远是治国齐家,近是修身,君子晓得修身是治国齐家之本。并知道风化之自来,孔子说:"君子之德风,小人之德草,草上之风必偃。"看《论语·颜渊第十二》第十九章。〇风感化草,君子德行感化庶民。真实的君子,知道这感化之根源,是在他自己。并知道隐微之显著,他知道所隐微的,必要显出来。看第一章第三节"莫显乎微",又看第十六章五节说的"夫微之显",又看《马太》十章二十六节。于这样的人可以许他入德了。二节〇《诗》云:"《诗经·小雅·正月》之篇。潜虽伏矣,亦孔之昭!"潜是藏匿,伏是隐密,孔是甚的意思,昭是明。〇意思说,鱼虽藏匿并在底下是隐密的,然他却是甚昭明的。故此君子内里省察自己以致他没有疚病,并这样可以无憎恶于心志。疚病,是坏处,无憎恶,意思是他没有一点惭愧的缘故。〇比较《论语·颜渊第十二》第四章。君子之所以不可及的,只是别人所不看见的事阿!就是他独处所做的事。〇看第一章三节说的,"故君子慎其独也"。三节〇《诗》云:"《诗经·大雅·抑》之篇。相在尔室,相是视看,尔是你,室是内室,就是隐密的地方。尚不愧于屋漏。"尚,在《诗经》本文是尚且的意思,说在朋友中间,你晓得做好,在屋里独居的时候,你尚且该当小心;不愧是不惭愧;屋漏是房子的西北角,就是最隐密的地方;有孔,天光漏入。意思是视看你在内室之中,你尚且该当无有惭愧的缘故,因为你对着天光面前。故此君子不举动的时候,他还有敬畏之心,并他不说话的时候,他还有信实之心。四节〇《诗》曰:"《诗经·商颂·烈祖》之篇,这是祭祀殷汤的诗。奏假无言,时靡有争。"奏,是进,《诗经》本文作鬷,无言是不说话。〇靡是无,争是争竞、失礼。〇意思是,主祭者进而感格于先王的时候,他恭恭敬敬的不说话,而这样那时候,在庙祭祀的人都受了感动,所以无有争竞、失礼。故此君子虽他不用奖赏,而百姓们自然受劝化,他不发怒而百姓们畏敬他的威严过于铁钺。铁是莝斫刀,钺是斧头。〇古时候天子把铁钺赐于诸侯,为赐给他们权柄的表号。五节〇《诗》曰:"《诗经·周颂·烈文》之篇。不显惟德!百辟其刑之。"不显是不显明,照朱注,是深奥玄远之意。百辟是诸侯,刑是效法。〇意思是天子有不显之德,而诸侯都效法他。〇比较二十六章十节说的:"於乎不显,文王之德之纯。"《诗经》本文不显两个字,实在有岂不显的意思,就说他的德是最显明的。乃子思在这里引那两个字,有别的意思,就说,不显出来的德性,诸侯都效法他。故此君子只笃恭而天下平治。君子,是王天下的君主,看第二十九章。笃,是诚实;笃恭,意思是他笃实并笃厚修恭敬之心,他诚实的性德,感化引导天下到太平的光景。〇可惜,查考中华历代的史,还一回没有这样太平之功效。六节〇《诗》云:"《诗经·大雅·皇矣》之篇。这一篇诗,是说太王、太伯、王季之德,以及文王之事。予怀明德，不大声以色。”予是我，怀是记念并喜悦，明是明亮的，声是声音，色是颜色；意思是你的德不大发现声音与颜色。○“予怀明德”是上帝对文王说的话；予是上帝，意思是我怀念喜欢你的明德，因为是谦卑的不铺张炫耀。孔夫子说：“声音并颜色若要感化民，是末务也。”子思引孔子的话，解明上文不大声以色那一句。《诗》曰“《诗经·大雅·烝民》之篇。○按雷格氏注解，下文到末都还是孔子的话，子思引之。予想雷格氏的讲法是很合宜的。德輶如毛”，輶是轻，意思是德之轻微如毛一样。毛犹有伦。意思是孔夫子说，一个毛虽是很细的，然还可以比喻他，因为还有一点形像。○孔子就前进到德之至极再引诗，就是《诗经·大雅·文王》之篇第七章说。“上天之载，无声无臭”，载是事，就是行事的样子，意思说，上天成事，无一点声音，无一点气臭。至矣！孔子就说，如天这样安安静静的成事，此是德之至矣。○学者若看《中庸》第一章一节第一字，可以明白《中庸》这本书开首以天，并末章末节归到天。

右第三十三章。子思因前章极致之言，反求其本，复自下学为己谨独之事，推而言之，以驯致乎笃恭而天下平之盛。又赞其妙，至于无声无臭而后已焉。盖举一篇之要而约言之，其反复丁宁示人之意，至深切矣，学者其可不尽心乎！

右边第三十三章。子思因为前章极致的话，因为他论至圣至诚者说了及到极处。他就在这末章反转来追求其本原，并再从下学者为己并谨独之事，下学者不求人知，乃他只要修自己。看本章一节说的，“君子之道，是暗然而日章明”，看注解。○谨独，看本章第二节并三节说的。推开而言之，子思从下学之事起头而推开。以驯致乎笃恭而天下太平之美盛。驯是渐渐的意思，是他渐渐的前进致到君子笃恭而天下平那句话。他又赞美其玄妙，致到无声无臭那句话而后已止。盖他在这末章内举一篇全书之要领而约言之，他这样反复并丁宁指示人，他的意思真是很深沉并恳切的，学者岂可以不尽心吗？

中庸本义官话终